U0673552

主　编：陈代湘
副主编：雷炳炎　雷　磊　周　骅　张晚林

国学概论

（修订本）

人民出版社

目　　录

第三编　子　学

第四编　文　学

第五编　佛　学

第六编　道　教

绪　论

一、国学概念的内涵及其逻辑起点

"国学"一词古已有之,《周礼·春官·乐师》就使用了该词:"乐师掌国学之政,以教国子小舞。"①这里的"国学"是指教育机构,即国家设立的学校。

"国学"作为学术概念,是在近代出现的。1887 年,黄遵宪《日本国志》提到,日本"近世有倡为国学者"。1897 年,屠仁守在《时务报》刊发《孝感屠梅君侍御辨辟韩书》一文,提倡学术意义之国学。1902 年秋,梁启超在日本谋创《国学报》,曾函商于黄遵宪。年底,梁启超发表《论中国学术思想变迁之大势》长文,谈到国学与新学的关系:"近顷悲观者流,见新学小生之吐弃国学,惧国学之从此而消灭。吾不此之惧也。但使外学之输入者果昌,则其间接之影响,必使吾国学别添活气,吾敢断言也。但今日欲使外学之真精神普及于祖国,则当转输之任者,必邃于国学,然后能收其效。"②几乎与此同时,国粹思潮兴起,以章太炎、刘师培、邓实、黄节等人为代表的国粹派,以"研究国学,保存国粹"为宗旨,他们在撰文时广泛使用"国学"一词。

那么,作为学术概念的"国学",其内涵是什么?

黄遵宪等人所谓"国学"指"中国固有之学"③,即中国固有的学术文化。邓实在《国学讲习记》中解释"国学"内涵曰:"国学者何? 一国所自有之学也。有地而人生其上,因以成国焉。有其国者有其学。"章太炎《国故

① 阮元校刻:《十三经注疏》,中华书局 1980 年版,第 793 页。

② 《梁启超全集》,北京出版社 1999 年版,第 619 页。

③ 黄遵宪语。(丁文江等编:《梁启超年谱长编》,上海人民出版社 1983 年版,第 292 页)

论衡》将国学等同于国故。国故即本国文献的意思。又有人把国学等同于国粹。胡适认为国学只是"国故学"的缩写,国故包括"国粹",也包括"国渣"。国故学的使命是整理中国一切历史文化。季羡林曾提出"大国学"的概念,包括国内各地域文化和五十六个民族的文化。

一般来说,国学就是中华民族的传统学术。传统的经、史、子、集等学术系统是"国学"的主体内容,从学术流派来看,国学是以儒、道、佛(释)为核心的诸子百家及其历史发展的学术。

我们称"国学",外国人则叫"汉学"(Sinology)或"中国学"(Chinese Studies,即中国研究,亦称"中国学")。国粹派称"国故""国粹"等。称"国故""国粹"有很大的保守性,给人以故步自封的印象;而"汉学"或"中国学"又是一个没有主体立场,缺乏文化情感的学术名称。"国学"则寄寓了中国人的文化情感和精神气质,融入了言说者的主体情怀和道德理想,永远不是外国人眼中他者的"历史文化知识"。而且,"国学"又有一种与时偕行的品格,随着时代的发展不断地吐故纳新,保持强盛的生机活力,因此,"国学"的概念被广泛采用。

学术视野中的"国学"的逻辑起点,从时间上看,是 1894 年甲午战争;而从学理上看,西学的冲击则是直接原因。

中国在甲午战争中败于"蕞尔小国"日本,在当时的社会和思想界引起了巨大的震动。梁启超在《戊戌政变记》中说:"吾国四千余年大梦之唤醒,实自甲午战败割台湾偿二百兆以后始。"梁启超是当时站在时代思想最高峰、思维极其敏锐的学者,他的这个论断具有相当的代表性。

鸦片战争以后,中国知识分子提出向西方学习,理论上,魏源大倡"师夷之长技以制夷";实践中,曾国藩、左宗棠、李鸿章、张之洞等封疆大吏挟军政权势办洋务。然而,甲午之前,中国知识分子大多是在"技"的层面上看待西学的。如冯桂芬说,"以中国之伦常名教为原本,辅以诸国富强之术";薛福成说,"诚取西人器数之学,以卫吾尧舜禹汤文武周孔之道";王韬说,"器则取诸西国,道则备自当躬";等等。这时,中国知识分子对中国传统之"道"相当自信,视西学为"器数之学"。在他们看来,中国长于形而上之"道",而西人只长于形而下之"器"。因此,中国只需学习西方器数技艺,在学术上中国是圆满自足,无须向西人学习的。不料,甲午一役,中国惨败,割地赔款,而且是败于向不起眼的小国日本,这对广大中国知识分子的刺激是非常大的。于是，国人自信顿失，转而倾心膜拜西方，中学无用论弥漫开来。梁启超在撰于1896年的《〈西学书目表〉后序》一文中描述当时的情况说："今日非西学不兴之为患，而中学将亡之为患。……中日以后，盖益变矣。……吾尝见乎今之所论西学者矣。夷其语，夷其服，夷其举动，夷其议论。动曰中国之弱，由于教之不善，经之无用也。推其意，直欲举中国文字，悉付之一炬。"言西学者，视中国传统学术为无用之学，恨不得把中国文字一把火烧了，可见当时中国传统学术的危厄处境。

国粹主义思潮就是在这种背景下剧烈涌动的。当时的爱国有识之士提出"保国必保学，保学为保国"的主张。邓实在《国粹学报》上发表《拟设国粹学堂启》的文章，他说："学亡之国，其国必亡。欲谋保国，必先保学。"把保学看成保国的前提和保证。许守微在《论国粹无阻于欧化》一文中说："国有学，则虽亡而复兴；国无学，则一亡而永亡。何者？盖国有学则国亡而学不亡，学不亡则国犹可再造；国无学则国亡而学亡，学亡而国之亡遂终古矣。"这是从非常极端的意义上说，即使一个国家暂时灭亡了，只要其学术不亡，国家还可以再造复兴；如果学术也灭亡了，那么国家就彻底灭亡，永无复兴之日了。由此可见，在近代爱国知识分子看来，国学是关系到国家存亡的大事。与此同时，国学还是当时国内民主革命的精神动力，恰如章太炎所言："用国粹激动种性，增进爱国的热肠。"

中国近代知识分子提出保国和保学的强烈诉求，都是从甲午开始的。梁启超在《爱国论》一文中说："甲午以前，吾国之士夫，忧国难、谈国事者，几绝焉。自中东一役，我师败绩，割地偿款，创巨痛深，于是慷慨爱国之士渐起，谋保国之策者，所在多有。"甲午之前，忧国难，谈国事者，并不是没有，但甲午之后慷慨爱国之士渐多却是事实。国学也是一样，甲午之前，研究传统学术者大有人在，也不乏谈西学者，但那时人们很少在"学"的层面上感到传统文化处境的危急，对西学的看法也局限在"技"的层次。甲午之后，人们在"学"的层面上感受到严重的挑战。于是，就提出了"保学"的强烈要求。既然是在西学的威胁下提出保学的主张，保学就绝不是抱残守缺，它必须在正视西学、吸收西学的基础上进行创新。学术概念的"国学"，就是在这种背景下产生的。国学研究是在西学的刺激和制约下，中国文化在学术层面上由传统走向现代的一场学术文化运动。

二、国学的研究范围及其分类

如上所述，国学是指经、史、子、集等学术系统以及以儒、道、佛（释）为核心的诸子百家及其历史发展的学术，国学研究就应该限定在这个范围内。

需要指出的是，我国传统文化博大精深，并不是传统文化的任何内容都属于“国学”研究的范围。“国学”与“国技”（如科技、武术、中医等）和“国艺”（如琴、棋、书、画等）既有非常密切的联系，又有所区别。“国学”处于“学”或“道”的层次，而“国技”和“国艺”则是在“技”和“艺”的层次上。“学”和“道”是“体”，“技”和“艺”是“用”。“国学”是“国技”和“国艺”的思想和文化基础，而“国技”和“国艺”则是“国学”的丰富表现。魏源说，“技可进乎道，艺可通乎神”，很好地说明了中国人对“技”“艺”与“道”的关系的理解。

“国学”研究应该限定在“学”和“道”的层面，“技”和“艺”层面的内容应该由各门类具体学科进行专门研究，成为各门类具体的知识系统。“技”和“艺”层面的研究与“国学”研究有着极其密切的联系，从某种意义上说，甚至是国学研究所必备的基础。对“技”和“艺”的研究，我们称为“国技”研究和“国艺”研究，而不能称“国学”研究。当然，这种“国技”和“国艺”研究可以达到“技进乎道”的层次。

国学的分类，最早可以追溯到孔子办学时的“孔门四科”，即德行、言语、政事、文学。后来，随着书籍的增多和知识体系的扩大，汉代刘歆《七略》、班固《汉书・艺文志》，都对国学典籍进行了分类。西晋荀勖著《中经新簿》，将群书分为甲、乙、丙、丁四部，次序为经、子、史、集，为后来的四部分类之始。《隋书・经籍志》以经、史、子、集划分部类。清代《四库全书》则沿用《隋书・经籍志》的四部分类法而略有变化。

章太炎在传统学术分类的基础上，专列“小学”，分为五类：小学、经学、史学、诸子、文学。小学在传统分类中属经部。章氏重小学，认为文字、音韵、训诂是治国学的基础，故为独立一类。其实，小学仅为治学方法，不能与经、史、子、集并列。

本书分类基本沿用长期以来学术界通用的经、史、子、集四部分类法。借鉴章太炎先生观点，将集部提炼为“文学”。依据传统分类将“小学”列于经部,将目录、版本等文献学主要内容列于史部。《四库全书》将佛、道列入子部,并不合理,故本书将“佛学”和“道教”单独立类。

三、学习和研究国学的意义

学习和研究国学,既具有学术价值,又具有现实意义。

第一,揭示中华文明的演进过程及其本质特征,认识中国传统文化的价值。中国文化是世界上唯一延续五千年而未曾中断的文化,其顽强的生命力来自何处?它对当代人类的生存和发展有何意义?这些都是我们应该探寻和总结的。

第二,传承学术,保持中国学术的独立性,保存和完善我国优秀的学术体系,继承中华优秀思想道德传统。

第三,树立民族文化自信,建设民族精神家园。近代以来,经过中西文化血与火的碰撞和洗礼,我们不得不承认,国人在某种程度上已经丧失了民族文化自信,迷失了民族精神家园。中华民族要实现伟大复兴,首先就要实现民族文化的复兴,重新树立民族文化自信,重建民族精神家园。

第四,丰富个人的精神世界,提高思想道德修养,提升文化品位。传统文化中有丰富的修身养性和人格培养的思想资源,可以为我们提供立身之本。同时,学习和研究国学,可以使我们的文化品位得到提升。

第一编

经　学

第一章　经学概说

第一节　经的内涵与范围

什么是“经”？根据《说文解字》的解释，“经”的本义是指织布机上的纵线，即经线。经线固定在织机上，纬线则绕着经线往复编织而成布帛。由于经线固定不动，对织物的长度和宽度起着决定性的作用，故而“经”就有“恒常”“不变”“准则”“法度”等意思。历代学者谈到“经”字，都有这个意思。如，刘熙《释名·典艺》说：“经，径也，常典也。如径路无所不通，可常用也。”刘勰《文心雕龙·宗经》说：“经也者，恒久之至道，不刊之鸿教。”因此，所谓经，就是古代圣哲贤达的言论汇编和智慧结晶，是教人修身、齐家、治国、平天下的“常理”“常道”，也是中华民族的道德精神和价值体系。

在我国用竹简书写记录的时代，典籍用二尺四寸长（汉制一尺约今二十三厘米）的竹简或木牍书写，每一支简写二十四五个字，这是当时的大开本，表示书写的典籍重要。解释文字则用八寸或六寸的小简书写，是小开本。大开本是“经”，小开本是“传”。

在汉代儒学独尊之前，各个学派都可以称自己学派的重要典籍为“经”，如《墨经》《道德经》《离骚经》。汉武帝实行“罢黜百家，独尊儒术”的思想文化政策，专设五经博士，共七家：《书》《易》《礼》《公羊春秋》各一家，《诗》有齐、鲁、韩三家。博士们往往专通一经，其弟子则可以入朝为官。儒经开始独尊。此后，我国的图书分类以儒家经典独占“经”的位置，其他的典籍，尽管在它们自属的那个领域仍被称为经，如信佛者以佛说为经，信基督教的人尊崇《圣经》，伊斯兰教信众则崇奉《古兰经》，但在图书分类法和人们普遍的观念中，所谓“经”，是专指《诗》《书》《礼》《易》《春秋》等儒家典籍。

在先秦时代,儒家学派传授六经,即《诗》《书》《礼》《乐》《易》《春秋》,在五经的基础上多了一部《乐》。一般认为,六经是由孔子搜集、整理、创作而确定的,这在先秦文献里多有记述。如《论语》多处记载孔子以《诗》《书》《礼》《乐》教授弟子。《孟子》的《滕文公下》和《离娄下》都说孔子依据鲁史作《春秋》。《庄子·天运》说孔子问礼于老聃曰:"丘治《诗》《书》《礼》《乐》《易》《春秋》六经,自以为久矣,孰知其故矣?"

先秦儒家的六经,留存下来的只有五经。汉武帝立五经博士,无《乐》博士。司马迁作《史记·儒林列传》已不见《乐经》之名。

儒经在历史上有不同的范围,主要有五经、六经、七经、九经、十经、十三经等说法:

五经:《诗》《书》《礼》《易》《春秋》。

六经:《诗》《书》《礼》《乐》《易》《春秋》。

七经:《诗》《书》《礼》《乐》《易》《春秋》《论语》。

九经:《诗》《书》《易》《春秋》《礼记》《周礼》《仪礼》《论语》《孟子》。

十经:《周易》《尚书》《毛诗》《礼记》《周礼》《仪礼》《左传》《公羊传》《穀梁传》,《论语》和《孝经》合为一经。

十三经:《周易》《尚书》《诗经》《周礼》《仪礼》《礼记》《春秋左传》《春秋公羊传》《春秋穀梁传》《论语》《孟子》《孝经》《尔雅》。

现在所讲的十三经,是经过历代扩充,到宋代才完成的。十三经的核心是汉代确立的《诗》《书》《礼》《易》《春秋》五经。

第二节　经学历史概览

一、先秦经学

经学形成于春秋时期,根据《左传》《国语》二书的记述,《诗》《书》《礼》《乐》《易》《春秋》等经典是春秋时期贵族教育的重要教材,在贵族子弟人格塑造中扮演重要角色。例如《国语·楚语》记载,楚庄王让士亹做太子的老师,到底要如何教育太子呢?申叔时对士亹说:

> 教之《春秋》,而为之耸善而抑恶焉,以戒劝其心;教之《世》,而为之昭明德而废幽昏焉,以休惧其动;教之《诗》,而为之道广显德,以耀

明其志；教之《礼》，使知上下之则；教之《乐》，以疏其秽而镇其浮；教之《令》，使访物官；教之《语》，使明其德而知先王之务，用明德于民也；教之《故志》，使知废兴者而戒惧焉；教之《训典》，使知族类，行比义焉。①

学习的内容主要是《诗》《礼》《乐》《春秋》等儒家经典以及其他周王朝典籍。

楚国在当时是受到北方中原各国轻视的，中原各国认为楚国是“蛮夷”，是严加防范的对象。有一个典型的例子可以说明。当时有一个楚国人，叫许行，来到北方的滕国，他是研究神农氏学说的，跟儒家学说不一样，有很多年轻人去跟许行学习。孟子就受不了，当着许行的学生陈相的面骂许行是“南蛮鴃舌之人”（《孟子·滕文公上》），并说：“《鲁颂》曰：‘戎狄是膺，荆舒是惩。’周公方且膺之，子是之学，亦为不善变矣。”（《孟子·滕文公上》）戎是西戎，狄是北狄，荆是楚的别名，有时候连起来也称荆楚。孟子所引《诗经·鲁颂》诗句的意思就是，对戎狄要进行攻击，对楚和舒这类野蛮落后的国家要痛加惩罚。可见当时人们对楚国的态度。

即便如此，楚国贵族对儒家经典还是相当熟悉和推崇。在太子的成长教育过程中使用儒家典籍做教材，足可证明当时楚国贵族对这些经典的重视。

到了春秋末期，孔子整理六经，并将此前为贵族教育所有的六经教材普及到普通士庶，不仅给六经注入了新的内容，而且也提升了六经的价值，奠定了经学的基础。

孔子去世后，其门人后学传述孔子学术，形成众多派别。《韩非子·显学》说：“自孔子之死也，有子张之儒，有子思之儒，有颜氏之儒，有孟氏之儒，有漆雕氏之儒，有仲良氏之儒，有孙氏之儒，有乐正氏之儒。”孔子去世后，儒分为八。八个派别从不同的角度传述孔子思想及其删定的儒家经典，到战国时代，形成孟子学派和荀子学派两大流派。《史记·儒林列传》曰：“孟子、荀卿之列，咸遵夫子之业而润色之，以学显于当世。”孟子学派的学术路向是尊德性，开后世“宋学”之先河；荀子学派则是“道问学”，发后代“汉学”之先声。

① 徐元诰：《国语集解》，中华书局2002年版，第485—486页。

二、两汉经学及今古文之争

秦代的“焚书坑儒”是我国文化史上的浩劫，儒学在此浩劫中受到沉重的打击。但是，儒学并未完全灭绝，在社会上仍然有潜在的影响，一些勇敢的儒生用各种方式艰难地保存着经书。例如秦博士伏生，抱着书简逃回老家济南，把它们藏进墙壁中。不久，秦朝灭亡，汉朝建立。汉文帝时，想找一个专门研究《尚书》的人，几乎找遍了全国都找不到。后来听说济南伏生专治《尚书》，只是伏生此时已年过九十，不能应征来京师，只好派人到他家去学习。派去的人叫晁错。伏生其时老得说话含糊难晓，于是就让他的女儿当翻译教晁错。晁错最终把学习抄录下来的二十八篇《尚书》交给朝廷，入藏秘府。晁错用汉代的通行文字抄录的《尚书》，叫“今文《尚书》”。到汉武帝时，罢黜百家，独尊儒术，儒家的五种典籍《诗》《书》《礼》《易》《春秋》成了国家的五经，都用当时通行的隶书抄写，记录儒生口耳相传的先秦典籍，称今文经。武帝建元年间，立今文经五经博士。宣帝以后，渐渐分立了十四家博士。博士的地位很高，博士弟子可以免服徭役，成绩优秀者可以出仕为官，这对于古代读书人来说自然是绝大的诱惑。

在整个西汉时期，博士立的都是今文经。但在西汉末年，古文经学势力抬头了。

所谓古文经，指用先秦籀文书写的经书。秦始皇焚书坑儒期间，一些古文经书被儒生私藏起来，汉代文化复兴后又相继被发现，如景帝时河间献王以重金在民间征集所得古文经书，以及武帝时鲁恭王从孔子故宅壁间发现的古文经籍，等等。古文经出现之后，一些能读懂六国古文字的学者也开始研究这些典籍。但是，古文经在西汉一直没有取得官方学术的地位。

到了西汉末年，刘歆校阅皇家藏书，对读了今文、古文不同的文本后，认为古文经价值更高，他建议将古文经《左氏春秋》《毛诗》《古文尚书》《逸礼》立于学官，但遭到今文经学博士们的激烈反对。

后来，刘歆倚仗王莽的政治势力，在汉平帝时，终于将上述四部古文经立为博士，又在王莽的新王朝中复立《周礼》博士。

经学的今古文之争，是汉代经学的一大特点，也是经学史上的重要事件。

一般来说，今文经学关注现实政治，讲阴阳五行、灾异谴告，致力于发掘和发挥经文背后的“微言大义”，以服务于现实政治。今文经学者尊崇孔子为托古改制的“素王”。

古文经学则把六经当成信史，重视文字训诂、典章制度，讲求对经典作出合理和正确的解释，具有浓厚的实证色彩。

今文经学派与古文经学派为了争夺学术思想统治权进行了长期的思想斗争。古文经学者攻击今文经学派经义和训释的讹误，今文经学者则攻击古文经是伪造。

西汉学者多专守一经，罕有兼通数经者。东汉中期以后，很多学者逐渐兼通今古文经学，如贾逵、马融、郑玄等人，都是名震一时的大师。尤其是郑玄，集汉代古文经学之大成，而又兼通今文经学，穷毕生精力，遍注群经。其学兼容并蓄，不主一家，择善而从，学者宗之，号为“郑学”。郑学打破西汉以来的师法、家法，以古文经学为本，兼采今文经学的可取内容，实现了今古文经学的融合。

三、魏晋南北朝经学

魏晋南北朝是一个动荡分裂的时代。思想界玄学兴起，佛教盛行，经学处于衰微期。不过，这一时期的经学，在上承两汉章句训诂之学，下启隋唐义疏之学的过程中，仍然发挥了重要的历史作用。

魏晋南北朝经学有三个特征：

第一，郑学与王学之争。

从汉末至曹魏，融会今古文经学的郑学渐为天下所宗，风行一时，号称经学的小一统时代。但是，在魏晋之际，郑学的小一统局面受到了王学的挑战。所谓王学，指以王肃为代表的经学。王肃是魏国经学家，标榜纯古文经学，攻击郑学破坏了古文经学的“家法”，排斥郑注经传，为古文经重新做注解。但是，王肃在攻击郑学时，采取的手段并不光彩，凡郑学采古文经说，他以今文经说反驳；凡郑学采今文经说，他又以古文经学反驳。

王肃是司马昭的岳父、晋武帝司马炎的外祖父，又曾担任散骑常侍、中领军、侍中等官职。凭借显赫的政治权势，在西晋时代王学取得压倒优势，占据学术霸权地位，一些趋炎附势的学者争相为用，王肃学派兴盛一时，也撰写了不少著作。但是，后来他们的著作全部被毁，倒是郑玄的笺注，由于在学术价值上远远超过王学，即便在当时受到打压，但在东晋时又恢复影响，并流行后世。

第二，经学玄理化。

魏晋南北朝是玄学兴盛的时代。玄学，又称新道家，是魏晋时期出现的一种以道家思想为主，融会儒、道等思想流派的哲学思潮。玄学以“三玄”——《老子》《庄子》《周易》为经典依据，崇尚自然无为，追求洒脱风度，探讨天人、有无、本末、体用、言意、一多、动静、梦觉、自然与名教等一系列富有思辨性的问题。

玄学在魏晋时代极为盛行，学者们以能谈玄说理为高。流风所及，经学也就不可避免地沾上了玄学的色彩。玄学家援引道家思想来注解儒经，提倡“得意忘言”的方式，革除汉儒烦琐注经的弊端，不拘泥于训诂，侧重于义理阐发，引领了经学的简约之风。

第三，南学与北学之争。

南北朝是我国历史上一个大分裂的时期，南北政治势力对峙，文化也呈现出明显的差异。就经学而言，则有南学与北学之争。《北史·儒林传·序》云：

> 江左，《周易》则王辅嗣，《尚书》则孔安国，《左传》则杜元凯；河洛，《左传》则服子慎，《尚书》《周易》则郑康成；《诗》则并主毛公，《礼》则同遵郑氏。

江左，指南朝；河洛，指北朝。南朝和北朝，所传经典注家各不相同。

南朝继承王弼、杜预、孔安国等人之学，说经提倡不拘家法，自由创新，训诂简明，阐扬义理。《隋书·儒林传》概括它的特点是“南学简约，得其英华”。

北朝所传经传除服虔的《左传解》外，皆以郑玄笺注为本。他们墨守郑说，讲明章句训诂，不愿别出新义。《隋书·儒林传》指出它的特点是“北学深芜，穷其枝叶”，意思是在章句和细枝末节上下功夫，艰深烦琐。

在南学和北学之争中，北学学风僵化，趋向保守，而南学则既继承传统，又不断研究创新，引导着当时经学发展的主流。可惜由于社会动荡，国家分裂，经学整体衰微，没有取得重大的、突破性的成就。但是，南北朝时期盛行的义疏之学（如皇侃《论语集解义疏》），开唐代注疏之学的先河。

四、隋唐经学

隋唐经学的特点是南北合流，儒经统一。

在隋统一天下之前，学术界南北学者早已有所往来。隋唐时期，国家统一，长期分立的南学、北学逐渐合流，隋代学者刘焯、刘炫精通南北二学，门生弟子遍天下。

唐王朝在思想文化上的基本国策是儒、道、佛三家并用。在国家统一的形势下，唐太宗十分重视意识形态的统一。在经学领域，自汉代以来流派林立，师法多门，义疏纷纭，章句繁杂，经文也互有出入，没有统一的标准，因此，经学的统一，已经成为国家统治和社会发展的需要。在唐代经学统一的过程中，出现了三个划时代的标志性成果：

一是颜师古考定五经定本。颜师古奉敕撰成五经定本，统一五经文字，颁行天下，作为法定的标准文本。

二是陆德明撰成《经典释文》。该书综合汉、魏、六朝文字音训研究成果，采集二百三十余家学者所注五经文字的音切和训诂，统一了五经的文字训诂。

三是孔颖达主编《五经正义》。国子监祭酒孔颖达，奉命率领儒生撰写五经义疏，最后成果《五经正义》，选择当时最好的传本做底本，采取“疏不破注”的原则，为旧笺注做疏解。

孔颖达编定《五经正义》，又将颜师古的《五经定本》、陆德明的《经典释文》合在一起，由朝廷颁行天下。从此，诵读五经和考试取士，经文须依《五经定本》，音训则据《经典释文》，义疏必遵《五经正义》，以往各派异文异说一律废止。经学各派归于一统。

五、宋明经学

宋明时期是经学的巨变时代，这一时期的儒学大师通过对各个学派、各种思潮的融会贯通和理论创新，从经学中发展出“理学”这一新的形态，又被称为宋明“新儒学”，对后世影响极大。

宋明时期的经学巨变，有诸多原因。一方面，从外部的学术环境来看，宋太祖赵匡胤定下“奖文抑武”的国策，通过“杯酒释兵权”铲除武装政变的祸根，立誓“不杀读书人”，尊重和保护学术文化，这一文化政策为宋代历届皇帝遵循贯彻。学术环境空前宽松，学者们的学术热情空前高涨，学术自由度很高，十分有利于学术和思想创新。

另一方面，就学术思想内部的发展而言，两个因素促使学者们对经学进行重新审视和理论革新。一是唐代经学定于一统，统治者利用国家权力，对经文、音训、义疏规定了唯一的统一标准，不可改易，否则就被诬为“异端邪说”，使经学成了僵化烦琐的教条。二是佛、道思想盛行，在政治上取得三教并行的地位，在社会上受到普通民众的追捧，在思想上也有一套圆融的理论，这就让儒学思想家产生强烈的忧患意识。中唐时期，韩愈和他的学生李翱举起了反佛老的旗帜，提出继承从尧舜到孟子的“道统”，对儒学进行改革。这种改革的呼声到宋代日益高涨，在宽松自由的学术文化环境中，学者们各居一地，读经讲学，自由探索，甚至开派立宗，创立门户，形成宋代地域学派林立的奇特学术景观。濂学、洛学、关学、闽学、婺学、蜀学、临川学、湖湘学、永康学、永嘉学、象山学等等，一个时期产生如此众多的地域学派，在我国学术文化史上是绝无仅有的。

宋代儒家学者怀揣接续道统的担当意识，在自由讲学的宽松学术环境中，对经学进行了大胆的创新，从而使宋代经学呈现出如下两个特点：

第一，疑经改经。此风在唐代即已出现，如唐代的啖助、赵匡怀疑《春秋》经文有缺误，质疑《左传》非左丘明所作。到了宋代，疑经改经之风大盛，最初是怀疑前人的注释，后来干脆另立新说。如王安石为了给变法革新制造舆论，著《五经新义》，重新解释经书，并依托五经创立“新学”。司马光反对王安石的“新学”，但他也对经书作新解，甚至作《疑孟》，对孟子思想进行质疑。欧阳修著《毛诗本义》，对《毛传郑笺》和《毛诗序》进行怀疑；又著《童子问》，提出《周易》的“十翼”非孔子所作。南宋郑樵提出废除《毛诗序》，朱熹也宣称“《诗序》坏《诗》”。疑经之风在宋代风靡一时，后来甚至发展为改经，如宋代理学集大成者朱熹，作《大学章句集注》，根据自己的理论体系，对经传进行了移易和增补。不过，朱熹毕竟是一位严谨的学术大师，他在对经传进行移易和增补时，都做了说明，后人不会因此产生混乱。

第二，义理化倾向明显。宋儒治经，多言义理。“宋初三先生”（胡瑗、孙复、石介）、周敦颐、张载、二程、胡宏、朱熹、陆九渊等人，多言儒家义理，追求思想上的创获，且援佛、道入儒说经，大谈理、气、心、性，分别建立理本论、心本论、性本论、气本论哲学体系。宋儒的这种学问，被后世称为“宋学”，以与侧重于研究语言文字、章句训诂的“汉学”相区别。

“宋学”建立后，直接影响了元、明两代学术。朱熹遍注群经，继承北宋周敦颐、程颐等人思想，创立朱子学派，成为宋明理学最大的代表。朱子学自南宋后期取得统治地位，在元、明两代均为官方哲学，朱熹确定并注解的

“四书”，成为科考取士的教科书。一种学术，一旦被官方定于一尊，便不可避免地导致僵化而停滞。朱子理学也是如此，它成了科考猎取功名的敲门砖，读书人只是死记硬背它僵化的教条，学术的发展失去了生命力，朱子学本有的现实道德修养工夫也成了虚伪的文字游戏。到了明中叶，王阳明继承陆九渊之学，以“六经注我”的方式，完成了陆王心学理论体系的建构。

六、清代经学

程（颐）朱理学与陆王心学在明朝后期都出现了严重的弊端，其末流要么思想僵化，寻章摘句，要么束书不观，空谈性命。上焉者“无事袖手谈心性，临危一死报君王”，对国计民生无所助益；下焉者更是品德卑污，虚伪不堪。如此空疏的学风，早就引起有识之士的不满。接着明末发生天崩地解的社会动荡和政治变局，汉族政权亡于“异族”之手，让汉族知识分子痛心疾首。被称为“明末清初三先生”的顾炎武、黄宗羲、王夫之，对宋明理学和心学进行了反思和批判，提倡经世致用的学风，其学问研究与社会现实密切相关。

通过清初几位经学大师的努力，经学研究逐渐摆脱空疏浮泛的习气，趋向质朴具体的学风。雍、乾时期，文字狱频仍残酷，大批知识分子逃离政治，钻进古书堆中，专注于对经书的文字、音韵、训诂、名物以及古代的典章制度进行考证，形成兴盛百年的考据学风。他们有代表性的考据著作大多撰成于乾嘉时期，史称乾嘉学派或考据学派。

乾嘉学派以吴派和皖派影响最大。吴派以惠栋为代表人物，另有江声、王鸣盛、赵翼、钱大昕、焦循等名家。吴派只重考据，不谈义理。皖派的代表人物是戴震（字东原），段玉裁、王念孙及其子王引之、孙诒让、俞正燮等人皆为皖派大师。皖派既重考据，也谈义理，只是反对空谈义理，提倡通过对经典的文字、音韵、训诂的考据而疏证经传，阐述经义。

乾嘉学派属于清代古文学派，其优点是求真务实，广征博引，考证精密，具有一定的科学性。但是，在乾嘉时期达到顶峰以后，便日益陷入支离破碎的烦琐考据。与此同时，清代今文学派亦有人在。常州人庄存与创立常州学派，带领弟子刘逢禄、宋翔凤等人研究今文经传的“微言大义”，与吴派、皖派相鼎峙。清代末期，国势衰颓，列强环伺，危机四伏，刘逢禄的弟子龚自珍、魏源，采用今文经学这一古老形式，发挥政治学说，宣传社会改革，号召守土卫权，抵抗侵略。

清末维新变法运动的领袖人物康有为，是清代今文经学的最后代表，其名著《新学伪经考》和《孔子改制考》，批评古文经是“伪经”，说孔子是托古改制的教主、维新变法的祖师爷。尽管康有为学说本身在学术上有致命弱点，如用武断代替论证，以伪证代替实证，用新迷信代替旧迷信，但是他的著作在当时确实产生了惊天动地的效果。光绪皇帝的老师翁同龢，在日记中记下他读到康有为《新学伪经考》时的感觉：“看康长素《新学伪经考》，以为刘歆古文无一不伪，窜乱六经，而郑康成以下皆为所惑云云。真说经家一野狐也。惊诧不已。”翁同龢这位高高在上的朝廷大员，读到康有为《新学伪经考》之后“惊诧不已”，足以说明此书的冲击力是非同一般的。梁启超后来把此书比喻为“大飓风”，并非虚言。

与康有为同时代的王国维，是清代考据学的集大成者，他继承乾嘉学派的原则和方法，又吸取西学知识，取得了杰出的学术成就，被视为考据学的最后一位大师。另一位国学大师章太炎，是古文经学的最后代表人物，他小学功底深厚，在哲学、史学、文学方面也有贡献。

第二章　十 三 经

如果把中国传统学术比喻成一座金碧辉煌的大厦，那么经学就是这座大厦的承重支柱，而“十三经”则是大厦支柱的坚固基石。

“十三经”是指《周易》《尚书》《诗经》《周礼》《仪礼》《礼记》《春秋左传》《春秋公羊传》《春秋穀梁传》《论语》《孟子》《孝经》《尔雅》。

“十三经”的量很大，完全掌握有难度。南宋理学家朱熹删繁就简，编成“四书”，即《大学》《中庸》《论语》《孟子》。其中的《大学》和《中庸》是《礼记》中的两篇文章。

“五经”是指《诗经》《尚书》《礼记》《周易》《春秋》，简称“诗、书、礼、易、春秋”。“五经”在汉代即已形成。

“四书”加“五经”，便成了元明以来所称的“四书五经”，是中国文化最重要的经典，影响非常大。

在“十三经”中，《周易》《尚书》《诗经》三部书排在最前面，古人认为这三部书最古老，也最重要。这三部书恰好包含了今天学科分类的文、史、哲三个方面。《周易》主言理，是人们应当遵循的最高理性原则；《尚书》主言事，是为政者应当效法的典范；《诗经》主言志，是人的情感表达。

第一节　《周易》

一、《周易》的成书及其性质

《周易》成书于何时？司马迁《史记》云：

> 伏羲至纯厚，作《易》八卦……西伯拘羑里，演《周易》。①

---

① 司马迁：《史记·太史公自序》，中华书局 1997 年版，第 834 页。

班固在《汉书·艺文志》中也说：

> 《易》曰："宓戏（伏羲）氏仰观象于天，俯观法于地，观鸟兽之文，与地之宜，近取诸身，远取诸物，于是始作八卦，以通神明之德，以类万物之情。"至于殷、周之际，纣在上位，逆天暴物，文王以诸侯顺命而行道，天人之占可得而效，于是重《易》六爻，作上下篇。孔氏为之《彖》《象》《系辞》《文言》《序卦》之属十篇。故曰《易》道深矣，人更三圣，世历三古。①

司马迁和班固提到《周易》的成书，出自三位圣人之手，即伏羲创造八卦，周文王演绎为六十四卦，并作《易经》上下篇，最后孔子作《易传》。虽然这个传说未必可靠，但根据《易经》中部分卦、爻辞中记载有一些殷末周初的历史故事来看，此书的一些内容可能在西周初就有了。另外，《国语》《左传》等书多处引用《易经》卦、爻辞，似乎《易经》到西周末已经编辑成书了。《易经》渊源甚早，故而古代经学家把它列为群经之首，它是中国文化的根，中华文化特有的思维模式、伦理观念、审美意识、价值系统都可以在《易经》中找到源头。

从性质上看，《周易》本来是中国古老的占筮书，最初是一部占辞汇编，成书之后，既保留了占筮的功能，也体现了编纂者的生活经验和哲学思想，因而又是一部哲学名著。

《周易》在先秦时期单称一个"易"字，汉代以后才有"周易""易经"的名称。本来，夏、商、周三代都有"易"，夏易曰《连山》，商易曰《归藏》，保存下来的是周人的作品，故曰《周易》。

那么，为什么叫"易"？前人有不同的说法，一说"易"是飞鸟的形象，一说"易"是蜥蜴的形象，飞鸟的姿态和蜥蜴的颜色都是不时变化的，用以象征宇宙万物的千变万化。也有的说"易"由"日"和"月"两个字组成，日为阳，月为阴，用以象征宇宙间的阴阳两类事物。东汉经学家郑玄对"易"这个名称作了较为合理的解释，他认为"易"有"变易""不易""简易"三层含义：宇宙自然和人类社会万事万物都在不停地发展变化，故曰"变易"；

---

① 班固：《汉书·艺文志》，中华书局1997年版，第438页。

变化不息的万事万物又会遵循运动变化的规律和法则，故曰“不易”；这种规律和法则人们可以认识，并用大道至简的原则运用到人生和社会中，故曰“简易”。

二、《周易》的结构

《周易》包括两个部分：《易经》——记录了六十四卦的卦象和卦、爻辞；《易传》——记载后人对卦、爻辞的解释和理论发挥。《易经》产生的年代很早，而且文字简约古奥，晦涩难解，故而又出现了七种十篇对《易经》的解说，称为《易传》。当然，历代都有人解说《易经》，但七种十篇《易传》是最古老的解说，包括《彖传上》《彖传下》《大象》《小象》《系辞上》《系辞下》《文言》《序卦》《说卦》《杂卦》，合成“十翼”。“十翼”相传为孔子所作，但至今尚存争议。

《易经》是一部奇特的书，它用筮和卦表达思想。筮是数，卦是象。卦有单卦和重卦之分。八卦称为单卦，由两个最基本的符号阳爻（一）和阴爻（- -）构成。阳爻和阴爻这两个符号表达的是宇宙间万事万物的基本分类，象征天地、男女、阳阴、刚柔、动静、升降等等。这两种符号三叠而成八卦，八卦中的一卦自重或其中的两卦互重，即成六十四卦。

八卦的名称和形状依次为：乾☰、坤☷、震☳、巽☴、坎☵、离☲、艮☶、兑☱。

朱熹《周易本义》中有“八卦取象歌”，便于记忆：

乾三连☰，坤六断☷。

震仰盂☳，艮覆碗☶。

离中虚☲，坎中满☵。

兑上缺☱，巽下断☴。

六十四卦各有一个名称，自重的用原名，如乾卦䷀、坤卦䷁、震卦䷲等；互重的另外起个名字，如屯卦䷂、泰卦䷊、既济卦䷾等。

六十四重卦的基本结构，以屯卦为例：䷂（震下坎上），下震（☳），上坎（☵），称下卦、上卦，又称内卦、外卦。在卦辞之后，又附有“《彖》曰”“《象》曰”的文字，就是传为孔子作的《彖传》和《大象传》，分别解释卦辞和卦象。

每卦重卦共有六爻，每爻先标出爻名，再列出爻辞。爻的次序自下而上排列，爻名用两个字标出。一个字表示位次，从第一到第六爻分别是：初、二、三、四、五、上；另一个字表示爻性，阳爻用奇数“九”表示，阴爻用偶数

“六”表示。第一爻和第六爻表位次的“初”和“上”在前，中间四爻表位次的“二”“三”“四”“五”在后。如屯卦的六爻名称自下而上依次为：“初九”“六二”“六三”“六四”“九五”“上六”。每一爻都有爻辞，爻辞之后也附有以“《象》曰”开头的文字，这就是传为孔子作的《小象传》，解释爻辞。

三、《周易》的价值

第一，“《易道》广大，无所不包”。《周易》对于构建中国文化、创造中国历史起了开创性的作用。中国文化的哲学思想、伦理观念、审美意识、价值系统，无不受到《周易》的深刻影响。

第二，《周易》对于中国文化特有的思维方式，起了决定性的作用。如《周易》中的阴阳之说、变化之道、辩证之思，影响了中国人看问题的方式。我国的天文学、中医学、建筑学等学科，都受到《周易》的深刻影响。

第三，从文化保存上说，《周易》保留了大量的历史、文化甚至古代民俗材料。

第二节　《尚书》

一、《尚书》的形成与体例

《尚书》，又称《书经》，古称《书》。“尚”义为上，意指上古，《尚书》即上古之书。

《尚书》是我国最早的一部政书，是虞、夏、商、周时期历史档案文献汇编。

《尚书》是怎么形成的？古代设专职史官，负责记录君主的言行、本朝的史事和文献，同时还整理前代遗留下来的档案。史官记录的体裁有两种：一种是按时间顺序逐年逐月记录国家大事，即编年史，现存最早的编年史是春秋时期的鲁国编年史《春秋》；另一种是记载国家的号令文告、训诫士众的誓词、重要的谈话纪要以及专题记事等等，后来把这些档案文献汇编起来，就是《尚书》。

《尚书》按时代先后分为《虞书》《夏书》《商书》《周书》四个部分，记事内容上自原始社会末期的唐尧，下至春秋时期的秦缪公，档案文献本来是很多的。有人说孔子时代，这些文献共有三千多篇，经孔子删去绝大部分，只留下一百余篇。这个说法不足信。《论语·八佾》记载：“子曰：‘夏礼，吾能言之,杞不足征也;殷礼,吾能言之,宋不足征也。文献不足故也。足,则吾能征之矣。'”孔子本人明确感叹当时关于夏、商两代的文献不足,又怎么会轻易将《尚书》的绝大部分文献删去呢?再有,《史记·孔子世家》提到:“孔子之时,周室微而礼乐废,《诗》《书》缺。”①当时《书》缺佚严重,主要原因是战火损毁、统治者禁毁以及因竹木简策笨重、诵习不继等因素而自然坏毁。根据先秦文献统计,在孔子之时,《书》大约残存一百四五十篇,孔子选取其中一百余篇作为教材,其余少量未入选的便逐渐失传了。

《尚书》的体例按性质可以分为六类,即典、谟、训、诰、誓、命。

典:指受到特别尊重,可流传后世作为常法、常典者,如《尧典》《舜典》,记载尧、舜的嘉言善政。

谟:“谟”即“谋”,谋议的意思。如《皋陶谟》,是大禹、皋陶等人讨论政治的重要谈话,记述彼此间的问答对话,类似于会谈记录或会议纪要。

训:教诲、训诫。贤臣告诫君主的言辞,叫训。如《伊训》《太甲》等。

诰:告谕,执政者对臣民的号令或上级对下级的指示等,都属于“诰”。如《大诰》,是周公平管蔡、武庚之乱时告谕属下的言辞。诰体文献是《尚书》中最重要的部分,约占一半。

誓:是约束的意思,多指征讨、交战时的誓师词。如《汤誓》《泰誓》等。

命:指君主对臣下颁布的命令。如《顾命》,是成王将崩,顾念太子钊(康王),命召公、毕公率诸侯辅助之。

二、《尚书》的种类

《尚书》在历史上出现了三种类型,即今文《尚书》、古文《尚书》、伪古文《尚书》。

(一)今文《尚书》

晁错用汉代的通行文字从伏生处抄录的《尚书》,叫“今文《尚书》”(详见本编第一章第二节)。后来,别处又发现《尚书》的另外一篇,叫《泰誓》,也是用隶书写的,加上伏生所传二十八篇,共得二十九篇。

(二)古文《尚书》

汉景帝时,鲁恭王刘余拆除孔子故宅另建宫殿,在一段墙壁中发现了几部用先秦六国古文书写的古籍,其中有一部《尚书》。鲁恭王把这些书

① 司马迁:《史记·孔子世家》,中华书局1997年版,第491页。

交还给孔子后裔孔安国。孔安国本来是研究《诗经》和《尚书》的，经他对比整理，发现今文《尚书》的二十九篇这里都有，只是文字有出入，另外还有十六篇是今文《尚书》里没有的，但他也不能辨识那些古文，于是只传授与今文《尚书》相合的那二十九篇，把不能辨识的那十六篇称为“逸书”或“逸篇”。孔安国将这四十五篇文献组成的《尚书》献给朝廷，被保存在皇家书库里，称为古文《尚书》。因为此书发现于孔子故宅墙壁中，故而被称为“孔壁本”或“孔安国家传本”。又由于曾保存于皇家书库，还被称为“中秘本”。

古文《尚书》还有一个“河间本”。汉武帝时，河间王刘德（谥“献”，后世称“河间献王”）广征民间藏书，一女子在拆老屋时发现先秦时代的《尚书》残篇，这个本子也曾献给朝廷，称“河间献王本”或“河间本”。不过，这个本子到底是什么样子，现在已无人知晓。

（三）伪古文《尚书》

据《汉书·儒林传》记载，汉成帝时，东莱张霸献上一种《尚书》本子，有一百零二篇，前面还有孔安国的序。但是，当学者们用“中秘本”对它进行校对时，却发现这是张霸离析二十九篇伪造出来的，随即便遭到废黜。不过，其《书序》却得以流传。

据《后汉书·杜林传》记载，东汉杜林曾经得到一个漆书本古文《尚书》，只有一卷。所谓漆书，就是用漆墨写在纸帛上的书籍。杜林对这一卷漆书本古文《尚书》“常宝爱之”。东汉经学大师贾逵、马融、郑玄等人都给这卷漆书《尚书》作过传注，但这卷书在汉末就亡佚了。

东晋元帝时，豫章内史梅赜向元帝献《孔传古文尚书》。时人并没有发现这部《孔传古文尚书》是伪造的，故而流传很广。唐代颜师古考定五经定本，孔颖达主编《五经正义》，都是用的这个本子。唐文宗开成二年，又用楷书将伪《孔传古文尚书》刻成石经，称“开成石经”。印刷术发明后，以开成石经为依据刻版印行，一直传到今天。现在由宋人收进《十三经注疏》通行至今的《尚书》，就是这部伪《孔传古文尚书》。

伪《孔传古文尚书》的秘密，是从宋代开始被发现的。朱熹弟子蔡沈，在作《书集传》时就觉得有问题。元、明两代相继有人提出质疑。清代阎若璩经二十年考证，著《古文尚书疏证》，用一百二十八条论据，铁证如山地宣判了这部通行一千多年的《孔传古文尚书》为伪造。他的考证又得到姚际恒、惠栋等人的修订,使这部书中的真、伪篇章为世人所明。

现在通行的《尚书》共五十八篇,有真有假。其中的三十三篇,是将汉代最初出现的二十八篇真文献分割而成的,其余二十五篇则是伪造的“假文献”。今天看来,尽管该书是伪书,但其价值却不能完全否定。该书中的三十三篇真文献自不待言,即便是二十五篇“假文献”,也在千百年的流传过程中参与了中国文化的营造工程,起到了积极的作用。

三、《尚书》的价值

《尚书》的价值可以从两个方面来看:

首先,史料价值。《尚书》所载,均为古史材料,是我们目前所能见到的夏、商、周三代最为完整的文献资料。虽然也出土了一些甲骨卜辞、钟鼎铭文等考古材料,但都是片段性的资料,真正成体系的三代文献还是保存在《尚书》中的历史文献。因此,《尚书》是治古史的宝典,具有极其重要的史料价值。

其次,文化价值。就《尚书》的内容而言,可以说是上古时期“中央政府”的政治文件汇编,记录了上古圣王贤臣的政治文化思想和治国施政理念,对我国文化形态的定型和发展起了重大的作用。最主要表现在两点:

第一,确立了圣王系统和王道政治典范。这是我国传统政治哲学的理论基石。在我国历史上,朝野国民矢志不渝地追求圣王贤臣的统治和王道政治理想,都是成于上古的政治实践,载于《尚书》等历史文献,作为文化精神而得以流传的。尧之仁,舜之孝,禹之勤,成汤除暴安良,文王爱民如子,这些古圣先王,以天下为己任,乐于奉献,勤勉工作,不计个人得失。这一个个高大圣哲的形象,为万世君王树立了光辉的榜样。

第二,确立了以道德为核心的价值体系。在《尚书》所记载的上古圣王的言行中,处处高扬道德精神,明确表现出以德为先的价值观念。如《尚书·周书·蔡仲之命》曰:“皇天无亲,惟德是辅;民心无常,惟惠之怀。为善不同,同归于治;为恶不同,同归于乱。”是否能得到天下并治理好天下,完全在于“德”。老天爷没有私心,谁有德就帮助谁;老百姓则是谁对他们好,他们就向着谁。有德而行善者,天下得治;无德而作恶者,天下大乱。又如《尚书·周书·康诰》云“明德慎罚”,儒家讲“德主刑辅”,与此一脉相承。《尚书》通过记载上古圣王贤臣的言行而确立的道德原则,对中国文化的道德价值系统起了决定性的作用。

第三节 《诗经》

一、《诗经》的形成与流传

《诗经》简称《诗》，又称“诗三百”①或“三百篇”。

《诗经》是我国最早的诗歌总集。三百篇非一时一地一人之作，创作的年代，大约起自西周初期，终于东周的春秋中叶。仅有少数几篇载明了作者，如《小雅·巷伯》《小雅·节南山》《大雅·崧高》《大雅·烝民》等，绝大部分篇章作者已不可考。

《诗经》是怎么形成的呢？《汉书·艺文志》云：“古有采诗之官，王者所以观风俗，知得失，自考正也。”②《食货志》则描述得更具体：“孟春之月，群居者将散，行人振木铎徇于路，以采诗，献之太师，比其音律，以闻于天子。故曰王者不窥牖户而知天下。”③据此可见，古代专设采诗之官，到各地采集民间歌谣，目的是让君王知民情、观风俗，作为施政的参考。《诗经》大部分为这种采集所得之诗，另有一些则是王廷乐官和公卿列士所作。除了让君王察民情、观风俗，《诗经》在当时还有很广泛的使用价值。三百篇皆由乐官加工合乐，应用于各种或庄严或欢悦的场合，如祭祀、出征、凯旋、婚嫁、迎宾等等。

《诗经》的编辑经过很多次，最后一次由孔子整理编定。《诗经》在秦朝时也遭到禁毁，但后来却得到比较完整的保全，这有赖于它本身的音乐和韵文的特性。因为三百篇是合乐的歌词，那时古乐尚未失传，韵文又便于口头吟诵和记忆，《汉书·艺文志》说《诗经》“遭秦而全者，以其讽诵不独在竹帛之故也”，就是这个意思。

汉代传《诗》主要有四家：齐辕固生、鲁申培、燕韩婴、赵毛亨和毛苌，简称齐、鲁、韩、毛四家《诗》。其中齐、鲁、韩三家属今文经学，称“今文三家”。《毛诗》则属古文经学。西汉时今文三家受到朝廷重视，《毛诗》则长期在民

① 现存《诗经》共有三百一十一篇，但其中的《南陔》《白华》《华黍》《由庚》《崇丘》《由仪》六篇有篇名而无文辞，谓之“笙诗”。因此，《诗经》实存三百零五篇，概而称之曰“诗三百”。

② 班固：《汉书·艺文志》，中华书局1997年版，第439页。

③ 班固：《汉书·食货志》，中华书局1997年版，第292页。

间流传。但到了东汉,《毛诗》被立为官学,取代了三家诗的地位,三家诗逐渐衰落,到南宋时失传。我们现在读到的《诗经》,就是《毛诗》。

东汉流传的《毛诗》,每篇题目下面,都有一段类似于题解的文字,叫《诗序》。据说今文三家《诗》也有序,因此,为了准确,把现在流传下来的《诗序》称为《毛诗序》。《毛诗序》有大序、小序之分。首篇《关雎》之前有一段较长的序文,是《关雎》的题解又概论全经,称"大序";以下各篇之前的一小段题解式序文,叫"小序"。

二、《诗经》的六义

"六义"之说出自《诗大序》:"故诗有六义焉,一曰风,二曰赋,三曰比,四曰兴,五曰雅,六曰颂。"①"六义"是对《诗经》内容和表现手法的概括。风、雅、颂是指《诗经》的内容;赋、比、兴则是指《诗经》的表现手法。

所谓"风",指各地的民间歌谣。《诗经》有"十五国风",包括:《周南》《召南》《邶》《鄘》《卫》《王》《郑》《齐》《魏》《唐》《秦》《陈》《桧》《曹》《豳》,有诗一百六十篇。

"雅"是相对于"风"而言的,主要是王廷乐官和公卿列士使用当时都城的"雅言"(当时的"普通话")所作的诗歌,分《大雅》《小雅》,有诗一百零五篇。

"颂"是宗庙祭祀的舞曲歌词,分为《周》《鲁》《商》三颂,共四十篇。

"赋"是"敷陈其事而直言之",即直接叙述事物、铺陈情节、抒发感情。如《邶风·静女》:

> 静女其姝,俟我于城隅。爱而不见,搔首踟蹰。
> 静女其娈,贻我彤管。彤管有炜,说怿女美。
> 自牧归荑,洵美且异。匪女之为美,美人之贻。

此诗本为男女幽会的爱情诗,但旧时注家却喜欢过度诠释,如《毛诗序》解释此诗曰:"《静女》,刺时也。卫君无道,夫人无德。"郑笺释云:"以君及夫人无道德,故陈静女遗我以彤管之法。德如是,可以易之,为人君之配。"宋人欧阳修、朱熹等人评述此诗为男女"淫奔"之诗,内容上接近本义,但其道

① 阮元校刻:《十三经注疏》,中华书局 1980 年版,第 271 页。

德评判却让现代人难以接受。

诗中描写一个美丽的女子与男子约会，却又故意躲起来不让男子发现，男子找不到女子，心急如焚，抓耳挠腮。后来女子出现了，还送给男子一支色泽美丽的红茅草。男子约会回来后心里总是想念着女子，晚上睡不着觉，看着女子送给自己的信物，感叹说不是这个东西美，而是因为它是自己心爱之人送的。诗篇不长，却铺陈得跌宕起伏，意趣横生，别具淳朴率真之美。

“比”是“以彼物比此物”，即比喻和比拟。如《卫风 · 硕人》描写庄姜之美：“手如柔荑，肤如凝脂，领如蝤蛴，齿如瓠犀，螓首蛾眉。巧笑倩兮，美目盼兮。”说她手指像刚发出来的茅草的嫩芽，肌肤如凝结的白羊脂，脖颈像天牛的幼虫颀长圆润，牙齿像葫芦籽洁白整齐，额头像螓虫一样方正，眉毛像蚕蛾触须一样细长弯曲。用一连串的比喻，描写美人的静态之美。接着又描写动态之美：美人巧笑，酒窝迷人，美目晶莹，顾盼生情，这就把美人写活了。

“兴”，即感兴，就是“先言他物，以引起所咏之词”。如《秦风 · 蒹葭》：“蒹葭苍苍，白露为霜。所谓伊人，在水一方。溯洄从之，道阻且长。溯游从之，宛在水中央。”这是诗的第一章。全诗三章，重章叠唱，韵律参差，往复推进。有人认为此诗是写一个国君对贤士的思慕，现在一般认为是一首民间情诗，写追求所爱之人而不得的惆怅和苦闷。悠远绵长的情愫，借助朦胧的意境而生发，景真意深，风神摇曳。

三、《诗经》的价值

第一，文学价值。《诗经》是我国最早的诗歌总集，是我国诗歌乃至文学的源头，是我国诗歌技法的母体。其文学价值无与伦比。

第二，文化价值。《诗经》保留了很多上古语汇和读音，是训诂学和音韵学的重要材料。同时，还记录了大量名物制度、风土人情、社会政治形态、宗教道德意识，是治古史者所用的重要历史材料。

第三，人生修养价值。这一点，为自孔子以来儒者的共识，如孔子说：“《诗》，可以兴，可以观，可以群，可以怨，迩之事父，远之事君，多识于鸟兽草木之名。”（《论语 · 阳货》）《诗大序》云：“正得失，动天地，感鬼神，莫近于诗。先王以是经夫妇，成孝敬，厚人伦，美教化，移风俗。”①因此，儒家特别重视“诗教”。

① 阮元校刻：《十三经注疏》，中华书局 1980 年版，第 270 页。

第四节 三 礼

“三礼”指《周礼》《仪礼》《礼记》，是记录中华民族礼乐文化的三部著作。中国素称礼仪之邦，其理论依据和礼制规范便在这三部著作中。“三礼”确立了两千多年来中国社会以礼为核心的组织形态，影响极其深远。

东汉末年，郑玄给上述三部书作注，始有“三礼”之称。“三礼”中的《仪礼》最早，孔子传授弟子的《礼》，便是《仪礼》；西汉时期五经中的《礼经》，也是指《仪礼》。现在的次序是晋代确定的，通行至今。

一、《周礼》

《周礼》原名《周官》，是我国上古时代唯一的一部记录政治和经济制度的典籍。关于此书的作者，一直存在分歧，有人认为是西周初年周公“制礼作乐”的产品，作者是周公姬旦，又有人认为是战国人所作，甚至有人认为是汉代刘歆为帮助王莽建立新政权而伪作。目前较为通行的观点是成书于战国，非一人一时之作，采取西周旧制，又有所增补而成书，是研究先秦政治经济思想和制度的重要材料。从汉代开始，不时有人将它作为政治和经济制度的理论依据，历代王朝直到明、清两代，政治机构的设置仍然参考《周礼》。

《周礼》全书分为六个部分，即《天官》《地官》《春官》《夏官》《秋官》《冬官》六篇。《冬官》一篇在西汉时已亡佚，另取内容相近的《考工记》代替。《周礼》把天地四时与六大官属相联系，所列官职共三百六十多个，涵盖从中枢机构到地方基层组织各个部门的一整套国家行政机构。下面简单介绍六官的基本职能：

第一，天官冢宰，为六官之首，执掌朝政，主管国家大事，相当于后来的吏部，但权力更大，类似于宰相。

第二，地官司徒，负责土地、户口、赋税，相当于后来的户部。

第三，春官宗伯，主管祭祀和礼仪，相当于后来的礼部。

第四，夏官司马，主管军政，相当于后来的兵部。

第五，秋官司寇，主管刑罚、司法、治安，相当于刑部。

第六，冬官司空，主管百工及土木建筑，相当于工部。

《周礼》的六官系统非常完备，每一项职守任务都具体明确。有些官职,我们现在看起来显得十分有趣,反映了古代社会生活的真实情景和生活技能。如:硩蔟氏"掌覆夭鸟之巢",专管捣毁恶鸣之鸟的巢穴;庭氏专管射杀都城附近的鸱鸮、狼、狐之类夜间鸣叫的鸟兽,说明古代生态平衡,鸟兽繁多,以至于干扰到人们的正常生活,故设专职之人予以清除。翦氏"掌除蠹物","以莽草熏之",反映了古人以香草除蠹虫的技术;服不氏"掌养猛兽而教扰之",说明上古已有驯兽技术;等等。

值得注意的是,《周礼》在对各种官职职责的记述中,体现出对民生的关心和对生态保护的重视。如:萍氏专管水禁和检查过多饮酒情况。禁暴氏管理治安,对付地痞无赖,保护群众。媒氏专管万民婚配,在仲春之时,把没有配偶的男女集会在一起,让他们自由寻找对象。山虞掌管山林政令,泽虞掌管水泽政令,都提到"以时入之",就是按季节进入山林水泽取材捕捞,以免破坏生态,导致自然再生能力下降。迹人掌管田猎政令,明确提出"禁麛卵者,与其毒矢射者",禁止捕杀幼鹿、怀孕的母鹿以及取鸟卵,也是为了保护自然的再生能力;不许用毒箭射禽兽,因为这样太阴毒,杀伤力太大。

二、《仪礼》

《仪礼》原本只叫《礼》,就是孔子传授弟子的《礼》,是一部记录周代生活礼仪的书。古文经学派认为该书是西周初年周公"制礼作乐"时制作,此说不大可信;而《史记》和《汉书》则采用今文经学派的说法,认为是春秋末年孔子搜集整理周、鲁各国残存的礼仪而记录成书,后人多同意这一种说法。

上古时期有"礼仪三百,威仪三千"①的说法,但到了汉代,《仪礼》只剩下十七篇,流传至今。这十七篇礼仪,按内容可以分为冠礼(《士冠礼》)、婚礼(《士昏礼》)、交往之礼(《士相见礼》《聘礼》《觐礼》)、宴饮之礼(《乡饮酒礼》《燕礼》《公食大夫礼》)、射礼(《乡射礼》《大射礼》)、丧礼(《丧服》《士丧礼》《既夕礼》《士虞礼》)、祭礼(《特牲馈食礼》《少牢馈食礼》《有司彻》)七个方面。下面分述之:

《士冠礼》:古代贵族子弟到二十岁举行加冠礼,并取个字,表示已成年,可以享受成年人的权利,承担各种义务。

《士昏礼》:记录古代贵族缔结婚姻时从纳采到婚后庙见的一系列

① 阮元校刻:《十三经注疏》,中华书局1980年版,第1633页。

礼仪。

《士相见礼》:士君子第一次交往,一方携带礼物登门求见和对方回拜的礼节。

《聘礼》:国际交往中的礼仪。

《觐礼》:诸侯朝见天子的礼仪。

《乡饮酒礼》:古代乡一级基层行政组织定期举行的以敬老为中心的酒会礼仪。

《燕礼》:君臣宴会时的礼仪,场面铺排,礼节繁缛。

《公食大夫礼》:国君举行宴会招待外国使臣的礼仪。

《乡射礼》:基层组织的射箭比赛大会礼仪,类似于地方运动会。

《大射礼》:国君主持的射箭比赛大会礼仪,类似于全国运动会。

《丧服》:记述死者亲属丧服的差别,按亲疏远近,对丧服和服期有不同的具体规定,形成“五服”制度。

《士丧礼》和《既夕礼》:记录贵族从死亡到安葬的一系列礼仪。

《士虞礼》:贵族埋葬父母后回家举行安魂礼的礼仪。

《特牲馈食礼》:记述一般贵族在家庙中举行祭祀的礼仪。

《少牢馈食礼》和《有司彻》:记述大夫一级的贵族在家庙中举行祭祀的礼仪。

《仪礼》记录的仪式相当烦琐,如《士相见礼》记述:

> 士相见之礼。挚,冬用雉,夏用腒。左头奉之,曰:“某也愿见,无由达。某子以命命某见。”主人对曰:“某子命某见,吾子有辱。请吾子之就家也,某将走见。”宾对曰:“某不足以辱命,请终赐见。”主人曰:“某不敢为仪,固请吾子之就家也,某将走见。”宾对曰:“某不敢为仪,固以请。”主人对曰:“某也固辞,不得命,将走见。闻吾子称挚,敢辞挚。”宾对曰:“某不以挚,不敢见。”主人对曰:“某不足以习礼,敢固辞。”宾对曰:“某也不依于挚,不敢见,固以请。”主人对曰:“某也固辞,不得命,敢不敬从!”出迎于门外,再拜。客答再拜。主人揖,入门右。宾奉挚,入门左。主人再拜,受,宾再拜,送挚,出。①

① 阮元校刻:《十三经注疏》,中华书局 1980 年版,第 975—976 页。

第一次见面，不同季节要带不同的礼物，然后客人要如何说，主人要如何答；主人要如何谦让，客人要如何谦虚，反复五个回合，才出门迎接，然后又是一再拜谢。这么烦琐的礼仪，实际操作起来，是有些麻烦，所以在现代生活中这些礼节形式早已无存。但是，礼的精神内容还是存在的。初次登门拜见，表达慎重、严肃和相互之间的尊重，带点见面礼，说些客套话，也被现代人所习行。

《仪礼》中有些内容对我国历史和社会生活影响很大。如《士昏礼》记述婚姻过程中的“六礼”，即：第一，纳采，男方家长派媒人到女方家中献纳“采择之礼”，求亲，所献礼物为雁；第二，问名，男家派媒人询问女子的名字，目的是便于男家于宗庙问卜婚姻是否吉利；第三，纳吉，男家获得吉兆后，派媒人仍然持雁为礼，告知女家；第四，纳征，又叫纳币，男家给女家送聘礼，宣告正式订婚，聘礼的厚薄视等级而定；第五，请期，男家仍派媒人持雁为礼，把决定的迎娶日期征求女家同意；第六，亲迎，新郎亲自到女家迎娶新娘。宋代大儒朱熹，撰著制订《家礼》，觉得烦琐复杂的古礼中有很多器服仪节已不适用于当时的社会，所以他遍查古籍，果断而又谨慎地对古礼进行“损益”（即改造），从而使它能在当时社会中实行通用。他将婚礼中的“六礼”简化为“三礼”，依据宋代人的习惯，省去一些过程，只留下“议婚”“纳币”“亲迎”三个程式，后来中国大多数士人甚至普通百姓都以此为准。直到现在，这三个程式还基本保留着。只不过，现在的“议婚”不是“父母之命，媒妁之言”，而是自由恋爱，两相情愿；现在的“纳币”也多不是男方往女方家送彩礼，而是小两口花钱置办一些生活必需品；现在的“亲迎”一般也不是抬大花轿，而是坐小轿车。

又如《丧服》中的五服制度，也在我国社会生活中产生重要影响。所谓五服，即五种丧服服制，按照生者与死者亲属关系的亲疏等级，分为斩衰（cuī）、齐衰（zī cuī）、大功、小功、缌麻五等，五服之内是亲属，出了五服就不算亲属了。

三、《礼记》

《礼记》其实是“《仪礼》之记”。由于《仪礼》语言简略而程序复杂，很多人读不懂，于是孔子的弟子和后学就对它进行阐述和补充，这些阐述和补充的文字最初并未单独成书，而是附在《仪礼》之中一起流传。西汉时期的礼学家戴德（称为“大戴”）和他的侄子戴圣（称为“小戴”），抽取《仪礼》阐述文字单独选编。戴德所选的八十五篇本称作《大戴礼记》;戴圣又加以删编,为四十六篇,称《小戴礼记》。《小戴礼记》在东汉时又由马融补进三篇,共四十九篇。郑玄给四十九篇本《小戴礼记》作注,使其广泛流传。《十三经注疏》所收即《小戴礼记》,郑玄注,孔颖达疏,题名《礼记正义》。

《小戴礼记》所选四十九篇文章,内容极为丰富,包括社会、人生、政治、礼治、教育、音乐、天文、考据等等。大致可分为以下四类:

第一类,解释《仪礼》的文字。有的是通释某一篇的,如《冠义》《昏义》《乡饮酒义》《射义》《燕义》等;有的则是解释《仪礼》中某一专题的,如《曾子问》《丧服小记》《丧大记》《奔丧》《问丧》等。

第二类,考述各种礼制和礼节的文字。如《王制》《礼器》《祭法》《曲礼》《内则》《少仪》《月令》等。

第三类,杂记孔子及其弟子言论的文字。如《孔子闲居》、《坊记》、《缁衣》、《檀弓》(上、下)等。

第四类,专题论文。如《礼运》《经解》《乐记》《学记》《大学》《中庸》《儒行》等。

在这几类文章中,第一类是《礼记》的主体部分,有些从理论上阐述礼,对我们认识礼的意义很有帮助。第四类的几篇文章,非常著名,与儒家其他重要经典一起,对我们民族的意识形态产生了重要影响。如《礼运》提出“天下为公”的“大同”理想,吸引了历代进步思想家的关注。直到近现代,康有为撰写《大同书》,孙中山提出“天下为公”“世界大同”的口号,都表达了对“大同”理想的无限向往。又如《大学》《中庸》两篇文章,受到宋儒的高度重视,与《论语》《孟子》合为“四书”,成为最重要的核心经典。

《大学》是儒家讲修身治国的一篇文章,朱熹认为该文是孔子弟子曾参所作,也有人认为是思孟学派之作,或秦汉之际荀子后学的作品。

《大学》开篇第一章即提出“三纲领八条目”的著名观点。

“三纲领”是:“明明德”,即彰明光明美好的德性;“亲民”,程颐、朱熹认为“亲”当作“新”,即教化人民;“止于至善”,即达到至善的境界。

“八条目”则是:格物、致知、诚意、正心、修身、齐家、治国、平天下。八条目是一个从内到外的动态流程,“格物”“致知”“诚意”“正心”“修身”,是个人内在的知识追求和道德修养;“齐家”虽然只涉及家庭,但是,在以家庭自然经济和宗法等级制度为基本特征的中国古代社会,已经具有社会意义;

而“治国平天下”则是一种重大的社会责任,也是儒门君子的人生理想和目标。

《大学》特别强调“修身”的重要性。“自天子以至于庶人,壹是皆以修身为本。”[①]修身既可促使个人道德境界的不断提升,又是治国平天下的前提和保证,体现了儒家把道德修养与国家治理相统一的思想。除此之外,《大学》还提出了很多著名的观点,对后世影响很大,如:“慎独”、“絜矩之道”(以身作则、推己及人之道)、“以义为利”等。

《中庸》是儒家谈人生哲学的名篇。一般认为《中庸》的作者是孔子的孙子子思。有人从文中“今天下车同轨,书同文,行同伦”[②]的语句,认定这是秦朝统一之后的情形,从而断定此文成篇在秦统一之后,但也有学者认为这一理由并不充分。

《中庸》文中谈到的“中庸”之道,是儒家的重要思想。“中庸”的意思就是不偏不倚、无过无不及,用以处理具体事务,就是寻找最佳平衡点,寻求最佳方案。

《中庸》还提出“中和”与“诚”的学说。中和学说来自《中庸》所言“喜怒哀乐之未发谓之中,发而皆中节谓之和”。中是喜怒哀乐等各种情感和情绪未发时的一种状态,而从中正平和之心生发出来的所有情感和情绪表现,都恰到好处,符合和谐原则,就是和。

诚的意思是诚实无欺、真实无妄。《中庸》说:“诚者,天之道也;诚之者,人之道也。”[③]诚为天道,追求从而达到诚的境界是人道。《中庸》认为,人通过修养达到了“至诚”的境界,则能充分发挥人的善良本性,并进而发挥和运用万物的本性,从而佐赞天地,化育万物,与天地并立为三。

除此之外,《中庸》还有很多重要思想,对后世影响深远。如:“尊德性而道问学,致广大而尽精微,极高明而道中庸。”[④]“博学之,审问之,慎思之,明辨之,笃行之。”[⑤]等等。

---

① 朱熹:《四书章句集注》,中华书局 2012 年版,第 4 页。

② 朱熹:《四书章句集注》,中华书局 2012 年版,第 37 页。

③ 朱熹:《四书章句集注》,中华书局 2012 年版,第 31 页。

④ 朱熹:《四书章句集注》,中华书局 2012 年版,第 36 页。

⑤ 朱熹:《四书章句集注》,中华书局 2012 年版,第 32 页。

第五节 《春秋》三传

一、《春秋》经

《春秋》是儒家最核心的五经之一。它本来是一部编年体史书，是鲁国历代史官的记事，后经孔子整理删定，被当作儒家经典流传下来。

《春秋》记载了自鲁隐公元年（前722）至鲁哀公十四年（前481）十二位国君二百四十二年的大事。该书用的是鲁国纪年，但所记的却是各国之事，是当时的原始记录，是可信的史实。

《春秋》记事简略，读者不易明了，传授者必须加以解释和补充，不同的人传授，就产生了不同的传，著名的有《左氏传》《公羊传》《穀梁传》，称“《春秋》三传”。

历代学者在传授《春秋》时，特别注重“《春秋》大义”和“《春秋》笔法”。所谓“《春秋》大义”，一是正名。孔子主张为政必先正名，要求“君君、臣臣、父父、子子”，各个等级的人各守本分，君义臣忠，父慈子孝。臣杀君，子杀父，是乱臣贼子，《春秋》中一律写成“弑君”“弑父”；反之，杀掉乱臣贼子，则写作“诛”。二是尊王攘夷。在当时，尊王攘夷就是明确突出尊崇周王，承认周王是天下共主，统帅诸侯，抵抗四周野蛮部落侵扰，保家卫国，保护华夏先进的礼乐文明免遭“夷狄”侵凌毁灭，具有积极意义。这种思想，在历史上我国遭受外族侵略，民族面临严重危难之时，为儒家学者以及社会各阶层人士所服膺。三是大一统。汉代公羊学曾对“大一统”思想着重发挥，对中国的政治和社会产生了深远的影响。

“《春秋》笔法”，或曰“《春秋》书法”，是通过对历史事件的褒贬，来为天下树立法度，通过叙述历史事实，批评天子，斥责诸侯，声讨大夫，以口诛笔伐来代替王者的政令。孟子曾说：“孔子成《春秋》而乱臣贼子惧。”（《孟子·滕文公下》）看来儒家对“《春秋》笔法”是相当称颂的。

二、《左传》

《春秋左氏传》简称《左传》，原名《左氏春秋》，相传为春秋末年鲁国太史左丘明所撰。

《左传》记事取材十倍于《春秋》，是先秦时期内容最丰富宏大的一部历史著作。《左传》作者忠于历史事实，比较详细地记叙了春秋时期周天子以及各诸侯国之间的政治、军事、外交、文化等方面的活动。全书史事、史识、史论相结合，对人物和事件有分析有评价，赞成什么，反对什么，观点鲜明。该书具有很高的史料价值。

另外，《左传》的文学价值也非常高。它叙事详密完整，故事性强，情节曲折生动，人物刻画个性鲜明，文辞简练而优美。尤其擅长叙述复杂的战争和外交辞令（如五大战役：韩之战、城濮之战、殽之战、邲之战、鞍之战），把错综复杂的矛盾和繁杂的场景描写得严整有致，绘声绘色。

《左传》对后世史书撰写和文学创作影响深远，从《史记》、各家史传、唐宋八大家和桐城派散文，到近代白话小说，都继承了《左传》开创的传统。

三、《公羊传》

《春秋公羊传》简称《公羊传》，又称《公羊春秋》。作者为公羊高，据说他是孔子门人子夏的学生。公羊高受传于子夏，其后公羊家口耳相传，到第五代公羊寿，才跟胡毋子都一同合写成《公羊传》，时间已在汉景帝时。

《公羊传》是汉代的今文学。由于汉武帝信重公羊学者公孙弘、董仲舒，特别是董仲舒大力发挥公羊学，倡导大一统，迎合了西汉统治者的政治需要，汉武帝采纳董仲舒的建议，“罢黜百家，独尊儒术”，公羊学便成为汉代的显学。到了清代，由于政治运动的需要，公羊学复兴，盛极一时。

《公羊传》采用对答体解释经文，重在发挥经文的“微言大义”（精微的语言涵摄高深的道理），往往不详史事，而借经文的只言片语，创造性发挥，为现实政治服务，主观随意性较大。

四、《穀梁传》

《春秋穀梁传》简称《穀梁传》，又叫《穀梁春秋》，也是汉代的今文学。一般认为其作者是穀梁赤。穀梁赤与公羊高同师于孔子门人子夏，《穀梁传》也是到西汉时才成书，因此，《穀梁传》和《公羊传》同源而异流。

《穀梁传》和《公羊传》一样都重在阐发义理，体例也是一问一答的对答形式，二者跟《左传》不同。但《穀梁传》与《公羊传》也有差别，《公羊传》讲“微言大义”，而《穀梁传》只讲“大义”，不释“微言”。我们用《春秋·隐公元年》的一条记事，来说明三传的不同。

《春秋·隐公元年》载：“夏，五月，郑伯克段于鄢。”记述简略。《左传》详细叙述了事件的始末：郑武公的妻子武姜，生庄公及共叔段，武姜不喜欢庄公，而喜欢共叔段，向郑武公进言想要立共叔段为太子，武公没同意。后来庄公继位，讨厌共叔段，而共叔段也不断地扩充势力，并谋攻都城，最后被庄公打败（《公羊传》和《穀梁传》都说庄公把共叔段杀了）。《左传》不直接发议论，将褒贬寓于对事实的记叙和人物形象之中。《公羊传》并不详记事实，而是直接议论曰："克之者何？杀之也。杀之则曷为谓之克？大郑伯之恶也。曷为大郑伯之恶？母欲立之，己杀之，如勿与而已矣。"《穀梁传》亦未叙述事实，只就此事发表议论，认为段是世子却不称公子，是同母弟却不称弟，而直呼其名，是因为他有失"子弟之道"。"克"是用武力征服对方，用了这个字就表明对方有军队。这些都是对共叔段的"贬"。接着，又贬郑伯之恶："郑伯之处心积虑，成于杀也。于鄢，远也。犹曰取之其母之怀中而杀之云尔，甚之也。"《穀梁传》的作者认为郑伯处心积虑杀掉自己的亲弟弟，是太过分了。那么，郑伯应该怎么办？《穀梁传》说："然则为郑伯者，宜奈何？缓追、逸贼，亲亲之道也。"即宽缓追逐，放走叛逆的弟弟，这才符合儒家"亲亲"的伦理原则。

从以上例子可以看出，《左传》重点记述历史事件的始末；《公羊传》重点阐发"克"字隐含的"微言大义"；《穀梁传》则站在儒家亲亲之道的立场上，谴责郑庄公处心积虑杀害亲弟弟的行为。

第六节 《论语》

一、《论语》其书

《论语》是一部语录体著作，记述了孔子本人以及他部分弟子的言行。为什么叫"论语"？《汉书 · 艺文志》解释说："《论语》者，孔子应答弟子时人及弟子相与言而接闻于夫子之语也。当时弟子各有所记，夫子既卒，门人相与辑而论纂，故谓之《论语》。"①"论"是论纂、编次之意，"语"是言语，指圣人之遗言。

《论语》在战国和汉初时并不是"经"，自汉武帝独尊儒术以后，孔子地位不断上升，在东汉时，《论语》被列入"七经"。宋代朱熹又将《论语》和《孟子》《大学》《中庸》合编为"四书"，元明清时代被定为科举考试教科书，对我国读书人的思想和行为产生了巨大的影响。

① 班固：《汉书 · 艺文志》，中华书局 1997 年版，第 441 页。

今本《论语》共二十篇，四百九十二章，其中大部分是孔子本人的言论和行事，基本上是孔子的弟子记录的，这些章节尊称“子”“子曰”“夫子”。另有一部分是孔子弟子的言论行事，则是孔子弟子的弟子们记录的，这些章节则用“曾子曰”“有子曰”等尊称。

汉代流传的《论语》，有今、古文之分。今文《论语》两家：鲁人所传《鲁论语》，凡二十篇；齐人所传《齐论语》，为二十二篇。古文《论语》一家：据说是和古文《尚书》一同在鲁恭王坏孔子故宅夹壁时发现的，为二十一篇。西汉末年，汉成帝的老师、安昌侯张禹，以《鲁论语》为底本，以《齐论语》为参照，编成一本《论语》，被称为《张侯论》。因张禹的特殊政治地位，他的这个本子便流行天下。东汉末年郑玄以《张侯论》为本，参照《齐论语》和《古论语》，作《论语注》。曹魏时何晏又依据郑玄注本作《论语集解》，这就是我们今天所使用的《论语》本子。

二、孔子其人

孔子（前551—前479），名丘，字仲尼，春秋鲁国人，出生于鲁国昌平乡陬邑（今山东曲阜），我国历史上伟大的思想家、教育家、儒家学派的创始人。他一生主要从事三个方面的事业：一政治，二文化，三教育。

孔子周游列国十三年，无所建树，政治活动失败了。孔子本来对自己的政治才能是颇为自信的，他说：“苟有用我者，期月而已可也，三年有成。”（《论语·子路》）此处的“期月”是一年，意思是假若有用我主持国家政事的，一年便会初见成效，三年便会很有成绩。那么，为什么孔子在实际政治活动中一直没有成功呢？《史记》记载了孔子的弟子颜回对此问题的评论：“夫子之道至大，故天下莫能容。……夫道之不修也，是吾丑也。夫道既已大修而不用，是有国者之丑也。”[①]颜回说是孔子之道太大，天下不能容。怎么不能容呢？两个事例可以说明。

第一个事例：据《史记》记载，孔子周游到楚国，楚昭王“将以书社地七百里封孔子”，结果却遭到令尹（相当于宰相）子西的反对。“楚令尹子西曰：‘王之使使诸侯有如子贡者乎？’曰：‘无有。’‘王之辅相有如颜回者乎？’曰：‘无有。’‘王之将率有如子路者乎？’曰：‘无有。’‘王之官尹有如宰予者乎？’曰：‘无有。’‘且楚之祖封于周，号为子男五十里。今孔丘述三五

① 司马迁：《史记·孔子世家》，中华书局1997年版，第490页。

之法，明周召之业，王若用之，则楚安得世世堂堂方数千里乎？'"[①]子西列举的原因归纳为两点，一是孔子掌握了古圣先王之道，二是孔子弟子中人才济济，如果重用孔子，恐怕将来会对楚国构成威胁。最后，楚昭王听从了子西的意见："昭王乃止。"

第二个事例：孔子五十六岁时，在鲁国"由大司寇行摄相事"[②]，执政三个月，国家大有起色，齐国人害怕再这样搞下去鲁国强大了，齐国会受到威胁。于是，选送八十名美女腐蚀鲁君，鲁君耽于女色，不听朝政，孔子无奈离去。[③]

从以上事例可以看出，颜回对孔子在政治上不得志的评论，所言不虚。看来，一个人才能太高，是会难容于世的。只不过，才高者即使在政治上走不通，只要不消沉，总会做出成就。孔子在政治上失败了，但是，他在文化和教育事业上却获得了无与伦比的巨大成功。他整理六经，确立了我国以六经为核心的经典文化和价值体系；他开设私立学校，有教无类，打破当时学在官府的教育模式，使广大的平民获得受教育的机会，功在千秋，泽被万世，他本人后来也获得"万世师表"的殊称。

从《论语》的记述中，我们可以看到孔子以及以他为代表的群体的形象。如：

自述人生重要阶段："吾十有五而志于学，三十而立，四十而不惑，五十而知天命，六十而耳顺，七十而从心所欲不逾矩。"（《为政》）

自己好学不厌，对学生诲人不倦："十室之邑，必有忠信如丘者焉，不如丘之好学也。"（《公冶长》）"若圣与仁，则吾岂敢？抑为之不厌，诲人不倦，则可谓云尔已矣。"（《述而》）

日常行为："夫子温、良、恭、俭、让。"（《学而》）"子温而厉，威而不猛，恭而安。"（《述而》）

宅心仁厚："君子去仁，恶乎成名？君子无终食之间违仁，造次必于是，颠沛必于是。"（《里仁》）

讲究信誉："人而无信，不知其可。"（《为政》）

---

① 司马迁：《史记·孔子世家》，中华书局 1997 年版，第 490 页。

② 司马迁：《史记·孔子世家》，中华书局 1997 年版，第 487 页。

③ 参见司马迁：《史记·孔子世家》，中华书局 1997 年版，第 487 页。

严格自省:“曾子曰:‘吾日三省吾身。为人谋而不忠乎?与朋友交而不信乎?传不习乎?’”(《学而》)

对待富贵,讲究以义取利:“富与贵,是人之所欲也,不以其道得之,不处也;贫与贱,是人之所恶也,不以其道得之,不去也。”(《里仁》)“饭疏食饮水,曲肱而枕之,乐亦在其中矣。不义而富且贵,于我如浮云。”(《述而》)“富而可求也;虽执鞭之士,吾亦为之。如不可求,从吾所好。”(《述而》)

即便极端穷困,仍能坚守志节:“在陈绝粮,从者病,莫能兴。子路愠见曰:‘君子亦有穷乎?’子曰:‘君子固穷,小人穷斯滥矣。’”(《卫灵公》)

对待乡里长者:“乡人饮酒,杖者出,斯出矣。”(《乡党》)

以人为本:“厩焚。子退朝,曰:‘伤人乎?’不问马。”(《乡党》)

爱好、擅长音乐:“子在齐闻《韶》,三月不知肉味,曰:‘不图为乐之至于斯也。’”(《述而》)“子与人歌而善,必使反之,而后和之。”(《述而》)

没有轰轰烈烈,很少豪言壮语,一切显得那么平实、亲切,甚至可爱!但就是在这种平凡的日常生活中,体现了孔子及其群体的圣贤气象,为后世树立了为人处世的人格典范。

三、《论语》中的孔子思想

《论语》所记大部分是孔子的言行,集中反映了孔子的思想。

(一)仁

“仁”是孔子思想的核心,也是儒家思想的核心。《论语》全书有五十八章谈到“仁”,用“仁”字一百零九次。什么是仁?据《论语》记载:“樊迟问仁。子曰:爱人。”(《颜渊》)“仁者爱人”,可以看作对孔子仁学思想的简要概括,就是对别人有一种发自内心的仁爱之心。孔子明确提出“泛爱众,而亲仁”(《学而》),“泛爱”,就是博爱。只不过,这个博爱有等差之别,即所谓“爱有差等”,认为爱是从父母开始的。父母生我养我,是每一个人本根的生命之源、原初的生存所依、最早的情感所寄,敬爱父母是“孝”;兄弟姐妹与我同为父母所生养,敬爱兄长是“悌”,悌爱也可以扩充到兄弟姐妹间相互的友爱和敬爱。从父母到兄弟姐妹,再到夫妻、朋友,再到陌生人(人类)直至天底下所有的生物,这样从内到外推广,最后对天下所有的人和物都充满着恻隐和同情的爱心,这就是“等差之爱”,或说“爱有差等”。

儒家的“仁爱”就是“等差之爱”,这是一种更符合人性本真和人类真实情感的爱。一个人如果具有仁爱之心,便不会做出残害别人或者损人利己的事情,这是道德的基础。这个基础的原点是“孝悌”,所以孔子的弟子有若说:“孝弟也者,其为仁之本与?”(《学而》)“弟”同“悌”。“仁”以“孝悌”为根本,就是说人类正常的爱是从家庭中的“孝悌”之爱开始的。因此,儒家特别重视家庭,家庭是社会的细胞,是培育仁爱心和责任感的摇篮,家庭和谐是社会和谐的基础。

那么,如何实现“仁”?孔子提出被视为道德“金律”的“忠恕之道”:

> 子曰:“参乎,吾道一以贯之。”曾子曰:“唯。”子出,门人问曰:“何谓也?”曾子曰:“夫子之道,忠恕而已矣。”(《里仁》)
>
> 夫仁者,己欲立而立人,己欲达而达人。能近取譬,可谓仁之方也已。(《雍也》)
>
> 子贡问曰:“有一言而可以终身行之者乎?”子曰:“其恕乎!己所不欲,勿施于人。”(《卫灵公》)

“忠恕之道”就是孔子提出的实现“仁”的方法,即“仁之方”。何谓“忠”?“尽己之谓忠”,就是从内心出发,真心实意,尽心尽意地为他人着想,为他人效劳,自己立世通达,也要竭力让别人一样立世通达,这就是“忠”。何谓“恕”?自己不愿意接受的,也不要施加于别人,这就是“恕”。人与人之间,国与国之间,若能做到“忠恕”,则人心光明,社会和谐,世界和平。

(二)礼

春秋时期,“礼崩乐坏”,社会秩序遭到严重破坏,孔子试图通过恢复“礼”来维系社会成员之间的内在秩序,建立完善的社会管理和运行体系。

孔子所说的“礼”,主要是指周代的礼。孔子说:

> 周监于二代,郁郁乎文哉!吾从周。(《八佾》)
>
> 殷因于夏礼,所损益可知也;周因于殷礼,所损益可知也。其或继周者,虽百世,可知也。(《为政》)

孔子认为周代的“礼”集三代之大成,内容丰富而美好,可以成为后世的典范。

在古代,“礼”是社会的典章制度和人们的道德规范和行为准则。“礼”

的范围很广,涉及宗法社会的政治、经济、军事、文化以及人们的生活交往、风俗习惯和日常行为等方面。一个人生活在社会中,不知礼是行不通的,所以孔子说:"不学礼,无以立。"(《季氏》)

孔子把"礼"和"仁"两个概念联系起来,认定"礼"是"仁"的表现形式,"仁"是"礼"的实质内容。也就是说,仅仅将"礼"看作一种形式,是没有任何意义的,也不会得到社会成员发自内心的遵行。必须使"礼"的形式和"仁"的内容结合起来,人们用发自于内的仁心去遵行和实践"礼","礼"才能真正得到落实。孔子说:

礼云礼云,玉帛云乎哉?(《阳货》)

居上不宽,为礼不敬,临丧不哀,吾何以观之哉?(《八佾》)

林放问礼之本。子曰:"大哉问!礼,与其奢也,宁俭;丧,与其易也,宁戚。"(《八佾》)

这是说,"礼"的本质不在于形式(如举行典礼时所献的玉帛等礼品),而是内心的仁敬内容。如果在上位者对人不宽厚仁慈,执行礼仪内心不恭敬,参加丧礼心中不悲戚,这就很难说是真正的践行"礼"。因此,孔子强调按"礼"行事时,最重要的是要有发自内心的仁敬之情,而不是一味追求奢侈、周到的形式。

上面讲到,"孝悌"被视为"仁之本"。在谈到"孝"时,《论语》记载曰:

子夏问孝,子曰:"色难。有事,弟子服其劳;有酒食,先生馔,曾是以为孝乎?"(《为政》)

有事情年轻人效劳,有酒食年长的人吃喝,这只是形式,还不能说是真正的孝。真正的孝是要有发自内在的孝敬之心。内心仁慈的人,孝敬年老体衰的父母,自然表现出来的就是和颜悦色。用仁敬的孝心、和悦的脸色,遵礼而行,关心父母的衣食住行,父母就会感到莫大的安慰和真正的喜悦,这才叫真正的孝。这就是"仁"和"礼"的统一。

(三)中庸

《论语》中提到"中庸"的地方只有一处:"子曰:'中庸之为德也,其至矣乎！民鲜久矣。'”(《雍也》)孔子把中庸看作最高的品德,而且认为当时人们很少具有这种品德。尽管《论语》只有一处提到“中庸”一词,但实际上《论语》所记孔子的全部理论和实践,都贯彻着中庸思想。孔子死后,相传他的孙子子思将他的中庸思想进一步系统化和理论化,写成《中庸》一文,收入《礼记》,后来又被南宋时期理学集大成者朱熹编为“四书”之一,可见儒家对中庸思想的重视。

“中庸”的核心观念就是不偏不倚,寻求最佳平衡点,反对走极端,所谓“过犹不及”,就是此意。“中庸”不是折衷主义。折衷主义是在不同的理论、思想、观点之间采取无原则的调和态度,而孔子所提倡的“中庸”,则是以“仁”和“礼”为原则,在任何时候,处理任何事情时做到恰如其分、恰到好处,既不过头,亦无不及。这是不容易做到的,所以孔子认为是最高的道德品格。

(四)和而不同

孔子说:“君子和而不同,小人同而不和。”(《子路》)“和而不同”是孔子的重要思想,至今仍然有极强的现实意义。“和”是和谐,和谐的整体恰恰包含着各种差别,甚至矛盾的成分,这样才真实而有生机。“同”是同一,它取消了事物的差异和矛盾,是单方面的统一,是死气沉沉的一致,没有生机活力,不能长久,所谓“和实生物,同则不继”(《国语·郑语》),就是此意。

(五)德主刑辅

这是孔子以及儒家政治思想的重要观点。儒家最高的政治理想是“德治”,但在实际的政治操作中,则提出“德礼”与“刑政”并用,而以“德礼”为主,“刑政”为辅的方法。孔子说:“道之以政,齐之以刑,民免而无耻;道之以德,齐之以礼,有耻且格。”(《为政》)朱熹解释说:“政者,为治之具,刑者,辅治之法。德礼,则所以出治之本,而德又礼之本也。此其相为终始,虽不可以偏废,然政刑能使民远罪而已。德礼之效,则有以使民日迁善而不自知,故治民者,不可徒恃其末,又当深探其本也。”①“德礼”之治旨在使人民自愿从“不善”至于“至善”,“刑政”是说先引导人民遵守国家的法制禁令,若不服从而违犯,则处以刑罚。朱熹既肯定“德礼”的作用,也肯定“刑政”

① 朱熹:《四书集注》,岳麓书社1985年版,第77页。

的作用。同时,他又认为,“刑政”虽然能使人畏惧而一时不去犯法,但由于不见“德”,不能从“不善”变为“至善”,故其为恶的念头并未去除,没有从根本上解决问题。况且在现实中还存在着一些铤而走险不畏刑罚的人,“刑政”对这些人来说就没有任何作用。因此,“德礼”和“刑政”虽然要兼施并用,但从根本意义上来说,还是以“德礼”为本,“刑政”为辅。

在《论语》中,孔子的思想除了上述几个主要的方面,还有很多思想,比如政治上的忠君爱国、富民节用、尊贤任能,教育上的有教无类、德育为先、因材施教、教学相长等等,都对后世产生了深远的影响。

第七节 《孟子》

一、《孟子》其书

与《论语》相似,《孟子》一书也是孟子及其弟子的言行录,所不同的是,孟子亲自参与了《孟子》一书的写作和编辑。《史记·孟子荀卿列传》记载孟子“退而与万章之徒序《诗》《书》,述仲尼之意,作《孟子》七篇”,说孟子和他的弟子一起写作《孟子》七篇,学术界普遍认为这个记述是可信的。

《孟子》七篇为:《梁惠王》《公孙丑》《滕文公》《离娄》《万章》《告子》《尽心》,每篇分上、下,共七篇十四卷。

在战国时期,《孟子》一书即为世所重。秦始皇焚书坑儒,孟子学派受到毁灭性打击。汉代,《孟子》复受重视。而其特别受到尊崇,是在唐代,韩愈提倡复兴儒学,揭“道统”之说,认为儒家自上古圣王到孟子,有一个递相传承的“道统”:“尧以是传之舜,舜以是传之禹,禹以是传之汤,汤以是传之文、武、周公,文、武、周公传之孔子,孔子传之孟轲。轲之死,不得其传焉。”①把孟子看成孔子之后“道统”的唯一继承者。宋代儒家学者继承韩愈之说,推崇《孟子》一书,并将其列为十三经之一。朱熹又将《孟子》和《论语》《大学》《中庸》合编为“四书”,成为科举考试的教科书。

二、孟子其人

孟子名轲,邹(今山东省邹城市)人,大约生活在公元前 372 年至前 289 年。

---

① 韩愈:《原道》,见魏仲举集注:《五百家注韩昌黎集》,中华书局 2019 年版,第 676 页。

孟子被称为“亚圣”，是孔子嫡孙子思的再传弟子。孟子的生平与孔子有诸多相似之处，都经历读书、周游、教书三个阶段。不同的是，孟子比孔子要幸运。孟子青少年时期受到良好的家庭教育，“孟母三迁”“断机教子”的故事，说明孟子母亲对他的教育可谓苦心孤诣。读书学习阶段，孟子受业于儒家正统学派，学成后，周游列国，名气很大，常常是“后车数十乘，从者数百人”(《滕文公下》)。所到之处，国君隆重相待，赠以厚礼。小国宋国赠他黄金七十镒(一镒二十四两)，薛国则送他黄金五十镒。在齐国时，齐王要送他黄金一百镒，由于有收买之嫌，孟子还不接受。(《公孙丑下》)可见，孟子周游时，身价高，派头大，比恓恓惶惶如丧家犬的孔子要强得多。

孟子的性格也跟孔子不同。孔子宽厚谦和、温文尔雅、为人低调；而孟子则性格刚傲、言辞激烈、个性张扬。例如，孔子对待国君的召见，“君命召，不俟驾行矣”(《论语・乡党》)，不等车辆驾好马，就迫不及待地先步行走了。孟子则不一样，有一次他正准备去朝见齐王，恰巧齐王派人来告诉他，说我本来是应该来看你的，但是不幸感冒了，不能吹风，如果你肯来朝，我便勉强上朝办公。孟子马上就生气了，对来人说：不幸得很，我也生病了，不能到朝廷里去。第二天，齐王派人来给他看病，他却跑到朋友家吊丧去了。孔子是“畏天命，畏大人”(《论语・季氏》)，所以对王公大人们说话客客气气，即使看不惯很生气也骂得很委婉，如：“三家者以《雍》彻。子曰：‘相维辟公，天子穆穆。奚取于三家之堂！’”(《论语・八佾》)“孔子谓季氏，‘八佾舞于庭，是可忍也，孰不可忍也！’”(《论语・八佾》)孟子则是“说大人，则藐之，勿视其巍巍然”(《尽心下》)，不把王公大人放在眼里。所以他对当权者说话毫不客气，如对齐宣王说：“贼仁者谓之‘贼’，贼义者谓之‘残’。残贼之人谓之‘一夫’。闻诛一夫纣矣，未闻弑君也。”(《梁惠王下》)孟子告诫齐宣王曰：“君之视臣如手足，则臣视君如腹心；君之视臣如犬马，则臣视君如国人；君之视臣如土芥，则臣视君如寇仇。”(《离娄下》)孔子是“述而不作，信而好古”(《论语・述而》)，态度谦虚：“若圣与仁，则吾岂敢？”(《论语・述而》)孟子则是自信满满，自视极高：“如欲平治天下，当今之世，舍我其谁也？”(《公孙丑下》)

三、孟子思想

(一)性善论

性善论是孟子哲学思想的核心。孟子的性善论涉及复杂的人性问题。

人性问题在春秋时期就已经提出，也是战国诸子热烈讨论的话题。就儒家而言，孔子是最早谈到人性问题的人。但他对人性并没有很多的讨论，据子贡回忆或转述："夫子之文章，可得而闻也，夫子之言性与天道，不可得而闻也。"（《论语·公冶长》）说明孔子很少谈这类问题。从《论语》上看，只有一处孔子正面谈到人性问题："子曰：'性相近也，习相远也。'"（《论语·阳货》）这里虽然谈到人性问题，但却并没有做更多的发挥。孔子在这里所说的性，朱熹解释说："此所谓性，兼气质而言者也。气质之性，固有美恶之不同矣。然以其初而言，则皆不甚相远也。但习于善则善，习于恶则恶，于是始相远耳。"①朱熹把孔子此处所说的性理解为气质之性，是符合孔子原意的。这里的性，明显是一个中性词，可以往善、恶两个方向发展。正因如此，后来孟子和荀子才可以发展出性善与性恶两种截然相反的理论，而他们又都自认为是孔子学说的正宗传人（孔孟并称，历代相沿，已无人怀疑；而荀子在《非十二子》中也以仲尼、子弓的正宗传人自居）。

孟子继承和发展了孔子的人性论思想，第一个提出人性善理论，对后世影响非常大，"人之初，性本善"，成为中国人对人性的基本信念。

孟子采取一种诉诸内心、直觉体认式的说明方法，肯定人的"怵惕恻隐"之仁心，并以此为基点，从人心中引发出四种"善端"："恻隐之心，仁之端也；羞恶之心，义之端也；辞让之心，礼之端也；是非之心，智之端也。人之有是四端也，犹其有四体也。"（《公孙丑上》）在孟子看来，人有"四端"，犹其有"四体"，人的四种"善端"是先验存在、先天具有、不证自明的，只要有人，只要人有"四体"，就有这四种"善端"。四种"善端"扩而充之，就是仁、义、礼、智"四德"。"四德"是人的道德本性，这种道德本性根源于人心，"仁、义、礼、智根于心"，"非由外铄我也，我固有之"。（《告子上》）因此，在孟子那里，人心被提升到至高无上的地位，被称为道德本心，它与人的善性相通为一，都是人类先天固有的。这就在理论上肯定了道德内在于人的主体自身，肯定每一个人都有先天的善性，从理想主义的角度给每一个人以自作主宰、自觉自律地做道德实践之事的信心。由于"心"是道德的发源地，是人类"善性"的土壤，因此，要保证道德实践的有效，保存和扩大人类天生的善性，就需要特别爱惜养护"此心"。不但要寡欲以养心，而且

① 朱熹：《四书集注》，岳麓书社 1985 年版，第 212 页。

要时常注意“求放心”,因为此心“操则存,舍则亡,出入无时,莫知其向”。(《告子上》)

那么,孟子讲人性善是先天赋予的,其根据是否成立?

从哲学意义上说,“善”就是指外部事物(包含自然和人类社会两个层面)对人类整体而言的功利,它是人类在把握了“真”(即客观事物的本质和规律)的前提下自身要求和目的的满足和实现。从人类整体和原初的意义上看,“善”只与“利”(功利)相关,而与“义”无关。只有当人类社会发展到一定阶段,“利”的主体分化了,复杂了,出现了以个人或小集团之“利”损害人类社会整体之利的现象,才需要用“义”来对“利”进行调控。从本质上说,“利”和“义”有某种程度的相通性,主要是看“利”的主体是谁,而且同时还要看不同主体的“利”是否相冲突,冲突的性质如何。以人类整体为主体,“利”就是“义”,反之亦然。而以个人或小集团为主体,其“利”就要看是否与人类整体相冲突,若不冲突,“利”就是“义”,倘若冲突,则此时的“利”就成为“不义”。为什么有这种区分?因为人是一种社会性的动物,人类过的是社会性的群居生活,因此,由无数单个人所构成的人类的整体就有一种“类本质”,有人将这种“类本质”称为人之所以为人的性(狭义的人性)。假设天下只有一个人,那么,他的任何功利行为对他来说都是义行,他的任何利都是义。但是,人不能脱离社会而单个存在,所以个人或小集团的利和义就要用人的类本质和人类整体的利来评判。

从善、恶对人类的作用来看,善是最根本的、伴随人类始终的,恶则是非根本的、人类社会发展到一定时期才产生的。在原始社会,生产力水平低下,人类获得的利相对较小,那时没有自私的观念,一切都是为了部落整体的生存。后来人类生产力水平提高了,越来越发达,人类获得的利也越来越多了,但也带来一个副产品,即产生了自私的观念,有时这种自私与人类整体之利相冲突,便成了恶。因此,从这个意义上来说,善是先天的,而恶则是后天的。人类要生存,必须依赖于以人类整体功利为基础的善,离了善便不能活。恶只是一种客观的存在,但是它既已产生,便如影随形地与善相伴着而存在,人们无法彻底消灭它,因而也就不能不正视它。

基于以上认识,我们认为,孟子的先天(先验)性善论是合理的、深刻的。此处所谓“先天”性善,不应视为脱离人类存在的永恒的绝对物,而应理解为伴随着人类的产生而产生,是内在于人的“类本质”中的东西。善是人类赖以生存的基础,性善是人类社会存在的前提。恶是“后天”产生的,它是在与人类整体的善的比较中存在的,它是善的对立物。但是,它却也不是毫无作用的。它的作用就是可以刺激人的欲望和创造力,用一种特殊的方式推动生产力的发展。但是,从最根本的意义上来说,人类社会必须以善为主导,用善来节制恶,因为善是人的“类本质”或人类之“性”所内在要求和“先天”固有的,而恶则是“后天”形成的,它是与人的“类本质”相反、与人类之“性”相违的。

(二)义与利

孟子发展了孔子的“仁义”思想,并着重阐述和提倡“义”。孟子说:“仁,人心也;义,人路也。”(《告子上》)仁是人内在的善心,义是人必走的道路。孟子提倡“仁义”,把它与“利”相对立,形成了中国古代“重义轻利”的传统。曾经有人对中国的这个重义轻利传统进行激烈的批判,时至今日,逐利拜金风潮愈演愈烈,人与人之间为一个“利”字相互诈骗、残害,导致社会动荡不宁,我们再来重温孟子的思想,会有新的感悟。

司马迁在《史记·孟子荀卿列传》开首说:“余读《孟子》书,至梁惠王问‘何以利吾国’,未尝不废书而叹也。曰:嗟乎,利诚乱之始也!夫子罕言利者,常防其原也。故曰:‘放于利而行,多怨。’自天子至于庶人,好利之弊何以异哉!”司马迁的这番感慨,是就《孟子》开篇文字而发的:

> 孟子见梁惠王。王曰:“叟!不远千里而来,亦将有以利吾国乎?”
>
> 孟子对曰:“王何必曰利?亦有仁义而已矣。王曰‘何以利吾国’?大夫曰‘何以利吾家’?士庶人曰‘何以利吾身’?上下交征利而国危矣。万乘之国,弑其君者,必千乘之家;千乘之国,弑其君者,必百乘之家。万取千焉,千取百焉,不为不多矣。苟为后义而先利,不夺不餍。未有仁而遗其亲者也,未有义而后其君者也。王亦曰仁义而已矣,何必曰利?”(《梁惠王上》)

梁惠王见到孟子,一开口就谈利,遭到孟子反驳。孟子雄辩滔滔地说明,如果一个国家人人都只讲利,就会争相夺利,天下大乱。即“上下交征利而国危”,或如司马迁所说:“利诚乱之始也!”一个国家,一个社会,如果一切皆以利字当头,便会丧失恻隐、羞恶、辞让、是非等道德之心,人心无爱,不知廉耻，只要能得利，无所不为，无所不用其极，不达目的不罢休。整个社会人人绞尽脑汁谋利，那么权钱交易、制假贩假、偷盗抢劫、欺凌诈骗，甚至杀人越货、谋财害命，各种丑恶现象便会层出不穷，防不胜防。古代圣贤之所以千言万语、苦心孤诣地在全社会建立以仁爱为本，重义轻利的价值共识，正是要为天下谋安定，为万世开太平。

孟子提倡重义轻利，并不是不知道物质利益对人类的重要。相反，他还非常重视要让百姓过上丰衣足食的好日子。比如他说：

> 不违农时，谷不可胜食也；数罟不入洿池，鱼鳖不可胜食也；斧斤以时入山林，材木不可胜用也。谷与鱼鳖不可胜食，材木不可胜用，是使民养生丧死无憾也。（《梁惠王上》）
>
> 五亩之宅，树之以桑，五十者可以衣帛矣；鸡豚狗彘之畜，无失其时，七十者可以食肉矣；百亩之田，勿夺其时，数口之家可以无饥矣；谨庠序之教，申之以孝悌之养，颁白者不负戴于道路矣。（《梁惠王上》）

可见，孟子是非常重视百姓的物质生活的，这是人类生存的物质基础。但是，有了物质的生存基础，人们对“利”的追求就不要那么疯狂了，要首重仁义，然后再讲利。儒家所讲的“重义轻利”，真实含义是“以义节利”“以义取利”。这一点，孔子早有同样的说法：“富而可求也，虽执鞭之士，吾亦为之。如不可求，从吾所好。”（《论语・述而》）“不义而富且贵，于我如浮云。”（《论语・述而》）

（三）民本

民本思想是孟子政治思想中的一个闪光点。本来，民本思想古已有之，《尚书》就有“天视自我民视，天听自我民听”的记载。但是，孟子明确地把“民”的地位放在了第一位，提出“民贵君轻”的主张：“民为贵，社稷次之，君为轻。”（《尽心下》）

孟子的民本思想具有民主的因素。当然，完全用现代民主思想去衡量民本论，两者是有差别的。现代民主思想的主权在民，反对君主专制，而民本论则是主权在天，天命有德之君治民，依赖开明的君主专制来维护统治。

（四）仁政

从性善论和民本思想出发，孟子认为统治者应该施行仁政。齐宣王不忍心看到祭钟之牛哆嗦可怜的样子,孟子就指点齐王说这种不忍之心就是仁爱,把这种仁爱之心用在治国安民上,通过同情和关心百姓,保民、养民、教民,使天下归顺,百姓安居乐业,这就是仁政。

(五)王道

孟子推崇王道,反对霸道。所谓王道,就是施行仁政,以德服人,使天下人们心悦诚服地归顺;所谓霸道,就是依仗武力,去攻打别国,强迫别人服从,是以力服人,人民并不心服。孟子认为,尧、舜、禹、汤、文、武、周公都是实行王道的,所以统一了天下;而齐桓、晋文等“春秋五霸”及其追随者都是实行霸道的,他们只能残害人民,并不能真正地统一天下。

第八节 《孝经》

中华民族是个非常重视孝道的民族,在《论语》《孟子》以及其他古代典籍中,常有论及孝道的文字。经过几千年的宣传和践行,孝道在我国已经深入人心,是中华民族的传统美德。

《孝经》是一本专讲孝道的书,虽然字数不多(全文一千七百九十九字),但也是十三经之一。《孝经》的作者及写作年代,历来有多种说法,如孔子作、曾子作、曾子门人作、子思作、孟子门人作、汉儒伪作等等。当今学术界一般认为,《孝经》当为秦统一中国之前数十年间的儒家学者所作。

《孝经》也有今、古文之别。古文《孝经》有鲁恭王于孔子故宅夹壁中所得的本子,凡二十二章,已在南朝萧梁时亡佚。另有《孝经古孔氏传》本,二十二章,孔安国传,也在唐代亡佚。流转至今的是今文《孝经》,为汉初颜贞所藏,凡十八章。内容依次为:

《开宗明义章第一》:论孝的根本意义与孝行的终始。此章是全书的纲领,故而后世有单称此章为“经”,后面皆为“传”的。《开宗明义》章提出:“夫孝,德之本也,教之所由生也。”孝是德之本,这跟《论语》所载“孝悌也者,其为仁之本与”的说法是一致的。《开宗明义》章又说:“身体发肤,受之父母,不敢毁伤,孝之始也;立身行道,扬名于后世,以显父母,孝之终也。”这就是说,保护好自己的身体,不伤身,不辱身,这是践行孝道的开端。立身行道,成就事业,受到社会的认可和人们的尊敬,使父母脸上有光,内心愉悦,最后扬名后世,“光宗耀祖”,这是孝的最终完成。

《天子章第二》:论天子的行孝方式。

《诸侯章第三》:论诸侯的行孝方式。

《卿大夫章第四》:论卿大夫的行孝方式。

《士章第五》:论士的行孝方式。

《庶人章第六》:论庶人的行孝方式。

《三才章第七》:论孝为天经地义和人之常情,政治要以孝为本,这样就会“其教不肃而成,其政不严而治”。

《孝治章第八》:阐述以孝治天下,顺天理,得民心。

《圣治章第九》:论述圣人的德教以孝为大。

《纪孝行第十》:论述孝子如何事亲,孝行本质上是一种庄敬的道德行为。

《五刑章第十一》:宣称不孝之罪超过五刑(墨、劓、剕、宫、辟),是最大的罪恶。

《广要道章第十二》:论孝悌礼乐是治国要道。“教民亲爱,莫善于孝;教民礼顺,莫善于悌;移风易俗,莫善于乐;安上治民,莫善于礼。”

《广至德章第十三》:论以孝治民,并不必到家家户户每天当面讲,而在于推广敬德。

《广扬名章第十四》:论孝亲事兄和忠君尊长的一致性,以孝悌为本,可以扬名后世。

《谏诤章第十五》:如果君、父行为不义,臣、子应当以谏诤为孝;如果不诤而顺从,陷君、父于更大的不义,则为不孝。

《感应章第十六》:讲孝悌之至,可以“通于神明,光于四海”。

《事君章第十七》:谈事君之道,在于顺行其美善,而匡救其过恶。

《丧亲章第十八》:讲孝子丧亲之后的行为表现,要哭得声嘶力竭,言不成句,衣不美服,食不甘味,闻乐不乐。还要守丧三年,按时祭祀。

第九节　《尔雅》

《尔雅》是我国最早的一本词典,属于语言文字学,即“小学”的范畴。“尔”的意思是“近”(后来写作“迩”),“雅”的意思是“正”,指“雅言”,即先秦时代在政治、经济、文化等活动中使用的规范语言。“尔雅”命名之意,即以这种规范语言解释古语词、方言词和难僻词。因为在它产生的时代,很多古籍就已经由于年代久远,部分词语难以通晓了。

那么,《尔雅》产生于什么时候?它的作者是谁?历来有不同的说法,有说是西周初周公所作,有说是孔子门人所作,还有说是汉儒所作。当下学术界一般认为《尔雅》非为一人一时之作,它最初并未单独成书,而是附在经书的后面,用以解释经书中的字。经过先秦许多学者递相增益,最终成书,年代约在战国末年。后经秦火而幸存,于汉初复出,汉代学者又有增补润色。

《汉书·艺文志》说《尔雅》有三卷二十篇,可今本只有十九篇。前三篇解释一般词语,为普通词典;《释亲》以下十六篇按事物分类解释名物,可谓小百科词典。总体来看,《尔雅》的内容大致可以分为五大类:

第一,语言类。《尔雅》前三篇《释诂》《释言》《释训》,即属此类,解释一般词语。如解释"初、哉、首、基、肇、祖、元、胎"等都是开始的意思;"崩、薨、无禄、卒、徂落、殪"都是死的意思。

第二,社会关系类。有《释亲》一篇,解释亲属称谓,把亲属关系分为宗族、母党、妻党、婚姻四部,称谓相当复杂精细,反映了古代亲属关系的基本格局。其中有些称谓沿用至今,如兄、弟、姊、妹、叔父、姑姑等。有些称谓已经变化,但读古书时却会经常遇到。如父为考,母为妣(原来父、母不论存殁都称考、妣,后来只称死去的父、母为考、妣);父之考为"王父",父之妣为"王母"(今称祖父、祖母);母之考为"外王父",母之妣为"外王母"(今称外祖父、外祖母);婿之父为"姻",妇之父为"婚",妇之父母和婿之父母相谓为"婚姻"(今俗称亲家);两婿相谓为"亚"(或"娅",今俗称连襟);等等。

第三,建筑器物类。如《释宫》《释器》《释乐》等。《释宫》解释宫室的名称以及与之相关的道路、桥梁等名称。如东西墙叫"序",西南隅叫"奥"。从这些名物,可以了解上古建筑的面貌及工艺水平。《释器》解释各种器用以及服饰、饮食的名称。如木头做的容器叫"豆",竹编的果盘叫"笾",用瓦做的容器叫"登",等等。从各种饮食名称的记载,可以了解到上古人们的饮食方式,如谷去糠、煮熟,不吃半生或变质腐臭食物,吃肉脱皮去骨,鱼刮鳞,等等。《释乐》主要解释五声音阶以及一些乐器的名称,有助于研究古代音乐史。

第四,天文地理类。包括《释天》《释地》《释丘》《释山》《释水》,解释天文地理方面的名词。可以了解到古人对事物的区分相当精细。如涉水渡河:步行渡河叫“涉”,水浅不及膝而提起衣服涉过河叫“揭”,水深过膝连衣涉过河叫“厉”,游过河叫“泳”。逆流而上叫“溯洄”,顺流而下叫“溯游”,横渡叫“乱”(《尚书·禹贡》有“乱于河”之句)。

第五,动物植物类。包含《释草》《释木》《释虫》《释鱼》《释鸟》《释兽》《释畜》七篇。对鸟、兽、虫、鱼有各种命名和详细的解释,但大部分名称现在都不使用了。

《尔雅》有很高的学术价值。第一,可以帮助我们阅读古籍。古籍中有些字和词,由于年代久远,与现代通用意义相差甚远,而《尔雅》成书较早,保留了很多上古原始材料。第二,奠定了训诂学的基础。第三,开创了类书的先例。第四,提供了博物学的资料。第五,有助于研究汉语语言变迁。

第三章　文字、音韵、训诂

文字、音韵、训诂三门学问被称为“小学”，即现代的语言文字学。朱熹《大学章句序》说：“人生八岁，则自王公以下，至于庶人之子弟，皆入小学，而教之以洒扫、应对、进退之节，礼、乐、射、御、书、数之文。”即指古人八岁入小学，学习识字、算数、待人接物的礼节和劳动技能。

“小学”本为古代儿童启蒙时学习的内容，后来却变成了高深的学问。上古时代小学生都认识的字、懂得的字义，后来却要专门的学问家才能了解。原因就是古今语言文字发生了巨大的变化。以《尚书》为例，其内容本不过是国家的号令文告、训诫士众的誓词、重要的谈话和会议纪要以及专题记事等等，应该是当时每一个人都能听懂、看懂的“大白话”。可是今天我们读来，却是那么艰涩，历来有众多专门研究它的学者，穷毕生精力专治此书，以至于形成“尚书学”这门专深的学问。正是由于古今语言文字的巨大变化，才出现文字、音韵、训诂这三门统称为“小学”的学问。

古代的“小学”归属于“经部”，因为它是读经书的基础。要想通经，必先通“小学”。以下对“小学”所包含的文字、音韵、训诂三部分内容分别进行概略性介绍。

第一节　文字学

我国文字的字形，自魏晋以后基本上没有太大的变化，因此，我们所讲的文字学，实际上是古文字学。

一、汉字的起源

汉字是世界上最古老的文字之一，也是世界现存四千多种文字中使用时间最长、使用人口最多而且始终延续不断的文字。汉字的起源，有两个阶段：

第一阶段:结绳和八卦。

文字是用来替代语言、传递信息、交流思想的。在汉字正式产生之前,有一个萌芽的阶段,这就是结绳和八卦。上古时代,在人们的生产和生活实践中,产生了传递信息、交流思想以及记事备忘的需求,据古籍记载,上古最早是用结绳的方式来满足这种需求的。《周易·系辞下》说:“上古结绳而治,后世圣人易之以书契,百官以治,万民以察。”结绳,就是在绳子上打结。孔疏引郑注云:“事大,大结其绳;事小,小结其绳。”

除了结绳记事,在上古文字产生之前,又有八卦说。《周易·系辞下》说,上古时代的伏羲创制八卦,通神类物,用高度抽象的八个符号乾☰、坤☷、震☳、巽☴、坎☵、离☲、艮☶、兑☱来象征自然界八类重要事物天、地、雷、风、水、火、山、泽,说明人类的思维已经达到高度抽象的水平,可以运用抽象符号来表意。除了高度抽象的八卦,还有各类考古发现的史前陶器刻画、岩画刻石①等等,有的甚至出现了汉字的雏形。这些都为汉字的正式产生奠定了基础。

第二阶段:造字。

《说文解字·序》云:“黄帝之史仓颉,见鸟兽蹄迒之迹,知分理之可相别异也,初造书契。”《吕氏春秋·君守》云:“苍颉作书。”(苍颉即仓颉——引者注)《淮南子·本经训》云:“苍颉作书而天雨粟,鬼夜哭。”这些记载一致认为黄帝的史官仓颉创造了汉字,《淮南子》更是说创造汉字是“惊天地,泣鬼神”的大事。仓颉造字有一定的合理性,作为黄帝的史官,仓颉在汉字的创造过程中起了巨大的作用。但是,文字的创造绝非一朝一夕、凭一人之力所能完成,而是由许多像仓颉这样的人慢慢创造和丰富起来的,仓颉只不过是其中最著名的代表而已。在我国上古的历史传说中,往往用某一个人物代表一个时代,如“奚仲作车,仓颉作书,后稷作稼,皋陶作刑,昆吾作陶,夏鲧作城”(《吕氏春秋·君守》)等等。

二、汉字与中国文化

汉字是世界上最古老的文字之一。如果从商朝的甲骨文算起,汉字就已经有三千多年的历史了。甲骨文是相当成熟的文字体系,所以,我们还可以推断,汉字的产生远在三千年以前。

---

① 如江苏连云港锦屏山南麓的将军崖岩画。

汉字也是世界上迄今为止连续使用时间最长的文字，历尽沧桑而又永葆青春。在漫长的历史时期里，汉字在忠实有效地为历朝历代各个阶层人们服务的同时，也承载了极其丰富的文化内涵。

首先，汉字是中国文化的载体，记录了中华民族五千年历史。中华民族的社会结构、礼仪风俗、哲学思想、价值观念、艺术情感、审美意识，就蕴藏在一个个方块汉字中。

汉字记载的传统文化典籍，其丰富性和久远性举世无双。仅一部《四库全书》就多达三万六千三百册，而《续修四库全书》量更大。其他如《丛书集成》《四部备要》《四部丛刊》等大型丛书，以及大量的单刻古籍，数不胜数。

汉字是世界上现存唯一的表意文字，十分珍贵难得。同时，汉字又是世界各大文字体系中最为简洁的文字。目前国际上通用的主要文字有英语、德语、法语、西班牙语、俄语、汉语六种，联合国的文件一般都要翻译成这六种文字，同样的文件，用汉字书写比用上述任何别种文字书写篇幅都要短得多。这说明，同样的信息量，用汉字表达最节省简洁。

如此简洁的汉字，记录了浩如烟海的中华文化典籍，其信息量之大，可想而知。因此，汉字为中华民族乃至全人类记录和保存了巨量的文化宝藏。

其次，汉字的字形、字义中蕴藏着丰富的文化内涵。透过一个个方块字，我们可以遥知上古人们的生活样式、生存状态、思想感情和风俗习惯。以下略举数例：

“家”字与原始家居生活。甲骨文的“家”字写作，外部是房子的形状，中间是豕（猪）。屋里有猪即为家。这是上古家居生活的生动写照，因为远古人民以游猎为生，后来把捕获的动物养在家里，猪是当时主要的家畜，有猪的房子就能生活安定，食物充足，这就是古人造“家”字的现实依据。

“祖”字与生殖崇拜。甲骨文的“祖”字写作，没有示字旁，只写作“且”，酷似男性生殖器。很多祖先灵牌、墓碑，都是这个形状。后来在宗庙中祭祀祖先，才将“祖”字加上示字旁。这实际上反映的是上古人们的生殖崇拜现象。上古社会，生产力水平低下，医药卫生也不发达，再加上各种自然灾难和毒虫猛兽的侵害，人们的寿命很短，人口数量有限。同时，人们对生育活动中的“无中生有”感到神秘莫测，故而产生生殖崇拜现象。

“取”“娶”二字反映的古代狩猎、战争以及抢婚习俗。甲骨文的“取”

字写作[illegible]，左边是耳朵的形状，右边是人手，整个字形描绘的是用手割取另一个人的耳朵，反映的是上古时代狩猎和战争的习俗。人们在狩猎和作战时，将捕获的野兽以及俘虏或杀死的敌人的左耳割下来，用以记功。汉字中有个“聑”字，是“妥帖”的“帖”的本字，《说文》解释曰：“安也。”为什么解释为“安”？意为战争结束后，两只耳朵还安在，表示安全归来，未受羞辱和伤害。这个字就是肇源于割取敌人左耳的古代战争习俗。

由此看来，“取”字的本义相当野蛮。上古时代，“取”还有“娶”的意思。用野蛮的“取”来表示娶亲的“娶”，反映的是古代曾经流行的抢婚习俗。抢婚在古代典籍中有记载，如《周易·屯卦》：“屯如，遭如。乘马，班如。匪寇，婚媾。”“乘马，班如。泣血，涟如。”这里说到，开始以为是遇到盗寇，结果不是，是为婚媾而来的。而姑娘面对抢亲的结果，只能伤心落泪。在上古时代，每当部落间发生战争，妇女往往就成了被掠夺的对象。抢夺来的妇女，或做妻妾，或沦为奴隶。后来演变为男子看上某位女子，不管其愿不愿意，伺机抢夺而来，生米煮成熟饭。这反映了上古时期母系氏族向父系氏族转变，男子地位上升、妇女地位下降的婚姻历史。

最后，凭借汉字创造出来的丰富多彩的汉字艺术，在世界上是无可比拟的。由于汉字一字一形一义及其表意和象形的特征，古人借助汉字创造了世界上独一无二的汉字艺术，奇特无比。

其一，诗词。由于汉字的单音单形，我国文学史上的四言诗、五言诗、七言诗、格律诗以及词、曲等，是汉字艺术无与伦比的奇异独特之处。如李商隐《无题》：

相见时难别亦难，东风无力百花残。
春蚕到死丝方尽，蜡炬成灰泪始干。
晓镜但愁云鬓改，夜吟应觉月光寒。
蓬山此去无多路，青鸟殷勤为探看。

这种整齐别致、对仗工整、节奏划一的诗篇，是那些单词长短不一的文字无法做到的。

其二，对联。与古诗词相关，基于汉字而创造的对联艺术，是另外一种独步世界的奇特艺术样式。对联以功用划分，有春联、婚联、寿联、挽联、名胜联、寺庙联、庆贺联、题赠联等等，名目繁多，佳作层出，深入到中国人生活的方方面面。而以艺术形式来划分，则有顶针联、回文联、拆字联、叠字联、数字联、嵌字联、集句联、联边联等等。过去有海上船家曾贴过这样一副联边联：

江河湖海清波浪
通达逍遥远近游

上联全用“氵”旁字，下联全用“辶”旁字。对联紧扣船家的特点，上联描写船家生存的环境，下联写出了船活动的范围和船家的心态。整副对联情景交融，意趣横生。

其三，书法。我国的书法艺术在世界上是独一无二的。楷书端庄典雅，行书灵动流妍，草书变幻多姿，隶书古朴厚实，篆书飞扬神秘，这五大书体是对汉字形体之美的生动描摹。一个个汉字的字形和笔画，像一幅幅抽象而又与所表达的客观事物密切相连的绘画。一根根飞舞的笔墨线条，牵引着书法作品中的气韵流动。因此，人们称道书法是没有物象的绘画、没有声音的音乐、没有演员的舞蹈、没有砖瓦的建筑。

我国书法艺术家特别强调书法与人格精神的一致性。书法具有修身养性和表意明志的功能，中国人在书法艺术上除了重视笔墨技巧的打磨，更重要的是要完善人格精神的修炼。颜体楷书气势恢宏、骨力遒劲、庄严凛然，与颜真卿本人秉性笃实、正直淳厚的人格精神相契合，所以能传之久远，为世人所推崇，也是大唐风韵的表现。

除了上述诗词、对联、书法三类独特的汉字艺术之外，还有诸如字谜、酒令、绕口令、歇后语等以汉字为媒介的民间艺术，甚至还有拆字算命、道士画符等神秘文化，无不体现着汉字的奇妙特性和创造功能。

三、汉字在近代以来遭受的命运

1840 年鸦片战争，中国遭遇到“数千年未有之强敌”，面临“数千年未有之变局”。特别是中日甲午战争之后，国人自信全失，倾心膜拜西方，宣称中学无用，甚至要“举中国文字，悉付之一炬”①。五四新文化运动以后，废除汉字之论甚嚣尘上，钱玄同率先提倡汉字“拉丁化”，他在《新青年》上发

① 梁启超：《西学书目表·后序》，中华书局 2015 年版，第 126 页。

表《中国今后的文字问题》一文，说："废孔学，不可不先废汉字。"陈独秀、吴玉章、鲁迅等人都主张要废除汉字。然而，汉字与中国文化血脉相连，具有广泛的民众基础，不是一时一代、一人一言所能消灭得了的。废除汉字的狂潮得不到广大民众和有识之士的响应，只能无疾而终。

不过，基于对汉字的反思和研究，对照西方语言学理论，人们开始研究汉字的注音系统，这是汉语语音学的进步。近代以来，中外人士编制的汉语拼音系统多达上百种，而影响最大的是1956—1958年国务院修改通过的《汉语拼音方案》，用它来给汉字注音，帮助识字，统一读音。又实行汉字简化，废除繁体字，取消异体字。

改革开放以来，随着中国综合国力的提高，中外经济和文化交流日益频繁，汉语也越来越受到重视，汉字的优越性也日益彰显。

但是，计算机在中国兴起之时，由于当时还无法输入汉字，又有人重弹废除汉字的老调，宣称"电子计算机是方块汉字的掘墓人"①。殊不料专家很快就发明了计算机的汉字输入法，使古老的汉字焕发出新的生机，融入现代信息技术，在现代科技、文化、政治、教育等各个领域发挥作用。

综上所述，汉字与我们国家的命运息息相关。国家强盛，文化自信，汉字就受到尊崇；反之，国家衰弱，文化自信丧失，汉字就受到质疑甚至否弃。

四、六书

"六书"是汉字造字及用字的方式。《周礼·地官·保氏》云："保氏掌谏王恶，而养国子以道，乃教之六艺：一曰五礼，二曰六乐，三曰五射，四曰五驭，五曰六书，六曰九数。"②这是古籍中对"六书"的最早记载，但没有列出具体内容。汉代郑众注《周礼》，班固《汉书·艺文志》，以及许慎《说文解字叙》，说法不同，列表如下：

	一	二	三	四	五	六
郑众	象形	会意	转注	处事	假借	谐声
班固	象形	象事	象意	象声	转注	假借
许慎	指事	象形	形声	会意	转注	假借

① 陈明远：《电子计算机与汉字改革》，《语文现代化》1980年第1期。

② 阮元校刻：《十三经注疏》，中华书局1980年版，第731页。

一般文字学家多采用许慎的名称,但次序则以班固所定者为佳。下面依班固的次序、许慎的名称和解释对“六书”略加阐述。

第一,象形。许慎说:“象形者,画成其物,随体诘诎,日月是也。”就是用笔画描刻事物的形状,像高度抽象的简笔画。如:日,像圆日之形,中有斑点,表示红轮之中是实的;月,像月缺之形,因为月亮多处于未圆状态。汉字中象形字非常多,如山、水、牛、羊、鱼、鸟、米、禾、门、户、子、女、手、足、耳、目等等。

第二,指事。许慎说:“指事者,视而可识,察而见意,上下是也。”有些抽象的意思,没有确定的形状可画,就用象征性的符号来表达。如表达“上”和“下”,先画一根横线作标准,再在横线的上面和下面画一个符号来表示。另如“一”“二”“三”,用横线表示数目;“刃”,在“刀”口作一记号;“本”,在“木”的下部作一符号,表示根部;等等。

第三,会意。许慎说:“会意者,比类合谊,以见指㧑,武信是也。”会意字主要是合体字,是由两个以上意符构成的字。如:“武”由“止”“戈”二字构成;“信”由“人”“言”二字构成;“祭”由“又”(手)、“肉”、“示”(古“祇”字,神祇)三字合成,表示以手持肉祭神;“苗”为草生于田之意;“炙”为以火烤肉;等等。

第四,形声。许慎说:“形声者,以事为名,取譬相成,江河是也。”形声字由形旁和声旁两部分组成,在汉字中比重最大。如“江”“河”两字,“氵”是形旁,“工”“可”是声旁。形旁表示这类事物的总名,声旁则表示这一事物的语音,即用声音相同或相似的已有之字来组合。形声字的组合方式有:

左形右声,如“江”“河”;

右形左声,如“鸠”“鸽”;

上形下声,如“露”“花”;

下形上声,如“婆”“娑”;

外形内声,如“园”“圃”;

内形外声,如“闻”“问”。

第五,转注。许慎说:“转注者,建类一首,同意相受,考老是也。”转注是用字的方法,凡意义相同的字,彼此可以互训,就叫转注。凡转注字,声音一般相同或相近,而意义则能互相训释。如“考”和“老”,本义都是年高的意思,而读音又同属一个韵部。这种现象的出现,与方言有关。章太炎说:

> 古来语言不齐，因地转变，此方称老，彼处曰考；此方造老，彼处造考，故有考、老二文。造字之初，本各地同时并举，太史采集异文，各地兼收，欲通四方之语，故立转注一项。是可知转注之义，实与方言有关。①

章太炎认为由于各地方言不同，造字有异，所以立转注一项，兼收各地异文，以通四方之语。这对转注来源的解释非常精辟。

第六，假借。许慎说："假借者，本无其字，依声托事，令长是也。"转注是一个意义而有几个字，假借则是一个字而有几个意义。假借的产生，是由于语音中出现了新语汇，而又没有与它相当的文字，所以说"本无其字"；于是借用同音的已有之字来表达新的语汇，这就是"依声托事"。

凡字有许多意义，除本义外，都属于假借义。如"令"的本义是"发号"，"长"的本义是"久远"，后借用来表示县官，如县令、县长。又如"舊"，本义是指鸟在草丛巢穴中，后被借指新旧之旧；"汝"，本来专指"汝河"，后被借作第二人称代词。有些字被借用之后，原义逐渐消失，属永久性借用。有些字被借用之后，只好又另造一个字来表达原义，如"易"，本指蜥蜴，被借用表示"变易"的意思后，又造了"蜴"字来表达原义。

还有一种通假字，是"本有其字"，属暂时借用，并不妨碍本字的原义。如《论语·学而》："学而时习之，不亦说乎？"其中的"说"，是"悦"的假借。二字虽在此处通假，但并不影响各自的本义。

文字学意义上的假借，一般是指"本无其字"的假借。

第二节　音韵学

音韵学又叫声韵学，是研究古代汉语各个历史时期声、韵、调系统及其发展规律的一门学问。

以前，音韵学被视为"绝学"，音韵学著作被目为"天书"，让人望而却步。其实，这门学问在过去之所以显得神秘玄妙，是因为汉语不是表音文

---

① 章太炎：《章氏国学讲习会讲演记录》，见《章太炎讲国学》，东方出版社 2007 年版，第 190 页。

字,而语音是一发即逝的,古代没有恰当的注音系统和表音符号,因此研究古代汉语的音韵就相当不易。现在有了很准确的注音系统,现代语音学对发音部位的分析也更加精确和明白易晓,学习和研究音韵学,就不会有那么玄奥了。

汉语音韵学的研究范围包括汉字注音学、韵书学、中古音学、上古音学等。

一、汉字注音学

汉字是一种表意文字,本身不表示音素,字形和字音是分离的。学习汉语时,读音识字是一个重要的关口。因此,给汉字注音自古以来就是一件非常重要的事情。

第一,譬况注音法。汉代以前,人们采取譬况描述的方法给汉字注音,即对发音时发音器官的动作和发音部位的状态进行描述。这种方法有很大的局限性,后人看了这种注音,往往不得要领,很难准确地拼读出字音。

第二,直音法。指用音同或音近的汉字来注音的方法。这种方法简便、适用,但仍然有局限。首先,不是所有的汉字都有同音字;其次,有的汉字的同音字更加生僻难认,起不到注音的作用;最后,我国方言复杂,各地语音不同,此方言中同音的字,在彼方言中不一定同音。

第三,反切法。到了汉代,人们发明了反切注音法,从东汉末孙叔然的《尔雅音义》开始正式应用。其原理就是用两个汉字来拼一个汉字读音:反切上字取声母,反切下字取韵母和声调,两相拼合即得被切字的读音。譬如“戽,荒故切”,“戽”是被切字,“荒”是反切上字,“故”是反切下字,拼切时,取“荒”的声母、“故”的韵母和声调,两相拼合:

荒 + 故 = 戽

h(uāng) (g)ù hù

根据反切的原理可以看出,反切的创制是以将汉语音节分析成声、韵、调三个部分为前提的,也就是说,在反切产生之时,古代音韵学家已经能够将汉语音节分析成声、韵、调三个部分。

反切注音法的产生,使为全部汉字注音成为可能。同时,反切注音也导致了各种韵书的产生,我国所有的古代韵书,都是用反切法注音的。从东汉末到清末,在长达一千七百多年的时间里,反切一直起着对汉字注音的重要作用。因此,反切注音法的产生,是一件意义十分重大的事。

不过，反切法也有一些局限。一是同一个声母可以用许多字作反切上字，同一个韵母也可以用许多字作反切下字，同一个字，不同的人作的反切上下字可能不同，这就造成反切上下字纷繁复杂的情况。二是由于切语中使用的仍然是汉字，而汉字是不表音素的，语音是发展变化的，语音的变化，往往不能在字形上得到体现，因此，前代人所造的反切，有些字后代人不能正确拼读出来。比如唐陆德明《经典释文·春秋左氏音义》中的"夏(xià)，户雅切"，用今音普通话就无法切出正确读音。倒是有些方言能根据古切语切出读音，这是因为方言中保存有古音。

反切法的这些局限，古人早就有所觉察，也不断有学者对反切法进行改良，如明代桑绍良、吕坤，清代李光地、刘熙载等。但是，由于反切本身不可克服的缺陷，无论怎么改良，都不能从根本上解决汉字的科学注音问题。尽管学者们也总结出一些根据反切上下字拼切今音的规律，有助于我们阅读古籍和从事汉语史研究，但真正的汉字注音科学化的任务，还是近代以来的拼音字母完成的。

二、韵书学

韵书是将同韵字编排在一起供写作韵文者查阅的字典。反切注音法的产生，为编写韵书创造了条件。一部韵书往往反映了某个历史时期的通语或某种方言的语音系统，对各个历史时期的韵书进行研究，可以了解汉语语音发展的生动历史。因此，古代韵书是音韵学的重要研究对象。

据载我国最早的韵书是魏李登的《声类》，西晋吕静曾仿照《声类》写过一本《韵集》，可惜二书皆已失传。南北朝时，沈约等人发现汉语的"四声"，于是声律理论大兴，各种韵书大量涌现，《隋书·经籍志》记载的韵书达数十种。只是，南北朝时期的韵书均已亡佚。现存最早的韵书是隋代陆法言编写的《切韵》。下面对历代主要韵书作一简介。

第一，《切韵》。隋代陆法言编撰，成书于隋文帝仁寿元年(601)。该书的编写体例、审韵原则由当时著名的音韵学家颜之推、萧该等八人所定，由陆法言执笔。《切韵》原书失传，其所反映的语音系统因《广韵》等增订本而得以流传。近世又陆续发现《切韵》残本，可与《广韵》相印证。《切韵》收字一万二千左右，以平、上、去、入分卷，共五卷，平声因字多而占两卷。平声五十四韵，上声五十一韵，去声五十六韵，入声三十二韵，共一百九十三韵。

由于《切韵》审音精确，适应范围广，逐渐得到世人肯定。到了唐代，文人致力于诗赋,更加重视韵书,《切韵》大行于世,成为科举考试的官定韵书,并不断有人对它增订作注,出现了不少增修的韵书,主要有王仁昫《刊谬补缺切韵》、孙愐《唐韵》等。

第二,《广韵》。北宋陈彭年、丘雍等奉旨修订《切韵》《唐韵》,完成于北宋真宗大中祥符元年(1008),修订本名为《大宋重修广韵》,简称《广韵》。这是我国第一部官修韵书。《广韵》虽距《切韵》成书时间已有四百多年,但语音系统仍然一致,只是收字数量大为增加,计有二万六千多字,比《切韵》字数多出一倍以上。而且,《广韵》的注释也比较详细,注释文字有十九万多字。《广韵》与《切韵》一样,也是依平、上、去、入四声分卷,平声字多,分为上平、下平两卷,全书共五卷,上平声二十八韵,下平声二十九韵,上声五十五韵,去声六十韵,入声三十四韵,共二百零六韵。《广韵》比《切韵》多出十三韵,这只是分韵粗细宽严的问题,并非语音系统有什么变化。《广韵》成书后,一直流传到今天。《广韵》在音韵学史上一直起着承前启后的作用,是目前研究古音最重要的材料,人们将它比作汉字研究史上的《说文解字》。

第三,《礼部韵略》。礼部是隋唐以后国家负责考试的机关。《礼部韵略》是由礼部颁行的简约韵书,原因是当时虽然有《切韵》《广韵》等书,但字数太多,内容太广,为了适应科举考试的需要,朝廷统一编写了科举考试通用的手册式韵书,这就是《礼部韵略》。《礼部韵略》共收字九千五百九十个,注释也简略。

第四,《平水韵略》。南宋淳祐十二年(1252),江北平水(今山西临汾)人刘渊编成一部《壬子新刊礼部韵略》,将《广韵》《礼部韵略》等书注明同用的邻韵合并,使二百零六韵变成一百零七韵。因刘渊是平水人,故称《平水韵略》。稍前,平水书籍(书籍为官名)王文郁即编写过一本韵书叫《平水韵略》,一百零六韵。由于刘渊和王文郁都是平水人,他们编撰的韵书被人们称为"平水韵"。唐代虽然还没有"平水韵",但"平水韵"是根据唐人用韵体例归并而成的,所以唐诗的用韵和"平水韵"是一致的。由于"平水韵"符合唐代用韵实际,而且容易掌握,影响很大,明清时代科举考试用的诗韵都是一百零六韵。清朝康熙年间张玉书等人奉诏编撰《佩文韵府》,把"平水韵"归定为一百零六韵,影响至今。

第五,《中原音韵》。江西高安人周德清编撰,成书于元泰定元年

(1324)。随着时代的推移和语音的发展，传统的韵书所反映的语音系统逐渐与实际的语音不一致，周德清《中原音韵》一书突破传统韵书的束缚，根据当时的实际语音编制。全书共收五千八百六十六字(一说五千八百六十九字)，分十九韵，分部不论声调，一部之中包括平、上、去声韵字，其中平声分为阴、阳两类。中古的入声字被分别附于平、上、去声字之后，称为“入派三声”。《中原音韵》适应时代发展需求，直接为当时的词曲创作服务，为我们研究元代语音提供了重要依据。

第六，《韵略易通》。云南杨林人兰茂编著，成书于明英宗正统七年(1442)。编写该书的目的是便于初学写诗的人用韵，故书中不收繁难异僻字，只收常用便俗字。分韵二十部，声调为平、上、去、入四声，其中平声不分阴阳，分部不论声调，同一部中包括平、上、去、入四声之字或平、上、去三声之字。该书所依据的语音系统是当时的云南方言，当时的云南话与北方话为近亲关系，因此，该书对于研究云南方言以及当时的北方话都有重要价值。

三、中古音

中古音是指魏晋至唐宋时期的声韵系统。中古音后来演进成近古音，主要是元明清的官话。近古音又演进成现代音。中古音、近古音都有韵书可查，通过对韵书的研究，可以明白其大概。而先秦两汉时期的上古音没有韵书可查，则要通过中古音进行推演和总结。因此，中古音是学习和研究音韵学的基础。

研究中古音的主要材料是《广韵》以及反映《广韵》音系的等韵图。

第一，声母。又称“声”“纽”“声纽”等。唐代之前声母用反切上字表示，同一声母用字常常不同，如[t]音可用“德、得、冬、端、丁、多”等字表示。后来代表声母的字逐渐被固定下来，如“明”代表声母[m]，称为明母；“端”代表声母[t]，称为端母。中古音有三十六个声母，也叫“三十六字母”，即：

唇音：帮滂并明非敷奉微

舌音：端透定泥知彻澄娘

齿音：精清从心邪照穿床审禅

牙音(舌根音)：见溪群疑

喉音：晓匣影喻

半齿音：日

半舌音:来

第二,韵母。指汉语字音中声母、字调以外的部分,可以分成韵头(介音)、韵腹(主要元音)、韵尾三部分。把韵腹、韵尾和声调相同的字归并在一起,叫韵部。韵书中每一个韵部的代表字,叫韵目,一般写成同韵字的领头字。凡属同一韵部的字,其韵腹和韵尾相同,有无韵头或韵头是否相同则不论。古代的韵母系统比现在的要复杂得多,《广韵》有二百零六韵,一百四十二个韵母。后来学者们把韵尾相同,韵腹相同或相近的归并,称"韵摄",把《广韵》的二百零六韵归并为十六摄,以平声概括:①通摄:东冬钟;②江摄:江;③止摄:支脂之微;④遇摄:鱼虞模;⑤蟹摄:齐佳皆灰咍祭泰夬废;⑥臻摄:真谆臻文欣魂痕;⑦山摄:元寒桓删山先仙;⑧效摄:萧宵肴豪;⑨果摄:歌戈;⑩假摄:麻;⑪宕摄:阳唐;⑫梗摄:庚耕清青;⑬曾摄:蒸登;⑭流摄:尤侯幽;⑮深摄:侵;⑯咸摄:覃谈盐添咸衔严凡。

第三,声调。中古汉语的声调有平、上、去、入四声,唐释处忠《元和韵谱》对四声调值的说明是:"平声者哀而安,上声者厉而举,去声者清而远,入声者直而促。"明释真空《玉钥匙歌诀》描绘四声曰:"平声平道莫低昂,上声高呼猛烈强,去声分明哀远道,入声短促急收藏。"由此可知,古代平声调子平直,相当于现在普通话的阴平;上声上扬,相当于普通话的上声;去声下滑,相当于普通话的去声;入声短促,现在普通话里已经没有入声了,但在一些地区的方言里却有。

四、上古音

上古音是指韵书产生以前先秦两汉时期的语音。上古音或称古音,是相对于中古音而言的。

由于上古没有韵书,研究上古音不太容易,依据的材料主要有以下几种:

一是古代韵文。将《诗经》《楚辞》及诸子书中的押韵字找出来进行系联归纳。如《诗经·邶风·绿衣》中的诗句:"絺兮绤兮,凄其以风。我思古人,实获我心。""风"与"心"现在不押韵,但在《诗经》中,既然在韵脚上是这样用,必定同属一个韵部。又《诗经·小雅·何人斯》诗句:"彼何人斯?其为飘风。胡不自北?胡不自南?胡逝我梁?只搅我心。"这里的韵脚是"风""南""心",再次证明"风"与"心"同韵,也跟"南"同韵。再如《诗经·邶风·燕燕》诗句:"燕燕于飞,下上其音。之子于归,远送于南。瞻望弗及，实劳我心。”这里的“音”“南”“心”押韵，也与“风”同韵。用这种系联类推的方法，可以总结出上古音的韵部。

二是谐声字，即形声字。在造字时代，谐声字的读音与声符的读音相同或相近，因此声符相同的字应属同一韵部。《说文解字》中80%以上的字都是谐声字，如童——瞳僮曈穜撞幢……《说文解字》是一个巨大的资料库。

三是异文。上古典籍用口耳相传的方式传播，有时记录同样的读音会写成不同的字，尽管这类字后来有的读音不同了，但在当时的读音应该是相同的。如上古神话人物“伏羲”，古书上又写成“庖羲”“庖牺”“包牺”“炮牺”“伏牺”“伏戏”“宓牺”“宓羲”“宓戏”等异文。又如阅读古书时遇到的通假字，如“蚤”通“早”、“信”通“伸”等，也属于异文现象，在当时这些字应该是同音的。异文现象不利于我们阅读古书，但对于音韵学来说，却正好可以用来考证古音。

四是声训。声训又叫音训，是古人用同音字或近音字来解释词义的方法。如《论语·颜渊》：

> 季康子问政于孔子。孔子对曰：“政者，正也。子帅以正，孰敢不正？”

孔子认为政治就是“端正”，即统治者要起模范表率作用，这里的“政者，正也”，就是运用了同音字声训的方法。

五是注音。先秦汉魏时使用同音字注音或反切法注音，反切上字注声母，反切下字注韵母和声调。因此，反切上字和反切下字与被切字必定是双声或者叠韵①的关系。

上古音与后代音不同，汉代人就注意到了。如刘熙《释名》说：

> 古者曰“车”，声如“居”，所以居人也；今曰“车”，声近“舍”。

但是，这只是对个别语音现象的认识。在宋代以前，人们普遍对语音缺乏历史的观念，往往用当时的语音去看待古音。南北朝以后，人们用当时的语音

---

① 声母相同叫双声，如“参差”；韵母相同叫叠韵，如“螳螂”。

去读《诗经》等先秦韵文，总感到不和谐，一些地方不押韵，于是，他们便武断地提出改读某些韵脚字以求和谐押韵，这就是所谓的“协句”“叶韵”“叶音”之说。更有甚者，竟妄据当时之音擅改古代韵文。如唐玄宗读《尚书·洪范》中“无偏无颇，遵王之义”时，觉得“颇”与“义”不押韵，便下令将“颇”字改为“陂”字。

对上古音的正式研究始于宋代，南宋吴棫在《韵补》一书中将古韵分为九部。清代是上古韵部研究的鼎盛时期，清初顾炎武（亭林）穷三十余年精力撰成“音学五书”（《音论》《诗本音》《易音》《唐韵正》《古音表》），证明古音不同于今音，并考订出上古韵部十个。其后江永（慎修）作《古韵标准》，段玉裁作《六书音韵表》，戴震（东原）作《声类表》，孔广森作《诗声类》，皆对古韵进行分部。王念孙也有古韵分部的研究。近人章太炎定古韵为二十三部，其门人黄侃继起，分古韵为二十八部。当代著名语言学家王力，分古韵为三十部。上古韵部研究的成果相当丰富。

对于上古声母，前人得出了几项重要的结论：

一是古无轻唇音。这是清代学者钱大昕得出的结论。在“三十六字母”中，“非敷奉微”属于轻唇音，这组音在上古时不存在，而被读成重唇音“帮滂并明”。如《论语·宪问》：“子贡方人。”郑玄本作“子贡谤人。”另外，一些地名的读音稳定性很强，从这些地名的读音也可以印证古无轻唇音的结论。如费县的“费”字，旧读 bì。又如秦宫“阿房宫”，读音为 ēpánggōng。

二是古无舌上音。此结论亦为钱大昕得出。在“三十六字母”中，“知彻澄娘”属舌上音，这组音在上古时尚未产生，大约到隋唐时才从“端透定泥”中分化出来。如“知”读“端”，《后汉书·杜笃传》中的“摧天督”，注：“即天竺国。”枚乘《七发》的“踰岸出追”，李善注：“追，古堆字。”

三是娘、日二纽归泥说。近人章太炎提出。指“三十六字母”中的“娘、日”二母在上古时均读作“泥”母。

四是喻三归匣、喻四归定。近代音韵学家曾运乾提出。所谓“喻三归匣”，指中古的“喻母三等字”在上古读作“匣”母；所谓“喻四归定”，指中古的“喻母四等字”在上古读作“定”母。

对于上古声调，众说纷纭，莫衷一是。陈第认为上古没有四声之辨，段玉裁认为上古没有去声，顾炎武、江永认为中古和上古的四声相同，王念孙、江有诰承认上古有四声，但调值与后代不同。由于声音一发即逝，古代没有声音资料传世，上古声调也没有文献资料记载，以上结论都是推测出来的，尚待进一步研究。

第三节　训 诂 学

一、训诂学的内涵与意义

训诂学是研究语言文字意义的一门学问。“小学”中的文字学研究字形，音韵学研究语音，训诂学则研究词义。

“训诂”一词很早就有。最初单称“诂”或“训”，二字连用最早见于汉代毛亨所作《毛诗诂训传》，“诂训”就是“训诂”，二字的顺序当时还很灵活。唐代孔颖达在《毛诗·周南·关雎诂训传疏》中说：“诂者，古也。古今异言，通之使人知也。训者，道也。道物之貌以告人也。……诂训者，通古今之异辞，辨物之形貌，则解释之义尽归于此。”①孔颖达从当时的训诂实践出发，阐明了“诂”和“训”的不同含义，而当二字连用，其意则为“解释”。

训诂学有何意义？可以从两个方面来看：

第一，从历史文化典籍的传承来看，需要专业的语言文字学家进行专深的研究，以了解历史文献的真实意义。清代陈澧在《东塾读书记》卷十一里说：“诂者，古也，古今异言，通之使人知也。盖时有古今，犹地有东西，有南北。相隔远，则言语不通矣。地远则有翻译，时远则有训诂。有翻译，则使别国如乡邻；有训诂，则使古今如旦暮，所谓通之也。训诂之功大矣哉！”训诂犹如翻译解释，地有东西南北，语言不通，需求助于翻译；时有古今，语言有变化，古今语言不通，则求助于训诂。训诂对于传承历史文化典籍意义十分重大。

第二，就普通的经典学习者而言，掌握一定的训诂学知识，有助于准确理解古籍的意思，透彻了解历史文化典籍的意义。如大家熟悉的《论语》中的句子：“学而优则仕”，现在人们多把“优”理解为“优秀”，理解全句意思为“学习优秀的人可以去做官”，并认为这是读书做官论。但是《论语·子张》该句的全文是：“仕而优则学，学而优则仕。”如果把“学而优则仕”理解成“学习优秀的人可以去做官”，那么，“仕而优则学”就不好理解。其实，这

① 阮元校刻：《十三经注疏》，中华书局1980年版，第269页。

是许多人不通训诂、望文生义的结果。《说文》云:“优,饶也。”《玉篇》曰:“饶,余也。”“仕”古通“士”“事”,相当于现在说工作、任职。这样来理解原文,就很顺畅了:“工作有余力可以学习,学习有余力则可以工作。”历代注家也都是这么解释的。朱熹在《四书集注》中还进一步阐述曰:“故当其事者,必先有以尽其事,而后可及其余。然仕而学,则所以资其仕者益深;学而仕,则所以验其学者益广。”一个人做任何事,先做好本职工作,有余力再及其余。学习和工作是最重要的两件事,工作而有余力要学习,这样可以不断提高自身的素质和工作能力;学习而有余力要工作,这样可以检验所学知识在社会中的运用。本来,《论语》中的这句话是人生中活泼泼的至理名言,但被许多人望文生义地一解释,变得面目全非甚至面目可憎,这是多么大的误解!

二、训诂体式

训诂的体式主要有两大类,即:随文释义的注疏和通释语义的专著。前者所释之义限定在某种语言环境中,即某一词语在某一书或某一句中的意义;后者所释之义并不局限于某一书或某一句,而是某个词语常用的、基本的或全部的含义。通释语义的专著有很多,如《尔雅》《方言》《说文解字》《释名》《玉篇》《经典释文》《经籍纂诂》等。随文释义的注疏体式较多,主要有如下几种:

第一,文中训诂。即古人对自己的话进行解释,如《韩非子·五蠹》:“古者仓颉之作书也,自环者谓之厶,背厶谓之公。”又如《左传·庄公三年》:“凡师,一宿为舍,再宿为信,过信为次。”

第二,传注类。“传”本指古代驿站传递公文的交通工具,引申为由此达彼,进而将递达古今语言也称为“传”。如《春秋》“三传”:《左传》《公羊传》《穀梁传》。《左传》重在引据史实,弥补《春秋》经文的简约含蓄;《公羊传》和《穀梁传》则重在阐发“微言大义”,这些“传”一般不注重对具体字词含义的解释。“注”是对古籍字义、词汇、句子等的注解,对经籍的意义进行全面的疏通。如郑玄的《周礼注》《仪礼注》《礼记注》等。

第三,笺释类。“笺”本为小竹片,古人读竹简时,用小竹片附在其上解释难懂的字,后来演变成一种新的注释方式。《说文》:“笺,表识书也。”即在原有的注释旁附记自己的意见。如清胡承珙的《毛诗后笺》。

第四,章句类。章句是用辨章析句的方式来注释,以句子为基本单位,把字词注释融进句子的直译中，同时，往往还要对章旨进行归纳。汉代的章句类著作很多，但由于汉儒章句大多支离烦琐，曾被斥为“章句小儒”，所以一般所谓“通人”则“羞为章句”①。不过，章句类注释也有名著，如汉代王逸《楚辞章句》、赵岐《孟子章句》，宋代朱熹有《大学章句》《中庸章句》等。

第五，义疏类。义疏即疏通其义的意思，可以省称为义或疏，还有注疏、正义等别称。义疏是魏晋南北朝时期一种新的训诂方式。由于去古久远，语言的变化使当时人不仅对先秦典籍难以理解，对汉人的传注也有语言隔阂，因此既注释典籍原文，又解释这些典籍中前人传注的义疏便应运而生。《隋书·经籍志》记载六朝义疏很多，但流传至今的只有皇侃的《论语义疏》。南北朝之后，则有唐贾公彦《周礼注疏》《仪礼注疏》，宋邢昺《论语注疏》《尔雅注疏》，清郝懿行《尔雅义疏》等。

第六，集解类。集解（或称集注、集释），是汇集诸家对同一典籍的注解，权衡取舍，并间出己意。如三国魏何晏《论语集解》，清王先谦《荀子集解》《庄子集解》等。有些注释书虽不冠以“集解”之名，但其内容和体例实际属于集解类著作，如清孙诒让《墨子间诂》。

第七，音义类。音义（或称音训、音注、音解）类注释，以辨音、释义为主，但往往也从事校勘等方面的工作，如唐陆德明《经典释文》。

三、训诂方法

训诂方法大体有三种：形训（以形索义）、声训（因声求义）、义训（据文考义）。

第一，形训。形训就是根据字形结构来解释字义。如《左传·宣公十二年》：“止戈为武”②。《说文解字》常用形训的方法来解释字义，如：

吠，犬鸣也。从口犬。

盥，澡手也。从臼，水临皿。

信，诚也。从人从言。

这类训释简洁而形象，使人易懂易记。但是，形训也有缺点，就是容易

---

① 刘勰《文心雕龙·论说》云：“若秦延君之注《尧典》，十余万字；朱普之解《尚书》，三十万言。所以通人恶烦，羞学章句。”

② “止戈为武”意思是“以战止战”“以杀止杀”。此为春秋时人们对“武”字的一种解释，虽然富于哲学意味，但造字之初未必有此意。甲骨文“武”字写作[古文字]，金文[古文字]，都是上面像戈，下面像足迹，本义为荷戈出征的意思。

使人望文生义,随意乱说。因此,对文字进行形训时,一定要谨慎,既要懂得造字的原则,有字形字源的根据,又要有古典文献的依据。

第二,声训。声训是根据读音来解释字义。这是自有训诂以来就有的一种训诂方法,通常是用读音相同或相近的字对另一个字进行解释。如《周易·说卦》:“乾,健也。坤,顺也。”就是声训。古音乾与健同音,坤与顺叠韵。又如《孟子·滕文公上》:“庠者,养也;校者,教也;序者,射也。夏曰校,殷曰序,周曰庠,学则三代共之。”也是声训,痒与养,校与教,序与射,古音同或音近。

第三,义训。义训就是直陈词义,而不借助于音和形。主要有如下几种:

(1)同义相训。如《尔雅·释言》:“增,益也。”

(2)反义相训。即以反义词互相解释。有些字在古代有相反的两种含义,这就是存在于古汉语中奇特的一字含对偶两义的现象。如:“乱”有“治理”和“紊乱”两种含义,《尔雅·释诂》曰:“乱,治也。”

(3)设立界说。即下定义,如《尔雅·释宫》:“宫中之门谓之闱,其小者谓之闺,小闺谓之阁。巷门谓之闳,门侧之堂谓之塾。”

第二编

史　学

第一章　史学概说

第一节　史学名义及古代史学发展概略

"史学"之"史"，是"历史"的简称。"历"有"过往"的意思，"史"就是记事。《说文解字》释"历"曰："过也，传也，从止厤声。"释"史"曰："史，记事者也，从又持中，中，正也。"①因此"史学"的对象为已发生之事，它包括古往今来人类一切历史，"关于人类社会历史的认识、记载与撰述的综合活动，这便是史学"②。

我国古代史学源远流长，早在先秦就有专门负责记录国家大事的官员，《汉书·艺文志》曰："古之王者世有史官，君举必书，所以慎言行，昭法式也。"③商代甲骨、西周青铜器物上的某些文字，仍能见到当时史官记事的影子。春秋以降，出现了《春秋》《国语》《左传》《战国策》等史学著作，它们初具规模、结构完整，反映出古代史学本身的初步发展与完善。

秦汉之后我国史学逐渐走向成熟，司马迁的《史记》、班固的《汉书》是这一时期两部影响深远的杰作。《史记》记事上起黄帝下到汉武，用"本纪""列传"为轴，以"世家""书""表"相配合，构建了一部条理清晰、内容恢宏的通史。其纪传体体例，以及"究天人之际、通古今之变、成一家之言"的追求，受到历代史家推崇。《汉书》同样采用纪传形式，叙述西汉一代及王莽朝事，开纪传体断代史之先河，成为后世历朝正史的榜样。

魏晋南北朝至隋唐是古代史学的繁荣期。这一时期修史成风，史学体裁更加丰富多样，除原有的编年体、纪传体、国别体之外，还出现了历史地理（如《水经注》）、方志（如《华阳国志》）、史学理论（如《史通》）、典章制度

---

① 段玉裁：《说文解字注》，上海古籍出版社1981年版，第68、116页。

② 瞿林东：《中国史学史纲》，北京出版社1999年版，第1页。

③ 班固：《汉书·艺文志》，中华书局1962年版，第1715页。

（如《通典》）等方面的作品。而且，国家立馆修史开始成为传统，例如仅唐朝修纂的正史就有八部之多，合称“唐八史”，即官修《晋书》《梁书》《陈书》《北齐书》《周书》《隋书》，以及得到官方认可的《南史》《北史》。

宋元之际，涌现出纪事本末体、纲目体、会要体等新样式史著。其他原有体裁也得到较大发展，特别是编年体成为一时主流，成就最大，司马光的《资治通鉴》、李焘的《续资治通鉴长编》、李心传的《建炎以来系年要录》等是其中的佼佼者，它们“标志着中国传统史学的撰修技术已达到相当完备的水平，并提供了集体撰修与主编负责相结合的很好的范例”①。另外，宋元之际史学的一个显著特点是民族史方面著作的出现，有《契丹国志》《大金国志》等，它们是今天了解少数民族历史进程的重要资料，也有助于全面认识古代多元一体的民族格局。

明清两代史学的特色。一方面，学者们强调“六经皆史”“经世致用”，注意发挥史学的现实功能。另一方面，随着考据思潮的兴起，在史学评论、史书考证方面取得了较大成绩，章学诚的《文史通义》、赵翼的《廿二史札记》、钱大昕的《廿二史考异》、王鸣盛的《十七史商榷》等，成就较高。

在史学本身的长期发展过程中，各类作品层出不穷，到清代已蔚为可观。关于这一点，仅从人们对史书分类的日益精细便可知一二。汉代班固在《汉书·艺文志》中说“左史记言，右史记事，事为《春秋》，言为《尚书》”，是对史书性质的初步类分；南朝阮孝绪著《七录》，不满于史部典籍的繁芜，而将史书分为国史、注历、旧事、职官、仪典、法制等十二类；《隋书·经籍志》则将史籍分为正史、古史、杂史、霸史等十三类；明代分类较杂，有十三类、二十一类之分；到了清代，纪昀奉旨编纂《四库全书》，将史籍厘定为正史、编年、纪事本末、别史、杂史、诏令奏议、传记、史钞、载记、时令、地理、职官、政书、目录、史评十五类，有的大类又细分若干小类。

第二节　史书的分类

如前所言，我国古代史书体裁多样，至清代纪昀等编纂《四库全书》，遂厘定为十五类。这种分类基本上能概括史籍的内容，对后世影响很大，兹略

① 陈其泰：《中国古代史学史分期问题浅议》，《史学史研究》1982年第1期。

加介绍。

一、正史类

正史之名见于《隋书·经籍志》,何为“正史”?“正”有“主要”的意思。先秦史书以编年体为主,如《春秋》《左传》等。司马迁创立纪传体《史记》,后人纷纷效法。这种史书内设五体,即记载帝王行事的“本纪”、纵横交错的“表”、记载典章制度的“书”、记载诸侯事迹的“世家”、记载将相人物为主的“列传”,在全面记载历史的功能上明显优于编年体,并便于披阅,故成了史籍最主要的体裁。“二十四史”就是用这种体裁写成的,它们均为“正史”。

二、编年类

编年史是按年代编排的一种史籍体例,一年中发生的历史大事,按时间先后排列,可以补充纪传体史书的不足。这种体例春秋时已成熟,《左传》就是一部典型的编年史。最著名的编年史是司马光的《资治通鉴》,其他有朱熹的《通鉴纲目》、金履祥的《资治通鉴前编》、陈桱的《通鉴续编》、乾隆的《御批通鉴辑览》等。

三、纪事本末类

纪事本末体史籍出现得较晚,它是在编年体史籍的基础上形成的,司马光撰《资治通鉴》,虽说每年大事一览无余,但往往一个重大的历史事件逶迤于数年之间。编年史最大的缺陷就是割裂了事物的连续性,使一事分编于数年之中。纪事本末体史籍则是为补救此弊而产生的,它以事件为中心,将割裂于编年之下的史料汇于一处,因此事件前后经过十分清楚。著名的纪事本末体史籍有《通鉴纪事本末》《宋史纪事本末》《元史纪事本末》《明史纪事本末》《绎史》等

四、别史类

别史是正史之外而与正史非常接近的一个历史记述系统。宋陈振孙《直斋书录解题》始立别史一目,收录唐高峻《高氏小史》、宋吕祖谦《新唐书略》等。其他有《东观汉记》《大金国志》《路史》等。别史与正史区别较容易,但与杂史容易混淆,张之洞《书目答问·别史类》这样区分:“今以官撰及原本正史重为整齐,关系一朝大政者入别史,私家纪录中多碎事者入杂史。”

五、杂史类

“杂”言其驳杂不纯。“杂史”之名初见于《隋书·经籍志》，当时所录确实很杂，四库所录则有较为严格的规定：“今仍用旧文，立此一类。凡所著录，则务示别裁，大抵取其事系庙堂、语关军国，或但具一事之始末，非一代之全编；或但述一时之见闻，只一家之私记。要期遗文旧事，足以存掌故，资考证，备读史者之参稽云尔。若夫语神怪，供恢啁，里巷琐言，稗官所述，则别有杂家、小说家存焉。”张之洞《书目答问》又将杂史分为事实之属、掌故之属、琐记之属。《三国遗事》《五代史补》《渚宫旧事》等都属杂史。

六、诏令奏议类

诏令是帝王、皇太后或皇后等向下所发的命令、文告，包括册文、制、敕、诏、诰、策令、玺书、教、谕。奏议是臣下上奏帝王的各类文字的统称，包括表、奏、疏、议、上书、封事等。这两类文字，都属于记言的，将诏令奏议别立门户，是《四库全书总目》的创造。四库所列“诏令奏议”类史书有《世宗宪皇帝朱批谕旨》《唐大诏令集》《两汉诏令》《包孝肃奏议》《王端毅公奏议》等。

七、传记类

传记是记载人物事迹的文字。《四库全书总目》于《传记类二》跋语云：“传记者，总名也。类而别之，则叙一人之始末者为传之属，叙一事之始终者为记之属。”《传记类序》云：“今略为区别：一曰圣贤，如《孔孟年谱》之类；二曰名人，如《魏郑公谏录》之类；三曰总录，如《列女传》之类；四曰杂录，如《骖鸾录》之类。其杜大圭《碑传琬琰集》、苏天爵《名臣事略》诸书，虽无传记之名，亦各核其实，依类编人。”四库所录该类史书就是指未能归入正史的，如《孔孟年谱》《列女传》之类。

八、史钞类

“史钞”指摘抄一史或合抄众史形成的书籍，有专抄一史的，有合抄众史的。它实际上就是史书的简编本，是为一般读者的方便而考虑的。《四库全书》所收“史钞”有《通鉴总类》《十七史详节》《史汉精语》《两汉博闻》等。就其内容来讲，史钞并没有什么特色，但它集中保留了一些精要史料，具有一定参考价值。

九、载记类

“载记”是为地方割据时期曾立名号而非正统者所作的传记。阮孝绪作《七录》，将此类称作“伪史”，《隋志》改称“霸史”。四库馆臣认为班固曾为西汉末武装起义军设立“载记”，《东观汉记》同样也列有“载记”，将平林、下江诸起义军载入其中，据此设立了“载记类”，认为“是实立乎中朝，经叙述列国之名”，较伪史、霸史之称更为合理。像《吴赵春秋》《越绝书》《十六国春秋》之类，即列入此中。

十、时令类

“时令”就是月令，是古时按季节制定有关农事的政令。《礼记》中的《月令》一篇，《大戴礼记》中的《夏小正》，《诗经》中的《七月》，都是反映古代时政月令的。这些内容上自国家典制，下至民间风俗，不仅仅限于农事，因此宋《中兴馆阁书目》另列了“时令”一类。可惜这类书保存下来的不多，清代修《四库全书》所收此类书只有两部，一是宋陈元靓的《岁时广记》，一是康熙钦定的《月令辑要》。《存目》中所列也只有十余部。

十一、地理类

地理类书在中国出现很早，《尚书》中的《禹贡》就是关于地理的记载。先秦古籍《山海经》，后世认为是一部奇书，实是一部古老的地理学图书。此后《汉书》中有《地理志》，开创了正史记述地理的体例。后世相关著作有《元和郡县志》《太平寰宇记》等。这一部分图书中保留的古史资料相当丰富，应该引起我们注意。

十二、职官类

“职官”所收的是关于历代官吏制度的书。这方面最早的书是《周礼》，又叫《周官》，只是因属“三礼”之一，被列在了经部。此外传下来的有《唐六典》等书，其他很多没有保留下来，历代关于官职制度的规定主要保存在正史《职官志》中。

十三、政书类

政书类所收是与政治相关的历朝典章制度的书，原称“旧事”“典故”。四库馆臣据钱溥《秘阁书目》有“政书”一类，故改称“政书”，并对所收内容做了规范：“总核遗文，唯以国政朝章六官所职者，入于斯类，以符《周官》故府之遗。”政书类史籍代表作有《通典》《文献通考》等。

十四、目录类

“目录”是关于目录学方面的著作。中国目录学发展很早，刘向《别录》、刘歆《七略》即这方面最早的著作。郑玄《三礼目录》，则是关于专书的目录。到宋代因印刷术的发展,藏书家及图书收藏的增多,出现了王尧臣等《崇文总目》、晁公武《郡斋读书志》、尤袤《遂初堂书目》、陈振孙《直斋书录解题》等一批目录专著。其后则日益增多。这类著作对于文献学研究非常重要。《四库全书总目》分为细目,一为经籍之属,如《千顷堂书目》《经义考》等;二为金石之属,如《金石录》《隶释》等。

十五、史评类

“史评”即对于历史、史书的评论。这里可分为两种情况,一种评论历史人物与事件的,二是对于史籍及史臣评断的评论。相关论著有刘知几的《史通》、倪思的《班马异同》、李心传的《旧闻证误》、王应麟的《通鉴答问》、朱明镐的《史纠》、章学诚的《文史通义》等。

第二章 纪传体史书及其要籍

学者称中国史书有三个阶段，分别以三个体裁为代表，第一个是注重事件、以事件为中心的，譬如《尚书》里的《西周书》；第二个是注重时间、按时间先后顺序一年一年来写的，如孔子删削的《春秋》；第三个是注重人物、以人物为中心一个一个来写的，这个观念创于司马迁，以《史记》为主要代表。① 司马迁创立的这种以人物为中心的史书体裁，后世一般称之为“纪传体”。

第一节 纪传体史书概述

“纪传”原本是“本纪”“列传”两个概念的合并简称，有两层含义，一是指司马迁《史记》五个类型（“本纪”“书”“表”“世家”和“列传”）中的“本纪”“列传”两个；二是用来概括以《史记》为代表的，包含上述多种体例在内的、以人物为中心的历史体裁，即纪传体（史书）。②

司马迁（前145—前86?），字子长，西汉夏阳（今陕西韩城南）人。《史记》撰写于汉武帝太初元年（前104），征和二年（前91）左右基本完成，分为“本纪”十二，“表”十，“书”八，“世家”三十，“列传”七十，总计一百三十篇。《史记》各体例既沿袭了已有的文化传统，也有明确的独创之功。

“本纪”，是“本”与“纪”的合称，“本”是根本，“纪”指纲纪、国统。“本纪”这一名词早已存在，如司马迁就见过《禹本纪》一书。《尚书》以时代为序

---

① 参见钱穆：《中国史学名著》，生活·读书·新知三联书店2005年版，第60、69页。

② 参见田昌五：《国学举要》（史卷），湖北教育出版社2002年版，第380页。最早以“纪传”指代《史记》体例的是南朝文学理论家刘勰。“纪传为式，编年缀事”，刘勰首次将“纪传”和“编年”两个概念及代表体例对比分析。（参见刘勰著，范文澜注：《文心雕龙注·史传》，人民文学出版社1958年版，第286页）

分虞、夏、商、周“书”，主要记载各朝帝王情况。而《世本》有“纪”，主要记载黄帝到周赧王时的帝王世系，与《史记》“本纪”颇相符合。《尚书》已具备“本纪”雏形，从《尚书》到《禹本纪》，再到《世本》“纪”，以帝王为中心的“本纪”体例已经形成。不过，无论是《尚书》还是《世本》，内容都过于简略，如《世本》仅有世系。而《史记》“本纪”部分，司马迁搜罗了大量材料，并严格遵循笃实典雅等原则对各帝王事迹和形象予以充实，这是最明显的创新之处。①

“表”就是列表、表格，主要以表格形式展现历史。“表”突破了时间和空间限制，对同类事物或事情罗列对比，脉络清晰，眉目清楚，便于阅读。《史记》的“表”有取法于既有的“历谱”。“历”指时间，“谱”指谱系，主要记载诸侯王卿大夫等世系；“谱”又称“谍（牒）”，主要记载以谥号排列的人物，两者合称为“谱牒”或者“牒谱”。“谱”在西周以前就已存在。战国时《世本》有《王侯谱》《大夫谱》，应该是司马迁《史记》“表”的直接来源。

“书”，清赵翼称“八《书》乃史迁所创，以纪朝章国典”②。“书”主要记载国家政治经济、军事法律等方面典章制度。“书”是司马迁首创，但也有来源。“余至大行礼官，观三代损益，乃知缘人情而制礼，依人性而作仪，其所由来尚矣。”③司马迁曾到负责国家礼仪的机构（“大行”），了解三代礼仪由来，弄清楚它们之间的继承发展关系，并明了制定礼仪的基本原则。关于“书”这个概念，夏商以前帝王言论被称为“典”，而大禹制定过“洛书”；后来三代帝王言论事迹都被收录到《尚书》，可见“书”这个名称有很强的概括包容性。因此司马迁将“本纪”“列传”等不能涵盖的典章制度置于“书”部分。④

“世家”主要记载“开国承家，世代相继”的分封诸侯世系和封国重要事件。“世家”一词最早出现在《孟子·滕文公下》，是指世代享有食邑俸禄的贵族家族或成员。⑤ 司马迁曾说“余读世家言”⑥云云，则当时已有关于诸

① 参见田昌五：《国学举要》（史卷），湖北教育出版社 2002 年版，第 385—388 页。
② 赵翼著，王树民校证：《廿二史札记》，中华书局 1984 年版，第 5 页。
③ 司马迁：《史记·礼书》，中华书局 1959 年版，第 1157 页。
④ 参见田昌五：《国学举要》（史卷），湖北教育出版社 2002 年版，第 390—392 页。
⑤ 孟子曰：“（陈）仲子，齐之世家也，兄戴，盖禄万钟”，即陈仲子家世为贵族，其兄陈戴还享受食邑地“盖”的“万钟”俸禄。（参见赵岐注，孙奭疏、廖明春、刘佑平整理，钱逊审定：《孟子注疏·滕文公章句下》，李学勤主编：《十三经注疏》，北京大学出版社 2000 年版，第 215 页）
⑥ 司马迁：《史记·卫康叔世家》，中华书局 1959 年版，第 1605 页。

侯世家的记载。另外《世本》有吴太伯、齐太公、鲁周公、燕召公以及陈、蔡、杞、卫等二十五"世家",记载春秋以来各主要诸侯国谱系,这应该是《史记》"世家"的直接来源。① 司马迁也在《世本》基础上扩充和拓展了当事人事迹,如大量采择《春秋》经传和《国语》史料,丰富了各诸侯"世家"内容。

"列传",唐代司马贞说:"列传者,谓叙列人臣事迹,令可传于后世,故曰列传。"②学者指出:"列传"则是"可序列的,能够排得上的(人的)传"③。赵翼曾说:"凡列侯、将相、三公、九卿功名表著者,既为立传,此外大臣无功无过者,传之不胜传,而又不容尽没,则于表载之。"④即能列"传"的官员必须"功名表著","无功无过"的没必要列传,放在"表"里更合适。"列传"作为记载除帝王诸侯之外的人物的体裁,是司马迁的独创,赵翼强调:"其专记一人为一传者,则自迁始。"⑤

司马迁《史记》初步确立纪传体,因其清晰的条理和巨大的包容性,被后世史学家沿用。如班固《汉书》沿用"本纪",又因为《汉书》是断代史,自高祖以下一帝一纪,计十二本纪,从此确立"本纪记天子"的一帝一纪模式;其他如"列传""表"予以沿袭,"世家"则随时删除,改"书"为"志"。司马迁、班固之后,纪传体格局基本定型。

第二节　纪传体史籍举要

一、《史记》

司马迁《史记》原名《太史公》,时人习称《太史公书》或《太史公记》。⑥

---

① 参见田昌五:《国学举要》(史卷),湖北教育出版社 2002 年版,第 392—393 页。

② 《史记·伯夷叔齐列传》,中华书局 1959 年版,第 2121 页。刘知几则说:"传者,列事也。……列事者,录人臣之行状,犹《春秋》之传。"(刘知几著,浦起龙通释:《史通通释·列传》,上海古籍出版社 2009 年版,第 41 页)

③ 田昌五:《国学举要》(史卷),湖北教育出版社 2002 年版,第 383 页。

④ 赵翼著,王树民校证:《廿二史札记》,中华书局 1984 年版,第 4 页。

⑤ 赵翼著,王树民校证:《廿二史札记》,中华书局 1984 年版,第 5 页。

⑥ 《汉书·艺文志》记载:"《太史公》百三十篇"。同书《东平王传》称东平王刘宇来朝,"上疏求诸子及《太史公书》",《杨恽传》记载杨恽"读外祖《太史公记》"。钱穆先生认为,司马迁私自撰书,"其书称《太史公》,犹孟轲自称孟子,其书因亦称《孟子》。"好事者加"记"或"书",或有不洽。〔参见钱穆:《太史公考释》,《中国学术思想史论丛》(三),生活·读书·新知三联书店 2009 年版,第 22 页〕李宗侗也认为:"以《太史公》称司马迁书,亦当时通例。"(李宗侗:《中国史学史》,中华书局 2010 年版,第 24 页)

“《史记》”之说出现在东汉末年。① 汉魏之际人们对历史的兴趣日益浓厚，《史记》与《汉书》《东观汉记》合称“三史”，为学者所宗尚。② 对于《史记》，司马迁自谦只是“述故事，整齐其世传”，即如实记录历史，将杂乱的世系整理清楚，“以拾遗补艺，成一家之言，厥协《六经》异传，整齐百家杂语”。尽管如此，司马迁撰《史记》有很明显的家族和时代背景。

司马氏自周宣王时就“世典周史”，父司马谈武帝时期又担任太史令，掌管国家历法和图书。这种背景给司马氏带来极强的家族荣誉感，也让撰史成为他们的使命。司马谈生前就有志于撰史，却因为种种原因，不得遂愿。临终之前，他对司马迁谆谆叮嘱：“余死，汝必为太史；为太史，无忘吾所欲论著矣……今汉兴，海内一统，明主贤君忠臣死义之士，余为太史而弗论载，废天下之史文，余甚惧焉，汝其念哉！”而司马迁也说自己担任太史令，如果“废明圣盛德不载，灭功臣世家贤大夫之业不述，堕先人所言，罪莫大焉”。

除了家族使命，汉王朝大一统也为《史记》的撰写创造了客观历史条件。春秋战国以来“人的发现”观念出现，人成为历史发展的动力，也成为历史发展的中心和主体。《史记》以人物为中心，正是这一历史潮流的产物。③ 汉朝兴立，天下一统，是明主贤君、忠臣死节之士或者“功臣世家贤大夫”共同乘时乘势创建了这番伟业，如果他们的光辉事业得不到很好的记录和流传，就是太史令的失职。《史记》撰述，正当其时。除此之外，司马迁有意仿效孔子，发明王道。司马迁称《春秋》“上明三王之道，下辨人事之纪，别嫌疑，明是非，定犹豫，善善恶恶，贤贤贱不肖，存亡国，继绝世，补敝起废，王道之大者也”。孔子编订《春秋》，对不符合礼乐制度的人和事严加批评，“贬天子，退诸侯，讨大夫”，以申王道。因深知孔子苦心，司马迁有志于接续《春秋》，“先人有言：‘自周公卒五百岁而有孔子，孔子卒后至于今五百岁，有能绍明世，正《易传》，继《春秋》，本《诗》《书》《礼》《乐》之际？’意在斯乎！意在斯乎！小子何敢让焉。”

司马迁在撰写《史记》的过程中，受李陵事件牵连入狱，终忍辱含垢完

① 荀悦《汉纪》称司马迁“幽而发愤，遂著《史记》；始自黄帝，以及秦汉，为《太史公记》”。

② 参见胡宝国：《汉唐间史学的发展》，商务印书馆2003年版，第32—33页。

③ 参见胡宝国：《汉唐间史学的发展》，商务印书馆2003年版，第13—18页。

成著述。天汉二年(前99),汉朝出兵匈奴,将军李陵率军出征,途中不幸迷路,遭遇匈奴主力,力战之后不得已投降,在朝野引起震动。司马迁出于公心为李陵求情解释,触怒武帝,被投入囚牢,最后不得不接受腐刑。遭此大难,司马迁"就极刑而无愠色",效法前圣发愤述作,完成《史记》,"藏之名山,传之其人",借以洗刷人生耻辱。

《史记》全书包括本纪十二、表十、书八、世家三十、列传七十,计百三十篇,五十二万多字,上起传说中的五帝,下到西汉武帝末年。全书略于先秦,详于秦汉,所述秦国商鞅变法到武帝晚年历史,约占全书五分之三。这部分用力最多,史学价值也最高。《史记》史料来源十分广泛,既有先秦文献和政府档案,也有司马迁实地考察,亲历亲闻。司马迁自述:"二十而南游江、淮,上会稽,探禹穴,窥九疑,浮于沅、湘;北涉汶、泗,讲业齐鲁之都,观孔子之遗风,乡射邹、峄;厄困鄱、薛、彭城,过梁、楚以归。"游历广泛,见闻广博。司马迁秉笔直书,择善而从。班彪、班固父子称赞他有良史之才,盛赞《史记》"其文直,其事核,不虚美,不隐恶,故谓之实录"。

作为一部规模宏大的通史,《史记》内容丰富,独具史识。举凡政治经济、思想文化、军事法律以及天文地理、民风民俗乃至民族关系、域外情状,都在书中得到反映。所记历史人物,上自帝王将相,下到游侠、商贾,大都栩栩如生,构成了色彩斑斓的社会生活图景。尤其对社会下层人物的关注和认识,如《货殖列传》反映春秋战国以来商人阶层在当时政治社会中的作用,《刺客列传》反映诸侯兼并时期刺客对当时政治时局的重要影响,《游侠列传》反映秦汉大一统后地方依然残余游侠之风,等等,充分反映出司马迁独特而敏锐的历史洞察力以及超常的历史视野。

此外,《史记》语言文字极具特色,吕思勉先生称《史记》文风"从容娴雅",行文与当时日常语言接近,亲切自然,活泼生动。而鲁迅先生则直誉为"史家之绝唱,无韵之离骚",肯定司马迁高超的文学修养。总之,《史记》是我国历史上第一部纪传体史书,而司马迁"究天人之际、通古今之变、成一家之言"的历史观也极大影响到后世史书创作。

二、《汉书》

《汉书》是我国第一部纪传体断代史,记载汉高祖元年(前206)到王莽地皇四年(23)历史,总计二百二十九年。由东汉班彪、班固父子等撰写完成。

班固(32—92),字孟坚,东汉扶风安陵(现陕西咸阳市东北)人。班氏出身世家大族。班固六世祖班壹以财力雄厚著称北方,班壹孙班孺始入仕州郡,为地方冠族。成帝之时,班固祖姑被选入后宫,班氏进入外戚之列,“建始(前32—前28)、河平(前28—前25)之际,许、班之贵,倾动前朝,熏灼四方”①。伯祖班游与刘向一起校定秘书,受到成帝器重,被赐予“秘书之副”,荣宠非常。祖班穉为人方正低调。父班彪自小和从兄班嗣游学,因家世殷富和“赐书”,好学之士拜会不断,班彪兄弟得以与大名士扬雄等交游。新莽代汉,天下大乱,班彪避祸西北,依附窦融,专心于史籍。班彪生前就已经开始接续司马迁,撰写《后传》。班固年轻时就读太学,博览九流百家。班彪死后,班固送丧回老家,居丧期间开始着手改编《后传》。永平五年(62),班固被人诬告私自窜改国史,被逮捕下狱。弟班超上疏给明帝申诉冤情,班固才得以释放;并诏为校书郎,除兰台令史。后班固依附外戚窦固、窦宪兄弟,窦氏失势,班固受家奴牵连死于狱中。班固身死之时,《汉书》“志”部分没有完成,由妹妹班昭和扶风马续续写而成。

班彪对司马迁《史记》用心研究,认为司马迁有功有过,“从汉元至武以绝,则其功也”,汉高祖到武帝这一段历史记载,是《史记》最大的功劳。“至于采经摭传,分散数家之事,甚多疏略”,由于过于追求广博,司马迁对经传采择不当,甚多疏漏。尤其重要的是,司马迁在重大是非问题上明显与圣人教导相悖,“是非颇缪于圣人,论大道则先黄老而后‘六经’;序游侠则退处士而进奸雄;述货殖则崇势利而羞贱贫,此其所蔽也。”②在国家指导理论上崇尚黄老而忽视“六经”;撰写游侠传时,专门选列那些作奸犯科之人而贬退道德高尚的处士;给商人作传时,一味强调财富权势而以贫穷为羞耻,这是《史记》价值观最大的问题。除此之外,司马迁在分类上不严格,行文有时候错漏不“整齐”,如人物有名而无“字”,籍贯有县而无郡等。

《汉书》有本纪十二,表八,志十,列传七十,总计一百篇。体例上,《汉书》改“书”为“志”,删“世家”而将其内容并入“列传”。内容上,《汉书》主要贡献在记述武帝以后昭、宣、元、成、哀、平帝等几任皇帝和王莽新朝历史;武帝以前历史,多袭用《史记》,但也增补了许多史料,如改“高后本纪”定为

① 班固:《汉书·叙传上》,中华书局1962年版,第4205页。

② 班固:《汉书·司马迁传》,中华书局1962年版,第2737—2738页。

"惠帝纪"，在"本纪"部分增加了不少朝廷诏令；增加王陵、吴芮、蒯通、伍被、贾山等人传记，又列传部分保存了许多有关社会政治、经济状况的奏疏文献等；"表"部分增加《百官公卿表》《古今人名表》等。范晔称赞班固《汉书》"不激诡，不抑亢，赡而不秽，详而有体"①，即行文平和，不过度激切抑扬（有强烈的是非判断），内容丰富却不杂乱，详细而有条理。

钱穆先生认为，班固《汉书》最大的贡献在"志"部分。初看在名称的变化，而深层次在视野的变化。《汉书》"志"是从《史记》"书"变换而来，如《史记·封禅书》一变而为《汉书·郊祀志》，封禅是武帝时一大事件，专门记录有其时代意义，虽然司马迁也不局限在武帝一朝封禅上。不过，封禅只是朝廷祭祀制度中的一项，而国家整个郊祀有其渊源和脉络，班固以郊祀替代封禅，视野格局更大。又如《平准书》，"平准"原是武帝时一项重大经济政策，而书中也不限于商品交换，也包含国家财政赋税变化等；而班固变《平准书》为《食货志》，不仅关注货币流通，也重视粮食生产和农业政策，并跳出时代界限，梳理先秦以来发展脉络，认知更全面和深刻。"《史记》八书，每每特举一事作题目，而《汉书》则变成一个会通的大题目，不限在一件特别的事上。"《汉书》"十志"从古代一路讲来，不以朝代为断限，而《史记》"八书"命题，却偏在当代。"十志"不仅是简单的名称变化，更是"性质大变"②。

另外，班固还增加了《地理志》，系统详细记录郡县区划，对汉代两百年间行政区划沿革脉络整体呈现，同时还根据《诗经·国风》，记录各地民情风俗，丰富了郡县地理的内容，也开启后世地理沿革研究。而《艺文志》则是班固根据刘向、刘歆父子《七略》，记录国家图书目录；它不仅记录图书典籍存录和来源出处问题，还如实反映先秦以来学术思想发展流变，开启后世"经籍志"篇类。从某个方面来讲，《汉书》"十志"贡献远在司马迁"八书"之上。③

当然，班固及《汉书》在价值观上也受到后世学者批评，范晔就说班固"论议常排死节，否正直，而不叙杀身成仁之为美，则轻仁义，贱守节"。傅

---

① 范晔：《后汉书·班彪列传下》，中华书局1965年版，第1386页。

② 钱穆：《中国史学名著》，生活·读书·新知三联书店2005年版，第105—106页。

③ 参见钱穆：《中国史学名著》，生活·读书·新知三联书店2005年版，第107—108页。

玄贬称“论国体则饰主阙而折忠臣，叙世教则贵取容而贱直节，述时务则谨辞章而略事实。此其所失也”①。班固否定正直死节之人，轻视仁义守节之事，粉饰主君过错，埋没骨鲠忠臣，倡导随势苟且，鄙视耿直端方，这是他的不足。

三、《后汉书》

东汉一朝历史，很早就有官方机构负责撰写修订，历任皇帝都积极挑选文笔优秀之士充实写作团队，办公地点在南宫东观。② 明帝时班固被任命为兰台令史，与时贤合作撰成光武帝刘秀《世祖本纪》。和帝时广汉李尤擅长写文章，被召诣东观，拜兰台令史。安帝时受诏与谒者仆射刘珍等人撰《汉记》。③ 官方修史工作一直延续到汉亡，这部著作后来被称为《东观汉记（纪）》。此外，还有三国吴谢承《后汉书》、晋司马彪《续汉书》、华峤《汉后书》、谢沈《后汉书》、袁山松《后汉书》、袁宏《后汉纪》等等。

范晔（398—446），字蔚宗，南朝宋顺阳（今河南淅川东）人。家世大族，曾祖范汪有名东晋，祖范宁是《穀梁传》专家，父范泰出仕刘宋，颇有声名。范晔有文笔，兼晓音律。元嘉初出任宣城郡（治今安徽宣城）太守。在任期间以诗书自娱，“详观古今著述及评论，殆少可意者”，遂重撰《后汉书》。“本纪”“列传”完成后，范晔被卷入谋逆事件，下狱诛死，“志”部分没有着笔。范晔《后汉书》最后撰写，远胜前人，此后各家后汉书散佚，只有范书完整保存下来。南朝萧梁时期，学者刘昭取司马彪《续汉书》“八志”三十卷，加以注释增补，附在范书之后。不过，很长一段时间纪传和志单独流传，直到北宋时期，“纪传”和“志”才合为现存版本。

范晔《后汉书》体例上没有大的创新，但内容上有不少拓展。如范晔创《皇后纪》，以与皇帝“本纪”匹配。除了沿袭前书的“循吏”“酷吏”“儒林”等传之外，又随时增加“党锢”“文苑”“独行”“方技”“逸民”“列女”等传。范晔《后汉书》在编纂上颇有自己特色，如记述人物注重分类，不专以时代先后排列，充分反映当时注重人物品评风尚。叙事上重视文笔技巧，较前人

① 刘知几著，浦起龙通释：《史通通释·书事》，上海古籍出版社2009年版，第213页。

② 东观同时具备皇家图书馆功能，是图书档案收藏之地。如章帝曾诏郎中黄香“诣东观，读所未尝见书”（范晔：《后汉书·黄香传》，中华书局1965年版，第2614页）。

③ 分别见范晔：《后汉书》之《班彪列传上》《李尤传》，中华书局1965年版，第1334、2616页。

更注重历史评论，加大了“论”的内容。又独自发明创造“赞”体，用极富意义的韵文对传记人物或全面总结，或重点评价，内容多样，不一而足。范晔自诩“赞自是吾文之杰思，殆无一字空设，奇变不穷，同含异体”，可见一斑。范晔所处时代文风偏好骈俪，重视音韵，未免“情急于藻”“韵移其意”，即行文过于铺陈辞藻而忽视内在情感，为迁就文句音韵而不得不牺牲文意。

四、《三国志》

《三国志》主要记载魏、蜀、吴三国鼎立时期历史，与《史记》《汉书》《后汉书》并称为“前四史”，作者是自蜀汉入魏、晋的陈寿。《三国志》总计六十五篇，其中《魏书》三十篇，《蜀书》十五篇，《吴书》二十篇。《三国志》在体例上只有纪、传，没有志、表部分，在断代史史书中别具一格。

陈寿（233—297），字承祚，巴西安汉（今四川南充）人。生长于蜀汉，师从同郡学者谯周，精研历史，善写文章，曾任蜀汉观阁令史。后因行事不谨慎，受到舆论非议（“清议”），多年沉滞不进。西晋建立，陈寿受到司空张华欣赏，被举荐为孝廉，除著作佐郎，出补平阳令，撰定《诸葛亮集》。呈奏于上，又除著作郎，受命撰写《三国志》。书成后，“时人称其善叙事，有良史之才”。

三国分裂割据成鼎立之势，《三国志》的修撰难免出现王朝统绪上“正统”之争。魏、蜀和吴三家，各以自己为正统，斥责对方为“（僭）伪”。陈寿经蜀汉入魏、晋，不得不以曹魏为正统。如曹操、曹丕父子等入“本纪”，标为“武帝纪”“文帝纪”，而蜀汉刘备、刘禅父子以及孙吴孙权等被列为“列传”，称“先主”“后主”和“吴主”传。不过，陈寿以“三国志”命名（而不是直接称“魏书”），分别以曹魏为“魏书”，蜀汉为“蜀书”，孙吴为“吴书”，似又在整体架构上维系了三国鼎立的事实现状。

三国割据对峙，各国史书记载虽有不少，但因为缺乏全面实录，难免各执一词，矛盾互出。陈寿在纷繁矛盾的记述中，参订异同，考核史实，清理出一部头绪清楚、文笔简洁的著作，为后人提供了极大便利。《三国志》取材广泛，不仅为政治军事人物立传，也为学术思想、文化艺术、医卜星算等人物立传。受当时人物品评风气影响，人物记叙上多以类相从。陈寿死后，范頵上书称“陈寿《三国志》辞多劝诫，明乎得失，有益风化”，可见评价之高。当然，《三国志》也有记载不实的问题，尤其魏晋鼎革之际，司马氏“作家门”过程中，采取铁血手段，大肆诛杀，致“天下名士减半”，对此陈寿不得不隐晦其词,甚至回护粉饰。

汉晋之时,经史学风崇尚简约,所以陈寿《三国志》行文简略。南朝以降,学风变化,以文富博识为风尚。如刘宋裴松之就批评陈寿《三国志》"失在于略,时有所脱漏"。宋文帝诏令裴松之给陈寿《三国志》作注。裴松之注解主要做了以下几点工作:一是"引诸家论,辨是非",即对各家不同看法,严辨是非曲直;二是"参诸书说,核讹异",即对同一件事情,参考多种记载,核实讹误和同异;三是"传所有事,详委曲",即陈寿原书记载简略的,要详细交代原委;四是"传所无事,补阙佚",即陈寿原书中没有记载的,要进行补充;五是"传所有人,详生平",即传中提到却没有细节的人,要详细记载生平;六是"传所无人,附同类",即传中没有记录的人,有必要附记在同一类人物后面。① 裴松之注释文字已远远超过了陈寿本文,借助于裴注,有一百多种史书得以保存。

① 参见钱穆:《中国史学名著》,生活 · 读书 · 新知三联书店 2005 年版,第 111 页。

第三章　编年体史书及其要籍

编年体以时间为中心来编排撰写历史，是一种比纪传体出现更早的史书体例，以孔子编订的《春秋》（包括“三传”）和北宋司马光等编撰的《资治通鉴》为主要代表。

第一节　编年体史书概述

编，本意是指串连竹简的绳子。如《汉书·儒林传》说，孔子“晚而好《易》，读之韦编三绝，而为之《传》”。就是说，孔子晚年喜欢读《易》，读得次数多了，竟然将串连竹简的皮绳都给磨断了。后来“编”逐渐发展为动词，即编次排列。

年，指年岁、年代。早期的历史典籍，都是依照年代顺序编订排列，有鉴于此，人们就将这种记事方式省称为“编年”。《公羊传·隐公六年》说：“《春秋》编年，四时具，然后为年。”即《春秋》根据时间先后记载当年发生的重大事情，一年分春、夏、秋、冬四季，每季三个月，头一个月循例为“春正月”“夏四月”“秋七月”“冬十月”等，只有这样才算完整的记年。①

据唐修《隋书·经籍志》记载，晋太康元年（280），汲郡（治今河南卫辉西南）人掘得魏襄王冢，得竹简书《纪年》，很可能是魏国史书，“著书皆编年相次，文意大似《春秋经》。……《春秋》则古史记之正法，有所著述，多依《春秋》之体”②。汲冢竹书《纪年》主要按年份撰写，书的主要内容也跟《春秋经》极为相似。史家推测以时间顺序记录的《春秋》是古史最主要的体例。

不过，“编年体”这一概念正式出现是在唐代初年。据《北史·王劭传》

---

① 参见田昌五：《国学举要》（史卷），湖北教育出版社2002年版，第429页。

② 魏徵等：《隋书·经籍志》，中华书局1973年版，第959页。

记载,(王劭)“初撰《齐志》为编年体二十卷,复为《齐书》,纪传一百卷”,即王劭刚开始撰《齐志》二十卷,是按时间顺序记录的编年体,后来又扩充修订《齐书》一百卷,是以人物为中心的纪传体。李延寿直称王劭《齐志》为“编年体”,这是“编年体”第一次完整出现。如上述《隋书·经籍志》以编年史书为“古史”,列“史部”第二类。到五代后唐刘昫监修《旧唐书》,在《旧唐书·经籍志》中,“编年(体)”这一概念正式取代《隋书·经籍志》中的“古史”一说,沿用至今。

关于编年体著述的特点,刘勰就说“岁远则同异难密,事积则起讫易疏,斯故总会之为难也”①。即时间隔得太久远了,积累的事情就多,有关内容难免会出现同异之争,而有关时间细节难免会有疏漏情况,这是编年撰史的难点所在。后来刘知几袭用并进一步分析了这一特点。刘知几将纪传体(《史记》为代表)和编年体(《春秋》为代表)作为最主要的两个史书体例进行对比,细陈各自优劣,以为编年体(《春秋》)“系日月以为次,列时岁以相续,中国外夷,同年共世,莫不备载其事,形于目前。理尽一言,语无重出”②。即编年以时间为序,只要同一时间发生的事情,无论是在中原还是在周边少数民族地区,都完整记录,如实展现在人们面前,也不会出现(纪传体那样)重复记载的情况。另外,他也明确地指出编年休的不足,“论其细也,则纤芥无遗;语其粗也,则丘山是弃”,批评编年偏重记载政治(人和事件),与政治无关的,即便重要也不予记录。

第二节　编年体史籍举要

一、《春秋》(含“三传”)

目前最早的编年体著作是孔子整理删定的《春秋》。《春秋》是孔子根据鲁国官方文档删削而成。

《春秋》上起鲁隐公元年(前722),下到鲁哀公十四年(前481),历隐公、桓公、庄公、闵公、僖公、文公、宣公、成公、襄公、昭公、定公、哀公等十二位国君,总计二百四十二年。

---

① 刘勰著,范文澜注:《文心雕龙注·史传》,人民文学出版社1958年版,第286页。

② 刘知几著,浦起龙通释:《史通通释·二体》,上海古籍出版社2009年版,第25页。

周王室衰微，各诸侯国为争夺土地人口，不断发动兼并战争，严重威胁到周初确立的礼乐制度，孔子对此表达严重忧虑和担心。“世衰道微，邪说暴行有作，臣弑其君者有之，子弑其父者有之，孔子惧，作《春秋》。”①编订《春秋》时，孔子“笔则笔，削则削，子夏之徒不能赞一辞”②。评判二百四十二年间人事，明王道，辨人事，别善恶，“贬天子，退诸侯，讨大夫”，意图维系和重塑三代礼乐制度。“《春秋》，天子之事”，孔子“约其文辞而指博”③，行文极富特色，往往用简略而委婉的语句隐晦地表达是非判断，史称春秋笔法，又称为“微言大义”。

《春秋》重在褒贬，而略于事实，故文字非常简洁。全书一万八千多字，最长的四十七个字，而最短的就一个字，如“（隐公八年）螟”，“（桓公五年）螽”，即隐公八年、桓公五年发生了蝗灾和虫灾。这种只言片语式的记载，只描述结果，无法完整反映事件本末以及相互之间的关系，未免费解，所以北宋曾巩讥讽《春秋》为“断烂朝报”。

后世学者不断给《春秋》作“传”，对《春秋》经文原文进行解释。现存最著名的是《春秋公羊传》《春秋穀梁传》和《春秋左氏传》，即一般所称的“春秋三传”。《公羊传》作者据传是春秋时期齐国的公羊高，《穀梁传》作者是鲁国的穀梁赤，《左氏传》作者是鲁国史官左丘明。就“三传”的风格特点而言，《公羊传》和《穀梁传》重在发挥《春秋》的“微言大义”，即义理方面，而《左氏传》重在史事部分，即对历史事件细节的补充。

自《春秋》确立以时间为中心的记事体例以来，史家不断效法。自西汉以下，各个朝代都相应地有编年体史书与纪传体相辅而行。如汉末荀悦删削班固《汉书》而成编年体《汉纪》，东晋袁宏的《后汉纪》、孙盛的《晋阳秋》、干宝的《晋纪》、刘宋徐广的《晋纪》、萧梁裴子野的《宋略》等，都是有代表性的编年体史书。当然，在编年体史学史上有着浓重一笔的，要算北宋司马光主编的《资治通鉴》。

二、《资治通鉴》

《资治通鉴》是继《春秋》之后又一部在我国历史上具有里程碑意义的

---

① 赵岐注，孙奭疏，廖明春、刘佑平整理，钱逊审定：《孟子注疏 · 滕文公章句下》，李学勤主编：《十三经注疏》，北京大学出版社 2000 年版，第 210 页。

② 司马迁：《史记 · 孔子世家》，中华书局 1959 年版，第 1944 页。

③ 司马迁：《史记 · 孔子世家》，中华书局 1959 年版，第 1943 页。

编年体史书。北宋司马光主编,记载时间上起周威烈王二十三年(前403),下到后周世宗显德六年(959),共计一千三百六十二年的历史,凡二百九十四卷。

司马光(1019—1086),字君实,陕州夏县(今山西夏县)人。仁宗宝元初年(1038)进士,嘉祐年中任天章阁待制兼侍读学士、知谏院,英宗时任龙图阁直学士,神宗时至翰林学士,御史中丞。他从小爱读史书,入仕之后国家社会政治危机逐渐突显,司马光希望总结经验教训,给统治者提供借鉴。但"《春秋》以后迄今千年,《史记》至《五代史》,一千五百卷,诸生历年不能尽其篇第,毕世不暇举其大略"。他效法《左传》以年为纲,将战国到秦二世历史,编成八卷,定名《通志》,上呈给英宗,受到嘉赏。英宗将书名改为《历代君臣事迹》,令司马光选择助手,由国家提供资费,专门设置撰修书局于崇文院,继续撰史工作。[①] 神宗即位,司马光在经筵讲席进读。王安石变法开始,司马光作为"旧党"首领,坚决反对变法,不得已辞官居洛阳,专心修史。书撰成后,呈送于神宗,神宗以其书"鉴于往事,有资于治道",赐名《资治通鉴》(以下省称《通鉴》)。

《通鉴》从英宗治平二年(1065)奉敕编撰,到神宗元丰七年(1084)书成奉上,历时十九年。司马光亲自制订"凡例",委托擅长天文历数的刘羲叟考订节气、星象、朔闰等,按年月日编成长历。又邀请著名学者刘恕、刘邠、范祖禹等分工合作,周、秦、两汉部分由刘邠负责,魏晋南北朝部分由刘恕负责,唐五代部分由范祖禹负责(后随时略有变动)。他们分段仔细搜集资料,编成丛目,系于各年之下,然后就已有材料考证异同,删汰重复,以为"长编"。长编完成后,由司马光最后定稿,斟酌取舍,删繁就简,校订史实,润色文字,亲力亲为,一丝不苟。《通鉴》修成后,曾有人在洛阳见草稿堆满两间房屋,黄庭坚翻阅篇卷,称无一字草书,可见司马光所花费的心力以及严谨治学精神。[②]

《通鉴》在选材上很有分寸,广泛收罗,谨慎取舍,力求做到真实可靠。《通鉴》编撰之时正史已有"十七史"说,篇卷部类繁多,而司马光还"旁及小说",所以"简牍盈积,浩如烟海"。有学者统计《通鉴》引书多达二百二十二

---

① 参见脱脱等:《宋史・司马光传》,中华书局1977年版,第10762页。

② 参见钱穆:《中国史学名著》,生活・读书・新知三联书店2005年版,第209页。

种，其中近一半资料已亡佚。元代胡三省曾说，司马光编《通鉴》“不特记治乱之迹而已。至于礼乐历数、天文地理，尤致其详，读《通鉴》者，如饮河之鼠，各充其量而已”。除了取材广泛之外，司马光还严格考证史事真伪，比较同异，择善而从。在编撰过程中，他还对不同史料记载之间的异同以及自己如何取舍的细节逐条进行记录交代，编成《通鉴考异》三十卷。

在内容的编排上，《通鉴》始终围绕“鉴于往事，以资于治道”这一鲜明主题展开，举凡朝代兴亡更迭、君臣治国言论等，正确有益的表彰发扬，错误不当的批驳抨击，坚定维护君主权威和正统地位，维护大一统政府——主要以“臣光曰”形式发表独立评论。如《通鉴》以周威烈王二十三年韩、赵、魏“三家分晋”开篇，司马光见微知著，以为“周虽未灭，王制尽矣”①。韩、赵、魏三家已掌握国政，周天子虽不能诛讨，但只要不承认，三家依然没有名分，是“擅”政“专”权，干犯礼制。而周威烈王迫于威势，让韩、赵、魏位列诸侯，“区区之名分复不能守而并弃之也。先王之礼于斯尽矣！”②司马光对此大力抨击，痛斥势利，申明道义。另外，在撰写过程中，司马光尤其重视历史上事关国家兴灭、朝代盛衰的关键性战争。如赤壁之战，梳理三方势力，分析各自面临复杂形势，条理事件本末细节，如对鲁肃政治眼光和才能的揭举，既显示司马光超常的文学才能，也反映出他非凡的历史视野。③

在记叙方式上，《通鉴》既坚持了编年体以时间为序的特点，又吸收了纪传体自为首尾的一贯写法。对重要历史事件，《通鉴》采取连载集中记述，如唐代安史之乱，玄宗天宝十三年（754）正月至肃宗至德元年（756）八月之间，司马光以洋洋数万言，上到皇帝朝臣，下到平民叛军，对各方面态势都详细描述，生动展现这一关涉唐王朝由盛而衰、历史大转变节点的画面。同时在具体叙事时，又以一个“初”字起首回忆交代事件缘起，使得事件首尾连贯成一整体。

司马光《通鉴》是古代编年体发展史上的里程碑，将编年体史籍的编纂水平推向空前高峰。南宋以降，史学界迅速出现某种“《通鉴》热”现象，许多史学家围绕《资治通鉴》进行研究，续写、模仿、评论、注释、改写者，历代

---

① 司马光：《资治通鉴序（御制）》，中华书局 1956 年版，第 33 页

② 司马光：《资治通鉴·周纪一》，中华书局 1956 年版，第 2—6 页。

③ 参见钱穆：《中国史学名著》，生活·读书·新知三联书店 2005 年版，第 217—218 页；司马光：《资治通鉴·汉纪五十七》，中华书局 1956 年版，第 2087—2094 页。

不乏其人。① 如朱熹及门人约略条理《通鉴》原文为《通鉴纲目》,更利于阅读和掌握;元代王应麟有《通鉴问答》,同时胡三省以平生精力为《通鉴》作注,流传至今;明代严衍花很大工夫写《资治通鉴补》,王夫之有《读通鉴论》三十卷史论。而影响最大的是南宋袁枢,他改《通鉴》为《通鉴纪事本末》,创立了我国史学的第三种体例——纪事本末体。

① 参见钱穆:《中国史学名著》,生活·读书·新知三联书店 2005 年版,第 219—220 页。

第四章　纪事本末体史书及其要籍

第一节　纪事本末体史书概述

纪传体、编年体等体裁的史书各具特色，纪传体以人物为纲，兼涉志、书、表等形式，内涵丰富，成为历朝国史之正统；编年体以年为主，按年叙事，时间感强，各事件之间的关系清晰。但这两种体裁也有自己的不足，刘知几曾指出纪传体的缺点："同为一事，分在各篇，断续相离，前后屡出。"①梁启超评价编年体时也说："本年所纪之事，其原因在若干年前者或已忘其来历，其结果在若干年后者苦不能得其究竟。"②可见由于体裁的限制，它们均会造成同一件史事前后割裂的弊端。为了弥补这一不足，宋代史学家结合纪传体、编年体的特点，开创了纪事本末体。这一新体裁的定型以南宋袁枢《通鉴纪事本末》的完成为标志。

所谓"纪事"，就是"记事"，为叙述史事的意思；"本末"即"始末"，指事情的来龙去脉。简而言之，这一体裁的史书注重事情发生的原因、经过和结果，保证了同一事件的连续性、完整性，所以"纪事本末体"又简称"本末体"。具体做法是，作者依据某一部或多部旧史，将其中相关资料分门别类，重新排列组合，从而展现历史事件的原委；每一史事独立成篇，并拟定合适的标题，然后按时间顺序编撰，聚合成一部史籍。在整理过程中，史书作者常常进行剪裁、精简，避免了旧史的烦琐，所以某种程度上它并非摘抄旧史，而是一种重新创作，对此清代学者章学诚有精当的评价："按本末之为体也，因事命篇，不为常格，非深知古今大体，天下经纶，不能网络隐括，无遗无滥，文省于纪传，事豁于编年，决断去留，体圆用神。"③

---

① 刘知几：《史通・二体》，上海古籍出版社 1978 年版，第 28 页。

② 梁启超：《中国历史研究法》，上海古籍出版社 1998 年版，第 20 页。

③ 章学诚著，叶瑛校注：《文史通义校注・书教下》，中华书局 1985 年版，第 51—52 页。

诚然,纪事本末体史书也存在不足,譬如它集中叙述某一史事,影响了该事件与其他事件之间的内在联系,同时它注重历史大事,舍弃了一些散乱但有价值的史料,等等。但瑕不掩瑜,由于纪事本末体兼采纪传、编年二体之优点,它出现后很快受到史家欢迎,宋代以降又陆续产生了《宋史纪事本末》《元史纪事本末》《明史纪事本末》《左传纪事本末》《绎史》等史书。据统计,收录在清《四库全书》的纪事本末体史书有26部,收录在民国时期成书的《续四库全书》的则多达106部,足见该体裁在我国史学中的地位。也因为这一缘故,纪事本末体与纪传体、编年体合称为三大史学体裁之一。

第二节　纪事本末体史籍举要

一、袁枢与《通鉴纪事本末》

纪事本末体"因事命篇"的作史方法,究竟起源于何时?学界存在较大争议,比如有学者认为先秦的《尚书》等著作就有这种手法的影子,也有学者认为起源于南北朝。[①] 然而,它们大多只运用于某部著作中的单篇或部分篇章,通书有意识地采用这一手法并产生较大影响的,学界公认是南宋袁枢的《通鉴纪事本末》。换言之,《通鉴纪事本末》是第一部纪事本末体史书,也是"纪事本末"这一史学体裁形成、成熟的标志。

袁枢(1131—1205),字机仲,南宋建州建安(今福建省建瓯市)人,自幼勤奋好学,成年后仕途顺利,不过多为地方副官或教授,较为清闲,因此得以安心研读。袁枢爱好史书,尤其喜欢司马光的《通鉴》,他写作《通鉴纪事本末》便与此有关,"喜诵司马光《资治通鉴》,苦其浩博,乃区别其事而贯通之"[②]。毋庸讳言,《资治通鉴》乃编年体集大成之作,也是我国古代史学杰作,但由于它时间跨度大,牵涉的事情多,加上它按年纪事,将一事分割在不同年份中,进一步增加了阅读的困难。这一点司马光本人也有所体察,"公自言:'修《通鉴》成,惟王胜之借一读;他人未尽一纸,已欠伸思睡。'是正文

① 金毓黻先生认为:"魏元晖招集儒士崔鸿等,依仿梁武帝《通史》,而取其行事尤相似者,以为《科录》,或云,撰录百家要事,以类相从,此实纪事本末一体之滥觞。"(金毓黻:《中国史学史》,商务印书馆1957年版,第191页)

② 脱脱等:《宋史·袁枢传》,中华书局1977年版,第11934页。

二百九十四卷,有未能遍观者矣”[①]。可见袁枢之“苦”不是个人感受,某种程度上也是读史者的共识。基于此,他决心以事件为单元,改编《通鉴》。经过近十年的努力,于淳熙二年(1175)最终完成,“号《通鉴纪事本末》”。

《通鉴纪事本末》的史料完全取自《资治通鉴》,叙事年限也与后者保持一致,起自战国,终于五代。只不过作者以事件为单元,将原来的史料重新剪辑排列,一事为一个专题,若干事件合为一卷。有的大事后面还附带有其他相关事件,如卷十“诸葛亮出师”附录了“平南中”一事,卷二十七“唐平东都”附录了李密、王世充二人的事迹,等等。这样前后相加,全书共计四十二卷,收录史事三百零五件。经过上述处理,袁枢将纪事长达一千多年、千头万绪的《资治通鉴》,浓缩成了三百多个专题,无疑简明、直观得多。

《通鉴纪事本末》刊刻后,宋孝宗“读而嘉叹”,同时代或稍晚的学者更是推崇有加,如学者杨万里说:“予读之,大抵搴事之成以后于其萌,提事之微以先于其明。甚情匿而泄,其故悉而约,其作窕而槬,其究遐而迩。”又说:“今读子袁子此书,如生乎其时,亲见乎其事,使人喜,使人悲,使人鼓舞,未既,而继之以叹且泣也!”[②]杨氏的褒扬可谓一语中的,点明《本末》的主要价值在于弥补了《通鉴》的弱点,将战国以来的大事条理化、故事化,让读者一目了然。我们不妨以卷一为例略作说明,该卷分为“三家分晋”“秦并六国”“豪杰亡秦”,仅用三个故事就概括了战国汉代之际的历史纷争。从这一点来看,袁枢的改编是相当成功的,所以南宋就有学者模仿《通鉴纪事本末》作史,较为著名的有章冲的《春秋左氏传事类始末》《续资治通鉴长编纪事本末》、杨仲良的《皇宋长编纪事本末》等。

《通鉴纪事本末》在史学体裁方面的突出贡献,不仅得到时人认可,后世学者亦给予了肯定,如《四库全书总目提要・史部五》说:“枢乃自出新意,因司马光《资治通鉴》区别门目,以类排纂,每事各详起讫,自为标题。每篇各编年月,自为首尾,始于三家之分晋,终于周世宗之征淮南,包括数千年事迹,经纬明晰,节目详具,前后始末,一览了然。遂使纪传、编年贯通为

① 胡三省:《新注资治通鉴序》,见司马光:《资治通鉴》,中华书局1956年版,第25页。

② 杨万里:《通鉴纪事本末序》,见袁枢:《通鉴纪事本末》,中华书局1955年版,第1页。

一，实前古之所未见也。”①梁启超也认为《通鉴纪事本末》让人耳目一新，具有开创之功，“论他体例，在纪传、编年之外，以事的集团为本位，开了新史的路径，总不愧为新史的开山。”②总之，袁枢在纪传、编年等体裁之外，开辟了一个新的史学领域，他及其代表作《通鉴纪事本末》在我国史学史上具有重要地位。

袁枢《通鉴纪事本末》的刊行和成功，使得学者们纷纷效仿著述，南宋至清代期间陆续涌现出一大批本末体史书，主要有陈邦瞻的《宋史纪事本末》《元史纪事本末》、张鉴的《西夏纪事本末》、高士奇的《左传纪事本末》、李有棠的《辽史纪事本末》《金史纪事本末》、谷应泰的《明史纪事本末》、杨陆荣的《三藩纪事本末》、马骕的《绎史》等。其中前八部与袁枢的《资治通鉴纪事本末》合称“九朝纪事本末”。这九部本末体史书上起周代，下至清朝，如此一来，本末体与纪传体、编年体一样，构成了一个贯通古今的独立系统。下面再简要介绍其中几部。

二、陈邦瞻与《宋史纪事本末》《元史纪事本末》

陈邦瞻（1557—1623），字德远，高安（今江西高安市）人，明后期文学家、史学家，史学方面的作品主要有《宋史纪事本末》《元史纪事本末》等。

《宋史纪事本末》。陈氏之前，已有学者开始编撰有宋一代的本末体史书，分别有沈越的《事纪》、冯琦的《宋史纪事本末》，二书均未最终完稿。后来陈氏在沈、冯的基础上，参考《宋史》等书，编撰而成新的《宋史纪事本末》。它是我国第一部断代性质的本末体史书。全书一百零九卷，六十余万字，系统记载了宋代三百年间的大事。与袁枢的《通鉴纪事本末》相较而言，虽然该书只是宋代一朝的历史，但由于众所周知《宋史》在历朝正史中篇幅最大，也“最为芜秽”，因此改编《宋史》的价值不亚于改编《资治通鉴》，《四库全书总目提要·史部五》曾这样评价：“于记载冗杂之内，实有披榛得路之功。读《通鉴》者不可无袁枢之书，读《宋史》者亦不可无此一编也。”

《元史纪事本末》。全书二十七卷，较《宋史纪事本末》简略得多，但该书除收录历史大事外，还设有“科举学校之制”“运漕”“治河”“官制之定”

---

① 永瑢等：《四库全书总目提要》第十一册，商务印书馆1935年版，第6页。

② 梁启超：《中国历史研究法补编》，上海古籍出版社1998年版，第305—306页。

"佛教之崇"等条目,为后世了解元朝的教育、交通、官制、水利、宗教等方面的情况提供了重要资料。

三、谷应泰与《明史纪事本末》

谷应泰(1620—1690),字赓虞,直隶丰润(今河北丰润)人,清初史学家。谷氏"夙有网罗百代之志",后来任浙江学政,邀请地方学士编撰完成《明史纪事本末》。全书分列八十个专题,每题一卷,约二百万字,叙述了朱元璋起兵到李自成攻破北京城之间的史事。与前面我们介绍的几部本末体史书不同的是,谷氏主持编写该书时尚无《明史》,也就是说还没有通行的正史作为蓝本,所以谷氏等人在史料搜集上花费了大量精力。他们不仅利用已有书籍,还参考野史、原始档案文献,因而该书具有独特的价值,某些地方可补《明史》之缺失。

四、马骕与《绎史》

马骕(1620—1673),字宛斯,邹平(今山东邹平县)人,清初史学家,有本末体史书《左传事纬》《绎史》等传世。马骕治史,专注于先秦,时人称其为"马三代"(夏商周),《绎史》是其代表作。

《绎史》一百六十卷,分为太古十卷、三代二十卷、春秋七十卷、战国五十卷,分别记录远古、夏、商、西周、春秋、战国史事,最后作"外录"十卷。"外录"又分天官、律吕通考、月令、洪范五行、地理、诗谱、食货、考工、名物训诂、古今人表等十类。马骕写作该书耗时十年有余,尽其所能搜罗史料,后人评价曰:"骕又撰《绎史》一百六十卷,纂录开辟至秦末之事,博引古籍,疏通辨证,非《路史》《皇王大纪》所可及也。"①

五、高士奇与《左传纪事本末》

高士奇(1645—1704),字澹人,号江村,清代钱塘(今浙江杭州)人。人如其名,高士奇在历史上被称为"奇人",他出身微贱,却因擅长书法得到皇帝厚爱,并逐渐成为康熙的机要近臣;他一生写了大量奉迎的宫廷俗作,也留下了《春秋地名考略》《左传纪事本末》等学术名著,其中尤以《左传纪事本末》闻名于世。该书以春秋诸侯为中心,分国纪事,其中周四卷,鲁十一卷,齐七卷,晋十一卷,宋三卷,卫四卷,郑四卷,楚四卷,吴三卷,秦二卷,最后还有列国灾异一卷。

① 赵尔巽等:《清史稿·儒林二》,中华书局1977年版,第13170页。

高氏之前，改编《左传》的已有南宋章冲的《春秋左氏传事类始末》、清人马骕的《左传事纬》，但两书史料限于《左传》，且未做太多辨析，高氏不仅征引《左传》原文，还广征博引诸子、史家著作，加以注释、辨误。总之，该书既做了较大探索，又能保持《左传》原貌，“且其荟萃诸家，绝不裁换原文，及裂句摘字，映和而成之病。”[①]因而它后来居上，史学价值超过了《春秋左氏传事类始末》《左传事纬》。

---

① 周中孚：《郑堂读书记》，商务印书馆1940年版，第381页。

第五章　国别体史书及其要籍

第一节　国别体史书概述

所谓"国别体"，简而言之就是以"国"分类，分别记载各国人物、言论及事件的史书，我国古代最著名的国别体史书为《国语》《战国策》。不过值得注意的是，古代虽有人称《国语》为"国语之书"，称《战国策》为"国策""国事"，但并没有"国别体"的说法。比如，在较早对史籍进行分类的《隋书·经籍志》里，编者将史书划为正史、古史、杂史、霸史、起居注、旧事、仪注、职官、刑法、杂传、地理、谱系、簿录十三种，《战国策》被列入"杂史"类（文中提到《国语》，但没归类），并没有专门的"国别体"；如前所言，清代纪昀等人编的《四库全书总目提要》，将史部细分为正史、编年、纪事本末、别史、杂史、诏令奏议、传记、史钞、载记、时令、地理、职官、政书、目录、史评十五类，也无"国别"一目。《四库全书总目提要》沿用《隋书·经籍志》的分类，将《国语》《战国策》纳入"杂史"类，因此这不能不算一种遗憾。

至于"杂史"的涵义，《隋书·经籍志》说：博达之士"愍其废绝，各记闻见"，或"钞撮旧史，自为一书"，它们体例不一，有的甚至"有委巷之说，迂怪妄诞，真虚莫测"，但总体而言"大抵皆帝王之事"，因此"谓之杂史"。《四库全书总目提要》则说："大抵取其事系庙堂，语关军国，或但具一事之始末，非一代之全编；或但述一时之见闻，只一家之私记。"①《提要》同时也指出，《隋书》专列"杂史"一目，是因为随着史学著作的增多，分类本身有困难，实属不得已而为之，"盖载籍既繁，难于条析。义取乎兼包众体，宏括殊名。"②

正因为如上所言，古代的杂史是个比较宽泛的概念，所以今天看来，

---

① 永瑢等：《四库全书总目提要》第十一册，商务印书馆1935年版，第55—56页。

② 永瑢等：《四库全书总目提要》第十一册，商务印书馆1935年版，第55页。

《隋书》将《战国策》与《春秋前传》《吴越春秋》《汉灵献二帝纪》《王子年拾遗记》等编在一起,《四库全书总目提要》将《国语》《战国策》与《渚宫旧事》《贞观政要》等分为一类,不是十分精确。再加之《国语》《战国策》等书重要的史料价值,以及它们按国编排的特色,今天我们习惯称这种史学体裁为“国别体”。下面简单介绍《国语》《战国策》两书的情况。

第二节 国别体史籍举要

一、《国语》

《国语》是我国第一部国别体史书,大约成书于战国时期。该书的作者,据司马迁说是左丘明,“左丘失明,厥有《国语》”①。由于左丘明又曾为《春秋》作传(即《左传》),所以汉代学者一般称《国语》为《春秋外传》《左氏外传》或《春秋外传国语》。但汉代之后,左丘明作《国语》的说法遭到普遍质疑,一是《国语》多为片段式的言论,《左传》记事详细而完整,两者的风格差别很大,且有部分史实存在互相矛盾的地方;二是左丘明是鲁国人,但《国语》中的“鲁语”部分很简略,相反“晋语”部分篇幅很长,约占全书的一小半。基于第二点,有学者认为应该是三晋人士的作品。另有学者根据《国语》本身的内容与体例,推测它不可能是某一个人的著述,而应是各国史料的汇集。总之,与其他相关先秦典籍一样,《国语》的作者或编撰者至今仍无确论。

《国语》主要记录周穆王到周贞定王年间各国的史实,形式多为君臣、臣臣围绕国家兴衰、得失展开的言论。它以“国”为单位,分别编排,最后汇集成书。具体而言,《国语》分为《周语》三卷、《鲁语》二卷、《齐语》一卷、《晋语》九卷、《郑语》一卷、《楚语》二卷、《吴语》一卷、《越语》二卷,共二十一卷。这种先周王朝后诸侯、先华夏后楚越的编排顺序,一定程度上反映了编撰者的正统思想。在内容方面,《周语》记载了周王朝自穆王以来王道衰弱,最后走向覆灭的历史现实和趋势。《鲁语》通过人们对战争问题的讨论,强调礼、义、德、信的价值,反映出鲁国的文化特征。《齐语》集中记录了管仲的治国理念,以及齐桓公称霸一事。《晋语》的篇幅最多,较为详细地叙述了晋国的兴衰变化以及内部的复杂斗争,可谓一部晋国小史。《郑语》主要叙述郑桓公与大臣

① 司马迁:《史记·太史公自序》,中华书局1959年版,第3300页。

史伯对话，通过对话总结了周王朝衰落的原因、经验教训，并由此推测整个社会的走向。《楚语》以君臣讨论太子教育开篇，涉及德政、贤才、祭祀、民本等问题。《吴语》《越语》围绕吴、越两国在春秋末期的争霸展开。

《国语》的特点，除了上面我们所讲的分国编排、史料汇编、正统观念、以语录为主之外，还具有较为突出的"史鉴"意识，即《国语》通过周王朝、其他诸侯的兴衰，告诫后人要吸取历史经验教训和前人的治国得失，正如三国时期的韦昭所说："采录前世穆王以来，下讫鲁悼智伯之诛，邦国成败，嘉言善语，阴阳律吕，天时人事逆顺之数，以为《国语》……所以包罗天地，探测祸福，发起幽微，章(彰)表善恶者，昭然甚明。"①

此外，《国语》不仅记录了西周末年及春秋时期的重要史实，它的体例对后世史书也产生了重要影响，比如作为"前四史"之一的《三国志》，就吸纳了《国语》的体例原则，所以有人又称《三国志》为"国别纪传体"史书。

二、《战国策》

《战国策》主要记录战国纵横家游说君王之事，与《国语》一样，以记言论为特色。它是《国语》之后又一部国别体史书，也是战国时期最基本的史料来源之一。

《战国策》的作者或编者不可考，而且该书早期并不叫《战国策》，而有《短长》《国事》《国策》《事语》《长书》《修书》等多种称呼。从这一点推测，它可能出自多人之手，并历经了游士们的反复传抄。到西汉时，光禄大夫刘向见该书散乱杂糅，开始重新校订，"所校中《战国策》书，中书余卷，错乱相糅莒。又有国别者八篇，少不足。臣向因国别者，略以时次之，分别不以序者以相补，除复重，得三十三篇……臣向以为战国时，游士辅所用之国，为之策谋，宜为《战国策》。"②后世便沿用了刘向《战国策》的定名。

刘向校订后的《战国策》，基本上按国分卷(唯有宋、卫合为一卷)，分为西周、东周③、秦、齐、赵、魏、韩、楚、燕、宋、卫、中山十二国。该书内容虽然是谋臣策士的游说言论，但涉及各国的军事、政治、外交、治国策略等方方面面，同时部分篇章体现出战国从分裂走向统一的趋势，比如关于张仪、苏秦

① 韦昭:《国语解叙》，见徐元诰:《国语集解》，中华书局2002年版，第594页。

② 刘向集录:《战国策·刘向书录》，上海古籍出版社1985年版，第1195页。

③ 这里的"西周""东周"指周王室东迁洛阳后(东周)再度一分为二的西周、东周，并非春秋之前的"西周"和春秋之后的"东周"。

的篇章，着重描述的就是合纵、连横斗争，也即秦、楚争夺统一权的斗争，“苏秦为纵，张仪为横；横则秦帝，纵则楚王”①。

由于《战国策》收录的是战国纵横家的言论，因此关于它的文本性质，历史上有不少争议。班固的《汉书·艺文志》将其与《左传》《国语》《太古以来年纪》等书并列，收入“春秋类”，显然是将其作为“正史”看待的。其后《隋书》、新旧《唐书》均将其视为史书，但归于杂传或杂史一类。宋代学者晁公武的《郡斋读书志》不同意宋前的归类，将它归入“纵横家类”。元朝脱脱等人编撰的《宋史·艺文志》沿用宋人观点，将其归入子部。《四库全书》则沿用汉唐学者的分类，将其划入杂史类。

尽管人们对《战国策》一书的属性有争议，但它对后世有着重要影响却是公认的。一方面该书叙述手段多样，综合运用铺陈、衬托、虚构、夸张、排比、伏笔等多种艺术手法，使得《战国策》语言生动，人物形象鲜明，是我国早期真实性、可读性结合较好的一部史书。这对于后世的史学书写有一定借鉴意义。另一方面，《战国策》有着重要的史料价值。如果说《左传》记事详细而有条理，春秋时期的历史有据可查，那么战国时期的史料少而乱，《战国策》正是其中涉及面较全、内容较为完整的史书，因而也是这一时期最基本的史料来源。司马迁写作《史记》，就曾以《战国策》原来的底本为主要文献依据，《汉书·司马迁传》说：“故司马迁据《左氏》《国语》，采《世本》《战国策》，述《楚汉春秋》，接其后事，讫于天汉。”②据学者考证，太史公直接采用《战国策》的史料就有近一百条，占该书篇幅的五分之一，可见其价值之高。

不过，由于《战国策》讲纵横之术，多计谋策略之词，所以在以儒家思想为主的传统社会，一度不受重视——自刘向校订后，东汉高诱曾为它作注，之后长期不受重视，到宋代该书已散逸不少。直到南宋，学者姚宏重新辑佚、校订《战国策》，该版本经元明清几代学者补辑，一直流传至今。现代也有不少学者注释过《战国策》，其中缪文远的《战国策新校注》最为有名。另外，20世纪70年代在长沙马王堆三号汉墓发掘出土了一批帛书，其中有部分帛书的风格、内容类似于《战国策》，经专家整理定名为《战国纵横家书》，该书由文物出版社1976年出版，可与《战国策》对读。

---

① 刘向集录：《战国策·刘向书录》，上海古籍出版社1985年版，第1197页。

② 班固：《汉书·司马迁传》，中华书局1962年版，第2737页。

第六章 政书及其要籍

第一节 政书概述

“政书”是政书体史书的简称。明清之前，书目分类中还没有“政书”的概念，只有“旧事”“仪注”“刑法”等目①，“旧事”即往朝的政令典故、章程，“仪注”即礼仪制度，“刑法”即法律制度，均与后世“政书”有关。明清之际人们开始将这些合并在一起，统称为“政书”，《四库全书》史部中就设有“政书”一目。所谓“政”，是指古代政治、军事、经济、刑法、文化、器物等各种制度的总称，所以当代史学界有人又称这种体裁为“政制体”“典志体”或“典制体”。

“政书”的渊源，可以追溯到先秦秦汉经书中有关典制的篇目，如《周礼》关于官制的文字（后人常称为《周官》），以及《史记》《汉书》中的“书”“志”。汉唐之际，还有关于某一制度的专著，较为著名的有汉代卫宏的《汉旧仪》、应劭的《汉官仪》，唐代长孙无忌等人编撰的《大唐仪礼》、萧嵩等人的《大唐开元礼》、刘秩的《政典》等。但这些作品要么是作为某书的一个条目出现，要么是关于某一类制度的总结，体例和内容还不完善、成熟，其影响也比较有限。政书作为一种专门的体裁得到人们认可，或者说政书的形成，是唐代著名史学家杜佑《通典》的完成——《通典》是我国第一部综合性、系统性的政书著作，标志着政书的成熟。对此，梁启超先生曾有论述：“纪传体中有书志一门，盖导源于《尚书》，而旨趣在专纪文物制度……然兹事所贵在会通古今，观其沿革。各史既断代为书，乃发生两种困难：苟不追叙前代，则源委不明；追叙太多，则繁复取厌。况各史非皆有志，有志之史，其篇目亦互相出入。遇所阙遗，见斯滞矣。于是乎有统括史志之必要。其卓然

① 例如《隋书·经籍志》中设有“旧事”“仪注”“刑法”等类目。

成一创作以应此要求者，则唐杜佑之《通典》也。"①

古代有名的政书，除杜佑的《通典》之外，还有郑樵的《通志》、马端临的《文献通考》（这三部合称"三通"），清朝乾隆年间编修的"续三通"（《续通典》《续通志》《续文献通考》）、"清三通"（《清通典》《清通志》《清文献通考》），以及《唐会要》《五代会要》《西汉会要》《东汉会要》等断代性质的"会要"。下面我们对这些史书做简要介绍，其中"续三通""清三通"分别放在《通典》《通志》《文献通考》里面介绍。

第二节　政书举要

一、杜佑与《通典》

杜佑（735—812），字君卿，京兆万年（今陕西西安）人，唐中后期著名政治家、史学家。杜佑的家族为关中望族，杜氏汉代开始就声名显赫，杜佑的祖辈父辈都曾出任朝廷命官，所以他较早"以荫入仕"，后来做过地方县丞、工部郎中、江西青苗使、抚州刺史、御史中丞、金部郎中、水陆转运使、户部侍郎、饶州刺史、岭南节度使、御史大夫等官，唐德宗、顺宗、宪宗年间还一度出任宰相。历仕多个部门，了解官僚制度，为他撰写《通典》打下了基础。

杜佑"性勤而无倦，虽位极将相，手不释卷；质明视事，接对宾客，夜则灯下读书，孜孜不怠"②。唐代宗大历元年（766），杜佑吸取《政典》《大唐开元礼》等书的经验，开始搜罗资料，撰写《通典》，最终在唐宪宗贞元十七年（801）撰成。

《通典》共二百卷，约一百九十万字，分为食货、选举、职官、礼、乐、兵、刑法、州郡、边防九典。这个篇目安排是作者有意为之，他认为衣食是天下教化的根本，所以列食货为第一，其次是人才选举制度，其他依次排开。这样安排的目的，是为了让读者一目了然，明白各篇编撰的内容和重要性。九大典下面根据需要，再设若干子目，交代各种制度的详尽情况。而且每一制度皆通贯古今，作者充分利用搜集到的史料追溯其渊源，梳理其流变。具体而言，它上至传说时代的黄帝时期，下至唐玄宗天宝年间，部分文字还涉及

① 梁启超：《中国历史研究法》，上海古籍出版社 1998 年版，第 21 页。

② 刘昫等：《旧唐书 · 杜佑传》，中华书局 1975 年版，第 3983 页。

作者生活的肃宗、代宗时期的制度，是一部真正意义上的“制度通史”。

《通典》前后耗时三十六年，卷帙浩繁，可谓杜佑的心血之作。该书也体现了作者的编撰思想。首先是高度重视经济。《通典》与以往的史书首列帝王将相不同，而是将经济放在第一位，杜佑曾说：“理道之先在乎行教化，教化之本在乎足衣。”①并援引《易经》《尚书·洪范》《管子》以及孔子的话，进一步来论证经济在国家发展、社会治理中的重要性。其次是讲究“致用”。杜佑经历了唐代的安史之乱，并担任过宰相一职，对国家的衰败有切肤体认，所以他编撰《通典》的一个重要目的，就是要为当时及后人提供借鉴，“所纂通典，实采群言，徵诸人事，将施有政”②，这句话虽然出自他本人之口，但并非虚言，《四库全书总目提要》也夸赞该书：“元元本本，皆为有用之实学。”③再次是推崇礼法。作者认为礼法是达成天下太平的关键手段之一，加之当时君王“深尚礼法”，因此《通典》中关于礼制沿革的文字长达一百卷，占了全书的一半篇幅，其对礼制的重视可见一斑。最后是史论结合。《通典》对典章制度追根溯源，并不是单纯罗列史料，而往往加以评述。一方面，作者在全书前面用《序》说明了编撰的宗旨、原则，在每一具体典制前也往往作有序言，文末又加上“论曰”“评曰”文字，总结点评该项制度。另一方面，对于援引的史料，作者除了交代出处，还加上或点评或说明或存疑性质的按语。这种自评自注的形式，也是《通典》的一大特色。

总之，《通典》体制成熟、规模宏大、史评并存，开创了纪传体、编年体、国别体等之外的又一类史学体裁。《通典》成书后，它所取得的突出贡献就受到广泛赞誉。唐人符载曾说：“(《通典》)莫不摘食其英华，渗漉其膏泽，截烦以趣约，裁疏以就密。其有览之者，如热得泽，如饥得食，五车万卷，尽为冗废，得不谓立言垂范欤！”④直到清代，乾隆皇帝还把《通典》视为“经国之良模”，“观其分门起例，由食货以讫边防，先养而后教，先礼而后刑，设官以治民，安内以驭外，本末次第，具有条理，亦恢恢乎经国之良模矣。”⑤也正

① 杜佑：《通典》，中华书局1988年版，第1页。

② 杜佑：《通典》，中华书局1988年版，第1页。

③ 永瑢等：《四库全书总目提要》第十六册，商务印书馆1935年版，第44页。

④ 符载：《淮南节度使灞陵公杜佑写真赞并序》，见董诰等编：《全唐文》，中华书局1983年版，第7078页。

⑤ 《御制重刻通典序》，见《通典》附录，中华书局1988年版，第5513页。

因为乾隆本人对《通典》的喜爱,下令编修了《续通典》《清通典》等书。

《续通典》。杜佑《通典》的记载止于唐后期,之后到明末的千余年间,没有类似性质的政书。乾隆三十二年(1767)下诏续编《通典》,因此该书又叫《钦定续通典》。《续通典》的记录自唐肃宗至德元年始,止于明崇祯末年,全书沿用《通典》旧制,分典编排,凡《选举》六卷,《职官》二十二卷,《礼》四十一卷,《乐》七卷,《兵》十二卷,《刑》十六卷,《州郡》十八卷,《边防》四卷,《食货》十八卷。《续通典》对于研究唐朝到明朝之间的制度沿革,具有重要参考价值。

《清通典》。又名《皇朝通典》《钦定皇朝通典》,共一百卷,同为乾隆三十二年奉敕所撰。该书是《续通典》的续编,体例与《通典》《续通典》类似,是清朝典章制度方面的专著。

二、郑樵与《通志》

郑樵(1104—1162),字渔仲,福建兴化军莆田(今福建莆田)人,两宋之交著名史学家。郑樵家庭清贫,但苦读勤学,著述丰富,《通志》是其代表作。

模仿太史公写作一部通史,一直是郑樵的夙愿,他曾说:"欲自今天子中兴,上达秦汉之前,著为一书,曰通史。"①书成后便命名《通志》,"通"即贯通、会通之义,"志"即"记",与《史记》之"记"相同。《通志》的体例,也大致仿照《史记》,设有本纪、世家、列传、略、年谱等,只不过改"书"为"略",改"表"为"年谱"而已。全书共五百多万字,二百卷,有本纪十八卷、后妃传二卷、世家三卷、年谱四卷、略五十二卷、列传一百零六卷、载记八卷、四夷传七卷。

《通志》的纪传等部分价值不大,"故于纪传,即其旧文,从而损益。"②这也是《通志》成书后为学者诟病的地方。《通志》的精华在于"略"。"略"五十二卷,分为氏族、六书、七音、天文、地理、都邑、礼、谥、器服、乐、职官、选举、刑法、食货、艺文、校雠、图谱、金石、灾祥、草木昆虫等二十类,因此又通称《二十略》或《通志二十略》。《二十略》中虽然有部分内容因袭了正史、《通典》等书体例,但较之以前文字有较大扩充。更重要的是,《二十略》中

① 郑樵:《夹漈遗稿·寄方礼部书》,中华书局1985年版,第16页。

② 郑樵:《通志·总序》,中华书局1987年版,第3页。

不少篇章是作者的精心独创，比如校雠、金石、六书、都邑、七音、图谱、氏族等，都是前人没有考证、重视的门类。其中校雠略讲典籍校勘方法，金石略强调金石古器物在学术创作中的作用，六书略、七音略探究字源音韵，都邑略从政治、地理、形势多角度考察都邑的设置，图谱略搜集了大量各种类型的图籍，氏族略追溯了古代姓氏的由来、沿革。

对于《二十略》部分，郑樵本人十分重视与自负，他认为氏族等略“出臣胸臆，不涉汉、唐诸儒议论”，又说：“总天下之大学术，而条其纲目，名之曰略。凡二十略，百代之宪章，学者之能事，尽在此矣。”①事实上后人的评价也是如此，所以在古代甚至就有不刊行《通志》全本，而仅仅刊行《二十略》的现象。

至于《通志》的文本性质，因为郑樵撰写之前就有明确的意识与构思，而且全书体例又模仿正史纪传形式，所以《四库全书总目》将其收入史部“别史”类。但如前所说，《通志》的纪传部分并无新意，只是传抄旧史资料，它的贡献在于《二十略》。因为这一点，清代有的学者后来将其归入政书类，如清末张之洞等人编撰的《书目答问》，就将郑樵《通志》附录在“政书类历代通志之属”中。② 今天学界基本上将其归入政书一类，与杜佑《通典》《文献通考》合为“三通”。

清乾隆三十二年朝廷下诏，编修有《续通志》《清通志》。

《续通志》。体例仿照郑樵的《通志》，共六百四十卷，本纪七十卷，后妃传十卷，略一百卷，列传四百六十卷，无世家、年谱。

《清通志》。又名《皇朝通志》《钦定皇朝通志》，嵇璜等人奉敕所撰。因为内容是清朝本朝制度，所以该书体例与《通志》《续通志》有所不同，省去了本纪、世家、年谱、列传等部分，只有《二十略》一百二十六卷。

三、马端临与《文献通考》

马端临，饶州乐平（今江西乐平）人，约生于 1254 年，卒年不详，宋末元初著名史学家。马端临出身于书香门第，父亲马廷鸾曾任史馆校勘、史院编修，史学方面造诣较高。马端临受父亲影响较大，后来《文献通考》中常见“先公曰”字样，也可看出这一点。

---

① 郑樵：《通志·总序》，中华书局 1987 年版，第 2 页。

② 参见张之洞：《书目答问》，商务印书馆 1936 年版，第 77 页。

马氏写《通考》的目的，是考虑到正史虽涉及典章制度，但由于体裁等原因，往往非常简略；同时杜佑等人的专著有的地方还不够完备，“时有古今，述有详略，则夫节目之间，未为明备，而去取之际，颇欠精审，不无遗憾。”①约从 1285 年开始写作《文献通考》，积二十余年而成。

全书的内容起自上古，终于宋宁宗嘉定年间，共三百四十八卷，分为二十四门，即田赋考七卷、钱币考二卷、户口考二卷、职役考二卷、征榷考六卷、市籴考二卷、土贡考一卷、国用考五卷、选举考七卷、学校考七卷、职官考二十一卷、郊社考二十三卷、宗庙考十五卷、王礼考二十二卷、乐考二十一卷、兵考十三卷、刑考十二卷、经籍考七十六卷、帝系考十卷、封建考十八卷、象纬考十七卷、物异考二十卷、舆地考九卷、四裔考二十五卷。

《文献通考》以《通典》《通志二十略》为蓝本写成，尤其借鉴《通典》较多，比如它同样重视经济，将田赋、钱币、户口等放在最前面等。但是，《文献通考》在体制和内容上又有较大扩充。一是扩大了分类，新增了“像纬”“物异”等。这样下来，《通典》只有九类，《通志》有二十类，《通考》则扩大到二十四类。二是“离析其门类之所未备”，即将杜佑等人著作中的某些二级子目分离出来，升格为一级分类，并增补相关史料。因此，《通考》所用材料远远多于杜、郑二人。据统计，《通考》的史料是《通志》的三倍，是《通典》的六倍。

《文献通考》的另一个特点，是进一步发扬了政书体史论结合的传统。《通考》的考证功夫，从作者对书名的阐释就可看出：

> 凡叙事，则本之经史，而参之以历代会要，以及百家传记之书，信而有证者从之，乖异传疑者不录，所谓文也。凡论事，则先取当时臣僚之奏疏，次及近代诸儒之评论，以至名流之燕谈，稗官之记录，凡一话一言，可以订典故之得失，证史传之是非者，则采而录之，所谓献也。其载诸史传之纪录而可疑，稽诸先儒之论辨而未当者，研精覃思，悠然有得，则窃著己意，附其后焉。命其书曰《文献通考》。②

① 马端临：《文献通考·自序》，中华书局 1986 年版，第 3 页。

② 马端临：《文献通考·自序》，中华书局 1986 年版，第 3 页。

这种广征博引、实事求是的精神，是《通考》较之《通典》《通志》又有所推进的地方，也是《通考》的主要贡献之一。

与《通典》《通志》一样，清乾隆年间朝廷下诏，仿照《文献通考》体例，编修有《续文献通考》《清文献通考》。

《续文献通考》。先是于明万历十四年(1586)，学者王圻完成《文献通考》的续编，记录宋宁宗嘉定至明万历年间的制度沿革。王圻的《续文献通考》增加“节义”“道统”“书院”等内容，共二百五十四卷。乾隆十二年(1747)，重修《续文献通考》，记南宋、辽、金、元、明等朝政事制度，共二十六考，二百五十卷。

《清文献通考》。又名《皇朝文献通考》《钦定皇朝文献通考》，乾隆十二年撰，内容起自清建国之初，终于乾隆，共二十六考，三百卷。

乾隆时期修的《续文献通考》《清文献通考》，以及前面提到的《通典》《通志》《文献通考》《续通典》《续通志》《清通典》《清通志》等，合称“九通”，是古代政书体取得的主要成就。

四、历代“会要”

前面我们介绍的“三通”，属于通史性质的政书。政书体中还有一种重要形式“会要体”，它是专门记载某一朝制度变革的史籍。这种断代史形式的“会要”，最早出现于唐代中叶。唐德宗年间，学者苏冕“缵国朝政事，撰《会要》四十卷”，创造了这种全新的政书形式。虽然苏冕本人强调“会要亦国史之支也”，但时人并没有充分认识到它的价值，《会要》流传不广。

唐宣宗时，弘文馆大学士崔铉等人继续编撰德宗之后的典章制度，是为《续会要》，约四十卷。但由于各种原因，《会要》《续会要》逐渐散佚，至今则已不存，只在《唐会要》中保留了一些资料。会要体中流传下来的第一部完整作品，是五代、北宋之际学者王溥的《唐会要》。

王溥(922—982)，字齐物，并州祁(今山西祁县)人，著名政治家、史学家。北宋初年，王溥“集苏冕《会要》及崔铉《续会要》，补其阙漏，为百卷，曰《唐会要》”①。由于该书是在《会要》《续会要》的基础上增补而成，又是专门记录唐代制度演变的著作，所以也称《续唐会要》《新编唐会要》，现在通称《唐会要》。《唐会要》虽借鉴了《会要》《续会要》，但补充、征引了大量其

① 脱脱等:《宋史·王溥传》，中华书局1977年版，第8801页。

他资料，而且将这些资料重新组合归类，比如卷五十八、五十九将“尚书省诸司”分为左右丞、左右司郎中、左右司员外郎、吏部尚书、吏部侍郎、吏部郎中等多个子目。全书五百一十四目，主要涉及帝系、礼、宫殿、乐、舆服、学校、刑、历象、职官、释道、方域、选举、兵马、民政等方面内容。

王溥的《唐会要》深得赵匡胤赞赏，史称“太祖嘉之，诏藏史馆”①。尔后，王溥“采朱梁至周为三十卷”，编撰了我国第二部会要体史书《五代会要》。

《唐会要》的成功与受人重视，带动了其他各代会要的写作。其中清朝之前成书的有《西汉会要》《东汉会要》《七国考》等。

《西汉会要》。七十卷，南宋学者徐天麟撰。该书依据《汉书》编成，分为十五大门类，三百七十六个子目，每个条目中的史料均注明出处，以便读者查核。《西汉会要》的优点，是将《汉书》有关制度的资料“区分别白，经纬本末，一一犁然”，不足是只依据一本史籍，而不采用其他典籍的资料，“未免失之于隘。”

《东汉会要》。徐天麟撰，四十卷，分为十五大类，三百八十四个子目。该书不仅采用了《后汉书》的资料，而且参考了《东观汉记》《汉官仪》《汉杂事》《汉旧仪》等书，比之《西汉会要》有不少改进。

《七国考》。明代学者董说撰。该书辑录秦、齐、楚、赵、韩、魏、燕七国制度，分为十四大类，资料来源以《战国策》《史记》为主，兼采诸子杂史，因此有的内容不免芜漫驳杂。

清代之后，学者们陆续补全了其他各代会要，主要有姚彦渠的《春秋会要》，孙楷的《秦会要》，杨晨的《三国会要》，汪兆庸《晋会要》，朱铭盘《西晋会要》《南朝会要》，龙文彬的《明会要》等。

会要体史书作为政书的一种，分类分目，具有眉目清晰、资料丰富的特点。而且，随着会要体史书体例的成熟，文中不仅交代史料的出处，还进行注释、考证和评论，因此它不是简单的资料汇集，也体现了作者的编撰意识与史学思想，是我国古代史学宝库中重要的组成部分，正如清代学者俞樾所说，它是“编年、纪传外，不可少之书也”②。今天，它们对于我们学习、研究古代制度文化，仍具有重要的参考价值。

---

① 王应麟：《玉海·艺文·建隆新编唐会要》，上海古籍出版社、上海书店出版社 1987 年版，第 973 页。

② 俞樾：《春秋会要序》，见姚彦渠：《春秋会要》，中华书局 1955 年版，第 1 页。

第七章　史评与史论及其要籍

史评和史论是随着史学的发展而逐渐萌芽与形成的，通常被总称为史学批评或史学评论。在中国古代史学发展中两者长期并存，甚至互相指代，混淆使用。一般而言，史论是对历史事件、历史人物、历史现象的评论，评断是非功过，总结经验教训。如《左传》中的“君子曰”，《史记》中的“太史公曰”，以及《汉书》等正史中纪、传末尾的论、赞等。史评是对史学研究的理论与实践的反思，检讨史著、史家及其他史学现象，探寻史学研究的意义、观点和方法，如张辅的“马班优劣论”、刘勰的《文心雕龙·史传篇》、刘知几的《史通》、章学诚的《文史通义》等。简言之，史论表现的是对历史的看法，以评论史事、人物、历史现象等为主；史评表现的是对史学研究的看法，以评论史家、史法、史籍和史学现象等为主。

第一节　史评、史论概述

史评、史论起源于先秦至两汉时的经史著作。先秦时期，《尚书》等著作中所展现出的历史借鉴思想；孔子对董狐“古之良史也，书法不隐”①的评价以及先秦时人研习、传释《春秋》等，推动了史学批评的发展。《左传》叙事中假借“君子曰”以抒发褒贬议论，通常被视为史论之祖。

两汉时期，《史记》《汉书》相继问世。《史记》中的“太史公曰”以及《汉书》等正史中纪、传末尾的论、赞等，多于叙述之中寓抑扬之论。此外，班彪、班固父子对《史记》的评论“其文直，其事核，不虚美，不隐恶，故谓之实录”②，成为后世史学批评所沿用的基本概念。

---

① 左丘明著，杜预集解，孔颖达疏：《春秋左传正义》，北京大学出版社 2000 年版，第 688 页。

② 班固：《汉书·司马迁传》，中华书局 1962 年版，第 2738 页。

魏晋南北朝，中国史学蓬勃发展，史评、史论亦随之发展起来。西晋傅玄、杜预、张辅，东晋干宝、裴松之以及南朝梁刘勰等都对中国古代史学批评的发展作出过重要贡献。刘勰所撰《文心雕龙》，是我国古代文学理论批评史上一部最杰出的著作，其中《史论》是我国第一篇系统的史评作品，对先秦汉晋史学做了系统的叙述与评论，对后世产生了重要影响。

隋唐时期，史馆制度的确立和完善，使源出于官府的史学进一步制度化、程式化，引起了有见地的史家对史学的总结和反思。中国的史学批评进入繁盛时期。官修史书如《隋书・经籍志》中史家表现出来的对史官、史学、史料等方面的认识，为我国第一部系统理论著作《史通》的问世创造了条件。

唐代刘知几的《史通》是我国古代第一部史学理论专著，对我国古代史学的成就，包括史学方法、史书体裁、史学思想、史家修养、史学源流、修史常识等内容，进行了全面、系统、深入的探讨、总结和评论。刘知几特别重视史书的体裁体例，认为体例不止是形式问题，对于史书体例、结构的选择和处置也跟史家对撰述内容的取舍和思想见解有关，故体例跟“是非”是有关系的。

有宋一代，文化繁盛，人才辈出。史学评论得到进一步发展，形式也更加丰富多样。如欧阳修、吴缜、曾巩、郑樵、朱熹、吕祖谦、陈亮、叶适都写有史论方面的文章或著作。司马光在《资治通鉴》中以“臣光言”的形式随文而设的史论；范祖禹撰《唐鉴》，议论唐近三百年的治乱得失，在当时颇有盛名。

宋代学者在史评上也颇有成就。虽没有如刘知几那样专攻史学批评的学者，但他们批评史学的某些问题促进了史学的发展。吴缜《新唐书纠谬》探讨了事实、褒贬、文采在史书中的关系，并以此三条作为史学批评的标准。曾巩强调作史目的，认为史学应“适天下之用”，以明—理、道—用、智—意、文—情作为是否为良史的标准。叶适的史法之议，涉及史家的史笔、史家内容的真伪、史书体裁和褒贬尺度等问题，在刘知几和章学诚之间架设了一座桥梁。

唐、宋时期史评多以序、论等形式出现。“《册府元龟・国史部》在编纂思想上有很明确的批评意识，其公正、采撰、论议、记注、疏谬、不实、非才等门的序，以及国史部总序，在史学批评的理论上都提出了一些新问题。”①欧

① 瞿林东：《中国古代史学批评纵横》，重庆出版社 2016 年版，第 11 页。

阳修的《崇文总目·叙释》、陈振孙的《直斋书目解题》等目录类书籍亦颇涉史评与史论。尤其是南宋晁公武的《郡斋读书志》首次在“史部”下设立“史评类”，著录史评、史论类书籍，这也表明中国传统史学批评正在逐渐发展成熟。

元明时期没有系统的史学批评著作问世。史论因理学影响，长期纠缠于正统之争，逐渐僵化。但是李贽在《藏书》《续藏书》中对历史进程及历史人物的评论，反映了晚明学人的历史批判精神。晚明时期，史学大盛，学者在收集史料的同时，也对史评有所涉猎。如王世贞认为国史、家史、野史各有利弊，进而指出评论史家、史书要辩证认识，反对片面观点。

清代史论，初以顾炎武、王夫之、黄宗羲为代表。他们企图从历史研究中总结出亡国教训，提倡史学的经世致用。黄宗羲的主要著作《明夷待访录》《明儒学案》、顾炎武的《日知录》都强调经世致用。王夫之《读通鉴论》的四篇叙论集中反映了史学经世致用的观点。

乾嘉时期，考据学进入鼎盛时期，钱大昕《廿二史考异》、赵翼《廿二史札记》、王鸣盛《十七史商榷》等或考证史实，评论史事，或对史书得失进行评论，显示了清代史评、史论的发展。

清代官修《四库全书总目》，虽四库馆臣对史评类书籍评论不高，但他们仍尊重唐以来史评发展的事实，在“史部”下设“史评类”。之后，清代各类目录书大多采用了《总目》的分类方法。如《天一阁书目》《书目答问》都设有史评类。

中国传统史学批评的殿军之作是章学诚所著的《文史通义》。相较于《史通》重史书的体例、体裁，章学诚更加强调史德、史意。章学诚是中国古代史学批评史上的一位集大成者，《文史通义》一书代表了中国古代史学批评的最高成就。

第二节　史评、史论书籍举要

一、刘知几与《史通》

刘知几(661—721)，字子玄，唐徐州彭城(今江苏徐州)人。他出生于一个世代官僚并以文辞知名的家庭，高宗永隆元年(680)举进士，任河南获嘉县主簿长达十九年。长安二年(702)，被任命为著作佐郎，兼修国史，不久又迁左史，撰起居注。先后参与撰修《唐史》《则天实录》《睿宗实录》《中宗实录》《高宗后修实录》等。

《史通》成书于景龙四年(710)，是刘知几数十年钻研史学的结晶，也是我国第一部史学评论专著。全书共二十卷，包括内篇三十九篇、外篇十三篇，共为五十二篇。其中内篇的《体统》《纰缪》《弛张》篇今已失传，今本为四十九篇。《史通》内篇主要论述了史书的源流、史书的体裁体例、史料的采集甄别、叙述方法和撰史原则，以评论纪传体史书体例为主。外篇讲述史官制度、正史源流，杂评史家、史著得失等。

刘知几的史学理论主要包含以下几个方面：

第一，重视对史书体裁的研究。《史通》对唐以前的各种史体进行了总体把握，提出“夫史之有例，犹国之有法。国无法，则上下靡定；史无例，则是非莫准”①。因此，刘知几针对唐以前写史所采用的主要体例——编年体和纪传体进行总结，对这两种体例的编写特点和得失予以评论。他指出，纪传体的优点在于“纪以包举大端，传以委曲细事，表以谱列年爵，志以总括遗漏，逮于天文、地理、国典、朝章，显隐必该，洪纤靡失”；不足则是“若乃同为一事，分在数篇，断续相离，前后屡出……又编次同类，不求年月，后生而擢居首帙，先辈而抑归末章”。② 编年体的优势在于“系日月而为次，列时岁以相续，中国外夷，同年共世，莫不备载其事，形于目前。理尽一言，语无重出”；缺点则是“事当冲要者，必盱衡而备言；迹在沉冥者，不枉道而详说……故论其细也，则纤芥无遗；语其粗也，则丘山是弃”。③

第二，广征博引、慎加选择的史料观。刘知几认为史学家应博学多闻，他将历史分为当时之简与后来之笔两种，“书事记言，出自当时之简；勒成删定，归于后来之笔”④。当时之简为当时人的记录，后来之笔则为后人的撰述，史料产生的背景不同就具有不同的价值。刘知几认为在搜集史料时不仅要广征博采，“征求异说”“采摭群言”，还要细心鉴别、“明其真伪”。其中，不仅对史料需要采择，对于史料记载的史事也需要进行选择。他在荀悦立典五志和干宝五志的基础上，又补充了叙沿革、明罪恶、旌怪异三项史

---

① 刘知几著，浦起龙通释：《史通通释·序例》，上海古籍出版社 2015 年版，第 81 页。

② 刘知几著，浦起龙通释：《史通通释·二体》，上海古籍出版社 2015 年版，第 25 页。

③ 刘知几著，浦起龙通释：《史通通释·二体》，上海古籍出版社 2015 年版，第 25 页。

④ 刘知几著，浦起龙通释：《史通通释·史官建置》，上海古籍出版社 2015 年版，第 301 页。

事选择标准。

第三,实录直书的撰述原则。刘知几提出了“直书”和“曲笔”两个范畴,用以区分史家撰述心态、品格和社会效果的不同。《惑经》篇云“良史以实录直书为贵”,刘知几认为实录就如明镜照物一般妍媸毕露,“爱而知其丑,憎而知其善,善恶必书,斯为实录”。[①] 他在《直书》篇盛赞南史、董狐“仗气直书,不避强御”,韦昭、崔浩“肆情奋笔,无所阿容”的可贵品格。《杂说下》云:“夫所谓直笔者,不掩恶不虚美,书之有益于褒贬,不书无损于劝诫。”[②]记载史事应“不掩恶,不虚美”,直书其事。相反,史学家若“舞词弄札,饰非文过”则为曲笔。刘知几愤慨地谴责曲笔史家为“斯乃作者之丑行,人伦所同疾也”[③]。

第四,简要用晦的叙事原则。《史通·叙事》篇云:“夫国史之美者,以叙事为工。而叙事之工者,以简要为主。……文约而事丰,此述作之尤美者也。”[④]而“意指深奥,诰训成义,微显阐幽,婉而成章”是叙事的“师范”和“规模”。贯彻简要原则的方法是多样的,既要抓住人、事的核心,又要懂得“用晦之道”“省字约文”等。

第五,彰善贬恶与史学功用。《史通》中有很多地方谈到史学功用问题。《史官建置》云:“苟史官不绝,竹帛长存,则其人已亡,杳成空寂,而其事如在,皎同星汉。用使后之学者,坐披囊箧,而神交万古,不出户庭,而穷览千载,见贤而思齐,见不贤而内自省。……史之为用,其利甚博,乃生人之急务,为国家之要道。有国有家者,其可缺之哉!”[⑤]就历史、史学和社会间的相互关系进行了说明,强调了史学的作用。刘知几云:“盖史之为用也,记功司过,彰善瘅恶,得失一朝,荣辱千载。”[⑥]他把“彰善贬恶,不避强御”作为最高层次的史学形态。而他之所以提出秉笔直书,对史家修养提出三长说,提倡通史反对文人修史,痛批史馆集众修史之弊病,等等,无一不是为

---

① 刘知几著,浦起龙通释:《史通通释·惑经》,上海古籍出版社 2015 年版,第 374 页。

② 刘知几著,浦起龙通释:《史通通释·杂说下》,上海古籍出版社 2015 年版,第 493 页。

③ 刘知几著,浦起龙通释:《史通通释·曲笔》,上海古籍出版社 2015 年版,第 183 页。

④ 刘知几著,浦起龙通释:《史通通释·叙事》,上海古籍出版社 2015 年版,第 156 页。

⑤ 刘知几著,浦起龙通释:《史通通释·史官建置》,上海古籍出版社 2015 年版,第 280—281 页。

⑥ 刘知几著,浦起龙通释:《史通通释·曲笔》,上海古籍出版社 2015 年版,第 185 页。

了更好地发挥史之功用。

此外，刘知几还提出了才、学、识三长论。“才”，主要是指掌握文献的能力、运用体裁、体例的能力和文字表述的能力。“学”，是指渊博的知识，主要是指对史料、对历史知识及其相关知识的掌握程度。“识”，是史家观察历史、解释历史的胆识、眼光和判断力。刘知几认为，只有才、学、识三长兼备，才能成为优秀的史家。

二、章学诚与《文史通义》

章学诚（1738—1801），字实斋，号少岩，会稽（今浙江绍兴）人。清代著名史学思想家。乾隆四十三年（1778）进士及第，曾主讲定州书院、清漳书院、敬胜书院、莲池书院等；参与编纂《永清县志》《和州志》《亳州志》《湖北通志》《史籍考》等。章学诚的代表作《文史通义》，是他穷尽毕生精力专为著作之林校雠得失而作。该书既有对经史关系、文史关系之分析，又有对于历史书写之讨论、对史学义例之阐发，还有对时风、学风之批判等等，蕴含着丰富的史学理论与思想，是我国史学批评和史学理论的集大成者。

章学诚的史学理论主要有以下几点。

第一，提出“六经皆史”，扩大了史学范围。“六经皆史”说虽非章学诚的首创，但他提出来之后对晚近以来中国史学产生深远影响。《文史通义·易教》云：“六经皆史也。古人不著书，古人未尝离事而言理，六经皆先王之政典也。”①章学诚认为六经只是夏商周三代典章政教的历史记录，并非圣人托于空言的载道之书。其次，“三代学术，知有史而不知有经，切人事也；后人贵经术，以其即三代之史耳。”②章学诚认为史先于经出现，后人所认为的经，其实就是三代的史，经只是后人的尊称。再次，《报孙渊如书》云：“愚之所见，以为盈天地间，凡涉著作之林皆是史学。”③章学诚的“六经皆史”说是为了反对清代考据学者的饾饤考据之学而发，打破了六经的神圣形象。他指出随着时易世变，必须“约六经之旨，随时撰述以究大道”，圣人之道在于人伦日用，学以经世才是为学的根本所在。章学诚的“六经皆史”以及“凡涉著作之林皆是史学”的思想，极大提高了史学的历史地位和史学的研究范围。

---

① 《章学诚遗书·易教上》，文物出版社1985年版，第1页。

② 《章学诚遗书·浙东学术》，文物出版社1985年版，第15页。

③ 《章学诚遗书·报孙渊如书》，文物出版社1985年版，第86页。

第二,提出“撰述”与“记注”的区别。章学诚将史学分为“撰述”与“记注”两类,其云:“撰述欲其圆而神,记注欲其方以智也。夫智以藏往,神以知来,记注欲往事之不忘,撰述欲来者之兴起,故记注藏往似智,而撰述知来拟神也。”①“撰述”对应历史书写、叙事与阐释,考验史家的采择去取以及批判能力,侧重体现历史的现实价值与意义;“记注”指对史料的收集、记载与保存,其特点在于要赅备无遗、兼容并包。对于记注的“方以智”,章氏提倡要有系统、有体例的记载过去,而如何才能达到“圆而神”之“撰述”,则需要史家之别识心裁。“撰述”与“记注”一个属于著作之史,一个属于纂辑之史,两者不能混而为一,但可以互相促进。“撰述”家需要在史料“记注”的基础上展开,“记注”者只有明白了著史的意旨才可以系统地记注。

第三,提出了“史德”作为史家必备的重要条件,发展了刘知几“史才三长”说。其云:“德者何谓? 著书之心术也。”②章学诚所说的著史者之“心术”,不是简单的道德评判。在他看来魏收、沈约这些品行不淳正的史家,人们读他们的史著时已先有怀疑之心,即使他们的著作缺少公正,人们也不会轻易被蒙蔽。真正有害于学术的,不是那些品行有亏的史家,而是那些“有君子之心,而所养未底于粹”的史家。这些史家虽然有成为良史的愿望,但如果涵养未粹、识见不高,反会贻害学界。因此,真正具备史德的史家必须要“慎辨于天人之际,尽其天而不益以人也”。史德即史家著述时那种运用气与情,但又克制过分运用气与情的一种书写情操和学术志向,这种志向须服从于“天之义”与“道之公”。因此,“史德”是史家作史时能否忠于客观史实,做到善恶褒贬,务求公正的一种品德,是在大是大非面前的见解与识断,是对著史过程中超越主观性书写的一种至高要求与期望。

第四,提出了“史法”与“史意”的区别,尤其推重“史意”。后世学者经常将章学诚与刘知几同视为史评双璧,但章学诚云:“刘知几言史法,吾言史意;刘议馆局纂修,吾议一家著述,截然两途,不相入也。”③“史法”着重探讨历史撰述的形式、内容和体例等,而“史意”注重分析历史撰述的思想,突出史学著作的个性和史学的主体意识。

---

① 《章学诚遗书·书教下》,文物出版社 1985 年版,第 4 页。

② 《章学诚遗书·史德》,文物出版社 1985 年版,第 40 页。

③ 《章学诚遗书·家书二》,文物出版社 1985 年版,第 92 页。

可以说,刘知几的《史通》是对我国史学著述理论的一次全面总结和批判,主要贡献在于历史编纂学,而章学诚的《文史通义》则是对历史作进一步的分析讨论。

第八章　地理方志与笔记野史

第一节　地理方志与笔记野史概述

地理方志一是泛指记载历代地理的“地志”，二是指历代记载各地事物的“方志”。中国古代史家十分重视历史地理著述，地理方志也给历史研究留下了十分丰富的材料。

先说“地志”。在我国，地理学较早亦称“舆地”，《尚书》中的《禹贡》就是一部讲求舆地的著作，《山海经》中的相关传说和域外情况记载，也反映出该书作为古老地理图书的史料价值。到了东汉班固撰《汉书》，于正史中专辟地理志，其内容涉及山川、疆域、物产、风俗等。自此以后，历代正史多有专篇叙述地理沿革，如《后汉书》有《郡国志》，《晋书》有《地理志》，《宋书》有《州郡志》，《魏书》有《地形志》，《旧五代史》有《郡县志》，《宋史》以后的正史专讲地理的史志皆称《地理志》。

独立于正史“地理志”之外的地志作品，从魏晋以后逐渐增多。魏晋到隋末的地志，可大致分为七类：一为州郡地记，如王隐的《晋书地道记》《晋太康三年地记》，所记为晋太康时地方的情况。二是记各地方政治情况的，如赵晔的《吴越春秋》、晋常璩的《华阳国志》等。三为地方人物传记，如晋陈寿的《益都耆旧传》。四是记地方风土岁时，如宗懔的《荆楚岁时记》等。五是记名胜古迹的，如魏杨衒之的《洛阳伽蓝记》。六是记宗族谱牒的，如佚名的《冀州族姓谱》。七是记国外情形的，如晋时的《扶南记》、法显的《天竺记》等。

到了宋代，地理学相当发达，地志编纂形式也比以前规范，郑樵就是一位地理大家，他在《通志》二十略中撰写有《地理略》和《都邑略》，此二略属于重要的沿革地理著作。元朝以降，钟情地理学的学者不少，著作也很多，如元代朱思本周游天下，考核地理，竭十年之力著有《舆地图》二卷；明清之际，著名学者顾炎武倡导“经世致用”的学风，并撰《天下郡国利病书》《肇域志》两书；顾祖禹研究历史地理注重实用，著有《读史方舆纪要》等。

再看“方志”。方志亦称地方志，是记一方地理、历史、风俗、物产、名胜、人物的综合性著作。关于方志的起源，一直存在多种说法，有的认为源于《禹贡》，也有人认为起源于古代诸侯国史，等等。

方志的早期形式，是地方性的人物传记与地方性的地理著作汇合而形成的地记，东汉时期，这类著作得到很快发展，或以传命名，如刘秀撰《南阳风俗传》；或以记、志、录等命名，如荀绰的《冀州记》、谯周的《巴蜀志》等。魏晋南北朝是我国方志发展的一个重要阶段，专写人物与专写风俗进一步结合起来，由于许多历史学家参与地记的编撰工作，他们很自然地把史书的编写方法带进地记的著述领域，从而密切了方志与史学的关系，使得后来的方志成为史学的一个支流。隋唐五代方志发展的突出特点就是图和志开始合为一体，地志、地图合为一书，从而使得该类著作图说结合，有图有说，图说并重，这就是当时的各类图经。宋元时期，方志体例不断完善，记人述地，汇为一体，而且增加了大量人文方面的内容，方志编修得体，同样可以藏之名山，传之后世，因而吸引着大批学者从事这项工作，如范成大、李焘、周必大等都参与过方志编修，他们的参与，也推动着方志学的发展。

方志编修，经唐宋以来学者苦心经营，不仅著作趋于定型，而且逐渐形成了一个传统，即地方官吏上任之初，先要查阅本地志书，发现残缺，则及时组织编修。由于地方志书有益于官民了解各地情况，故在元统一后不仅没有中断，而且得到继续发展。明王朝建立后，十分重视天下州郡方志的编修，编修方志逐渐成为一种制度。清代方志编修，其数量之巨、种类之多、体例之完备、内容之广泛，都出现了前所未有的局面。据《中国地方志联合目录》载录，现存清代方志有五千七百零一种，其中以县志数量最多，共四千七百一十四种，从地域上看，清代北方一些省份方志的编修远比以往发达，如河北、山西、山东、河南，流传至今的清代方志都在三百种以上。

笔记野史是指私家编撰带有历史记述性的史籍，其体例与史书不同。“笔记”初意是执笔记事，南北朝时文人学者所写文章重辞藻、讲声韵、对偶，所成文章称文，而随笔所记散行文字称为“笔”，故《文心雕龙·总术》云：“今之常言，有文有笔，以为无韵者笔也，有韵者文也。”[①]故后人将魏晋

① 王利器：《文心雕龙校证·总术》，上海古籍出版社1980年版，第267页。

南北朝以来“残丛小语式”的故事集称为“笔记小说”，而把其他一切及散文所写零星琐碎的随笔、杂语统名之为“笔记”。

古代笔记大致可以分为三大类：小说故事类笔记，历史琐闻类笔记和考据辨证类笔记，第一类主要是情节简单、篇幅短小的故事，二、三类则天文、地理、文学艺术、经史子集、典制、风俗、逸闻琐事、医卜星相等内容几乎无所不包。下面简单看看三类笔记在魏晋、明清之际各自的发展脉络。

魏晋南北朝的笔记大多属于小说故事类作品，有杂谈人神仙怪的志怪体和记叙人物言行片段的轶事类，其中尤以志怪体的笔记小说为最多，其内容和形式为后来的传奇提供了借鉴，并推进了唐代传奇小说的发展，同时也为后来的志怪笔记书写提供了范式。唐代笔记继承魏晋南北朝的传统，演志怪为传奇，其作品大多既涉神异，也多述世情，具有时代特点。元代笔记品种不多，小说故事类笔记多仿《世说新语》，无可称述，搜神志怪类亦寥寥可数。明代的轶事小说采辑范围是扩大了，但体例因袭魏晋，志怪以陈祸福、寓劝惩为主，大都情节荒诞，叙事简略，无法与长篇神魔小说争胜。清代是笔记集大成的时代，小说故事类笔记，继承魏晋志怪、唐宋传奇的传统，又受到明传奇和市民文学的一定影响，成就突出。

魏晋以来，野史杂传为数甚多，或记一方史事，或记州郡名贤、地方风土，这些都属于地方琐闻类笔记。唐代历史琐闻类笔记多种多样，内容丰富，有的仿《世说新语》体裁，分门记事，有的则辑一朝琐闻，有的偏重某一类记载，有的则近于志怪传奇，其内容通常为唐代人物、史实以及典章制度的记载，是研究唐史不可缺少的资料。宋初笔记多叙唐五代故事，仁宗以后，始偏重于辑录当代史料，南渡士大夫则往往追述北宋旧闻、名臣言行，记述汴京政局、民情风俗，或记一类题材，或分类记事，载国家大事，有的详确近于实录，有的记时事间杂谐谈琐语，有的志录师友言行、议论，其间佳作甚多，保存宋代各方面的史料极为丰富。金元历史琐闻类笔记，有的属于遗老追述前代逸闻的，有的作者根据切身经历以记当代典章制度为主，有的分门别类编次材料，兼记叙、议论、考证，另外则为野史杂传类，以叙事实纪人物为主，而且不乏佳作。明代历史琐闻类笔记数量远超前代，内容涉及本朝三百年间朝政兴废、典制变迁、文坛面貌、士人言行以及里巷传说、民情风俗等。清代历史琐闻类笔记或谈文艺、掌故，偶及考辨，间杂神怪故事，带着较浓厚的小说色彩，有的记岁时风物、地方旧闻，数量最多的数随笔杂记，有的自叙见闻经历，官场轶闻，衙门规制，文士交游、吟咏，史料价值值得重视。

魏晋南北朝，考据辨证一类著作，刚刚脱离经传训诂而独立，仍处于萌芽状态，其作品寥寥无几。唐代小说故事类笔记之中包含考证的内容，历史琐闻类笔记，有点带着考证的性质，而真正以考据辨证为主的笔记则有《封氏闻见记》《资暇集》《苏氏演义》等。宋代考据辨证类的笔记超越前代，笔记叙事之中间杂考辨，或于考辨之外兼记杂事，内容有辨证名物、音训以及文章史事、典制等，其中史事考订或为《左传》《史记》《春秋》《后汉书》之正误，或属宋朝制度，特别是本朝所考，多系史传不详的材料，价值不可忽视。元代丛谈琐记多考据辨证，较之前代为数不多，以考辨为主的笔记，益见稀少，但不乏佳作。明代考据辨证的笔记，丛谈杂著之类成就较高，而专门讲经史训诂之学的，则引据往往粗疏，记忆时多失误，比宋人同类笔记实显逊色。清初学者注重经史研究，至乾嘉时期，考据之风更是盛极一时，所以考据辨证类的笔记无数，质量、数量均超过明代，这些笔记对于阅读古籍，了解古代典章制度和文字训诂等有一定帮助。

“野史”之名，始见于唐陆龟蒙《奉酬袭美苦雨见寄》诗：“自爱垂名野史中，宁论抱困荒城侧。惟君浩叹非庸人，分衣辍饮来相亲。”①《新唐书·艺文志二》“杂史类”著录了沙穆仲的《大和野史》十卷，可知唐人已有以“野史”名书之事。两宋以后，以“野史”“野录”“野获”命名的著作不断增多，但这些著述只是野史中的极少一部分，事实上，唐宋以降，野史蓬勃发展，明清以来，野史数量剧增，不下二三千种。

野史作者多非史官，其著述不拘体裁，记录的多为作者所闻所见，也没有史家记事的忌讳。《隋书·经籍志》史部“杂史”类小序概述了这种著作的一些特点，其一，这些史书“属辞比事，皆不与《春秋》《史记》《汉书》相似，盖率尔而作，非史策之正也”；“然其大抵皆帝王之事，通人君子，必博采广览，以酌其要，故备而存亡，谓之杂史。”②其二，自东汉末年天下大乱以来，“史官失其常守，博达之士，愍其废绝，各记闻见，以备遗亡，是以群士景慕，作者甚众。”其三，体例突破官府藩篱，“学者多钞撮旧史，自为一书，或起自人皇，或断之近代，亦各其志，而体制不经。”其四，内容博杂，“又有委

① 彭定求等：《全唐诗》，中华书局 1999 年版，第 7278 页。

② 魏徵等：《隋书·经籍志》，中华书局 1973 年版，第 962 页。

巷之说，迂怪妄诞，真虚莫测。”野史的内容广博杂芜，既涉上层社会，又有下层的记载，材料多官书正史所不载。

历来治史者均重视野史，因为野史撷取资料广深，具有特色，刘知几在《史通·杂述》中，就主张对“杂述”诸史，要“择其善者而从之”。由于野史出自私人之手，没有经过统治者的刻意过滤，故而远较官修史籍真实、生动，有助于纠正史记载的偏颇，恢复古代历史的原貌。关于国史、野史、家史的是非得失，明代著名史学家王世贞曾有过精辟的论述：“国史人恣而善蔽真，其叙章典、述文献，不可废也；野史人臆而善失真，其征是非、削讳忌，不可废也；家史人谀而善溢真，其赞宗阀、表官绩，不可废也。”①

第二节　地理方志与笔记野史举要

中国历代地理方志、笔记野史类著述甚众，其体裁形式和内容特点各个历史阶段呈现一定差异，难以悉数列述，下面仅选几部略加介绍。

一、地理方志著作举要

（一）《山海经》

这是我国最早记载山川物产的地理著作，共十八卷，包括《山经》《海经》《大荒经》，其中《山经》地理价值最高，它记载了当时王朝所在地及其四方的山川、动物、植物、矿产、民俗、神话等。《海经》与《大荒经》则记述了当时各地原始群体及风俗、历史、神话等，此书传说出自大禹之时，但从内容看，该书是在历史发展中不断增益的，有的可能出自汉朝人之手。有学者认为，它应当是当时王国的史官，根据四方来访的使臣述说记录下来的地理资料。此书对于人类学及上古历史、地理、民俗、民族、宗教文化的研究，有着十分重要的意义。

（二）《水经注》

北魏地理学家郦道元著。《水经》原是汉代记载水道的一部专书，不仅叙述简略，而且脉络不清，间有错误，郦道元“访渎搜渠”，“寻图访赜”，留心观察各地河道沟渠分布和风土民情，为《水经》作注。全书四十卷，记载大小河流一千二百五十二条，本着“因水以征地，即地以存古”的精神，该书对

① 王世贞：《弇山堂别集》，中华书局1985年版，第361页。

水道经过的山岳、城镇、关津和沿岸的物产以及名胜古迹、民间神话传说与风土人情等详细记载。作者对山河景物的描绘,对人物史迹、风土谣谚的记录,语言精妙,文字优美,也激发读者对祖国山川的热爱。《水经注》是一部科学价值和文学价值都很高的地理著作。

(三)《元和郡县图志》

该书是唐人李吉甫撰写的地理巨著和地方总志,以唐初大簿规划的小道为纲领,结合安史之乱以后形成的行赜兼军事区划四十七镇,一图一志,分镇记载府、州与属县的等级、户数、乡数、沿革、疆域、山川、古迹、盐铁、道里、关塞等。疆域地理和政区沿革是全书的主体,也重视对河流湖泊的记载,全书按县记载了大小河流五百五十多条和湖泽陂池一百三十多个,比较全面翔实地反映了唐代水域的分布情况,是极为重要而珍贵的历史地理资料,所记各地特产、矿产、手工业、水利设施、监牧场地、马匹数字、冶铸钱、产油矿井等等,是研究唐代经济地理的重要史料,书中所载开元和元和时期的不同户口数,为研究安史之乱前后各地人口变化提供了重要数据。

二、笔记野史著作举要

笔记野史为私人随意为之,往往敢言官书所不敢言,其目光不止聚焦朝廷,相当多的是关注名家大臣轶事隐私,是历代史家研究历史非常重要的文献参考,这类著作历代传下来的甚多,兹略述数种。

(一)《世说新语》

南朝临川王刘义庆及其手下文士所撰,该书按内容分类系事,有德行、言语、政事、文学等三十六篇,记汉末到东晋的逸闻,以魏晋名流的言行为多,通过这些零星琐碎的人物言行,可以多方面地了解魏晋士大夫的思想和生活的情况。例如关于魏晋的玄学清谈,《世说新语》给我们提供了一些具体的材料,"文学"篇记何晏、王弼都曾为《老子》作注,何因见王注精奇,就把自己的注改为《道德二论》,以发挥《老子》的意旨;王衍弱冠时会见裴徽,就讨论老庄的虚无思想;向秀注《庄子》,"妙析奇致,大畅玄风。"总之,《世说新语》材料和文字皆有可取,是后人研究魏晋士大夫和当时社会的一部上佳笔记史料。

(二)《容斋随笔》

包括随笔、续笔、三笔、四笔、五笔,共七十四卷,撰者洪迈,在南宋以博学著名,尤长于史学,故《容斋随笔》虽兼载经史典故、诸子百家之言以及诗文语词等，而以关于史事者为最可采。所考宋代朝章典制，多史传不详的材料，所谈官制沿革变迁，可与他书相参校；述南渡以来典制风习之变，皆具参考价值。书中对唐人笔记叙事之误，也有所考辨，有的对当代故事详加辨析，确切有据，书中对语词、名物的释读亦可谓考证详明，有一定的史料价值。

（三）《万历野获编》

明沈德符撰，记叙他祖父和父亲所述掌故和自己的见闻杂识，材料很丰富，全书分四十八类，由外朝宫闱至词林、科场、风俗、技艺等，其中有不少条目可补《明史》所未详，或与之参证，述嘉靖时事，尤多确实可信，如“宫婢肆虐”一条，对宫女拟缢死嘉靖帝备述始末，极为详尽，还列出宫女十八人的姓名，又附录刑部处理此案的奏疏，揭露了皇后与宫妃之间的矛盾。“翰林权重”条述明初翰林院诸官得考驳诸司奏启，兼掌生死大事；法司审囚定罪，须经翰林春坊会拟，认为平允，然后覆奏论决，可与《明史・职官志》相参校，以研究明代官制。通过该书的一些记载，还能具体了解明代皇帝的昏庸和宫廷奢侈的严重。另外，轶事琐闻和有关文学艺术等材料可采者尚多，《万历野获编》是明代较好的笔记野史。

第九章　目录学与版本学

由于国学的范围很广，涉及的中国古代典籍内容丰富，浩如烟海，几乎无所不包。因此，研习国学，不仅要具备基本的文史常识，还需要了解古典文献学的相关知识。古典文献学主要由目录、版本和校勘三门组成，也包括辨伪、辑佚和考据等专门学问。

第一节　目　录　学

目指书目，录指记录。目录学是在图书的分类、编目、流传与收藏等过程中所产生的学问。目录常按照一定的次序编排，记录该书的书名、作者、内容与流传等情况。

一、目录学概说

随着时代的变迁，典籍数量不断增多，种类日益丰富，由此衍生出整理、阐述和研究前代典籍的资料也逐渐增加。目录学正是要解决典籍繁多与人们利用不便的矛盾，它指引着读书治学的门径，是研习国学的基础。清代著名史学家王鸣盛《十七史商榷》就曾明确指出其重要性："目录之学，学中第一紧要事，必从此问途，方能得其门而入。"又说："凡读书最切要者，目录之学。目录明，方可读书；不明，终是乱读。"目录重在条分缕析，分门别类，为读书治学打开方便之门。对书籍的清晰分类有助于确定阅读范围，厘清学术源流。

中国古代目录学最早可追溯到汉代。在目录学中，"目"指一书的篇名或群书的书名，"录"指叙录，即该篇或该书的内容提要。早期目录学的代表人物是西汉的刘向、刘歆父子。先秦古籍有一部分毁于秦火，汉初开始搜求古籍，至汉武帝时广开献书之路，收集民间藏书。但这些秘藏之书到汉成帝时又颇有散佚，于是成帝命人继续搜求遗书，并分门别类地予以整理。在每一部书整理完毕时，刘向便撰写一篇叙录，记述这部书的作者、内容、学术价值及校雠过程。这些叙录后来汇集成了一部书，就是我国第一部图书目录——《别录》。刘向死后，其子刘歆继续整理群书，并把《别录》各叙录的内容加以简化，把著录的书分为六略，再在前面加上一个总论性质的“辑略”，编成了我国第一部分类目录——《七略》。《七略》按书的性质和内容分类，注明卷数、作者和主旨，这种较为系统的分类方法对后世目录学有着深远影响。

魏晋南北朝时期，四部分类法开始形成。荀勖《新簿》把书目分为甲乙丙丁四类：甲部主要是六艺和小学之作，其中六艺是六经，小学是注释六经之书，这是经部的前身；乙部包括诸子、兵书和术数类，类似于后来的子部；丙部收录史记、旧事、皇览簿、杂事等书，接近于后世的史部；丁部收集诗歌、图赞和汲冢出土的先秦典籍，近于后来的集部。东晋李充在校四部目录时，以经为甲、史为乙、子为丙、集为丁，便形成了后来人们熟知的经、史、子、集四部分类法。此后南朝至隋唐的目录，大多沿用四部分类法，如谢灵运《四部目录》、隋朝开皇年间编定的《四部目录》和《隋书·经籍志》等都采用四部目录法。

二、目录的编纂

目录的编纂，常常是把众多纷繁复杂的图书按部分类，使其各有所归，不致杂乱。尽管各种目录的具体编纂体例不尽相同，但一般都由以下几个部分组成：

（一）类序

一般交代书目分类的标准，又可分为全目之序、大类之序和小类之序，其作用在于考证书籍的存佚、真伪与沿革等情况，可以作为辨别学术源流的第一手材料。通常类序有两种情况：一是有序无解题，如《汉书·艺文志》和《隋书·经籍志》等；二是序和解题兼有，如《四库全书总目提要》等。这些解题又分为一一详解和择取精华解题两种，如《四库全书总目提要》就是详尽介绍目、类、书，而《四库全书简明目录》则把不重要的书删掉，并浓缩提要。

（二）书名

先秦书籍大多单篇独行，汉以后书名多标明流传，逐渐有了专名。书的命名方式主要有：篇章、专名、撰者、朝代、地名、时间、性质等。

（三）存佚

完善的目录应当注明该书现存的卷数与篇数。如果存世，应著录其版本与保存情况；如果残缺，则著录其缺失和散佚情况。如果亡佚，则著录其何时亡佚以及在他处是否有留存。

（四）作者

要对作者进行考证，确定其时代或大致时代，以及有无合著者。

（五）版本

一般著录现存的版本情况及其源流，该书还有哪些版本以及版本之间的差异等内容。

（六）提要

是对上述几个问题的概括总结，并对全书内容和主旨进行归纳，言明优劣与得失，这就是一个相对比较完善的目录了。

三、目录的类型

目录的分类有多种方式，较为常见的有两大类：按藏书形式分，可分为官簿、政书、史志、私录；从分类体制来看，又可分为综合目录、专门目录和特种目录等。

（一）史志目录

即主要记录在正史之中的书目，即史书中的《艺文志》或《经籍志》。二十五史中的文献目录包括《汉书·艺文志》《隋书·经籍志》《旧唐书·经籍志》《新唐书·艺文志》《宋史·艺文志》《明史·艺文志》和《清史稿·艺文志》，这些目录著录了历代重要典籍。此外，有些史书缺少相关记载，后世也有增补。例如，《后汉书》、《三国志》、《晋书》、南北朝诸史、《五代史》及辽、金、元诸史均缺《艺文志》，清人及近人则做了一些补编工作。例如，补《后汉书·艺文志》六种，补《三国志·艺文志》三种，补《晋书·艺文志》二种，补南北朝诸史《艺文志》十二种，补《五代史艺文志》三种，补辽、西夏、金、元《艺文志》《经籍志》十四种。

（二）政书目录

政书目录是指专门收集在政书之中的目录。政书最重要的是"十通"，其中都附有文献目录，包括《通典》《续通典》《通志·艺文略》《续通志·艺文略》《文献通考·经籍考》《续文献通考·经籍考》《清朝通典》《清朝通志·艺文略》《清朝文献通考·经籍考》《清朝续文献通考·经籍考》等。这类目录内容丰富，价值较高，并保存了一些已经亡佚的书籍内容。

（三）官藏目录

又称公藏目录，主要指国家藏书目录，是由政府主持对国家藏书进行整理后所编制的图书目录。西汉刘向、刘歆父子编定的《七略》就是这些目录的开山之作。两汉以降，历代皇室和政府都有藏书机构，都编纂有书目，如魏晋《皇览》《中经》《新簿》以及南北朝《四部目录》等。隋唐时期，这些书目的内容日益丰富，如唐有《群书目录》二百卷，宋有《崇文总目》六十六卷，南宋有《中兴馆阁书目》三十卷，明有《文渊阁书目》二十卷和《内阁藏书目录》八卷，清有《天禄琳琅书目》十卷和《天禄琳琅书目后编》二十卷。官藏目录的集大成者是《四库全书总目》及其《提要》二百卷，堪称迄今为止最为完备的图书目录，对作者、书名、版本、主旨及源流都有简明扼要的介绍。

（四）私藏目录

即私人藏书家根据自己收集或见到的书籍而编订的目录，其特点是著录详细，且多有提要，往往记载该书序跋、钤印、牌记、行款、字体、纸墨和避讳等特色内容。私家所藏颇多异本，常可补国家藏书目录与史志之缺失。因此私家目录虽不如官修目录收采宏富，但学术价值却并不低。现存宋代私人藏书目录有三家：晁公武《郡斋读书志》、尤袤《遂初堂书目》、陈振孙《直斋书录解题》。明清以降，私家藏书目录更盛，数量大为增加。清代私人藏书的明显趋势是注意版本鉴别，重视收聚善本，故此时期著名的私人藏书目录多为版本目录。

（五）专门目录

即针对某些领域而专门设立的目录。简要介绍几种较有代表性的：

(1)举要目录，又称推荐目录或导读目录。著名的是张之洞《书目答问》，现通行本为范希曾《书目答问补正》。

(2)丛书目录，最早的是清嘉庆年间的《汇刻书目》。现常用的是上海图书馆编《中国丛书综录》和阳海清编《中国丛书广录》等。

(3)禁毁目录，包括《清代禁毁书目》《清代禁书知见录》《清代各省禁书汇考》等。

(4)版本目录，如钱曾《述古堂书目》、黄丕烈《荛圃藏书题识》、莫友芝《郘亭知见传本书目》等。此外还有一类图录，主要有赵万里《中国版刻图录》、杨守敬《留真谱》、顾廷龙《明代版本图录》、黄永年《清代版本图录》等。

(5)辨伪目录,早期有宋濂《诸子辨》、胡应麟《四部正讹》、姚际恒《古今伪书考》。目前常用且资料较为丰富的是张心澂《伪书通考》和郑良树《续伪书通考》。

第二节 版本学

在研习国学的过程中,要接触各种各样的古代典籍。在阅读之前,如何能够对各种版本的特征和差异有所了解,从而对其真伪优劣作出评判,是相当重要的准备工作。选择适当的善本典籍进行精读,往往可以事半功倍,而不至于误入歧途,这就需要借助版本学的知识。

一、版本学概说

中国古代在纸张尚未发明之前,曾用甲骨、金石、竹木、丝帛等载体来记事。雕版印刷和活字印刷术普及后,古籍的装帧形式产生变化,“版本”的概念与范围也随之不断更新。

“版本”一词,始见于北宋景德二年(1005),因雕版印刷之故,也称为“板本”。《宋史·邢昺传》记载:“是夏,上幸国子监阅库书,问昺经版几何,昺曰:‘国初不及四千,今十余万,经、传、正义皆具。臣少从师业儒时,经具有疏者百无一二,盖力不能传写。今板本大备,士庶家皆有之,斯乃儒者逢辰之幸也。’”由此可知,版本的具体形式由简单到复杂,版本的数量由少到多,是一种必然的历史现象。随着时间的推移,版本的研究范围已经不仅局限于金石简帛和纸质书籍。例如,近年逐渐兴起的书籍电子化浪潮,也可称为另一种形式的“版本”。即使是同一种文献的“电子版”,由于制作者及制作流程的不同,也会存在一定程度的差异,即形成不同的“版本”。由此,“版本”的概念扩得更大,大约相当于“异本”,即不同的本子,而不再限于何种质地的书本。

中国传统的版本学主要研究书籍制作的各种特征,包括装帧形式、年代、版次、内容、藏印、题跋、批校等,在此基础上对版本进行鉴别,辨明其源流、时代、真伪与优劣等,并从这些错综复杂的现象中找出规律,成为一种专门的学问。一般认为版本之学始于宋代。明清时期,特别是清代考据学的兴盛,版本学也随之发展,出现了不少版本研究著作。乾嘉以降,对于版本的研究更加丰富。

版本学何以重要？因为书籍在刊刻和流传的过程中，总会产生一些版本差异，这些差异有时会造成很多阅读和理解的问题。一本书流传到现在，不知经过了多少人的抄、刻、校、补，这其中有不少是大学者，也有普通士人和匠工，错误在所难免。有的书籍内容还会出现残损和脱落，因此，我们读书时更需要讲究版本，以免拿着错误百出的书而苦读不止。

二、版本的类型、款识与装帧

（一）类型

按不同的划分标准，版本可以分为多种类型。就版本产生过程而言，大致可以分为写本和刻印本两类。

（1）写本，又叫抄本。在印刷术尚未普及之前，以写本居多，一般又可分为手稿本、清稿本、抄稿本、影抄本等。

（2）刻印本。按时代分，有唐五代刻本、宋刻本、金刻本、元刻本、明刻本、清刻本、民国刻本；从地域来看，南宋四川有蜀本、浙江有浙本、福建有建本（或称闽本），金元时山西临汾有平水本等；从刻书单位来看，有官刻、家刻、坊刻。从刊刻先后看，有初刻本、重刻本、覆刻本等；从墨色看，有蓝印、朱印、墨印本等；从版式看，有黑口、白口本；从流通情况看，有通行本、旧刻本、残本、校本、善本等。

（二）款识

（1）版式。

（2）行格。

（3）版面。

（4）边栏。

（5）版心。

除了上述在页面上的一些标志之外，可以被视作款识并用作版本鉴定的，还有字体、避讳、口题、书牌、特殊标志等。

（三）装帧

结简为册是竹简所用的装订方法，帛书一般采用卷轴或折叠的方式装订。纸书的装帧方式主要有以下几种：

（1）经折装。

（2）旋风装。

(3)蝴蝶装。

(4)包背装。

三、版本的鉴别

在对古代典籍进行研究之前,往往涉及版本鉴别问题。古书主要有刻印本和手抄本,这里分别介绍这两大类的鉴别根据。

(一)刻印本的鉴别

(1)字体。是决定版刻时代的主要依据。汉字是方块字,不同时代写字用的笔和写法有所演变,刻工的操作方法与技术水平也随时代有所发展,在字体结构等方面形成时代特点与差异。除时代特征外,刻版印刷发展的地区还形成独有的地方风格。

(2)牌记。为刻书标识。一般在书的卷尾,也有在序或目录之后的,文字有详有略,主要标明刻版年月及出版者。宋元以后多出现于坊刻本。元、明、清三代的私家、官府、书坊刻本使用较多,形成明显可资查考的依据。但有些影刻、翻刻本也把原书牌记摹刻下来,所以要参照其他特征加以辨析。

(3)序跋。古籍大都有序跋。其内容多为阐扬本书著述的优长,记述刻、抄的经过和年代等等。鉴定者可从序跋正文及署款判定该书版本年代及真伪、讹托,从而成为鉴定古籍的依据之一,但须留意一书多刻时照刻底本的序跋以及抽撤刻书时的序跋的情况。

(4)刻工。宋、金、元、明、清的刻本,常在书中镌有刻版者的姓名。有的一部书的刻工多达数十人。刻工历来受版本学家重视,从刻工姓名可了解版刻时代与地区,是最直接的依据。但明、清一些影宋刻本,也把原刻本刻工摹刻下来,容易造成误认;同一刻工刻的书也有年代的不同,因此还需结合其他旁证以作出准确判断。

(5)避讳。中国古代社会用字讲究避讳,有避帝王讳,有避家讳或尊者讳。元代不甚讲究避讳,宋代及清代康熙、雍正以后避讳较严格。后世版本学家常以避讳字作为判定古籍大致时代的依据。但应注意翻刻、影刻本保留原书避讳字的情形。

(6)版式。由于刻书时代不同,书的行款版式变异较为鲜明,虽有交错、例外,但有基本规律可循,例如宋版书的书口(版心)多为白口,而元版及明前期版本多用黑口。对行款版式的鉴定历来被视为重要依据之一。

(7)纸张。宋代有的浙刻本用白麻纸,纸质较匀净,有韧性;四川刻本也用白麻纸，有些纸质较粗，甚至有透空小孔。南宋初期福建印书所用竹纸，质地细润，纸色较白，但以后多用黄色竹纸，因而从宋、元到明代，黄纸成为福建印本的特征。明代以棉纸为贵，棉纸有厚薄之不同，纸质细润，白棉纸印书成为明代特色。明末出现了开化纸，纸质细白匀净，清代以开化纸印书最名贵，连史纸、竹纸应用亦多。宋以后，还有用公文纸（公牍纸）和其他册子、信札等旧纸的背面印书的，这些公文纸如载有年月也可借以推断印本的大致时代。

（二）写本的鉴别

印刷术发明以前，古籍都靠抄写流传。印刷术发明以后，甚至在雕版印刷普及以后，抄写本仍在中国传世古籍中占很大比重。历代流传的抄本，数量可观，质量也参差不齐。抄本之外，藏书家的手写本及学者的稿本更是古籍中的珍品。因此对抄本和稿本的鉴定十分重要。根据版本学家的经验，以下几点可以作为鉴定的依据：

（1）纸张墨色。明代抄本多用白棉纸，晚期则以薄竹纸较多见；清初用开化纸、连史纸和毛太纸，中晚期连史纸和毛太纸并用，竹纸居多。

（2）书法字体。明代抄本字体飘洒，但除少数书法家外，一般错别字较多。清初抄本少数拙劣，多数则落落大方。乾隆以降，字体规整秀丽，一丝不苟，但不及明人流利自然。

（3）室名藏印。抄写者或藏书家往往在抄本上注明室名或藏印，这为鉴别抄本提供了一个重要依据。例如，毛晋汲古阁抄本，版心有“汲古阁”三字，栏外有“毛氏正本汲古阁藏”字样。

第三编

子　　学

第一章　先秦诸子

诸子学是相对于经学而言的。“经”是常道,是以儒家思想和典籍为核心,关乎生活伦理、社会规则和自然天道的思想文化体系。“子”是诸子百家。“诸子”一词初见于汉初收揽典籍之时,诸子之书的名称则定于东汉刘向所撰《七略》,其中诸子略分为儒、道、阴阳、法、名、墨、纵横、杂、农、小说等十家。本书主要讲儒家、道家、墨家、法家及名家的思想。

第一节　儒　家

孔子与孟子是先秦儒家代表性人物,由于《论语》《孟子》被纳入“经”的范畴,《大学》与《中庸》属于《礼记》,所以“四书”的内容在此不赘。先秦儒学在孔子与孟子、荀子之间的发展过程中,孔门弟子起到了关键作用,其中曾子与子夏分别在鲁国泗水与魏国西河授徒,开创了曾子学派(思孟学派)与子夏学派。曾子学派经七十子后学、子思,最后收结于孟子,子夏学派经数传而收结于荀子。

一、曾子与子夏

(一)曾子

曾子是孔子最著名的弟子之一,曾子之学除了《论语》有所记载之外,《大戴礼记》还有《曾子》十篇。曾子之学具有以下特点:

1. 善自内出

曾子于儒学最大的贡献在于提出“善自内始”的观点。《大戴礼记·曾子立事》云:“为善必自内始。”①虽然孔子已有“善自内始”的思想,但孔子以“仁”说而非以“善”说。曾子提出“善自内出”,把善从经验世界中独立

① 王永辉、高尚举:《曾子辑校》,中华书局2017年版,第24页。

出来,追问:“善自身如何可能?”这一问题为思孟学派由天人关系探讨善指明了方向。一般的道德性规约只是把人当作经验世界中的物质性存在,“善自身如何可能”意味着善必须从经验世界超离出来,而与一种更高的存在相关联。曾子虽未就此展开,但独立之善的提出,启发了子思、孟子对于“天”与“性”的阐发。

2. 内省慎独

曾子常说君子“惮惮”、行身“战战”、出言“鄂鄂”,这不是现实中患得患失的心态,而是体会“什么是善”的内省工夫,即“吾日三省吾身:为人谋而不忠乎？与朋友交而不信乎？传不习乎?”(《论语·学而》)曾子主要不是反省这三件事,而是反省道德本身,即善自身。反省善自身,表现在为人谋时就是“忠”,与朋友交时就是“信”,对待师所教时就是“习”。若只是反省外在事务,则不必向“吾身”用力。内省必慎独,慎独自能体会到善自身,这就像好好色、恶恶臭一样自然。后来子思与孟子进一步指出所反省的善自身就是性或心,从而开启了天人性命之学。

3. 重孝以开启道德动力源

曾子重“孝”,《大戴礼记·曾子》十篇中,论孝者有《本孝》《立孝》《大孝》及《事父母》四篇。一般认为《孝经》是曾子所传,曾子亦是“二十四孝”中的人物。“孝”非社会规范或执守律则,而是人固有的情感和现实的人性流露。曾子曰:“吾闻诸夫子:人未有自致者也,必也亲丧乎!”(《论语·子张》)曾子认为,一个人即使很少有真情发动的时候,但在亲丧时是会有孝的真情的。“孝”是最切身的情感,是最易使人感发怵惕、显发道德本心、磨练提撕人之德行的场域。

4. 以忠恕贯通天道

《论语·里仁》篇载:

> 子曰:“参乎！吾道一以贯之。”曾子曰:“唯。”子出。门人问曰:“何谓也?”曾子曰:“夫子之道,忠恕而已矣。”

曾子以“忠恕”解释孔子的“一贯”之道,通过道德践履工夫发显道德本心。对道德本心觉悟至极,则会体知一个更高存在——天,并与人相贯通。人若有笃实的践履工夫,则必至于天人贯通、天人合一之境。人不是纯物质性的生命体，而是与至善者相关联的存在。曾子虽未说出此论，但这种思路与工夫开启了子思与孟子依“天”而探讨人性问题之思路。

（二）子夏

孔子夸颜渊好学，子夏亦非常好学，作为同门前辈的子贡也叹服子夏“学之深”①。《论语·子张》载有三条子夏论学的文字：“日知其所亡，月无忘其所能，可谓好学也已矣。”“博学而笃志，切问而近思，仁在其中矣。”“百工居肆以成其事，君子学以致其道。”这些都是子夏笃实为学的真切体会。

子夏偏重于知识，不重上达于天道性命。这种为学方式易走向功利主义和效用主义，故孔子警之：“女为君子儒，无为小人儒。”（《论语·雍也》）小人儒不论世道而皓首穷经，“学”不见道，“习”不及本，故谓之“小”。子夏重礼仪、制度、文学，他所说的“博学、笃志、切问、近思”亦是针对儒学之礼仪、制度、文学而言，倾向于外在之“文”，而于生命之“质”则潜沉不足。其所谓好学是通过“为学日益”而增益其所不能，而非内及于性、上达于天的“为道”，故子夏常采取效用主义或功利主义的行事原则，与儒学的道德理想主义不同。《论语·子路》载：“子夏为莒父宰，问政。子曰：‘无欲速，无见小利。欲速，则不达；见小利，则大事不成。’”孔子对子夏说，为政不要落入效用主义或功利主义的彀中。

子夏对于先秦儒学和中国文化的影响有两方面：其一，子夏精于文学，其门人演变为秦汉以来的经生，其功在于传播儒家经典，但他们不能内开性体，外达天道，其流弊则沦为无道德理想的穷经之士。其二，子夏迷下学、重功利，其门人演变为隆礼重法的杂儒，而不是内圣外王、性天贯通的纯儒，故不能开显礼法的价值源头，反而流变为维护君主专制的法家。后来的荀子及其弟子韩非与李斯，都能在子夏那里找到源头。

二、七十子后学

1993 年 10 月，在湖北荆门郭店村发现了战国时的楚国墓群，其中在一号楚墓里挖掘出竹简八百零四枚，有字竹简七百三十枚，凡一万三千多字。经过考订与研究，这些竹简主要是道家和儒家作品，其中道家文献 3 篇，其余十余篇俱为儒家文献，计有：《缁衣》《鲁穆公问子思》《五行》《穷达以时》《唐虞之道》《忠信之道》《成之闻之》《尊德义》《性自命出》《六德》及《语

① 杨朝阳、宋立林：《孔子家语通释》，齐鲁书社 2009 年版，第 139 页。

丛》(一、二、三)。学界把这一批文献认定为七十子后学的作品,七十子后学作品的出现,使孔子到孟子、荀子之间的学术传承线索更加清楚了。郭店楚简主要属于思孟学派,而七十子后学中的子夏后学的文献,到目前还没有看到。

(一)有天有人,天人有分

郭店楚简《穷达以时》篇说:"有天有人,天人有分。察天人之分,而知所行矣。"①这里的"天人有分"是基于人受造感而来的觉悟意识,即人现实中是一个有限的存在,并非一个现成的神圣者,需要努力才能通达神圣者。人有天人不同之意识后,才能克服人之有限性。"分"是说天与人不同,天是现成的神圣者,人却不是,而不是说天与人不能通达。所以这里的"天人有分"不同于荀子所说的"天人相分",后者视天与人俱为经验对象,认为人事与天无关而不能通达。人由受造感而意识到天人相分和自身的有限性,面对神圣者便有所敬畏,继而开出人的一种新的精神能力与实践倾向。郭店楚简《语丛一》说:"知天所为,知人所为,然后知道,知道然后知命。"②只有在天人相分之后,才能知道什么是"道""命",然后加以实践。

(二)性自命出,命自天降

郭店楚简《性自命出》篇说:"性自命出,命自天降。"③这句话揭示了"性"与"天"的关系,即"性"是"命"的表现("出"不作"生成"解),"命"乃"天"的表现。可见,性、命、天之间并非只是生成关系,更有一种连贯通达的关系,即"天"通达于人而成为其"性",并非只是"天"创造了物,更重要的是,物因天有了自己的"性"。《性自命出》篇的人性论为思孟学派的性善论奠定了基础。

(三)德之行

郭店楚简《五行》篇说:

> 仁形于内谓之德之行,不形于内谓之行。义形于内谓之德之行,不形于内谓之行。礼形于内谓之德之行,不形于内谓之行。智形内谓之德之行,不形于内谓之行。圣形于内谓之德之行,不形于内谓之行。德

① 李零:《郭店楚简校读记》(增订本),中国人民大学出版社2007年版,第111页。
② 李零:《郭店楚简校读记》(增订本),中国人民大学出版社2007年版,第208页。
③ 李零:《郭店楚简校读记》(增订本),中国人民大学出版社2007年版,第136页。

之行五和谓之德，四行和谓之善。善，人道也。德，天道也。①

七十子后学区分了德与善。德是形于内的，称为德之行；善是形于外的，只称为行。德之行就是心之主宰与方向，是人性善端的自然自律和自然发动，内在自足而无待于外；但善只是人的一种善行，善行未必是本于心之主宰，未必是人性善端的自然自律和自然发动。前者基于天道，而后者仅基于人道。人道尽管在一定条件下是善的，但不是绝对的善。天道则不一样，天道以自身为目的，是绝对的善。七十子后学的思想具有超越维度，并在子思与孟子那里得到了进一步发展，孟子把德之行说成是四端之心。

三、荀子

荀子（前313—前238），名况，战国后期赵国人。五十岁游学于齐，曾三为祭酒。齐襄王不能用，荀子遂居楚，春申君任荀子为兰陵令，春申君死，荀子被免，于是便著书立说。荀子与孔子、孟子被称为先秦三大儒者。

（一）天人观

在孔子和孟子那里，天与人是相通的。孔子讲："知我者，其天乎！"（《论语·宪问》）孟子亦云"尽心、知性而知天"。但荀子却讲"唯圣人为不求知天"。在荀子那里，天是自然之天，非道德之天。天强大而神秘，但这是天之事，与人无关，人没有办法改变天之规律。这是"圣人不求知天"之意。荀子认为人事重要，不要太在意天之所为。天之运行规律虽不能人为改变，但可加以利用而为人类造福。

荀子强调天的自然客观性，从科学角度来讲，无疑是对的。但荀子没有看到先秦以来在自然之天以外还有道德之天，一切对人性的认识都关联着道德之天，荀子以自然之天替代道德之天，在孔孟理路之外开出了儒学的别支。

（二）性恶论

荀子认为："人之性恶，其善者伪也。"（《性恶》）人性本为恶，通过后天的教化，人才可以为善，这就是"化性起伪"。为何人性是恶的呢？从人的生物本能看，有种种恶的表现："生而有好利焉"，"生而有疾恶焉"，"生而有耳目之欲，有好声色焉"。（《性恶》）如果任凭本能发展而不加以抑制，则会

① 李零：《郭店楚简校读记》（增订本），中国人民大学出版社2007年版，第100页。

生起争夺、残害、淫乱，而没有辞让、忠信和礼义。荀子认为，社会要实现善治，就必须正视恶的本性而节之以礼义法度，使本性为恶的人做到善。荀子的性恶论有一定意义，他看到了人性的负面，欲通过外在的礼义法度来矫正负面，把人拉到“涂之人可以为禹”的境界。但实现这个境界靠的是外力而不是自觉，蕴含着走向暴力与专制的可能，后来其弟子韩非与李斯走向法家，就是这个原因。

(三)认识论

荀子说：“心者，形之君也，而神明之主也，出令而无所受令。”(《解蔽》)心是出令者而不是受令者，心应专一而静，若博杂则生乱，是以难以知“道”。荀子言心是为了知“道”，其所谓“解蔽”，也是为求得“虚壹而静”之心而知“道”。在荀子看来，心就是一个虚空无物的大容器，“虚壹而静”就是把心打扫干净，呈现心本有之虚空，不让异物与杂质占据，从而实现“大清明”，清明之心方能知“道”。荀子之心论类于西方哲学家洛克的白板说，相反，孟子则认为心非白板而是具四端。

(四)隆礼重法

基于性恶论，荀子认为礼不是出于人的本性，而是外在制作的，以矫正人性的“伪”。《荀子·礼论》载：

> 礼起于何也？曰：人生而有欲，欲而不得，则不能无求；求而无度量分界，则不能不争；争则乱，乱则穷。先王恶其乱也，故制礼义以分之，以养人之欲，给人之求，使欲必不穷于物，物必不屈于欲，两者相持而长，是礼之所起也。

礼的产生源于人性之恶。人因欲望而纷争，争则会引起社会混乱和贫乏。所以需要制作礼义，使人的需求和欲望与物质条件相适应。这是以礼对人性加以限制与规导，而使其归于治。

第二节　道　家

一、老子

老子(约前571—前471)，字伯阳，或称字聃，又称李耳，相传为楚国苦县厉乡曲仁里人。老子的思想主要有道论、无为、小国寡民等。

(一)道论

《老子》第一章说:

> 道可道,非常道;名可名,非常名。无名天地之始;有名万物之母。故常无,欲以观其妙;常有,欲以观其徼。此两者,同出而异名,同谓之玄。玄之又玄,众妙之门。

老子把道与"指事造形"的东西分开。经验世界中的具体事物有时空性,可以以质、量、关系、模态等概念范畴来描述,使物质世界显得界限分明。经验世界中的事物具有暂时的稳定性,可被命名,但不是永恒的存在。而道则无时空性,永恒不变,超出经验世界而不可言说。"道可道,非常道;名可名,非常名"是以负的方法显示不可说、不可名的永恒之道,而这个永恒之道为可说、可名的经验世界的根据。

老子以"无""有""玄"三个概念来说明"道"是世界万物的根基。当道展现"无"的特性时,不是死寂的"无",而是随时可以表现"有"的特性;当道表现"有"的特性时,也不是固定的事物,而是随时可收归于"无"。道之"有""无"二重性相互涵摄就是"玄"。通过道之"有""无"二重性的无限作用,万物得以产生。

此外,老子还讲了道化生万物的宇宙论:"道生一,一生二,二生三,三生万物。"(《老子》第四十二章)"道"是虚灵妙用的"一";"一"具有"有""无"二重性,这就是"二";"有""无"二重性的无限妙用乃"玄",这就是"三"。到"玄"这里,道创造万物之妙用得以展现。"三生万物"意味着世界万物都是道的无限妙用产生。因此,"道生一,一生二,二生三,三生万物",不是说道产生了一个东西,一个东西又生出两个东西,两个东西又生出三个东西,依此逻辑而产生世界万物。若如此,则只有一个东西直接由道产生,别的东西则是间接为道所产生。但实际上是道之"有""无""玄"的无限妙用产生万物,每个物体都由道所产生。

(二)无为思想

在老子看来,天下最柔弱的东西往往能驾驭最坚强的东西,无形的东西可以穿透很小的缝隙(如空气)。所以,不言之教、无为之行是最好的行为方式。道的作用方式就是“无为”“弱”，老子说：“道常无为而无不为。”（《老子》第三十七章）又说：“弱者道之用。”（《老子》第四十章）因为“道”之作用方式是“无为”与“弱”，所以道往往是无为，然后又无所不为。

人应效法道的方式。老子说：“人之生也柔弱，其死也坚强。草木之生也柔脆，其死也枯槁。故坚强者死之徒，柔弱者生之徒。是以兵强则灭，木强则折。强大处下，柔弱处上。”（《老子》第七十六章）人活着的时候，身体有柔性，当人死的时候，身体就僵硬了。可见，柔弱是生的特性，而坚强是死的特性。坚强则离灭亡不远了，而柔弱能战胜坚强。以“无为”与“柔弱”为应世准则，就会立于不败之地。老子又说：“为学日益，为道日损。损之又损，以至于无为。无为而无不为。”（《老子》第四十八章）求道与为学不同。为学的方向是增加知识，但求道是要减损，以无为而顺应自然。

那么，如何做到无为？至少要去除掉欲望和聪明才智。老子说：“不尚贤，使民不争；不贵难得之货，使民不为盗；不见可欲，使民心不乱。是以圣人之治，虚其心，实其腹，弱其志，强其骨。常使民无知无欲，使夫智者不敢为也。为无为，则无不治。”（《老子》第三章）在老子看来，道之外的智与欲是私智、恶欲，是社会不得治的根本原因。故圣人之治就是使民无知无欲，不在道之外再有所知有所欲。老子所谓的无为与自然，是形而上的本体界的自然主义，而不是形而下的生物性的自然主义，后者恰恰是老子所反对的。

（三）小国寡民

道论与无为思想落实到政治层面，就是小国寡民思想。老子说：“小国寡民。使有什伯之器而不用；使民重死而不远徙；虽有舟舆，无所乘之；虽有甲兵，无所陈之；使民复结绳而用之；甘其食，美其服，安其居，乐其俗；邻国相望，鸡犬之声相闻，民至老死，不相往来。”（《老子》第八十章）小国寡民的社会，即使有十倍百倍于人力的器械也不用，舟车与兵甲也被废弃。百姓安居乡里，美其衣食而乐其风俗，不迁徙至他处。

这样的自然社会是尊道贵德的社会，老子说：“道生之，德畜之，物形之，势成之。是以万物莫不尊道而贵德。道之尊，德之贵，夫莫之命而常自然。”（《老子》第五十一章）最自然的社会就是人直接与世界打交道，以人之德融摄世界，除去才智与欲望，无为而天成。如果“大道废”，“智慧出”，就会“有大伪”,“六亲不和”,“国家昏乱”的现象(《老子》第十八章),就需要建立让百姓有所畏惧的礼仪法政。这恰恰是不自然、不美好的社会。

二、庄子

庄子(约前369—前286),名周,与孟子同时而稍后。《史记·老子韩非列传》载,楚威王尝“厚币迎之,许以为相”,但被庄子拒绝,他对使者说,千金之重利和卿相之尊位,犹如郊祭之牺牛,养食数年,便入大庙当祭祀之牺牲品。那时连性命都没有了,还有可能做一个自由的人吗?庄子宁愿“终身不仕,以快吾志”。庄子的思想集中体现在《庄子》一书中。《庄子》共三十三篇,内篇七篇被认为是庄子本人的作品,外篇十五篇与杂篇十一篇被认为是庄子后学的作品,《天下》篇综论当时各流派的学术思想,是中国最早的一篇学术史。庄子是老子之道的阐发者与弘扬者。

(一)老庄之异同

老子讲“道”不只是要构建形而上学,更重要的是要落实在人生修养和政治实践中。老子的道论义理整严,本体论与宇宙论俱赅,在道论中透入一种宇宙情怀。但庄子不同,他以其生活情怀与境界把老子分解出的纲目消融打散,以描述的手法展现其情怀与境界。《庄子》之大旨虽在绍明《老子》,但其适性怡情之描述与汪洋恣肆之文风,反而使人难以识得其大义。在《庄子》中,“性、天、自然”是理解“逍遥”“齐物”“养生”的基础。

(二)性、天、自然

性、天、自然三者在庄子那里意义基本相同。所谓“性”,就是淳朴而自然的东西,非人为之造作。一切“性”之外的东西,都是人为造作,不但不可欲,而且是社会动乱之根源。“性”一般与“文”相对,庄子认为儒家造作的礼乐教化就是“文”,适性而行就是“天”“自然”。《庄子·秋水》载:

> 曰:“何谓天?何谓人?”北海若曰:“牛马四足,是谓天;落马首,穿牛鼻,是谓人。故曰:‘无以人灭天,无以故灭命,无以得殉名。谨守而勿失,是谓反其真。’”

“天”就是守万物自然之性而勿失,如牛马自然有四肢。“人”就是人为造作而使物丧失自然天性,如给牛马套上枷锁。谨守天性就是返璞归真。

（三）逍遥

世人雅好庄子，尚其逍遥。然世人之崇尚逍遥，无非崇尚灭礼义而任性情，无有拘执。其所崇尚之性情非天性，实为欲望之躁动，本能之恶业。此种逍遥正是道家所斥之“不知常，妄作，凶”（《老子》第十六章），非庄子之逍遥。那么什么才是逍遥呢？

> 穷发之北有冥海者，天池也。有鱼焉，其广数千里，未有知其修者，其名为鲲。有鸟焉，其名为鹏，背若泰山，翼若垂天之云，抟扶摇羊角而上者九万里，绝云气，负青天，然后图南，且适南冥也。斥鴳笑之曰：“彼且奚适也？我腾跃而上，不过数仞而下，翱翔蓬蒿之间，此亦飞之至也，而彼且奚适也？”（《逍遥游》）

鲲鹏与斥鴳之飞，与逍遥有何关系呢？郭象注云：

> 夫小大虽殊，而放于自得之场，则物任其性，事称其能，各当其分，逍遥一也，岂容胜负于其间哉！①

逍遥就是适其性而任其天，鲲鹏与斥鴳若能如此，则皆逍遥，大小何足论！鲲鹏也好，斥鴳也好，不过借此而喻一个精神境界。其注又云：

> 然物之芸芸，同资有待，得其所待，然后逍遥耳。唯圣人与物冥而循大变，为能无待而常通。②

“有待”就不可能逍遥，但若能知其有待而破除之，就是逍遥。可见，逍遥是就现象界之有待，而展现出一个修养上的“无待”境界。什么有待呢？“肉体的我”一定有待，故须“丧”这样的我。列子御风而行，虽然轻快自由，然而却有所待，不是逍遥。逍遥是无待，“至人无己，神人无功，圣人无名”是指至人、神人、圣人之无所待而逍遥。而“乘天地之正，而御六气之辩”即无

---

① 郭庆藩：《庄子集释》，中华书局2004年版，第1页。

② 郭庆藩：《庄子集释》，中华书局2004年版，第1页。

待,故能逍遥。

(四)齐物

庄子盛言“齐物”。何为“齐物”?《秋水》载:

> 以道观之,物无贵贱;以物观之,自贵而相贱;以俗观之,贵贱不在己。以差观之,因其所大而大之,则万物莫不大;因其所小而小之,则万物莫不小。知天地之为稊米也,知毫末之为丘山也,则差数睹矣。以功观之,因其所有而有之,则万物莫不有;因其所无而无之,则万物莫不无。知东西之相反而不可以相无,则功分定矣。以趣观之,因其所然而然之,则万物莫不然;因其所非而非之,则万物莫不非。知尧、桀之自然而相非,则趣操睹矣。

所谓“齐物”,就要超越经验界“以物观之”的立场,而“以道观之”。“以差观之”“以功观之”“以趣观之”等俱不是“以道观之”的立场,故不能“齐物”。《齐物论》所言之“莫若以明”“天府”“葆光”等俱是“以道观物”之意,由此而不至于“齐物”。

那么,如何做到“以道观物”而齐物呢?首先,要去掉“成心”。“成心”与“道心”相对,是各人凭其自然禀赋而在生活经验中习得的,不但聪明者有,愚蠢者亦有,因成心而生出是非争论,“成心”是人有论争而不能“齐物”的关键。

其次,要去除“得失”之念。现实世界中的行为总有成败得失。但成败得失是由于偏好所致。昭文好弹琴,师旷善音乐,惠施善论辩,都免不了有成败得失之论评。现实世界中的“成”只是偏好而已,是圣人所要摒弃的东西,道则无所偏好。圣人不落在具体所成中看世界,这就是“明”。

最后,还要去掉“言”。“言”固有所揭示,亦有所遮蔽,揭示和遮蔽便形成了是非,这就是“言隐于荣华”。但道是无所不在的,若陷于“小成”,不但有是非,道亦有所遮蔽。所以要超越“小成”之是非,而超越是非就必须有道之“明”。

(五)养生

庄子对人在现实世界中的无奈与沉沦有深刻体会,他说:

一受其成形，不亡以待尽。与物相刃相靡，其行尽如驰而莫之能止，不亦悲乎！终身役役而不见其成功，苶然疲役而不知其所归，可不哀邪！人谓之不死，奚益！其形化，其心与之然，可不谓大哀乎？人之生也，固若是芒乎？其我独芒，而人亦有不芒者乎？（《齐物论》）

养生要去掉精神的无奈与心的沉沦。如何才能做到这一点？就是要把"天"与"人"分开。若只是知人为，那么人的一生永远在外在奔驰之中，无益于养生。庄子曰："吾生也有涯，而知也无涯。以有涯随无涯，殆已！"（《养生主》）养生必须从外在追逐中收回来，做到"坐忘"，"堕肢体，黜聪明，离形去知，同于大通"（《大宗师》）。唯坐忘，心才能收归于道。"若一志，无听之以耳而听之以心；无听之以心而听之以气。听止于耳，心止于符。气也者，虚而待物者也。唯道集虚。虚者，心斋也。"（《人间世》）真正的养生必至于"大通"，而与道合一。因此，原始道家之养生是由全德尽性而进于道，非延年益寿之意。后世道教以炼丹服散为养生，非老庄养生本义。

第三节　墨　家

墨翟，生卒年不详，大约在孔子之后，孟子、庄子之前。他曾做过宋国的大夫，后没落而为平民。墨子学过木工，造诣高超，所造守城器械胜过了当时的巧匠公输盘。墨子早年学过儒学，但对儒家的礼乐、丧葬等风俗不满，遂抛弃儒学，自创以"兼爱""非攻""非乐""节用"等为基本主张的学派。墨家学派的创始人及成员基本属于平民阶层，《墨子》一书文风朴实，不似《孟子》《荀子》那样引经据典，也不似《庄子》那样汪洋恣肆，阐述义理不似《老子》《庄子》那样玄妙高超，而是带有经验论和功利主义特征，荀子批评墨家"蔽于用而不知文"就是针对其经验论或功利主义而发的。墨家的思想主要有以下几个方面：

（一）心论及功利主义

墨家所言之心乃经验的认知心、知识心。

循所闻而得其意，心之察也；执所言而意得见，心之辩也。（《经上》）

> 慧者，心辩而不繁说。（《修身》）
>
> 心无备虑，不可以应卒。（《七患》）

察、辩、慧、虑，皆是心对经验的认知功能。在知识心的主导下，墨家确立了判断是非标准的三条原则，亦即“三表”：

> 故言必有三表。何谓三表？子墨子言曰：有本之者，有原之者，有用之者。于何本之？上本之于古者圣王之事；于何原之？下原察百姓耳目之实；于何用之？废以为刑政，观其中国家百姓人民之利。此所谓言有三表也。（《非命上》）

第一表所谓“上本之于古者圣王之事”，就是判断是非要有历史的根据，先圣的经验。第二表所谓“下原察百姓耳目之实”，就是以老百姓的见闻经验为依据。第三表所谓“废以为刑政，观其中国家百姓人民之利”，就是运用于政治看对于国家百姓是否有实际的利益。这是墨家判断义理是非的落脚点与归宿点。墨家注重经验世界，追求功利主义价值，较少有形而上的追求与体悟。从广义上讲，人类的一切精神文化都是有益于人生的，精神文化也是一种功利。但墨家的功利却是狭义的，仅限于最低限度的衣食住行等生活必需品，过此，皆以奢侈视之而欲加以废弃。墨家认为“加费不加利于民”，故提倡“节用”“非乐”“节葬”。

（二）兼爱

墨家认为世间大乱皆起于人们不相爱，故倡导兼爱。墨子所说虽不无理据，但没有进一步向内开掘，展现兼爱背后的仁心，而是向外探寻，以兼爱之有利而为辩护。墨家消解了家庭，人人生活在准宗教团体之中，且一律平等。他们只是平铺地看个体的人，取消了他们的具体生活。每个人皆为“类”中的“一”，“一”之间没有任何差别，故须“兼爱”。墨家抽象地讲“兼爱”，缺乏一定的人性基础和现实的社会条件。

（三）明鬼、天志

墨家认为，人类社会之所以大乱，一个主要原因是人们怀疑鬼神实有。若人们信鬼神实有，则社会一定会由乱而归于治。如何使百姓信鬼神实有呢？墨家回到“三表”中的第二表，即耳目之实知。墨家以感官经验作为鬼神实有的证据,《明鬼》篇中列举了很多用以说明鬼神实有的故事。墨子认为,鬼神是无所不知的、无所不能的。墨家言鬼神,不是一种纯粹迷信,而是欲给人的行为施加外在赏罚力量,使人行善去恶。墨家之言天,除体现宗教精神之外,还体现了确立根本原则的意义,"天"是兼爱、节用、施利于民的根本原则和最大法则。

(四)非乐、节葬、非攻

墨家提倡节俭,一切超过基本生活需要的东西概为奢侈浪费,而欲去之。墨家"非乐""节葬",皆是基于节用立场。墨家认为,生者之利尚且节之,死者之利还不该节之吗?墨家以人之生的利为大利,人之死的利为小利,欲除小利以存大利。墨家之非攻,也含有功利目的:"计其所自胜,无所可用也;计其所得,反不如所丧者之多。"(《非政》)所得反不及所丧之多,所以墨家非攻。相反,如果所得多而所丧少,墨家是鼓励的。"杀己以存天下,是杀己以利天下。"(《大取》)这虽然类似于儒家的杀身成仁,但儒家是从道义说,而墨家却从利益说。

第四节 法 家

法家分为两个时期,前期以商鞅、申不害、慎到为代表,后期则以韩非、李斯为代表。

一、商鞅及法家先驱

商鞅(约前390—前338),本为卫国国君的后代,故又称"卫鞅",依据"诸侯之子曰公子,诸侯之孙曰公孙"之礼制,又名"公孙鞅"。入秦后,封于商地,世称"商鞅",号商君。商鞅虽为贵族后裔,但他那一代家道中落,尽管如此,他还是读了不少的书,为其变法强国打下了很好的知识基础。今存之《商君书》未必俱为商鞅所作,应为商鞅及其学派之学。商鞅以自利为人性论基础,以"重法维刑"为手段,重视法律的普及与刑罚的威慑力,主张用法律作为衡量民众行为的准绳,由重法而至于重罚轻赏。

(一)人本自利之人性论

在商鞅及其学派看来,人性是"饥而求食,劳而求佚,苦则索乐,辱则求荣"(《商君书·算地》)。人之存活于世,要么为利,要么为名,而求利会扰乱礼法,求名会败坏纲常,故需要立法制、为度量而加以禁止。君王应该正视且审察人的好恶之心，因为人的这种自利之心正是制定法律的依据所在。商鞅不相信以仁爱同情之心就可以治理国家，他认为“错法而民无邪者，法明而民利之也”（《商君书·错法》）。只有实施法治，明确法制，才能让民众守法，而利益国家和民众。

（二）法治的意义及要求

商鞅认为：“法者，国之权衡也。”（《商君书·修权》）法律既然如此重要，就要求君主要为公不为私。法为国之公器，好恶为人之私情。君好法，则有正直之臣，国得以治。君好私言，则有毁誉之臣，国由之乱。

制定法律应遵守一定的要求与原则。其一，要因时因地而制宜。商鞅认为，如果不能因时势而制定法律，治民反而相当于助乱。所以君王需要考察时势和民情而制定法律。其二，法律要尽量明白易知。商鞅认为，法律应让贤愚不等的民众都能明白易知，百姓就不会因为不懂法而违法。其三，设置法律官吏，以主法令的官吏为师，官吏应向民众解释清楚法律。商鞅认为，如果没有向百姓解释清楚而致使百姓犯法，那么官吏也要被治罪。最后，法律有绝对的严肃性，由国家来保管收藏，且一经制定，就不能随便更改。这些关于法律的要求，现在依然有意义。

（三）重罚轻赏

商鞅认为，法律是君王统驭臣民的工具，基本表现就是赏与罚，但罚比赏更重要。因为刑能禁止奸邪，而赏无助于禁，故不及罚重要。重刑罚有什么效果呢？商鞅认为，犯轻罪而典以重刑，则轻犯者会杜绝不生，也不会从轻犯过渡到重犯，就可以使违法行为渐趋消失。犯轻罪而典以轻刑，犯重罪而典以重刑，则轻犯者不止，也会渐渐过渡到重犯。

这种重罚思想发展到极端，就是“刑而不赏”。商鞅认为，善于治理国家者对不善用刑，而对善不奖赏，则会达到不用刑罚时，百姓也能为善。这是因为刑重，则民不敢犯，不敢为非。重刑罚的效果就是使百姓不敢违法。如果人人没有违法的机会，那么盗跖也可以值得信赖。如果刑罚太轻，人人去以身试法，那么就算伯夷也值得怀疑。重刑罚使得违法的代价增大，社会治理的成本降低。这种降低社会治理成本的极端方式是“刑用于将过，赏施于告奸”，把恶与乱消灭在萌芽状态。

（四）君王拥权而行法

商鞅及其学派虽注重法的客观性与明正性，但他们把立法的根源归于君权，结果却不能证成法的客观性与明正性。商鞅说："国之所以治者三：一曰法，二曰信，三曰权。法者，君臣之所共操也；信者，君臣之所共立也；权者，君之所独制也，人主失守则危。"（《商君书·修权》）虽曰治国须兼具法、信、权，但法、信是君臣共有，而权乃君王所独有。君王的权力以法的形式而客观化，从而行赏时民不敢争，行罚时民不敢怨。这是君王统驭臣民、治理国家的精神实质。若君王自身能认知这个实质且善加运用，那么群臣不敢为奸，百姓不敢为非。商鞅及其学派之法治思想虽不无洞见，也为秦国之崛起作出了重要贡献，但其落脚点依然是维护君王的绝对权威。

与商鞅同时或稍后的法家，有申不害与慎到。申不害重术，而慎到重势。申不害之学本于黄老，从黄老之术转为刑名法术。慎到重势位，而不重贤能与知识。

二、韩非子

韩非（前 280—前 233），韩国公子，与李斯一起学于荀子。韩非喜刑名法术之学，其学术渊源为黄老之学，著书十余万言。秦王见韩非《孤愤》《五蠹》，感叹若能得见此人而与之交游，死也不遗憾。后来秦攻韩，韩非至秦，但秦王不能用，且李斯进谗言，导致韩非被杀。从其经历来看，韩非并不像商鞅一样做过一番大事业，而只是一个书斋里的学者。韩非对于法、术、势皆有所发挥，集法家思想之大成。然其精神根源不过发挥荀子之性恶论而尽其极，落脚在人性之阴暗面，从而走向了法治的反面。

（一）对人性阴暗面的认知与利用

荀子虽然持性恶论，反对孟子性善论，其用心却是要警惕乃至转化人性之负面，从而为成圣作准备。荀子隆礼重法就是出于此意，故荀子言"化性起伪"，教的意味重而法的意味轻。综观《荀子》一书，有《礼论》与《乐论》，但并无《法论》篇，且处处贱霸道而尊王道，可见，荀子依然是以儒家礼乐之教来转化人性之负面，其思路虽不同于孟子之扩充存养善端，却殊途同归。韩非作为荀子的学生，深谙人性恶之论，但韩非并未沿着荀子之路走，而是把性恶论发挥到了极致。在韩非看来，人性的阴暗面力量太强大，儒家礼乐教化根本不管用，必用严刑峻法才可。这是韩非弃儒而尚法的价值根据。

韩非对人性阴暗面作了深刻解析。其一，父母与子女之间并无仁恩。他认为，父母产男子则受贺，产女子则杀之，这是考虑以后的利益之故。既然父母与子女之间犹存计算之心，尚无仁恩，反而希求无父子关系的君臣之间以仁恩相待，岂非虚妄？其二，夫妻之间无仁恩。他认为，夫妻非有骨肉之恩，爱则亲，不爱则疏。比如，后妃希望趁年轻得宠时立儿子为太子，然后君王早点死去，儿子继位，从而永久享有富贵；若君王长寿，而自己色衰不见宠，则不但无君王恩爱，更可能会废弃自己儿子而立新宠的儿子。其三，人与人之间俱是利益关系，决无仁爱可言。他认为，因为利益关系，医生愿意去吮人之伤，卖车的人希望别人富贵，卖棺材的人希望别人早死。这些都不过是利益在起作用，并非前者仁德而后者邪恶。其四，君臣之间无诚信可言。他认为，君王最大的祸患是信任他人，信任是君王受制于人的原因。君主信任儿子或妻子，则奸臣得以趁机借妻儿而谋私，连妻儿尚不可信，何况他人？

韩非认为，人只有自私自利之心。一个人利益他人，不是因为有仁爱之心，而是因为威权与律法让他不得不这样做。如果一个君王依靠臣子的仁爱之心而不是威权与律法，那么国家就非常危险了。因此，君王不但须用严刑峻法，而且还需用术与势，以惩治人性阴暗面，不然就会误国危君。法家只看到了人性之阴险、狠毒、奸猾，不相信所谓的伦理温情，认为没有必要为保守伦理温情而为亲人之间的相隐留余地，相反，为了减少人性阴暗面之害而鼓励告奸。

（二）法论

韩非认为，法是由官府制定，施用于百姓的条文典籍。法具有以下特征：

首先，法具有稳定性和客观性。就稳定性而言，法律一旦制定，不可随便更易，如果法令更改，则利害也随之变易，所以君王贵在保持法律的稳定性，而不重在变化。就客观性而言，如果弃法术规矩，而任心术臆断，则增添很多主观性，即便尧也不能治一国，奚仲也不能制成一个车轮。因此，治国不能依赖圣君贤相，不依赖智慧和信任，而是依靠客观而稳定的法。

其次，法治之底线不高，易取得成效。圣贤政治虽好，但理想太高，不易实现。而让食不饱穿不暖的人去追求这么高的治国理想是不可能的。所以韩非认为："治世之事，急者不得，则缓者非所务也。"（《韩非子·五蠹》）急者就是法治，缓者就是圣贤之治。圣贤之治太慢了，而法治却可使国家迅速富强起来。事实上，秦国依法家而治，最后强大而灭六国。

再次，法虽有强制性而使人民短期受制而不悦，但从长远来看，会使百姓受益。相反,如果采用仁义之道,虽有一时的快乐,日后必定困苦交迫。权衡轻重利弊,宁愿要残忍无情之法,也不用相爱之仁道。

最后,法自君出。韩非把制定法律的权力归于君主,但是法既出自君主一人,就很可能失去公道与公正,从而失去民心与执行力。不过,韩非还是提出了诸多颇有价值的法律思想。如依法来任用人才,依法裁量功劳,不以主观意志办事;在依法办事中要注重根本道义;法律要公正,贵贱一致;执法要知大体,不可吹毛求疵;法律无明文规定的不去追究,法律有明文规定的,依法执行而不打折扣。

(三)术论

韩非认为,术是君王心中潜藏的驾驭群臣的方法,与法的公开性与遍知性不同,术不贵人知,是君主驾驭群臣的个人私物。有了统驭臣下的权术,才能保证法治的顺利实施。术有以下特性:其一,不成文性。法是明确规定的条文章程,但术却是君主个人根据自身的利害伺机而行的,没有一定的规定。如果术有成文的规定或规律,被臣子掌握,反而会失去其效用。其二,隐秘性。法是公开的,可让人知晓,可加以解释说明,但术却是隐秘的,不会有预示与提醒。其三,神秘性。韩非要求君主以静退为秘法,这并非要求君主修身,而是让君主不要过多暴露自己的意图,以免使术之运用失效。君主静处而不见其意欲,则人臣就无法揣摩君主的心思。

(四)势论

“势”是君主统治力的标志。管子认为,人君之所以能为君是依靠势,人君失势则受制于臣,人君得势则臣受制于君。韩非继承了这种思想,他认为君主只有依靠势,才能令行禁止,掌握生杀大权。势的重要性有三:其一,用势得其时。韩非认为,民众多能屈服于势,却很少能被道义感动,而随着时世推移,义愈加不能让百姓感怀了。韩非说:“古人亟于德,中世逐于智,当今争于力。”(《韩非子·八说》)在战国乱世,韩非可谓识时势者。其二,势是君主统驭臣子的根本与重器。势对于君主,犹如爪牙之于老虎,如果没有了势,君主就很危险,田常杀齐简公就是例子。其三,贤不足以服众而势可服众。韩非举尧的不同身份为例,尧为匹夫不能治三人,后来称王则令行禁止。以此观之,贤智不足以服众,而势位足以让人屈服。

(五)以法为教,以吏为师

韩非不信任人与人之间的伦理温情,认为以礼乐之教与伦理之道劝谕君主或教化民众是不可能施行的。韩非认为,需要"以法为教,以吏为师",国家除了法之外,不需要任何书简之文;除了以官吏为老师,向民众解释或推行法律之外,也不需要任何经史之师。法家试图消解除法之外的其他一切文化,使社会沦落为仅依靠法来维系的机器,而无伦理温情的沁润。这样的社会虽可取得一时法治之效,但不能长久,秦王朝二世而亡,就是其应验。

第五节　名　家

名家所探讨的是名理问题,近似于现在的逻辑学。先秦名家以惠施、公孙龙为代表。

一、惠子

惠施(约前370—前310),长期在魏国出仕,为梁惠王变法作出了贡献。惠施主张合纵以抗秦,并建议齐魏互尊为王。后因与张仪不合,见逐于魏,遂南游于楚,又回到家乡宋国,与庄子谈玄论学,成为至交。惠施虽然长期活跃于魏国的政治舞台,但其政治业绩无所称道,故《史记》并未言及惠施,但《庄子》多次提到惠施。《庄子·天下》篇云:"惠施多方,其书五车。其道舛驳,其言也不中。历物之意。"可惜惠施的著作并没有结集流传下来。《汉书·艺文志》录《惠子》一篇于名家。现在所见惠施著作,见于《庄子·天下》著录的十个命题。

(1)至大无外,谓之大一;至小无内,谓之小一。

(2)无厚,不可积也,其大千里。

(3)天与地卑,山与泽平。

(4)日方中方睨,物方生方死。

(5)大同而与小同异,此之谓"小同异";万物毕同毕异,此之谓"大同异"。

(6)南方无穷而有穷。

(7)今日适越而昔来。

(8)连环可解也。

(9)我知天之中央,燕之北、越之南是也。

(10)泛爱万物,天地一体也。

这十个命题的总体思想即"历物之意"。依成玄英疏:"心游万物,历览辩之。”惠施历物要达到什么结论呢？就是“泛爱万物，天地一体”。以下逐一分析惠施的命题，看他是如何通过泯灭万物与名言之差别，而达到“泛爱万物，天地一体”之结论的。

(1)至大无外，谓之大一；至小无内，谓之小一。“大一”就是“至大之整一”，“小一”就是“至小之整一”，“至大”以“无外”而规定，“至小”以“无内”而规定。虽然“至大”和“至小”不是现实存在，但可以给“至大”或“至小”以逻辑的规定，这就是“至大无外，至小无内”。

(2)无厚，不可积也，其大千里。几何学中的平面属于形式概念，无厚度但面积无限，但现实中的平面总寄居在一个具体的体中，这个平面的面积是有限定的，也是有厚薄的。

(3)天与地卑，山与泽平。高低、平行等都是比较的结果，标准无绝对客观性，上下、高低等不是事物的固有属性。如果立相反的标准，则结果皆可颠倒。所以天地山泽本无上下、平与不平之差别。

(4)日方中方睨，物方生方死。“睨”即偏斜。太阳与万物皆在运动之中，没有一刻停驻。太阳在正中时又即刻偏斜，无法找到一个正中的点，所以方位不能立。一物出生，就在向死亡靠近；一物向死靠近，也意味着新的生命开始，是以生死不能立。

(5)大同而与小同异，此之谓“小同异”；万物毕同毕异，此之谓“大同异”。大同与小同的差别叫小同异，或相对的同异。万物毕同毕异叫大同异，或绝对的同异。小同异，如人与人乃大同，相似性程度较高，人与动物乃小同，相似性程度较低。此同或异的大小是相对的，所以是小同异。“万物毕同毕异”，“毕异”是从个体性讲，比如人与人之间相似性很多，但世上没有两个完全相同的人，这是绝对的异；毕同是从普遍性讲，只要是物，总有质量、广延等，从这个意义上说，万物是绝对的同。“万物毕同毕异”不涉及异同的程度，不是比较的结果。可以说，只要是物，就有差异之处，也有相同之处。

(6)南方无穷而有穷。(7)今日适越而昔来。(8)连环可解也。一般以为这是说三件事，但牟宗三认为这三句实为一句，其中“连环可解”是提示语，意谓连环宛转而可通。“南方”是就一定点而言，偏南者是南方，偏北者是北方。但若南移，则向之偏南者又为北。若北移，则向之偏北者又为南。可见，有无穷个南方或北方，没有绝对的定点属于南或北。但一旦定一个点，则南北方位亦可定。故曰“南方无穷而有穷”。今日到达越国，不是突然而至，一定是昔日就动身启程了，否则今日不可能到达。所以，昔日之动身启程成就了今日之到达，故曰“今日适越而昔来”。

(9)我知天之中央，燕之北、越之南是也。只有在一个有限的空间内，才能确定一个中央点；在一个无限的空间内，无法确定哪一点是中央。这意味着在一个无限的空间内，任一点都可以是中央，燕之北或越之南皆可。惠施通过以上命题达到泯灭差别，以求“合同异”，最后实现其“泛爱万物，天地一体”的理想。

二、公孙龙子

如果说惠施的名理以“合同异”论，则公孙龙的名理就以“离坚白”论。公孙龙(前320—前250)，赵国人。公孙龙有著作《公孙龙子》传世，其《迹府》云：“公孙龙，六国时辩士也。疾名实之散乱，因资材之所长，为‘守白’之论。”可见，公孙龙欲以其思辩之才，正名实之乱，而以“白马非马”论与“离坚白”著称。

(一)“白马非马”论

《白马论》载：

> “白马非马”，可乎？曰：可。曰：何哉？曰：马者，所以命形也；白者，所以命色也。命色者非名形也。故曰：“白马非马”。

两个“曰”可以是主客对答，亦可是自问自答。“马”这个概念只指形，而“白马”这个概念不但指形，还指色，二者内涵不一样，因而“白马非马”。公孙龙认为，黄色、黑色、白色之马都属于马这个概念内涵之物，但不是白马这个概念内涵之物。马与白马的内涵不一样，故其外延或对应之外物亦不同。这就是正名实。

(二)“坚白”论

公孙龙在《坚白论》中力主“坚”与“白”要“离”。

> “坚白石三”可乎？曰：不可。曰：二，可乎？曰：可。曰：何哉？曰：无坚得白，其举也二；无白得坚，其举也二。

人习惯从整体看“一块白色的硬石头”，它具白色、坚硬、形状三种属性于一身。但公孙龙认为，“坚白石”是不成立的，因为眼睛只能看见白色与形状，而用手只能触摸其坚硬与形状，人只能得到两种属性而不是三种，故可云“坚石”或“白石”，而不可云“坚白石”。所谓“离”就是“坚”与“白”不能同处之意。

（三）“指物”论

《指物论》是公孙龙思想中最为晦涩难懂的一篇。依公孙龙的看法，天地间充满着物，但物要进入人的认知世界始为人所把握。物要进入人的认知世界，必须以名来指称物，名一旦用来指称一个具体的物，就与名自身不同了。这样，就有三个层次的东西：

物（为进入人的认知世界之物）—指（用以指称物的名自身）—与物之指（落到具体物上之名）

这三个层次及其所体现出的不同就是“物莫非指，而指非指”，进入人的认知世界之物无不是用名称来指示的，但一旦名称用于指称一个具体的物，就不再是原来的名称自身了。第一个“指”是“名称指示”，第二个“指”是“与物”之指，第三个“指”是概念自身。如“白”是“白”的概念自身，“白雪”或“白玉”是“与物”之“白”，二者是不同的。

（四）“通变”论

《通变论》提出“二无一”的道理：

> 曰：二有一乎？曰：二无一。曰：二有右乎？曰：二无右。曰：二有左乎？曰：二无左。曰：右可谓二乎？曰：不可。曰：左可谓二乎？曰：不可。曰：左与右可谓二乎？曰：可。

“左”“右”分别指一个概念，作为新概念组成部分的“一”，而“二”代表新的概念。问：新概念包含组成概念的规定吗？答：没有。尽管新概念是由左支与右支两部分组成，但新概念既不包含左支的规定，也不包含右支的规定。两个概念结合而形成新的概念，就不再包含有组成部分各自的内涵了。新概念有新规定，不是两个组成概念的简单叠加。

（五）“名实”论

《公孙龙子》前四篇均为对话方式，唯《名实论》为陈述方式，故本篇可谓《公孙龙子》的结论。《名实论》提出了四个概念:物、实、位、正。这是人指称或描述物所要经历的四个阶段。

何谓物?“天地与其所产焉,物也。”(《名实论》)充塞天地的都是物,此物未进入人的世界。物进入人的世界,则带入了人的理解,此时物不是纯自然之物,而是因“人”而物。由此,公孙龙提出第二个概念:实。

何谓实?“物以物其所物而不过焉,实也。”(《名实论》)并非所有的物均能称之为“实”,称得上“实”的物一定是“物其所物而不过”,第一个“物”是体现,“所物”即此类物之共相。一个物体现了此类物之共相,才是实。共相何以重要呢?若万物无共相可言,则人类不能以知识认知世界。当一物“物其所物”达到完满程度时,就确立了其“位”。

何谓“位”?“实以实其所实而不旷焉,位也。”(《名实论》)“位”就是一种概念的完满性或标准,“不旷”即不欠缺。但一物能完满体现此类物的共相时,就达到了一种概念的标准。

何谓“正”?“出其所位,非位,位其所位焉,正也。”(《名实论》)“正”就是“物”之“实”而当其“位”,即一物达到了“位”的高度或标准。“位”是概念自身的规定性,一物符合了概念自身的规定性就是“正”。孔子讲“君君、臣臣、父父、子子”,无非是要求现实的君主要符合“君”的规定性,臣、父、子亦然,此即是正名。公孙龙也有正名思想,认为贤明君王须“审其名实,慎其所谓”,但只是纯概念地讲而已。

公孙龙通过五篇文章表达了其“离析”主旨。只有“离析”以后才能辨清概念各自的分际与规定,方能“正名”。这种分析的思路与惠施综合的思路不同,惠施在否定的层次上“正名”,其结果是消解名言;公孙龙在肯定的层次上“正名”,其结果是厘清名言。

第二章　历代子学

先秦时期的诸子百家，在经济、哲学、政治、法律、军事、文学艺术和自然科学等众多领域对后世文化产生了深远的影响。秦汉以后，随着中国“大一统”政治和儒家独尊地位的确立，子学不再像先秦那样百花齐放，而是融合先秦各种思想资源，吸收各时代的文化养分而提出新的学说思想。历代子学大致可以按照四个历史阶段来说明：两汉子学、魏晋玄学、隋唐子学、宋明理学。

第一节　两汉子学

两汉子学有两个重要特征：一是以学术融合为倾向，主要体现为儒、道、法的融合。二是子学依附于儒家经学而存在，这是汉武帝以后出现的新趋势。董仲舒通过诠释经学而阐发其思想，是儒学神学化的代表，而王充则是反对神化儒学的代表。

一、汉代子学发展概述

（一）汉初黄老思想

黄老之学是战国时形成的政治思想流派，尊黄帝和老子为创始人，在西汉初年盛行。汉初黄老学派的代表有盖公和曹参，而汉文帝、汉景帝及窦太后等也都尊崇黄老之学。黄老之学继承和发展了老子的道论，提出因天循道、守雌用雄、君逸臣劳、清静无为、休养生息、依法治国、宽刑简政等政治主张，体现了中国古代社会政治学的精华。黄老道家还提出天下为公和用法律来约束君权的主张，在一定程度上体现了对专制政治的反思。黄老之学是汉初的政治指导思想，适应了汉初休养生息的需要，在汉初产生了积极的影响，出现了“文景之治”。东汉时，黄老学与谶纬说相结合，演变为自然长生之道，对道教的形成产生了很大的影响。

（二）淮南子

《淮南子》（《淮南鸿烈》）在汉武帝建元年间（前140—前135）成书，由淮南王刘安集合一批学者编纂而成。《淮南子》以道家思想为基础，糅合了阴阳、墨、法和儒家思想，但主要宗旨属于道家。《淮南子》全书共二十一篇，每篇主要讨论某个中心问题。

《淮南子》提出以元气为基础的宇宙论，认为未有天地时，一片混沌，无形体和景象。道本来清虚空廓，清虚空廓生成宇宙，宇宙生出元气。元气有一定界限，清明部分上升而形成天，重浊部分凝结下沉而形成地。道始于混沌不分的"一"，但"一"不能直接产生天地万物，从混沌不分的"一"中分化出阴阳二气，二气交合产生万物。《淮南子》还提出因势利导的无为思想，认为无为并非消极地顺从自然，而是利用客观规律，因势利导地去办事。顺地势引导水流就能浇灌庄稼，应春时播种则五谷得以成长，君主善于利用臣下才智，就可以无治而无不治。《淮南子》还援引儒家礼乐仁义教化百姓，认为人人相爱则无酷刑之事，不乱用酷刑则无暴虐之行，知人善用则政治不乱，以儒家道理治国则无悖乱荒谬之事。《淮南子》主张因时因地而制定礼法。法令应随着时间而变化，不必完全遵循旧传统；但礼仪应遵循地方风俗，不要违背风俗而随意变革。

（三）谶纬

谶纬之学是两汉时期流行的学说。谶是"诡为隐语，预决吉凶"①，谶是一种隐秘语言，假托神仙圣人，预告吉凶之事。谶书是占验书。春秋时就出现过赵谶、秦谶。秦始皇时期在燕齐一带的方士中流行，如方士卢生入海求仙，带回的《图录》中有"亡秦者胡也"的谶语。纬是"经之支流，衍及旁义"②，纬是相对于经而言，是儒生用阴阳灾异说来解释、演绎和附会儒家经典的著作。汉武帝独尊儒术以来，经学地位提高，产生了依傍和比附经义的纬书，如《易》有《易纬》，《书》有《书纬》等。谶先于纬产生，二者皆为神学预言。纬以配经，称为"经纬"；谶以附经，称为"经谶"。谶纬往往有图，称为"图谶""图录"或"图纬"；以其有符验，又叫"符谶"。自西汉末以来，在帝王支持和俗儒附和下，谶纬之学盛行，并成为官方思想。而桓谭、尹敏、郑

① 永瑢等：《四库全书总目》卷六，中华书局1965年版，第47页。

② 永瑢等：《四库全书总目》卷六，中华书局1965年版，第47页。

兴、张衡和王充等，则反对并批判谶纬的荒诞无稽。南朝宋大明中始禁图谶，但唐代仍断续流行。后来欧阳修作《论删去九经正义中谶纬札子》，此类书籍遂至散佚。

(四)《白虎通》

东汉时期，在今文经学与古文经学之间以及各派内部之间产生各种对立。为了统一经学，汉章帝于建初四年(79)在白虎观召开了一个由太常、将军、大夫、博士、议郎、郎官及儒生参与的会议，讨论经学异同。汉章帝亲自裁决经义，由班固总结成《白虎通》一书。班固以存而不断的方式来处理争议，杂糅今文经学和古文经学，保留了当时的思想素材，包括今文经学中的谶纬元素。《白虎通》用五行论政治，以三纲六纪论伦理。《白虎通》认为政治变化就是五行之气的运动。三纲中，君、父和夫占主导地位。六纪中，诸父有善，诸舅有义，族人有序，昆弟有亲，师长有尊，朋友有旧。《白虎通》用天命论成败，用三统论历史，将经学神学化、天人学说系统化、谶纬学说经典化，以此来稳定社会秩序，证明政治合法性。《白虎通》将儒家学说意识形态化，适应了当时的政治形势和社会形态，标志着汉代国家意识形态的形成。在这之前，夏、商、周虽有制度，但尚未形成真正意义上的国家意识形态；三代虽有原始宗教形态，但只是朦胧状态的宗教崇拜，而不是自觉的宗教意识形态。

(五)道教的产生与佛教的传入

东汉时期，佛教传入中国，道教也产生了。道教是中国本土宗教，发源于春秋战国时的方仙家，其宗旨是追求长生不死、得道成仙、济世救人。经过吸收先秦诸子中的道家、阴阳家、墨家及汉代谶纬说，在东汉后期正式形成道教。当时在北方形成了太平道，在南方形成了五斗米道。佛教起源于古印度。东汉明帝夜梦金人，被告知是西方的佛。汉明帝便于永平十年(58)遣使到印度礼请佛法。于大月氏遇沙门迦叶摩腾、竺法兰，用白马载佛像经卷抵洛阳，明帝为其建白马寺，译四十二章经。自此中国始有佛僧、佛寺、佛教。

二、董仲舒

董仲舒(前179—前104)，西汉哲学家，治《公羊春秋》。汉武帝时期，董仲舒通过《天人三策》《春秋繁露》等，将儒家学说和阴阳家思想结合，创建了一个以儒家思想为中心的思想体系，系统提出“天人感应”“大一统”学说,其“罢黜百家,表彰六经”的主张被汉武帝采纳,为汉武帝推行思想和社会的大一统提供了理论依据。董仲舒的思想对两汉学术、思想和政治产生了深刻的影响。

(一)天人感应

1. 天是至高主宰

董仲舒认为,天是有意志的,宇宙万物是天有意识创造的。天的根本特性是德,而德的根本观念是仁。天创造的万物以人为贵,万物被创造出来是为人所用。天生出人,用利益养其体,用仁义道德养其心。万物统一于五行,五行统一于阴阳,阴阳统一于天。阴为天之刑罚的体现,阳为天之恩德的体现,天通过阴阳五行之变化产生和指导人与万物。天安排并监督人世间的纲常秩序,天子受命于天,代表天统治和教化人民。这种天人感应论是君权神授的理论基础。

2. 同类相应

为论证天人感应,董仲舒认为同类事物之间能互相感应,如声音之间可以“共鸣”或“共振”;同类之间能相互呼应,马鸣则马应,牛鸣则牛应;自然环境和人体也相应,天将阴雨则人之阴病会先感受到;天气变化和作物生长之间也相应。这些都说明天人感应具有合理性。他据此认为,帝王将兴,会先有美祥的征兆;帝王将亡,也会先有妖孽之兆。

3. 人副天数

物类之间可以相应,但天和人并非同类,如何相感?董仲舒提出“人副天数”的观念,人的形体、性情、德行等与天的数量规定和活动规律相符。他认为,人之形体是根据天数而化成,小节三百六十六符合日数,大节十二符合月数,五藏副五行数,四肢副四时数等。天和人一样有意志和感情,春是喜气,故主生;秋是怒气,故主杀;夏是乐气,故主养;冬是哀气,故主藏。人世间的礼法纲常也是天意的体现。

(二)改正朔、易服色

所谓“三正”,是说一年十二个月之中有三个月(现在的农历十一月、十二月和正月)可以作为正月。所谓“朔”,是指农历每月初一。一个新王朝上台后要改变前代王朝的正、朔,这叫“改正朔”。以农历正月为岁首,这时天气始通万物,呈现黑色,那么这个新王朝就应尚黑色。用农历十二月为岁首,这时天气始蜕化万物,万物开始发白芽,那么这个王朝就应尚白色。以农历十一月为岁首,这时天气施化万物,万物运化呈现赤色,那么这个王朝就应当尚赤色。董仲舒认为,每一个新王朝上台后,要顺应天命而“改正朔、易服色”,历史就在黑、白、赤三统中终而复始。他认为,夏以寅月(农历正月)为正月,以黑色为上色,夏为黑统;商以丑月(农历十二月)为正月,以白色为上色,商为白统;周以子月(农历十一月)为正月,以赤色为上色,周为赤统。汉代继周而起,应以寅月为正月,属黑统,要穿黑色衣服。一个新朝的统治者新受天命,须有改制之仪。但董仲舒又认为,新王有改制之名,无易道之实,改制不是改变道理,人伦纲常、文化习俗等不必更改。

(三)认识论

1.察身以知天

董仲舒认为,天创造人是要人实现天意的,人的认识对象主要是天意,认识和行动的标准要看是否符合天意。认识天意的方法是“察身以知天”。由于人副天数,所以人可以通过体察自身性情来推知天意。比如人有喜怒哀乐,可由此推知春秋冬夏即天的喜怒哀乐。由于人内心本来就有天的道德品质,所以认识天意最好的方法是向内反省。

2.深察名号

董仲舒继承并发展了孔子的正名思想,对名号的起源、作用以及区别作了探讨,并对王、君、诸侯、大夫、士、民、人等名号作了正名。他认为,名与号不是指称事物,而是表达天意的。天的意志决定名号,名号决定万事万物。圣人具有超常的认识能力,只有圣人能体察天的意志,并代天来命名。圣人根据天志所制定的名,是一切是非曲直的标准。在名实关系上,他认为名比实更根本,主张应该按名号行事。号为天子者,应当事天如父,事天以孝道;号为诸侯者,应恭敬谨慎于所奉之天子。这就是“事要顺于名、名要顺于天”的天人合一境界,也是事以名为依据、名以天意为依据的认识论。

(四)人性论

1. 性仁情贪

董仲舒认为,根据人副天数,天有阴阳变化,人有贪仁之气,在人身上体现为性与情。性仁而情贪,此二者存于一身。性是自然资质,情是性的表现,如果只看人的资质而不及其情,犹如只看到天之阳而不见其阴。

2. 性三品说

董仲舒提出性三品说,把人性分为上、中、下三等,即圣人之性、中民之性和斗筲之性，圣人之性是天生的善，斗筲之性是天生的恶，皆不可改变，因此也可以不叫作性。只有中民之性，能经过教化成为善性，可以叫作性。

3. 性待教化而为善

董仲舒认为性是天生的自然资质，自然资质不等于现实的善；人性包含善的素质，但善端和善质只是成善的可能，而不是善。这好比禾虽出于米，但禾不可称为米；性虽出于善，而性不可称为善。要达到性善，必须经过圣王的教育。卵要经过覆孵才成为鸡雏，茧要经过抽缫才成为丝，性要经过教化才成为善。他认为，圣王的任务是"继天成性"，奉天命教化百姓，使百姓成为善良的人。

董仲舒的人性论是对孔子"性相近，习相远"和"唯上智与下愚不移"之人性论的继承和深化。他认为，孟子的性善论取消了人性的差别，也否认了教民成性。董仲舒的性三品说借鉴了荀子的性恶论，但在道德倾向上与孟子性善论一致。其性三品论被东汉王充和唐代韩愈所借鉴。

（五）伦理学

董仲舒以阳尊阴卑言上下等级，立三纲之说；以五行运转言秩序，成五常之论。他认为君为阳、臣为阴，父为阳、子为阴，夫为阳、妻为阴，阳是主导而阴是辅助。由此建立三纲说：君为臣纲，父为子纲，夫为妻纲。董仲舒又将先秦思孟学派的礼、义、仁、智、圣修订为礼、义、仁、智、信，并与五行相配而成为五常。三纲和五常都是天的意志的表现。三纲的主从关系不可改变，五常是用来调整这种关系的一些基本原则。

（六）大一统

大一统的思想来源于《春秋公羊传》所谓的"何言乎王正月？大一统也"①。董仲舒在《举贤良对策》中进一步发挥道："春秋大一统者，天地之常经，古今之通谊也。"②他认为要实行大一统，一是要尊君，建立起君主的绝对权威，受命于天的君主是最尊贵的。二是任德而不任刑。他认为，天道之阳为德，天道之阴为刑，刑主杀而德主生。阳常以盛夏示现，而主生育养长，阴常以寒冬示现，而主潜藏不用，可见天道任德而不任刑。君主上法于天，为政当以德化为本。三是罢黜百家，独尊儒术。大一统必须要有一个统

---

① 何休解，徐彦疏：《春秋公羊传注疏》，北京大学出版社 1999 年版，第 5 页。

② 班固：《汉书·董仲舒传》，中华书局 1999 年版，第 1918 页。

一思想作为天下的指导思想,他说:"诸不在六艺之科,孔子之术者,皆绝其道,勿使并进。"①以儒家思想为统治思想,便可以做到消除邪辟之说,统一纲纪,明确法度,百姓便能知其所从。

三、王充

王充(27—约97),东汉哲学家,他以道家的自然为宗,以天为宇宙最高范畴,以气为核心概念,建构了庞大的宇宙生成论,与董仲舒的天人感应论形成对立之势。由于当时谶纬迷信和各种虚妄言论盛行,王充作《论衡》以"疾虚妄",用毕生精力批判虚妄言论,体现了独立的思考和批判精神。

(一)自然观

1.天地皆体

王充以天地为本原,天地不生不死,其运动无须借助外力,是自身所固有的。他反对浑天说,而根据盖天说将天和地视为平正的物质实体。其观点虽不尽合乎客观事实,但肯定了天的物质实体性,把天还原为自然之天,否定了董仲舒的目的之天。

2.气、元气、精气

王充认为,气和元气都是天地派生的。气是总称,元气是精微的气,精气又是元气中的精微部分,是构成人之精神的精微物质。天施放元气,人禀受元气中的精微之气而生,人死则精气灭。万物之生是元气的凝结,消亡则复归元气。万物种类的多样性是由于禀受元气的厚薄精粗不同,能飞升之物生有毛羽,能驰走之物生有蹄足,这都是因"禀性受气"不同而产生的差别。人物有生死,气则不生不死。万物存在需要气的和与通,阴阳二气调和则五谷收成,不调和则遭受灾害;血脉不和则人生疾病,气不通则强壮之人死、荣华之物枯。

在气与万物的关系上,王充认为,天地之气能感动人物,而人物却不能感动天地之气,因为天地之气是本,人物为末,以微小之末不能感动巨大之本,如果夸大本末之间的联系就会"不达物气之理"。他据此批判了天人感应说。

在万物之间的关系上,他提出"同气相成,殊气相革"的思想,即同气性的事物相奉相成,不同气性的事物相互割截和革化。火和金不同气性,而能

---

① 班固:《汉书·董仲舒传》,中华书局1999年版,第1918页。

相革，如果两个事物都是火或金，则不能相割截。他还提出“种类相产”的思想，认为万物按不同种类而繁衍生息。他用“种类相产”的思想批判天子是真龙所生等谶纬迷信，具有一定意义，但他以此解释圣人和普通人具有血统差别，则有一定偏颇。

3. 天道自然无为

王充继承了道家自然无为的思想，主张天没有意志。天道运行自然无为，而人道却是有为的。王充认为，天人感应论认为天会谴告国君，这是将自然无为转为人事，混淆了天道和人道。他提出“人道有为”说，主张人应当像孔子和墨子那样忧世济民，积极参加社会活动，而不要像黄老那样恬淡无欲。

（二）对董仲舒和谶纬迷信的批判

1. 批评“天地故生人”

董仲舒以来的神学目的论将天视为意志之天，万物是天有意创造的。王充认为，天是自然之天，儒者说天地有意产生人和万物，是虚妄之言。天地之气交合，人与万物于其中偶然自生，夫妇交合，子女偶然自生。人在天地间出生，犹如鱼在水中出生，虮虱在人身上出生，都是“天地合气，物偶自生”的。

2. 批评天人感应

天人感应论认为人是天的副本，天和人可以互相感应；王充认为，天人感应论泯灭了天和人的差别，天是客观自然，没有感官欲望，所以没有意志，而人有智慧、感情和欲望，才有意志活动。天人感应论主张天生五谷是为了养人，天生丝麻是为了给人做衣裳；王充认为，这是把天当成农夫桑女之徒，与天道自然无为相悖。天人感应论主张人君的喜怒能影响气候的寒温，王充认为，寒温气候属于季节自然变化，非人事所能决定。总之在天与人之间不存在神秘的感应关系。

3. 否定符瑞和君权神授

王充通过否定天降符瑞来否定君权神授。所谓符瑞，是说帝王生而有祥瑞，得天命之符。传说殷姓之祖是玄鸟生，周姓姬氏之祖是（姜原）履大人迹生。王充认为，人是禀天地精微之气而生，而商、周祖先以鸟、土而生，不算精微之气，故祥瑞之说难以让人信服。对于所谓“圣王”在世会出现各种嘉瑞，如凤凰、麒麟、芝草、醴泉、甘露之类，王充批驳道，这些事物不是神物，只是因为不常见，便被奉为嘉瑞。

4. 批评灾异和谴告

天人感应论认为天能干预人事，天子违背天意而不仁义，天就会降灾异进行谴责。王充认为，灾异和人生病一样属于自然现象，与政治无关，其背后并没有神秘主宰。谴告是有为的现象，而天道自然无为，寒来暑往、雷雨风暴等都是自然现象，与人君的喜怒无关，也非上天发怒对人的刑罚。王充认为，灾异和谴告说是统治者为了掩盖政治上的没落和腐败而刻意制造出来的。

5. 批判卜筮、祭祀和鬼神迷信

王充否定人死为鬼。他认为，人靠精气而生，能形成精气的是血脉，人死则血脉枯竭，然后精气灭而形体腐朽，化成灰土，哪里会为鬼？他又说，人固然是物，万物也是物，万物死了不为鬼，为何人死反而为鬼。又说，如果人死后都变为鬼，从人类生存以来，死去的人加起来比活着的人还多，那人间岂非为鬼域。王充认为，人世间的鬼神不过是人“思念存想”的产物。

王充也反对卜筮。他认为，天道自然无为，不会对占卜作任何反应；占卜用的龟甲筮草不过是枯骨滥草，也不可能求得什么反应。而所谓占卜的征兆，不过是人的精神在心中形成思虑，在心外则形成兆数。所以筮数未必神，而龟象也不会灵。

王充还否定祭祀。他认为，既然不存在有意志的鬼神，当然也不存在鬼神致人祸福，祸福是人自己招来的，祭祀不过是人尽思念之情而已，并不能因此避祸得福。以祭祀鬼神来避祸得福，是愚人之行和乱世之象。

（三）认识论

1. 认识的基础

王充从气一元论出发，认为人与万物一样都是禀气而生，阳气、精气是精神的基础，阴气是形体的基础，二者相合才产生有知觉的人。在形与气的关系上，他的思想存在矛盾之处，他有时认为精气依赖于形体，有时又将灵魂也看作精气，认为人死后精气或灵魂可以离开形体独立存在。在形、神、气三者的关系上，他认为形体须靠气而生成，气须靠形体而觉知。知是精气的作用，但精气只有依附于形体（五脏）才能发挥知的作用。精气虽然能离开形体而存在，却不能“无体而独知”。他把形体比作烛，精气比作火，知比作火的光辉，来说明“气须形而知”的道理。

2. 认识的过程

王充主张感觉经验是认识的来源，反对有生而知之的圣人。他认为，人要通过靠耳目来确定事物的真实情况，圣人的感觉能力与一般人相同，以师旷之聪，也不能听到百里之外的声音，所以圣人不与外界接触，也不能获得感觉经验。王充认为，人的才能虽然有高低，但知识必须经过学习而获得，不存在不学而知的圣人。

王充认为，要认识事物，不能只依靠感官印象，还必须用心来思维判断感觉经验，否则就会被虚象迷惑。他批评墨子不注重内心思维，只依赖外在效验来判断是非的方法论。如果不以心来还原事物真相，只相信见闻，即便效验再明确，也会失实。墨子之所以承认有鬼神，就是单凭耳目感觉，把虚假的现象和传说当作事实。

王充认为，以心来思维、判断感觉经验，需要做到以下几条：一是“案兆察迹，推原事类”，通过考察具体事物的征兆、痕迹，来推理一类事物的性质；二是“揆端事类，原始见终”，根据事物的端倪来推理事物的前因后果，所谓圣人有先见之明，不是指有超常的感觉能力，而是能根据事物的端倪推知过去未来；三是“方比物类”，对同类事物进行比较和鉴别；四是“由微见较”“考察前后”，全面考察事物由微至著、由果溯因的过程。

（四）人性论

王充主张性有善有恶，他对孟子性善论、荀子性恶论、告子性无善无恶论都不完全同意。他认为，人性分为三种，中人以上生来就善，中人以下生来就恶，中人则是善恶混的。

王充认为人是禀受元气而生成的，禀气有厚薄，则性有善恶。以禀气厚薄来说明人性善恶，将人性分为天生的三等，这等于承认有天生的圣人。他虽然在认识论中否认生而知之的圣人，但是在人性论中承认生而有圣。另一方面，他虽然认为人性天生有善恶的不同，但又承认后天环境、学习对人性尤其是对中人的作用，中人之性习善而为善，习恶而为恶。他说，性恶者的心好比木石，木石犹能改造为人所用，何况人心，人当然能通过教育改变习性。

（五）命定论

王充用元气自然变化中的偶然性来解释人生的生死富贵等命运现象。所谓偶然性，是指各种自然现象和社会现象背后没有一个意志主宰，完全是偶然自生的。自然现象和社会现象在时空中发生联系，只是一种巧遇，并无必然的因果联系。自然界或人类社会中发生的各种情况,是由先天禀气的偶然性所决定的,也非天有意左右人物的命运。个人的操行有贤愚,遭遇有祸福,做事有是非,都是偶然遇合,个人并不能掌握自己的命运。个人遭遇不但没有天意支配,而且与个人才德无关,才高行洁不一定会尊贵有福,能薄操浊不一定会卑贱遭殃,一切都是出于幸偶。他据此反对富贵是出于行善、贫贱是因为作恶的道德说教。

王充坚持用偶然性说明命运,认为人物禀气时的偶然性决定了其后来的夭寿、贫富等命运,这就由偶然性转为必然性。因此,王充的命运观兼有偶然性和必然性,禀气之时有偶然之性,禀气之后有必然之命。王充还用星气、骨相等来解释人禀气后的必然命运,否认人有改造自然和社会的能动作用,认为人在命运和时遇面前是无能为力的,不如泰然处之。

第二节　魏晋玄学

魏晋玄学是魏晋时期出现的一种哲学思潮。《老子》说"玄之又玄,众妙之门",王弼《老子指略》说:"玄也者,取乎幽冥之所出也。"①玄学即研究幽深玄远问题的学说,通过清谈的方式阐发玄理。

一、魏晋玄学概述

魏晋玄学的兴起有学术和政治上的原因。其一,魏晋玄学是在汉代儒学衰落的情形下形成的。由于汉代经学过于烦琐,谶纬神学又显得粗糙,魏晋玄学便以简约精致的思辨风格代之兴起。其二,魏晋玄学是汉代黄老之学发展的产物。自汉武帝独尊儒学之后,道家转为民间思想继续发展。汉代道家思想既崇尚自然无为,又维护名教等级制度,魏晋玄学吸收了这两点,展开自然与名教之辨。其三,魏晋玄学也是汉末清谈的产物。东汉末年,臧否人物成为风气,清谈由品评人物逐渐发展为才性之学,何晏、王弼等将清谈发展为玄谈。

魏晋玄学具有三个特点。其一是以"三玄"(《老子》《庄子》《周易》)为主要研究对象。其二是以辨析"有无"问题和探究世界本体为基本内容。秦汉哲学注重宇宙生成论,魏晋玄学则以老庄哲学的"有无"问题来讨论宇

---

① 楼宇烈校释:《王弼集校释》,中华书局1980年版,第196页。

宙本体问题。以何晏、王弼为代表的贵无论提出“以无为本”，把无当作世界的本体和众多现象的统一根据。崇有论者裴頠反对贵无论，否认无能生有，认为有是自生的，是万物的根本。郭象的独化论既反对“无中生有”说，也反对“以无为本”说，而认为万物都是自生独化的，不需要“无”来作为依据。其三是以解决名教与自然的关系为目的。魏晋玄学除阮籍、嵇康之外，总体上以调和儒与道、自然与名教为目的。王弼认为自然是本，名教是末，是自然的必然表现，两者是统一的。郭象提出名教即自然，调和道家的自然与儒家的名教。阮籍、嵇康反对儒家名教，嵇康“非汤武而薄周孔”，提出“越名教而任自然”，但阮籍、嵇康反对的主要是司马氏宣扬的虚伪礼教。其四是以“得意忘言”为方法。荀粲提出“言不尽意”论，认为儒家经典都是圣人之秕糠，言不能尽意。王弼提出“得意忘言”论，认为认识问题应把握义理，而不必执着言象。欧阳建提出“言尽意论”，主张言能表达意。郭象提出“寄言出意”论，通过言论来表达思想。其五是以“辨名析理”为思维形式。魏晋玄学家重名理之辨，善作概念的分析与推理。

魏晋玄学的发展大致分为四个阶段。其一是正始之音，为玄学的开创时期，代表人物为何晏与王弼。何晏著有《道德论》《论语集解》等，王弼著有《老子注》《老子指略》《周易注》《周易略例》等。这时玄学以老学为主，以道家的自然无为为本，以儒家的名教为末，主张调和儒道。其二是竹林时期，代表为阮籍与嵇康。嵇康著有《声无哀乐论》《养生论》《释私论》等，阮籍著有《通易论》《通老论》《达庄论》等。他们在老学之外，也重视庄子的遁世逍遥思想。其三为元康时期，代表是郭象与向秀。向秀著有《庄子注》，郭象在向秀注的基础上也著有《庄子注》。其四为玄佛合流时期。佛教的大乘空宗思想与老庄玄学思想类似，佛教徒以玄学来解释佛学，代表有道安、支遁、僧肇等。僧肇认为玄学的贵无论与崇有论各执一偏，至真之理是非有非无的，实现了从玄学到佛学中观思想的转变。

二、王弼

王弼(226—249)，字辅嗣，山阳高平人。王弼思想早熟，据何劭《王弼传》载，王弼十多岁即“好老氏，通辩能言”①，与当时清谈名士辩论各种问

① 陈寿撰，裴松之注：《三国志·魏志·钟会传》注引何劭《王弼传》，中华书局1999年版，第591页。

题，深得名士们赏识。王弼最重要的著述是《老子注》和《周易注》。

(一)以无为本

王弼第一个思想贡献是玄学本体论。《周易》讲占筮方法时说："大衍之数五十，其用四十有九。"汉代经学对其作了宇宙生成论的解释。王弼认为："演天地之数，所赖者五十也。其用四十有九，则其一不用也。不用而用以之通，非数而数以之成。"①推衍天地之数，所依赖的是五十这个数，用其中四十九个，其一不用。而"四十九"之所以能成其用，是因为不用的"一"，这就是"无"，或者说是万物所以成立的依据。王弼的"以无为本"思想是汉代宇宙生成论转变为玄学本体论的关键。

(二)圣人有情

如何看待圣人和凡夫的差别？何晏提出"圣人无情"的思想，认为圣人纯乎天道，无喜怒哀乐之情，钟会等人发挥了这种思想。王弼却说："圣人茂于人者，神明也；同于人者，五情也。"②圣人比一般人优越的地方在于他的神明，和一般人相同的地方在于他也有喜怒哀乐等五情。圣人和普通人的真正区别不在于是否有情，而在于他能够"应物而无累于物"，他以喜怒哀乐之情来感应事物，而又不为外物所累。"圣人有情"论认为"情"是人的"自然之性"，"自然之性"不可去除，只有做到"以情从理""动不违理"，才能"应物而无累"。

(三)圣人体无

尽管老庄思想在魏晋时期得到推崇，但一般士人仍然认为孔子高于老子。裴徽曾问王弼："夫无者，诚万物之所资也。然圣人莫肯致言，而老子申之无已者何？"王弼说："圣人体无，无又不可以训，故不说也。老子是有者也，故恒言其所不足。"③王弼十几岁时见裴徽，裴徽问他，"无"的确是万物存在的依据，但为何孔子从未提到过"无"，而老子却时常讲"无"？王弼说，孔子在生活及心理上已经体知到"无"的境界，但"无"无法用言语表达，而老子未能体知"无"的境界，所以总谈论他所欠缺的东西。老子不是最高的圣人，这既表达了"儒道兼综"的思想，以及孔子高于老子的意旨，又指出

---

① 王弼注，孔颖达疏：《周易正义》，北京大学出版社1999年版，第279页。

② 陈寿撰，裴松之注：《三国志·魏志·钟会传》注引何劭《王弼传》，中华书局1999年版，第591页。

③ 张万起：《世说新语译注》，中华书局1998年版，第169页。

了"圣人体无"的工夫论。

三、嵇康和阮籍

魏晋思想家可分为主理派与主情派，前者以王弼、郭象等人为代表，注重理性思辨；后者以竹林名士为代表，主张率性生活。竹林名士中，虽然阮籍和嵇康在政治伦理上都主张"越名教而任自然"，但二人处事方式不一样。《世说新语》载："晋文王称阮嗣宗至慎，每与之言，言皆玄远，未尝臧否人物。"①晋文王司马昭认为，阮籍善于以"言及玄远"的方法隐藏自己，不轻易评论时事和臧否人物。而嵇康却不善于隐藏，隐士孙登曾对他说："君才多识寡，难免于今之世乎？"②《世说新语》载："钟士季精有才理，先不识嵇康，钟要于时贤俊之士，俱往寻康。康方大树下锻，向子期为佐鼓排。康扬槌不辍，傍若无人，移时不交一言。钟起去，康曰：'何所闻而来？何所见而去？'钟曰：'闻所闻而来，见所见而去。'"③钟会和当时名士一起拜会嵇康，嵇康先是不理钟会，待其离开时却调侃钟会，钟会回去就向晋文王构陷嵇康，嵇康便因事被杀。阮籍和嵇康主张摆脱名教束缚，一任人性自由发展。嵇康所谓的"自然"指人的自然本性，"任自然"是因顺世界的自然之道，恢复人的自然本性。"越名教"不仅指冲破道德规范的罗网，而且要抛弃功名利禄和个人欲望。嵇康"非汤武而薄周孔"，反对立言行事"立六经以为准"，他同庄子一样赞美人类的自然状态，以"鸿荒之世，大朴未亏"为理想社会。

嵇康曾作《声无哀乐论》，《世说新语》提到王丞相过江左，只跟人谈三个道理：声无哀乐、养生、言尽意论④，可见嵇康此论影响之大。《声无哀乐论》认为声音不具有感情色彩，表达了"心声二物"的思想。嵇康说："心之与声，明为二物。二物之诚然，则求情者不留观于形貌，揆心者不假听于声音也。"⑤声音是外在于人之感情的客观存在，而哀乐纯属内心感受，二者没有必然联系，音乐之所以能引起人们情感的变化，取决于审美者当时的心理

---

① 张万起：《世说新语译注》，中华书局1998年版，第14页。

② 陈寿撰，裴松之注：《三国志·魏志·钟会传》注引何劭《王弼传》，中华书局1999年版，第452页。

③ 张万起：《世说新语译注》，中华书局1998年版，第762页。

④ 张万起：《世说新语译注》，中华书局1998年版，第180页。

⑤ 殷翔：《嵇康集注》，黄山书社1983年版，第196页。

状态。这是对儒家“声有哀乐”，音乐具有教化功能，体现政治需要之思想的否定。

四、裴頠

裴頠官至西晋尚书左仆射，博通多闻，现存著作有《崇有论》。裴頠不满当时放荡虚浮、不重视儒术的风气，认为放荡风气的思想根源是“贵无论”。他说：“贱有则必外形，外形则必遗制，遗制则必忽防，忽防则必忘礼。礼制弗存，则无以为政矣。”[①]崇尚虚无放达的人以脱离实际为高超，以不理政务为高雅，以不讲操行为旷达，这种“贵无”而“贱有”的风气必然会破坏等级秩序。他针对“贵无论”而提出“崇有论”，“有”指现实存在的事物，包括自然物和社会事物，“崇有”就是注重现实存在的事物。他认为，“总混群本，宗极之道也”[②]，道不是虚无，万有之整体才是“宗极之道”。万有不是由“无”产生的，而是“自生”的，因为“无”是“有”消失的状态，既然谓之“无”，则不具备产生“有”的条件。万有之生化有规律，而规律是以现实存在的事物为依据的，即“理之所体，所谓有也”[③]。每个具体事物都是万有的一部分，不能“自足”，要依靠其他事物才能存在，即“偏无自足，故凭乎外资”[④]。因此，“济有者皆有也”[⑤]，事物的存在依据不是“无”，而是“有”。裴頠的思想肯定了名教礼制和社会等级的合理性。

五、郭象

《晋书·郭象传》载：“郭象，字子玄，少有才理，好《老》《庄》，能清言。太尉王衍每云：‘听象语，如悬河泻水，注而不竭。’”[⑥]他才高善辩，享有声望，“时人咸以为王弼之亚”。郭象著有《庄子注》。魏晋时期注《庄子》者数十家，《晋书·向秀传》说，向秀《庄子》隐解“发明奇趣，振起玄风”，郭象在向秀注的基础上“述而广之”[⑦]。自晋至唐，向、郭二注一直并存，而后向注亡而郭注存。《庄子注》在“以无为本”理论和“越名教而任自然”的风气遭到“崇有论”批评后出现，带有调和各家理论的特点。

---

① 房玄龄等：《晋书·裴頠传》，中华书局1999年版，第1044页。
② 房玄龄等：《晋书·裴頠传》，中华书局1999年版，第1044页。
③ 房玄龄等：《晋书·裴頠传》，中华书局1999年版，第1044页。
④ 房玄龄等：《晋书·裴頠传》，中华书局1999年版，第1044页。
⑤ 房玄龄等：《晋书·裴頠传》，中华书局1999年版，第1044页。
⑥ 房玄龄等：《晋书·郭象传》，中华书局1999年版，第1396页。
⑦ 房玄龄等：《晋书·向秀传》，中华书局1999年版，第1374页。

（一）名教即自然

玄学的思想演变主要是围绕着“名教与自然”问题展开，“名教”指社会等级名分和道德规范，“自然”指人的自然本性和天地万物的自然状态。何晏、王弼的“贵无论”，提出以自然为本、“名教本于自然”的观点，以自然来统率名教，让名教复归于自然。阮籍、嵇康基于政治原因，提出以自然为本、“越名教而任自然”的思想，冲击了名教规范。西晋中后期，一些清谈名士和贵族子弟藉“任自然”之名，行骄奢放荡生活之实，美其名曰“通达”“体道”，这种风气影响到门阀士族的统治。裴頠著《崇有论》指出崇尚虚无给社会带来的危害，用“以有为本”批判“以无为本”，提倡有为，推崇名教。郭象进一步把名教与自然统一起来，他认为名教与自然并不对立，名教合于人的自然本性，而人之本性的自然展现也符合名教。他说，牛马能通过穿牛鼻和配马鞍来顺从人的驾驭，是因为牛马的天命中自然带有这种性质，同样，借助外力而确立的名教规范其实也有自然本体之依据。郭象认为，物各有性，性各有分，人们如果“各安其天性”，则名教自然会有秩序，因此名教与自然是统一的。他在“各安其天性”的前提下，把“有为”和“无为”统一起来，“无为”并非“拱默乎山林之中”，而是人“各用其性”，只要顺着本性，不越过本分，在本性范围之内的“有为”就是“无为”。他提出新的圣人观，圣人“虽在庙堂之上，然其心无异于山林之中”，虽然身在名教社会之中有为，而其心像山林隐士一样自然无为。

（二）独化论

王弼的“贵无论”以无或自然为本，裴頠的“崇有论”以有或名教为本。郭象则主张名教即自然，提出本末一体的“独化论”。他反对王弼“贵无论”把“无”视为万物生成变化的本体，认为“无既无矣，则不能生有”①，“造物者无主，而物之自造”②。无不能生有，事物都是独自生成变化的，没有统一的根源或根据。不仅“无”不能生“有”，而且“有”也不能生“有”，而是“物各自造，而无所待焉”③。万物之间也没有相互资助或转化的关系，既不是由外在之道，也不是由内在自我而生成变化，而是自然独化。这种“独化”带有“突然而自得”“无故而自尔”和“不知其所以然而然”的神秘主义，强

① 郭象注，成玄英疏：《南华真经注疏》，中华书局1998年版，第26页。
② 郭象注，成玄英疏：《南华真经注疏》，中华书局1998年版，第57页。
③ 郭象注，成玄英疏：《南华真经注疏》，中华书局1998年版，第57页。

调事物的“自得”，否定事物之间的相互资助、相互转化的关系。

第三节 隋唐子学

隋唐佛教盛行，形成了如华严宗、天台宗、唯识宗等佛教宗派，产生了大量的佛教经论。与此同时，道教也因朝廷支持而得到发展。儒家思想的发展相对平缓，但产生了王通、韩愈、李翱等儒学家，为宋明理学的产生准备了条件。

一、王通

王通（503—574），字公达，号文中子。他仿孔子删定六经之旨而编撰《续六经》（已佚），门人辑录其言行为《中说》。王通生活在佛教与道教盛行的时代，他提出了“三教可一”的观点。儒、道、佛都有利于教化百姓，不过在国家治理方面，王通认为只能依据儒家的王道理想，道教与佛教用之于政治，无异于“推波助澜，纵风止燎”，会起到反作用。

王通《中说》阐发了儒家政治思想。其一为“合议”的王道论。王通认为，儒家的王道之所以能够实现，是因为君王能够听从民意。他认为，“议”是百姓意见的反映，黄帝善听，尧善问，舜善访，都是采取“合议”的形式，能兼得众人的谋略和智慧，从而获得治理天下之理，而君王只是无为而修德而已。但是这种“合议”只是王道政治的手段，有赖于君王的德行，并没有形成制度。其二为教化论。王通认为教化应与世推移，只有变通才无弊法，泥古不变则无善教。王通还提出儒家之诗教。他认为，孔子论诗的作用是明三纲五常之天道人伦，考察辨别政治之存亡得失。采诗是为了从庶民之诗歌看到风俗，于君子之诗赋看到心志，以诗而观政治变化。王通反对六朝的形式主义文风，提倡诗文的社会教化作用。其三为中国论。王通认为，只有施行了儒家的礼乐教化与王道政治，才是中国，否则就是夷狄。这是一种文化中国论，而非地域中国论，是对“华夷之辨”的继承与发展。

二、韩愈

韩愈（768—824），字退之。唐代著名文学家、思想家，与柳宗元一起倡导古文运动，提倡文以载道，为儒学的复兴作了准备。韩愈反对佛教，提出了儒家道统说及尊孟抑荀的人性论。苏轼《潮州韩文公庙碑》评价韩愈“文起八代之衰，道济天下之溺”，就是指韩愈在文学和儒学两方面的贡献。

（一）道统说

儒家道统在《中庸》已有雏形，所谓“祖述尧舜，宪章文武”，但正式用“道统”这个词，则始于韩愈。他说：

> 斯吾所谓道也，非向所谓老与佛之道也。尧以是传之舜，舜以是传之禹，禹以是传之汤，汤以是传之文、武、周公，文、武、周公传之孔子，孔子传之孟轲，轲之死，不得其传焉。荀与扬也，择焉而不精，语焉而不详。①

韩愈以尧、舜、禹、汤、文、武、周公及孔子、孟子作为儒家的道统代表人物，而荀子与扬雄则被排斥在道统之外。韩愈的道统说对于中国文化具有重大意义，表明中国文化不是个人的思想建构，而是不同时代的思想家对天道性命的体悟、契合，并以文化的形式不断传承。到宋代，儒学又被称为道学，而道统又进一步由周敦颐、二程、朱熹、陆九渊、王阳明等人传承。韩愈所提倡的道统，其内容就是孔孟的仁义道德思想，但他也作了一些新的解释：“博爱之谓仁，行而宜之之谓义，由是而之焉之谓道，足乎己无待于外之谓德。”②博爱即称为仁，合乎仁的行为即称为义，从仁义而行进就是道，自身具有而不依赖外界的品质叫作德。韩愈提出道统说的一个重要目的是辟佛道，他说：“释老之害过于杨墨，韩愈之贤不及孟子”，“虽然，使其道由愈而粗传，虽灭死万万无恨。”③他认为，僧侣和道士欺诳世人而渔利，夺人民财产，带来社会危害比杨朱和墨子都要大，他虽然不及孟子贤能，但排斥佛道以恢复儒家的地位，是他义不容辞的责任。

（二）人性论

韩愈把人性分为上、中、下三等。上品的人性是善的，生来俱有“仁、义、礼、智、信”五种道德品性；中品的人性可善可恶，五种道德偏差不齐；下品的人性是恶的，五种道德都不具备。他认为，人不仅有性，而且还有喜、怒、哀、惧、爱、恶、欲七情。情也有三品：上品的七情发作都合乎中道，无过和不及；中品的七情发作，有部分或过或不及；下品的七情发作或者都过多，

---

① 马其昶校注：《韩昌黎文集校注》，上海古籍出版社 1986 年版，第 18 页。
② 马其昶校注：《韩昌黎文集校注》，上海古籍出版社 1986 年版，第 13 页。
③ 马其昶校注：《韩昌黎文集校注》，上海古籍出版社 1986 年版，第 215 页。

或者都不及。韩愈的性情三品论受到王充性三品论的影响。

三、李翱

李翱(772—841),字习之,唐代文学家、思想家,是韩愈的学生,也是唐代古文运动的代表人物。撰有《复性书》等,作品收入《李文公集》。

(一)性善情恶

李翱继承了韩愈的思想,认为人有性和情两方面,但性和情相对立,性善而情恶。他说:

> 情有善有不善,而性无不善焉。①
>
> 情本邪也,妄也。②
>
> 人之所以为圣人者,性也。人之所以惑其性者,情也。③

他将善归于性,将恶归于情,成圣贤的根据在于性,背离本性的原因在于情。所谓恶,就是指情的昏聩可以遮蔽本性,并不是本性含有恶的因素。同时,性与情不能相互分离,情由性生,性因情明。性是天赋明命,圣人全天性之明而不惑;情是性的外现,百姓沉溺其中而不知返本。圣人不能无情,只是其情寂然不动,感而遂通,没有蔽性之情;百姓也不能无性,只是被情之昏聩遮蔽,而不能见到本性。圣人和常人的区别,不是因为生而有上中下三品,而是看是否遮蔽本性,能否返本复性。

(二)复性说

《复性书》中记载了李翱的复性思想。④ 有人问,人昏聩已久,需要渐次复性,其方法是什么?李翱区分了两种"思":一是产生七情的思虑,二是本心无思无虑的"正思",复性需要从思虑转入正思。先要不起思虑,才能不产生七情,从而达到无思虑的状态。但李翱认为,这只是让心静止不思的斋戒之法,有静必有动,有动必会有静,动静不息就产生了情,因此停留于斋戒静心是不能复性的。关键要区分"静时的无思"和"本来无思",此心定静无思虑,只是斋戒此心;而本来无有思虑,无论动静都是寂然不动,才是至诚本

---

① 《李文公集》卷二《复性书》中,《四部丛刊》本。
② 《李文公集》卷二《复性书》中,《四部丛刊》本。
③ 《李文公集》卷二《复性书》上,《四部丛刊》本。
④ 《李文公集》卷二《复性书》中,《四部丛刊》本。

性。李翱认为复性要从无思无情的斋心之法入手，进而体知本性寂然不动、本来无思虑的境界。

如果在不起思虑时格物致知，内心会产生相应的情感，那么该如何止住情感产生，可以"以情止情"吗？李翱认为，"以情止情"是一种更复杂的情，情互相牵止，则无有停息。如果格物时生起情感，须时刻悟本体自正、情邪本无，时刻以本性之明觉照察事物，才能保持本性和本心寂然不动的境界。如果说本性是"本无有思，动静皆离"的，那么当声音来就不听、当事物出现就不见吗？李翱认为，如果泯灭感觉而不睹不闻，那就非人了。人可以视听昭昭而获得感觉经验，但不于见闻生起情感则可，这种无情而寂然的状态就是本性之明。李翱引用《易传》"易无思也，无为也，寂然不动，感而遂通"、《诗》"思无邪"、《中庸》"诚则明"、《大学》"致知在格物"等经典来佐证他的思想。相比韩愈，李翱的复性思想深入到儒家心性论的内在问题，指出通过无思来复性，体悟本心寂然不动，以本性之明觉来照察格物的工夫论，以及应物而无情的境界，这些思想都被宋明理学继承。

第四节　宋明理学

一、理学概述

（一）儒学复兴

儒学自东汉末年衰落，从魏晋南北朝至唐代七八百年间，相比佛道的盛行而显得消沉。与佛道之学相比，儒学缺乏严整细密的理论体系，要重新树立儒学权威，就必须重建儒学理论。继唐朝韩愈、李翱、柳宗元之后，北宋范仲淹、欧阳修等提倡文以载道，"宋初三先生"胡瑗、孙复、石介依据《周易》《春秋》提倡道德性命之学，他们都为理学的形成打下基础。经过批判和融合佛道的思想理论和修养方法，理学于北宋中期逐渐形成，出现以"北宋五子"（周敦颐、邵雍、张载、程颢、程颐）为代表的理学家。他们从不同方面探讨天道性命和宇宙人生的根本问题，提出理气、道器、太极、阴阳、心性情、中和等基本范畴。

（二）理学的演变

北宋是理学形成时期，代表人物是"北宋五子"。周敦颐被后世视为理学创始人，建立了包含宇宙论、人性论和工夫论的儒学体系。邵雍继承汉代象数易学,提出以“数”为本的宇宙论。张载提出以“气”为本的宇宙论和人性论。程颢、程颐兄弟以“理”为最高范畴,提出以“理”为本的本体论、人性论和工夫论。

南宋是理学的成熟时期,代表人物是朱熹和陆九渊。朱熹继承二程学说,吸收北宋其他理学家的思想,构建了宏大精细的理学体系。陆九渊创立了心学,提倡易简之学,批评朱熹学问支离。朱陆之辩是理学内部的分化。

金元明初是理学传播、调整和转换的时期。金世宗、章宗时,邵雍和二程之学继续传播。元代涌现赵复、许衡、刘因、许谦、吴澄等理学家。为适应新形势,理学家从“用夏变夷”的观念,演绎出“行中国之道即为中国之主”的政治原则,不再讲“尊王攘夷”。元成宗提倡理学,以朱熹理学为官学。明代初年仍奉朱子理学为正宗,但明初理学注重博学广识、考订典制,理论建树不多。薛瑄、吴与弼从不同方面发展了朱子学。吴与弼弟子陈献章从朱子理学转向陆九渊心学,开启了明代心学先声。

明代中期是心学发展阶段。王阳明创立的“良知学”达到心学理论高峰,一时心学大盛,门徒遍天下。王门后学走向分化,从不同方向发展了阳明学。同时,理学和气学也在发展。罗钦顺批评良知说,改造了朱子学,王廷相继承张载的气本论,批判朱子理学和阳明心学;陈建作《学蔀通辨》批评陆王心学。

明末清初是理学自我反思时期。刘宗周对阳明思想有所改造和发展,陈确等人从不同方面批判理学。明末清初三大家皆反思明亡教训,顾炎武提倡经世致用之学,注重研究实际问题;黄宗羲作《明儒学案》《宋元学案》,对宋明理学作了学术史总结;王夫之提出系统的理气论、人性论、认识论。清中期后,经过清代颜元、戴震等人的批判,加上政治原因,理学思潮逐渐被清代考据学所取代。

(三)理学的基本问题

理学根本问题,其一是本体论。宋明理学的本体论探讨世界的本原和万物的根据(与西方哲学的 ontology 不同),理学家否定佛道以空、无为本体,张载持“太虚即气”的气本论,二程建立“天即理”的理本论,朱熹主张理为气本,陆九渊、王阳明认为“心即理”。其二为心性论。心性论以本体论为基础,探讨人性的来源和心、性、情的关系。张载提出天地之性、气质之性和心统性情的学说;程颢提出心即天、性无内外,将心、性、天统一;程颐则提出“性即理”；朱熹则兼容各家人性论；王阳明提出心之本体即是理，良知即天理。其三为认识论，探讨认识来源和认识方法。张载区分“见闻之知”与“德性所知”两种知识；二程提出格物致知的认识论；朱熹继承二程的思想，提出“即物穷理”的方法；陆九渊认为心即理，只需向内反观，不必向外求索；王阳明提出致良知，格物致知就是致吾心之良知于事事物物。宋明理学的认识论主要是道德认识和道德实践问题，而不是为了获得纯粹知识。

二、周敦颐

周敦颐（1017—1073），字茂叔，道州营道人。周敦颐历任各地小官，均有治绩，从政之余常以传道授业为务。在南安任狱掾时，南安军通判程珦视其气貌非常人，知他通晓道学，便使二子程颢、程颐从他受业。黄庭坚赞其“人品甚高，胸怀洒落，如光风霁月”①。后人称周敦颐为濂溪先生。周敦颐著有《太极图说》和《通书》。周敦颐曾受佛道思想的影响，其《太极图》与道士陈抟的《先天图》有密切关系，但其主要贡献在于继承和发展了儒家思想。朱熹将周敦颐视为北宋理学的创始人。《宋元学案》评价周敦颐说：“孔孟而后，汉儒止有传经之学。性道微言之绝久矣。元公崛起，二程嗣之，又复横渠诸大儒辈出，圣学大昌。”②肯定了周敦颐作为北宋理学开山之祖的地位。

（一）孔颜乐处

周敦颐善于体知孔颜乐处。《论语》载孔子之乐是：“饭疏食而饮水，曲肱而枕之，乐亦在其中。”颜回之乐是：“一箪食，一瓢饮，在陋巷，人不堪其忧，回也不改其乐。”程颢和程颐从周敦颐受业时，周敦颐常令二人“寻仲尼、颜子乐处，所乐何事”③。周敦颐《通书》评价颜回说：“夫富贵，人所爱也，颜子不爱不求而乐乎贫者，独何心哉？天地间有至贵至富、可爱可求而异乎彼者，见其大而忘其小焉尔。见其大则心泰，心泰则无不足，无不足则富贵贫贱，处之一也。”④周敦颐认为，富贵是常人追求的对象，但颜回不欲求富贵而安于贫贱，不是因为贫贱可乐，而是因为颜回体证到天地间最为富贵、最可追求的“道”，见“道”之大则会忘世俗之小，在任何环境下都会保持

① 脱脱等：《宋史》，中华书局977年版，第12711页。

② 黄宗羲：《宋元学案》，浙江古籍出版社1986年版，第586页。

③ 朱熹：《四书章句集注》，中华书局1983年版，第86页。

④ 《周敦颐集》，中华书局2009年版，第32页。

心灵的平静与和乐，无论富贵贫贱都能泰然处之。这是一种超越功利境界的内在幸福和快乐。程颐认为："箪瓢陋巷非可乐，盖自有其乐耳。"[①]颜回并非乐箪瓢陋巷，而是自有其乐。此"乐"为何，朱熹认为，程颐不指出"乐"是什么，是想要"学者深思而自得之"[②]，学者在"博文约礼"上笃实用工夫，终会有以自得。真德秀认为，孔颜之乐固然非乐于贫贱，但也不是将"道"作为"一物"把玩而获得快乐，而是身道合一后的精神体验。

（二）宇宙论：无极而太极

周敦颐的《太极图说》把《系辞》"易有太极，是生两仪"的思想，解释成以"无极而太极"为最高范畴的宇宙论体系。《太极图说》载：

> 无极而太极，太极动而生阳，动极而静，静极生阴，静极复动，一动一静，互为其根，分阴分阳，两仪立焉。阳变阴合而生水火木金土。五气顺布，四时行焉。五行一阴阳也，阴阳一太极也，太极本无极也。五行之生也，各一其性。无极之真，二五之精，妙合而凝。乾道成男，坤道成女，二气交感化生万物，万物生生，而变化无穷焉。[③]

周敦颐提出"太极—阴阳—五行—万物"的化生过程。宇宙最初阶段是"无极而太极"，"无极"是无形无象的最高实体，"太极"是最大的统一体。"太极"动则生阳，动极则静，静而生阴，静极又动，如此一动一静就分化出阴阳二气。阴阳二气交互作用，就生出木、火、土、金、水五行。五行按顺序发生作用，便形成四时。无极之真气同阴阳五行的精气，巧妙结合而凝聚成实体。阳性成男，阴性成女，阴阳二气交互作用而生成万物，万物又生生不已而变化无穷。

周敦颐的"无极而太极"吸收了老庄的"无极"说和《易传》的"太极"说。[④] 周敦颐的"太极"指混沌未分的元气，"无极"指混沌的无限性，这是

---

① 《二程集》，中华书局2004年版，第135页。

② 朱熹：《四书章句集注》，中华书局1983年版，第86页。

③ 《周敦颐集》，中华书局2009年版，第3—5页。

④ 《老子》说"复归于无极"，王弼认为"无极"是"不可穷"的"道"。《庄子》说"入无穷之门，以游无极之野"，"无极"指超越尘世的自由自在的精神境界。《列子》说"物之终始，初无极已"，"无极"是世界的无限性。

对唐代以来元气说的继承。朱熹后来把周敦颐的“太极”解释为“理”，他说，“不言无极则太极同于一物，而不足为万化之根；不言太极则无极沦于空寂，而不能为万物之根”①，“无极”是说“太极”是超形象的，不然“太极”便为一具体物；“太极”是说“无极”为一实理，不然“无极”便沦为虚空。

（三）修养论：主静立人极

宇宙化生的结果是产生了灵秀的人，《太极图说》载：“惟人也，得其秀而最灵，形即生矣，神发知矣，五性感动而善恶分，万事出矣。圣人定之以中正仁义而主静，立人极焉。”②人同万物一样，来于无极，又归于无极。为了克制人欲而复归先天本性，周敦颐提出了“定之以中正仁义而主静，立人极”的工夫论。以“中正仁义”为道德原则，以“无欲主静”为修养方法，以学做圣人为目标。“仁义中正”是指道德原则，源于“二五之精”；“无欲故静”是修养方法，源于“无极之真”；发扬道德原则需要无欲主静，这源于“太极本无极”。而“定之以中正仁义而主静”，就是《中庸》和《通书》“诚”的境界。与佛老不一样，儒家的圣人不追求来生、解脱或长生不死，而是追求“诚无为”“静虚动直”的道德境界。

三、张载

张载（1020—1077），字子厚，做过一段时间的小官，后来一直在陕西横渠镇讲学，又称“横渠先生”。据《宋史·张载传》记载，张载少年时喜谈论兵法，甚至想集结人士夺回被西夏占领的洮西之地。二十一岁时上书谒见范仲淹，范仲淹劝他读《中庸》，他便从追求军事转向追求德性义理。张载以《中庸》为未足，又参访释老之书，了解佛道二家思想，但终无所得，于是反求于六经。他后来见到程颢和程颐，相互讲论道学之要，更加自信儒家道学，才真正“尽弃异学”③。

（一）太虚即气

张载建立了区分于佛老思想的儒学“气本论”。《正蒙·太和》说：“太虚无形，气之本体。其聚其散，变化之客形尔。”又说：“太虚不能无气，气不能不聚而为万物，万物不能不散而为太虚。”④“气”是构成宇宙的材料，无

① 《朱子全书》第21册，上海古籍出版社2002年版，第1560页。

② 《周敦颐集》，中华书局2009年版，第6页。

③ 脱脱等：《宋史》，中华书局1977年版，第12723页。

④ 《张载集》，中华书局1978年版，第7页。

形的“太虚”是“气”的本然状态，在太虚、气和万物之间存在往复转化的过程。张载说：“气之聚散于太虚，犹冰凝释于水，知太虚即气，则无无。”“知虚空即气，则有无、隐显、神化、性命，通一无二。”①“无”是气散为太虚的无形状态，“有”是气聚合成形的状态，如果知道“太虚即气”的道理，则“有”和“无”只是气的不同阶段和不同面相而已，不存在一个“无”的本体。在张载看来，道家“以无为本”，佛家以“至虚无生”为本，都是不了解“无”只是太虚之气的无形无象状态而已，而张载提出“太虚即气”就是为了否定佛老的本体论。不过二程对张载思想有两点批评：一是认为张载思想只是“清虚一大”；二是认为张载的思想仍然带有佛教轮回说的影子，因为太虚聚为气，气聚为万物，万物又返归于太虚，这其实是一个“大轮回”。程颐说：“天地之化，自然生生不穷，更何复资于既毙之形，既返之气！”②天地不断生成新的东西，不必凭借事物消散而成的气重新凝聚才能生成变化。

（二）人性论

孟子以后相当长的一段时间里，性善论与性三品说、性善恶混说并存。性善论常面对质疑：如果人性本善，为什么现实中的人性会表现为善恶混杂；如果人性本善，恶是如何产生的？张载通过“天地之性”和“气质之性”来解决人性本善所面临的问题。

人和万物一样，都是由气凝聚而成的。张载说：“合虚与气，有性之名。”③“虚”即气的本来状态，“气”指阴阳二气，有清有浊。“太虚”本性和阴阳二气的结合，便构成了人性。张载将人性区分为天地之性和气质之性。“天地之性”是宇宙万物共同禀受的太虚本性，为道德的根据，清彻纯一而不会被气质昏明所遮蔽。张载说，“性者万物之一源，非有我之得私也”④，人与人虽然各有差别，但都禀受“天地之性”，“天地之性”并非某个人所私有的本性。人只要反躬内省，就可以体知“天地之性”。“天地之性”在人体现为仁义礼智。“气质之性”是气积聚为形质后所具有的属性，在人则体现刚柔、缓急、才不才等，以及饮食男女等自然属性。张载认为，人虽皆具有纯粹至善的“天地之性”，但又有“气质之性”，所以在现实经验中表现得有善

① 《张载集》，中华书局1978年版，第8页。

② 《二程集》，中华书局2004年版，第148页。

③ 《张载集》，中华书局1978年版，第9页。

④ 《张载集》，中华书局1978年版，第20页。

有恶，要充分实现自己的本性，就要以德胜气，以理制欲，以性统习，通过变化气质来实现“成性”。

（三）《西铭》和“民胞物与”

张载在书房的东窗和西窗都立有座右铭，称为《东铭》和《西铭》。二程对张载的《西铭》极为推崇，程颢称赞道：“《西铭》，某得此意，只是须得子厚如此笔力，他人无缘做得。”[①]在《西铭》中，张载认为人如果能超越“闻见之知”，复全“德性之知”，能够超越“气质之性”，返归“天命之性”，然后人就会体知到万物一体的境界。他描述这种境界说：“乾称父，坤称母；予兹藐焉，乃混然中处。”[②]天是父，地是母，我在其中是很渺小的。“故天地之塞，吾其体；天地之帅，吾其性。”[③]充塞天地的就是我的身体的延伸，统率天地的就是我的本性。“民吾同胞，物吾与也”[④]，百姓都是我的同胞兄弟，万物都是我的邻里乡党。“富贵福泽，将厚吾之生也；贫贱忧戚，庸玉女于成也。”[⑤]富贵福泽，是上天厚待你；贫贱忧戚，是上天要玉成你，因此无论顺境逆境都要“素其位而行”。“存，吾顺事，没，吾宁也。”[⑥]活着，就顺天命；死了，就宁静安息地离去。无论生和死，都是人内在本性实现的过程。张载认为，人只有超越“形气之私”，方能达如此境界。这是儒家不同于佛老避世的豁达人生观。

四、二程

（一）程颢

程颢（1032—1085），字伯淳，世称明道先生，河南洛阳人。由于程颢和程颐长期在洛阳讲学，故其学说亦被称为“洛学”。程颢“生而秀爽”[⑦]，他早年与其弟程颐从周敦颐问学，“遂厌科举之习，慨然有求道之志”，其间又出入于佛老，然后“返求诸六经而后得之”。[⑧] 他认为孟子没而圣学不传，便

---

① 《二程集》，中华书局2004年版，第39页。
② 《张载集》，中华书局1978年版，第62页。
③ 《张载集》，中华书局1978年版，第62页。
④ 《张载集》，中华书局1978年版，第62页。
⑤ 《张载集》，中华书局1978年版，第62页。
⑥ 《张载集》，中华书局1978年版，第62页。
⑦ 黄宗羲：《宋元学案》，浙江古籍出版社1986年版，第649页。
⑧ 黄宗羲：《宋元学案》，浙江古籍出版社1986年版，第653页。

以兴起孔孟之道为己任。刘安礼说:“明道先生德性充完,粹和之气,盎于面背。”①程颢的个人修养在生活的每一个细节都能显发出来。

1. 识仁

程颢在《识仁篇》中描述了仁的境界,即万物一体的境界。仁的境界与周敦颐寻孔颜乐处一样,都是儒家对于最高精神境界的追求。程颢说:

> 学者须先识仁。仁者浑然与物同体,义、礼、智、信皆仁也。识得此理,以诚敬存之而已,不须防检,也不须穷索。若心懈则有防,心苟不解,何防之有?理未有得,故须穷索。存久自明,安得穷索?此道与物无对,大不足以明之,天地之用皆我之用,孟子言“万物皆备于我”,须反身而诚,乃为大乐。②

仁的境界就是体知到自己“浑然与万物同体”,自身和万物是息息相关的一个整体,我不是小我,万物“莫非己也”,宇宙每一部分都与自己有联系。这种境界突破了主客界限,而能合内外之道。程颢论仁的思想与张载《西铭》的思想相通,“仁者浑然与物同体”就是张载“视天下无一物非我”的境界,程颢也说“《西铭》,颢得此意”。但《西铭》的理论基础是气一元论,倾向于穷神知化的理性思考,而程颢的仁学倾向于“不须穷索”的直觉体会。仁不仅是宇宙同体,而且是道德原则的全体,即“义、礼、智、信皆仁也”。仅仅是恻隐之心、仁爱之心不能保证道德价值,必须是仁、义、礼、智、信的整体才能保证行为的道德价值。程颢认为,人识得“仁体”,才会对自己的道德行为有更高的自觉,而不需要防范、检讨自心,行为自然廓然大公,自然有“大乐”。

2. 定性

程颢的著名思想篇章除了《识仁篇》,还有《定性书》,也叫《答横渠张子厚先生书》。张载问程颢:“定性未能不动,犹累于外物,何如?”程颢回答道,所谓定并不是使内心停止不动,也不是使内心仅关注自我意识,摒弃对外物的观照,更不是把持此心,使其对外物不作任何反应,而是在一切或动

① 《二程集》,中华书局 2004 年版,第 330 页。

② 《二程集》,中华书局 2004 年版,第 16 页。

或静的经验中都能保持心的定静。程颢说：

> 所谓定者，动亦定，静亦定，无将迎，无内外。苟以外物为外，牵己而从之，是以己性为有内外也。且以己性为随物于外，则当其在外时，何者为在内？是有意于绝外诱而不知性之无内外也。既以内外为二本，则又乌可遽语定哉？夫天地之常，以其心普万物而无心；圣人之常，以其情顺万事而无情。故君子之学，莫若廓然而大公，物来而顺应。①

张载的困惑是，欲使本性定静，但外部事物易造成内心动荡，而且很难杜绝外物干扰。程颢从定心的境界回答张载关于定性的问题。他认为，所谓“定”并不是心静止不动或心与外物无涉，而应认识“己性”本无内外之分。若区分“己性”为有内有外，自然会产生“己性”为外物引诱而不能“定”的问题。张载所谓“定”的困惑，其实是有心杜绝外诱，而不知内外一体。而心无内外，就是“心普万物而无心”和“情顺万事而无情”。万物皆属宇宙，宇宙无私心，以周遍万物为心。圣人体知万物一体，无私我之情，而以顺应万物之心为情。无心、无情不是说没有心理内容和思想情感，而是指无私欲之心，不为私情所扰动。无小我之私心私情，便是“廓然大公”之心。所谓定，其实是消除小我之“内外”和私心之“将迎意必”后，所获得的公心。从这个意义上说，《定性书》的“性无内外”与《识仁篇》的“仁者浑然与物同体”思想是一致的，只有体会到万物一体，才能去除小我之私心和内外之龃龉，才会在任何环境中都有一种无情而顺物、无心而普物的定静之心。

（二）程颐

程颐（1033—1107），字正叔，程颢之弟。程颐“幼有高识，非礼不动”。在京师太学读书时，恰逢胡瑗以《颜子所好何学论》为题考试，程颐便以昔日从周敦颐问学时对“孔颜乐处”的领悟作答，胡瑗看到程颐之文后大为惊异。嘉祐四年（1059），程颐应进士第，廷试不中，遂不复参加科举考试。他还认为“做官夺人志”，把其父程珦荫庇子弟当官的机会让给族人，自己长期潜心于孔孟之道，聚徒讲学。

程颐为人严谨，一贯非礼勿动，而程颢接人则浑是一团和气。程颢曾评

① 《二程集》，中华书局 2004 年版，第 460 页。

价程颐说，教育学生能随人才成就之，程颐不如他，但能尊严师道，他不如程颐。程颐晚年坐船从涪陵回乡，江上波涛汹涌，船上人都惊慌失措，独程颐"凝然不动"，其心性已收敛至不为外物生死所扰的境地。从涪陵回来后，学生看他"气貌容色皆胜平昔"①，问如何能到此境界，程颐说这是为学变化气质之力。

1. 天理论

周敦颐将太极视为本体，二程将理或天理视为本体。

其一，理是事物的所以然之根据。程颐说："一阴一阳之谓道，道非阴阳也，所以一阴一阳，道也。"②一阴一阳指气的循环运动，是形而下者，道或理是气之运动的根据，是形而上者。理也是规律法则，程颐说："有物必有则，一物须有一理。"③天下事物皆有其所以然之理和所当然之则。

其二，理是真正的实在。二程认为，佛教的本体是不可思议、不可言说的空虚寂灭，而理是最实在的，"天下无实于理者"。但理之"实"并不是实有其形，而是指实有其体。

其三，理是形而上者，气是形而下者。在理气关系上，程颐认为理与气是形上与形下的区别，他说："所以阴阳者是道也。阴阳，气也。气是形而下者，道是形而上者。"④形而上之理是本体，形而下之气是器用。即便张载气一元论所谓的"太虚"，在二程看来仍然属于器用，而非形而上之理。程颐认为，理能生气，"有理则有气"，理永恒存在而气有生灭。张载认为事物的生灭在于气之聚散，散归太虚的气聚合又形成新的事物。程颐认为不存在由气循环聚散而造成事物生灭的道理，他说："凡物之散，其气遂尽，无复归本原之理。"⑤事物消散则气随之而灭尽，不会返回太虚。事物不断产生的原因不在于气的聚合，"道则自然生万物"，道或理才是万物生生不息的根源。

其四，程颐认为，天理与万物之理的关系是"理一分殊"。万物各有其理，但万物之理的理只是一个天理。万物之理可分四种：天道、物理、性理、

① 《二程集》，中华书局2004年版，第442页。
② 《二程集》，中华书局2004年版，第69页。
③ 《二程集》，中华书局2004年版，第193页。
④ 《二程集》，中华书局2004年版，第162页。
⑤ 《二程集》，中华书局2004年版，第163页。

伦理。天道是自然法则，物理指事物的规律和性质，伦理指社会的道德原则，性理指人所禀受的天地之理，但所有的万物之理都统一于天理。

其五，程颐认为，理与事的关系是“体用一源”。他说：“至显者莫如事，至微者莫如理，而事理一致，微显一源。”①理无形象，微妙不可见，事物则形象分明，可以感知。理是事物的本质，事物是理的表现，二者是相互统一的。

2. 工夫论

程颐的工夫论可概括为：涵养须用敬，进学在致知。② 主敬以涵养道德，致知以明理。程颐认为，主敬和致知两者不可割裂，仅有心性修养还不够，还需要研究事物的道理，主敬方能透彻地格物致知，致知明理才能加深道德涵养。

其一，主敬。程颐说：“人心不能不交感万物，亦难为使之不思虑。若欲免此，唯是心有主。如何为主？敬而已矣。”③程颐反对佛道屏思息虑的方法，他认为，如果要定静，摒弃思虑是不可能的，惟一的方法是以“敬”为心之主宰。如何主敬？除了视听言动要整齐严肃，合乎礼仪之外，更重要的是“主一无适”。他说：“所谓敬者，主一之谓敬；所谓一者，无适之谓一。”④“主一”就是专心于一处，“无适”就是在用心于一处时不要三心二意，始终要将心收归到自己内在一点，如程颢所说的“心要在腔子里”。程颐认为，“若主于敬，则自然无纷扰。”⑤主敬则心一致而无纷繁杂扰。“敬则自虚静，不可把虚静唤作敬。”⑥主敬自然会带来内心的平静，但不可将静视为敬。

其二，格物致知。程颐说：“格犹穷也，物犹理也，犹曰穷其理而已也。”⑦格物就是穷究事物之理，将天理说与知识论联系起来。格物的范围很广，程颐说：“凡眼前无非是物，物物皆有理，如火之所以热，水之所以寒，至于君臣父子间皆是理。”⑧从自然事物到社会现象，都是格物对象。穷理

① 《二程集》，中华书局 2004 年版，第 323 页。
② 《二程集》，中华书局 2004 年版，第 188 页。
③ 《二程集》，中华书局 2004 年版，第 168 页。
④ 《二程集》，中华书局 2004 年版，第 169 页。
⑤ 《二程集》，中华书局 2004 年版，第 191 页。
⑥ 《二程集》，中华书局 2004 年版，第 157 页。
⑦ 《二程集》，中华书局 2004 年版，第 316 页。
⑧ 《二程集》，中华书局 2004 年版，第 247 页。

的方式也多端，“凡一物上有一理，须是穷致其理。穷理亦多端：或读书讲明义理，或论古今人物，别其是非；或应接事物而处其当，皆穷理也。”①有时读书讲学明理，有时讨论古今人物是非成败，有时待人接物而处理得当，都是格物穷理的方式。格物一方面让事物之理显现出来，一方面也让自己内心的天理显现出来。天理贯通于格物的每一个过程中，事物之间有相通之理，因此，格物固然不可能只格一物便知天下之理，但也不需要穷尽天下事物，而是“今日格一件，明日格一件，积习既多，然后脱然自有贯通处”②。“脱然贯通”就是触类旁通之意，即“格物穷理，非是要尽穷天下之物，但于一事上穷尽，其它可以类推”。这种“脱然贯通”是通过众物之理与心中之理的神妙契合而触发的觉悟。程颐的格物穷理论后来被朱熹发展为宋明理学最有影响的工夫论。

五、朱熹

朱熹(1130—1200)，字元晦，号“晦庵”，世称“朱子”。朱子吸收融合了“北宋五子”几乎所有的思想要素，建构了宋明理学最为庞大和完整的理论体系，囊括了几乎所有宋明儒学的基本问题。即便明清以来王阳明、戴震等对朱子思想有所反动，其问题意识和概念范畴也都基本处于朱子的思想语境中。朱子幼而聪慧，从小便爱作形而上的思考。他自述五六岁时便思考天之体是什么，天之上是什么。八岁时一读《孝经》，便题记“不若是，非人也”。与群小玩耍，独坐一旁，视之，却是以指画八卦。八九岁时读《孟子》，便慨然奋发，欲做工夫而成为圣人。十九岁中进士，比张载、程颢、陆九渊、王阳明等都要早，这是早慧的一种表现，但这时他真正的学术思想还没有建立。他说：“某旧时亦要无所不学，禅、道、文章、楚辞、诗、兵法。”③后来思考，人一身如何兼得许多知识，便专心于义理之学。他在四十岁思想成熟前，一直处于学习探索的过程中，他说：“某旧年思量义理未透，直是不能睡。”他二十四岁时拜见李延平，将二人问学对话写成《延平答问》。等到他三十一岁再见李延平时，才信其说而受其学。李延平从学于罗从彦，罗从彦从学于杨时，杨时又学于二程。杨时学成而辞归南方时，程颢感叹说“吾道南矣”，于是杨时、罗从彦和李延平等也被称为“道南一派”。从思想谱系而

---

① 《二程集》，中华书局2004年版，第188页。

② 《二程集》，中华书局2004年版，第188页。

③ 《朱子语类》，中华书局1986年版，第2620页。

言，可以说“二程四传而有朱子”。

（一）理气观

理指宇宙本体，是事物的根据、规律和道德原则。根据周敦颐“无极而太极”的思想，朱子认为理是有无的统一体，朱子说：“以理言之，则不可谓之有；以物言之，则不可谓之无。”理无形象，所以不能称为“有”，理实有其道理，所以不能称为“无”。理兼具有无，可以说是“无极而太极”，“无形而有理”的。称理为“无极”，是指其无方所形状而言；称理为“太极”，是指其为万物之根源而言。不说“无极”，则“太极”同于一物，而不足以为万物之根源；不言“太极”，则“无极”沦于空寂，而不能为万物之根本。朱子和程颐一样区分形而上之理和形而下之气，他说：“天地之间，有理有气。理也者，形而上之道也，生物之本也。气也者，形而下之器也，生物之具也。是以人物之生，必禀此理然后有性；必禀此气然后有形。”理与气犹如亚里士多德哲学的形式因和质料因，是“生物之本”和“生物之具”的关系，理是事物所以然的依据，气是构成事物的基础物质。

其一，关于“理气相依”问题，朱子认为，一方面理与气不相离，他说：“天下未有无理之气，亦未有无气之理。”“有是理便有是气。”①另一方面理与气不相杂，他说：“所谓理与气，此决是二物。但在物上看，则二物浑沦，不可分开，各在一处，然不害二物之各为一物也。”②“太极者，不离乎阴阳而为言，亦不杂乎阴阳而为言。”③可见，理气是不离不混的关系。

其二，关于“理气先后”问题，朱子早年认为“理在气先”，“理生气”。具体事物都具有理、气两方面，但就本源而言，理先于气。他认为未有天地之先，毕竟只是理。“理在气先”不仅指理在逻辑上，而且也指理在时间上先于气。他在晚年思想发生变化，认为“理与气本无先后之可言。但推上去时，却如理在先，气在后相似”④。理气本无先后，但以逻辑方式推理时，就好像理在气先了。他晚年所谓的“理在气先”，不是时间上的先，而是逻辑上的先。

其三，关于“理气动静”问题，周敦颐《太极图说》说，“太极动而生阳”，

① 《朱子语类》，中华书局 1986 年版，第 2 页。

② 《朱子全书》第 22 册，上海古籍出版社 2002 年版，第 2146 页。

③ 《朱子语类》，中华书局 1986 年版，第 67 页。

④ 《朱子语类》，中华书局 1986 年版，第 3 页。

朱子认为这是指理动而生出阳。但理作为宇宙本体是形而上者，本身应该是不动的（如公理那样恒常不变），倘若理动起来，则说明有空间可以包容它才能运动，那么理就相当于空间里的一个事物，便不是终极本体了。朱子认为“太极无方所，无形体，无地位可顿放”[①]，作为终极本体的太极之理不属于可以在空间中安放的事物，那么如何能“理动而生阳”呢？事实上，理本身虽无动静，但理中包含动静之理，是使动静成为可能的依据。因此他说：“阳动阴静，非太极动静，只是理有动静。”[②]“阳动阴静”是气之动静，非太极之理的动静，而气之动静“必有所以动静之理”，是太极包含的动静之理使气有动静变化。

其四，关于“理一分殊”问题，朱子和程颐一样将天理与万物之理的关系表达为“理一分殊”。张载《西铭》的“天地万物一体”思想易被误解为墨子的“兼爱”思想，程颐明确指出，“《西铭》明理一而分殊，墨氏则二本而无分”[③]。万物之理同一，故要兼爱万物，但每个人的本分和义务不一，故有差等。朱子说：“盖合而言之，万物统体一太极也；分而言之，一物各具一太极也。”[④]他以“月映万川”比喻“理一分殊”，万物统一的太极之理，如天上之月，一物各具一物之理，如散在江湖之月影。万物以统一的太极之理为根据，每个事物都禀赋太极之理而形成有差异的事物之理。根据这个关系，朱子早年认为人与万物差异的原因在于，人与万物同禀太极之理，但由于气的遮蔽，使得人与万物表现不同，人的气质没有遮蔽五常之理（只是有的人表现得完整，有的人表现得偏狭），而动物的五常之理被气质遮蔽。但这只是从“理同气异”的角度（或者说从“理一”的角度）来解释万物差异，朱子晚年则兼具从“气同理异”的角度（或者说从“分殊”的角度）来解释万物差异。他认为：“论万物之一原，则理同而气异；观万物之异体，则气犹相近，而理绝不同。”[⑤]从统一本源而言，万物之理同而气质不同，所以表现有差异。从分殊事物而言，万物之气同而理异，所以万物之体不同。

（二）中和之说

《中庸》说：“喜怒哀乐之未发谓之中，发而皆中节谓之和。”这成为理学

---

① 《朱子语类》，中华书局 1986 年版，第 2369 页。

② 《朱子语类》，中华书局 1986 年版，第 2374 页。

③ 《二程集》，中华书局 2004 年版，第 609 页。

④ 《周敦颐集》，中华书局 2009 年版，第 6 页。

⑤ 《朱子语类》，中华书局 1986 年版，第 57 页。

乃至心学经常讨论的中和问题。朱子早年困惑于人的心灵是否存在未发状态。丙戌年朱子三十七岁时，他第一次对中和有所领悟，也称为“丙戌之悟”。他认为：“人自婴儿以至老死，虽语默动静之不同，其大体莫非已发。特其未发者，为未尝发而已。”[①]心在现实经验中皆为已发，所谓“未发”者，不是指心还没有发出的阶段，而是说心中包含从来不会发显出来的本体。他说：“夫岂以日用流行者为已发，而指夫暂而休息不与事接之际为未发时耶？尝试以此求之，则泯然无觉之中，邪暗郁塞，似非虚明应物之体，而防微之际一有觉焉，则又便为已发，而非寂然之谓。”[②]朱子曾经也以日常活动经验为已发，以暂时不与事物交接而思虑未萌时的状态为未发。但是以此思路去寻求未发之体，则只剩下泯然无觉、邪暗郁塞的状态，这并不是虚明能感应事物的心。而对虚明之体稍微觉察之际，就已经转变成已发之心了，非寂然未发之本体。于是他反思：“虽一日之间万起万灭，而其寂然之本体则未尝不寂然也。所谓未发，如是而已。夫岂别有一物限于一时拘于一处，而可以谓之中哉！”[③]在变化流行的日常经验中，自有寂然不动的本体，这就是所谓的“未发之中”，而不是说在某一时空中别存在一个“未发”者。朱子的丙戌中和之悟在很大程度受到张栻的影响。

己丑年朱子四十岁时，他又形成第二个中和之悟，也称为“己丑之悟”。之前他对丙戌之悟颇为自信，然而在和友人蔡季通问辨之际，忽然“自疑斯理”，又复取《程氏遗书》虚心平气地阅读，然后“冻解冰释”。他认为，之前将心视为已发，将性视为未发，不仅和程子之意不合，而且也缺乏一段日用涵养工夫。事实上，所谓未发，就是此心思虑未萌、事物未至之时。在喜怒哀乐之情未发之时，即是心的寂然不动之体，而此心未发之体具有“天命之性”的全部。由于此心未发之体是无过与不及、不偏不倚的，所以也称为“未发之中”。当此心未发之体感通天下万物时，则发为喜怒哀乐之情，而发而中节、无所乖戾的心之用则可称为“已发之和”。这就相当于承认人内心有一个“思虑未萌，事物未至”之时，这时候的状态就是喜怒哀乐之未发，就是寂然不动的心之本体，而天命之性就充分地存在于此。

己丑之悟指向涵养工夫。朱子认为：“未发之前不可寻觅，已发之后不

① 《朱子全书》第 24 册，上海古籍出版社 2002 年版，第 3634 页。
② 《朱子全书》第 21 册，上海古籍出版社 2002 年版，第 1315 页。
③ 《朱子全书》第 21 册，上海古籍出版社 2002 年版，第 1315 页。

容安排,但平日庄敬涵养之功至,而无人欲之私以乱之,则其未发也镜明水止,而其发也无不中节矣。此是日用本领工夫。至于随事省察,即物推明,亦必以是为本。"①如何把握此心未发之体呢?未发之前无未发,不可寻觅,已发之后一动念,则非未发,亦不可安排寻觅。那么只有在平日以庄敬涵养之功,收敛至不容一物存于内心,涵养至无丝毫人欲之私干扰、如明镜静水的心灵状态,就是此心未发之中的境界。这种工夫就是体验未发的涵养工夫,也是程颐的主敬工夫。而日常行事、格物明理等,都要以涵养未发的工夫为根本。朱子进一步反思:"向来讲论思索,直以心为已发,而日用工夫亦止以察识端倪为最初下手处,以故阙却平日涵养一段工夫,使人胸中扰扰,无深潜纯一之味。而其发之言语事为之间,亦尝急迫浮露,无复雍容深厚之风。盖所见一差,其害乃至于此,不可以不审也。"②他认为,之前以心为已发,则日用工夫只是以察识心念活动之端倪为下手工夫,而欠缺日常涵养工夫,则不免心中纷扰,无沉潜纯一之境界。至于言语行为之间,也不免有急迫浮躁之病,而缺乏雍容深厚之气象。所以见识一旦偏差,则为学便有偏失。

已发未发或者说中和问题,指向一种道德修养方式。在朱子中和旧说的道德修养方式里,既然心一直都处于应接事物的已发之中,那么就不需要涵养静处的工夫,只需要在行为中察识心念,在事情之中修正内心。但如果认识到内心中有一个具备全体天命之性的未发体段,那么就需要一个静处涵养的修养工夫。因此,已发未发或者说中和的问题虽然是一个本体论问题,但实际指向的是工夫论,也就是如何养得纯粹至善的心之本体。

(三)天命之性和气质之性

朱子继承了张载的天地之性、气质之性的思想,将人性区分为天命之性和气质之性。朱子说:"论天地之性,则是专指理言;论气质之性,则以理与气杂而言之。"③人由理与气结合而生成,其所禀受的理表现为天命之性(也称为义理之性),其所禀受的气形成身体,气与理结合就表现出气质之性。理是至善的,因此天命之性是无有不善的。至于气质之性则有善有恶。朱子说:"天之生此人,无不与之以仁义礼智之理,亦何尝有不善?但欲生此

① 《朱子全书》第23册,上海古籍出版社2002年版,第3131页。

② 《朱子全书》第23册,上海古籍出版社2002年版,第3131页。

③ 《朱子语类》,中华书局1986年版,第67页。

物，必须有气，然后此物有以聚而成质。”①人所禀受的理是无不善的，不善的原因在于气质，人所禀受的气有清浊昏明的不同。禀受清明之气，则无物欲纷扰，表现为圣人。禀受清气较少一些，便会受到物欲之扰乱，如果能克去物欲，则表现为贤人。禀受昏浊之气，便为物欲扰乱而很难去除，则表现为愚人和不肖之人。如此，不仅善的品质有其先天根源，而且恶的品质也有其产生的原因，这就是气禀。朱子认为，前人所谓性恶说、性善恶混说、性三品说等，其实都是讲气质之性，只有孟子性善说指的是纯善无恶的天命之性。

朱子认为，未生人时，纯是天理流行，生为人时，便是理气相杂。“生下来唤作性底，便有气禀夹杂，便不是理底性了。”②理一旦进入形气，就会受到气质的熏染，那么现实的人性就不是性之本体了。对人直接发生作用的现实人性就是气质之性，“所谓‘天命之谓性’者，是就人身中指出这个是天命之性，不杂气禀者而言尔。若才说性时，则便是夹气禀而言。”③天命之性是不杂气质而言的纯善本性，而现实的人性是夹杂气禀而言，才说人之性时便已不是性之本体，而是现实的气质之性。朱子认为，人性本善，堕入气质中，便被熏染得不好了。不过，“虽薰染得不好，然本性却依旧在此，全在学者着力。”④本性虽然受到气禀的遮蔽，然而仍然全体存在，为学就是用修养工夫去除气禀的遮蔽和物欲的干扰，从而显出纯粹至善的本性。

（四）道心和人心

伪《古文尚书》所谓的“十六字心传”：“人心惟危，道心惟微，惟精惟一，允执厥中”，提出了道心和人心的问题，二程和朱子便以此说明人性。朱子认为，人心、道心不是两个不同的心，而是同一个知觉主体，“只是这一个心，知觉从耳目之欲上去，便是人心。知觉从义理上去，便是道心。”⑤知觉天理、合于道德原则的心是道心，知觉感性欲望、以情欲为内容的意识是人心。

人为何有道心、人心两种不同知觉？朱子将原因归于不同的发处，他

① 《朱子全书》第24册，上海古籍出版社2002年版，第3590页。
② 《朱子语类》，中华书局1986年版，第2425页。
③ 《朱子语类》，中华书局1986年版，第2431页。
④ 《朱子语类》，中华书局1986年版，第2432页。
⑤ 《朱子语类》，中华书局1986年版，第2009页。

说:“心之虚灵知觉,一而已矣。而以为有人心道心之异者,则以其或生于形气之私,或原于性命之正,而所以为知觉者不同。是以或危殆而不安,或微妙而难见耳。”①虚灵知觉之心本是一个,但人是禀理气而生,知觉便含有理、气两种来源。从形气之私发出的便是人心,表现为感性情欲;从性命之正发出的便是道心,表现为道德意识。道德层识潜存于内心,微妙难见;感性情欲不加控制就流于不善,会导致危而不安,所以说“人心惟危,道心惟微”。朱子认为:“必使道心常为一身之主,而人心每听命焉,则危者安,微者著,而动静云为自无过不及之差矣。”②以道心为主宰,便可让人心由危转安,使得道心日益显著,而言行自然中和。

道心即是天理,而人心并不等同于人欲。人心泛指一切欲望,其中含有自然的合理的成分,如饮食男女之大欲。而人欲则指过分追求私欲、违背道德的欲望。人心的道德属性是“危”,而人欲的道德属性则是“恶”。由凡至圣,并非排斥或否定人的自然欲望,而是使人心从属于道心,并克制人的私欲。宋明理学的心性论对于心性结构,如心、性、情,或心、知、意、物之间的区分和联系,有细致的辨析。流俗意见对于宋明理学的“存天理,灭人欲”多有批评,认为这是以理杀人,其根本问题就在于没有辨别人欲和人心的不同,从而对宋明理学的思想产生误解。

(五)心统性情

朱子心性论的一个重要思想是“心统性情”。“心统性情”本是张载的哲学命题,张载认为“合性与知觉,有心之名”,仅有性而不具有知觉能力,不足以成为心;只有知觉而没有人性内涵,只是低级生物或动物。人的心是知觉和本性的结合,所以张载认为“心统性情者也”。张载“心统性情”的“统”有统率之意,而朱子将“心统性情”的“统”理解为“包”,认为心包含性和情。何谓性和情?朱子说:

> 恻隐、羞恶、辞让、是非,情也。仁义礼智,性也。心,统情性者也。端,绪也。因情之发露,而后性之本然者可得而见。③

① 朱熹:《四书章句集注》,中华书局 1983 年版,第 14 页。

② 朱熹:《四书章句集注》,中华书局 1983 年版,第 14 页。

③ 《朱子语类》,中华书局 1986 年版,第 1285 页。

朱子解释孟子“四端”的时候说，恻隐、羞恶、辞让、是非都属于情，而仁、义、礼、智则是性。朱子说：“性是体，情是用，性情皆出于心，故心能统之。”①心是一个总体，包含性、情两者在内。仁、义、礼、智作为内在本性，发显出来就是恻隐、羞恶、辞让、是非之情。这是一个性为内在本体、情为外在现象的体用二元论结构。

人除了四端之情之外，还有“喜怒哀惧爱恶欲”七情。朱子说：“四端是理之发，七情是气之发。”②四端之情是道德情感，从道德本性发出来；而七情是自然情感，由气质之性发出。但事实上，不存在独立的四端之情，四端之情总是通过七情表现出来。

（六）主敬和格物

朱子继承程颐工夫论思想，提倡“涵养需用敬，进学在致知”。道德涵养的工夫核心是主敬，而获得道德知识的工夫核心是格物。主敬与已发未发问题有直接关系。朱子在丙戌中和之悟时，认为心没有未发体段，所以涵养工夫是“察识端倪”，也就是于应事接物时察识意念萌动时的善恶分际，然后加以克制之功。己丑中和之悟之后，他开始主张“涵养需用敬”。他认为，“敬只是常惺惺法，所谓静中有个觉处，只是常惺惺在这里，静不是睡着了”③。敬就是在静中保持醒觉的状态，静则无外物私欲之扰，觉则非昏沉顽冥。这是一种收敛身心至于心中清明的状态。又说，“敬有甚物，只如畏字相似”④，畏不是畏惧某个具体事物，而是收敛身心而不放纵的状态。“收敛身心，整齐纯一，不恁地放纵，便是敬。”⑤收敛身心至于心中整齐纯一，就是敬的境界。

朱子致知明理的首要工夫是格物。朱子说：“格，至也。物，犹事也。穷至事物之理，欲其极处不到也。”⑥格物的“格”有三层意义：一是即物，接触事物；二是穷理，研究事物的道理；三是至极，把事物的道理推至极处。格物的目的是获得对事物的“所以然”和“所当然”的知识，“所以然”指事物

---

① 《朱子语类》，中华书局 1986 年版，第 2513 页。
② 《朱子语类》，中华书局 1986 年版，第 1297 页。
③ 《朱子语类》，中华书局 1986 年版，第 1503 页。
④ 《朱子语类》，中华书局 1986 年版，第 208 页。
⑤ 《朱子语类》，中华书局 1986 年版，第 208 页。
⑥ 朱熹：《四书章句集注》，中华书局 1983 年版，第 4 页。

的本质和规律，“所当然”指事物的伦理原则和道德属性。当人通晓事物之理后，人的知识也就完备了，那么格物穷理的结果就是致知。朱子说：“是以大学始教，必使学者即凡天下之物，莫不因其已知之理而益穷之，以求致乎其极。至于用力之久，而一旦豁然贯通焉，则众物之表里精粗无不到，而吾心之全体大用无不明矣。此谓物格，此谓知之至也。”①接触天下事物而穷究其理，以求把知识道理推到极致。何谓极致？用力之久，而一旦豁然贯通，则事物表里精粗的道理无不获得，而本心的全体大用也无不明白。致知的结果就指向万物之理和吾心全体大用的充分结合，实现知识和道德，认知主体和道德主体，或者说“实践理性主体”跟“纯粹理性主体”的合一。

六、王阳明

王阳明(1472—1528)，名守仁，字伯安，号阳明。王阳明祖先可以上溯到晋代琅琊王氏(王羲之)，父亲王华为状元。王阳明一生充满神秘色彩，他母亲怀他时，祖母梦见神仙驾祥云送子，然后王阳明诞生，祖父便给他取名“王云”。可是直到五岁，仍未开口说话。有路过的神僧看到他，便说：“好个孩儿，可惜道破。”这是因为他名字里有“云”字。于是为他更名为“守仁”，即能说话。王阳明少有大志，十二岁在京师读书时问老师：“何为人生第一等事？”老师说：“读书登第。”王阳明不以为然，认为“读书做圣贤”才是人生第一等事。王阳明少年时豪迈不羁，十五岁时，出游居庸关，即“慨然有经略四方之志”，了解少数民族部落及关防策略，在关外“逐胡儿骑射，胡儿不敢犯”，这时他已经比较精通骑射和武艺。王阳明第一次倾心于道学，是十八岁时谒见明代大儒吴与弼的弟子娄谅后，开始立志于圣人之学，于是“搜取诸经史读之，多至夜分”。他二十一岁时专心于宋儒格物之学，“遍求考亭遗书读之”，欲依朱子格物之法取竹而格之，结果沉思其理不得而致病。三十五岁时，因言论得罪刘瑾，被廷杖四十而下狱，贬去贵州龙场做驿丞。他在去龙场途中为躲避刘瑾追杀，经历千辛万苦、九死一生，才来到龙场。在贵州龙场“居夷处困”期间，他自感世间得失荣辱皆不牵挂，唯有生死一念尚未超脱，于是自做石棺“俟命”，端居静坐，体会圣人到此境地会有何等思想。忽然一天中夜“大悟格物致知之旨”，仿佛梦中有人告诉他这个道理，当下醒悟“圣人之道，吾性自足”，从前向外在事物探求道理是一种歧

① 朱熹:《四书章句集注》，中华书局1983年版，第6页。

途。这便是“龙场悟道”。

王阳明在贵阳待了两年，三十九岁时便升任江西庐陵知县。此后十来年，他奉命在南部征剿叛乱，巡抚南赣、漳州等地。正德十四年（1518），王阳明四十七岁，奉命前往福建勘查兵变之事，行至途中，得知宁王朱宸濠叛乱，连克南昌、九江，直指南京。王阳明集结义军，数战而生擒朱宸濠。正德十六年（1520）阳明四十九岁，始揭致良知之教。

王阳明晚年居越讲学，四方学者“裹粮而来”。嘉靖三年（1524），王阳明五十三岁，在绍兴辟稽山书院，聚众讲学，阐发《大学》万物同体之旨，使人各求本性，“致极良知以止于至善”，人人悦其学说道理简明易从。嘉靖六年（1527），朝廷再次起用王阳明平定广西思恩、田州叛乱。出发前夜，与弟子钱德洪、王畿在天泉桥上立善恶“四句教”法，称为“天泉证道”。嘉靖七年（1528），王阳明五十七岁，他平定思田之乱后，告病返家，病逝于江西南安府。隆庆元年（1567），下诏赠王阳明为新建侯，谥文成。① 万历十二年（1584），从祀于孔庙。观王阳明一生，实为“立德、立功、立言”三不朽之典范。

（一）心外无理

阳明青年时曾尝试按照朱子之说去格物穷理，结果因格竹而致病。王阳明不能理解为什么要在客观事物上追求至善的天理，道德至善是不是一定要通过客观事物的知识而实现。理如何存在的问题一直困扰着他。王阳明的困惑，实际上是道德价值和客观知识如何结合的问题，阳明将天理理解为至善的道德，但是又将格物理解为向外在事物求物理的方法，于是产生物理与本心二者不能相应的问题。后来他在龙场大悟格物致知之旨，“始知圣人之道，吾性自足，向之求理于事物者，误也”②。理不是存在于外部事物，而是存在于心中，心即是理，心外无理。王阳明说：“心者身之主宰……至善者心之本体也。”③心不是心脏或知觉意识，而是指“心体”“心之本体”或“道德本心”。理即至善的道德本体，而至善本体存在于心，他说：“于事

① 以上事迹参见《王阳明年谱》，《王文成公全书》，中华书局 2015 年版，第 1386—1515 页。

② 《王文成公全书》，中华书局 2015 年版，第 1396 页。

③ 《王文成公全书》，中华书局 2015 年版，第 147 页。

事物物上求至善,却是义外也。至善者心之本体。”①心外求理,或者说向客观事物之知识上追求道德价值,即孟子所批评的“义外”,也是“以吾心之良知为未足”,而事实上本心之理是完满具足的。本心之理发显出来就表现为道德法则,阳明说:“理也者,心之条理也。是理也,发之于亲则为孝,发之于君则为忠,发之于用友则为信,千变万化至不可穷竭,而莫非发于吾之一心。”②人的本心自有道德条理,在不同的道德实践中表现为不同的道德准则,它们都源于本心。龙场之悟确立了至善天理就存在于内心的本体论,解决了从何处寻求道德本体的方法。

阳明心学的“本心”接近康德道德哲学中的“道德主体”,但不同在于,阳明心学并没有将认识主体和道德主体分开,而是将认知意识、道德意识、意志、意念等,统一用“心”来表示。“心即理”“心外无理”的意义在于,它不以认识或获得客观知识为目的,而是以至善为目的,将客观事物的“是什么”问题转换成道德行为的“应当如何”问题,又把“应当合理”这一外在道德原则转换成“至善本心”这一内在动机。一个行为契合道德法则,只表明它具有“合法性”,只有当行为既契合道德法则,行为主体又具有道德动机时,才兼具“合法性”和“道德性”。

(二)心外无物

王阳明第二个重要思想是“心外无物”,其“心外无物”说也是针对自青年时代因格竹而致病的“物理吾心判为二”问题。他将“物”理解为意念,把“格物”解释为“格心”,“心外无物”的意义就是要在心上做格物工夫。

阳明早年对心、知、意、物的关系有“四句理”的说法:“身之主宰便是心,心之所发便是意,意之本体便是知,意之所在便是物。”③“心、意、知、物”这样一个顺序,源于《大学》“格物、致知、诚意、正心”的顺序,他对经典又重新作了解释。

通过“意之所在便是物”的提法,他重新界定了物的概念。阳明所谓的物并不是泛指山川草木等客观事物,而是指与意念相关的对象。“意之所在”可以是存在的实物,也可以仅仅是观念中的对象。阳明认为,意识必然

① 《王文成公全书》,中华书局 2015 年版,第 2 页。

② 《王文成公全书》,中华书局 2015 年版,第 336 页。

③ 《王文成公全书》,中华书局 2015 年版,第 7 页。

有对象,而事物也不能离开人的知觉意念而存在,只有在意识中才有意义。由于意是事物的决定因素,那么意向对象是否客观实在并不重要,重要的是意向行为本身的道德性质。意的本体是纯善无恶的良知本心,而意念、意欲是本心的意识现象,是有善有恶的。

如果物是意念事物,那么格物致知就是一种改正意念、致得本心的道德活动,而不是寻求客观知识的认知活动。王阳明说:“格者,正也。”格物就是“正其不正,以归于正也”①,格物实际上是正念头。王阳明前期把格物理解为后天的诚意工夫。晚年他持融贯的思想,认为格物可以贯通正心、诚意、致知,“格其心之物也,格其意之物也,格其知之物也;正心者,正其物之心也;诚意者,诚其物之意也;致知者,致其物之知也。”②当下一念,即囊括格物、致知、诚意、正心。

尽管阳明认为“心外无物”的“物”是意念事物,但他并未明确把客观事物排斥在心之外。《传习录》载:

> 先生游南镇,一友指岩中花树问曰:“天下无心外之物,如此花树,在深山中自开自落,与我心亦何相关?”先生曰:“你未看此花时,此花与汝心同归于寂。你来看此花时,则此花颜色一时明白起来,便知此花不在你的心外。”③

王阳明并未回答花是否不依赖意识而自开自落的问题,而只是解释意识活动与意识对象的不可分离性。他始终肯定心与万物是关联的,而不是割离的。王阳明所关注的世界是一个生活世界,而不是一个纯粹客观的世界。你未看此花时,此花就不存在于你的生活世界,你来看此花时,此花才真正被纳入你的生活世界。王阳明说:“人的良知,就是草木瓦石的良知。若草木瓦石无人的良知,已不成其为草木瓦石也。岂惟草木瓦石为然?天地无人的良知,亦不可为天地矣。”④人所面对的世界取决于人的生存方式,所有的事物的命名、区分都因为人的价值活动,才显得有意义,否则只是如黑暗

① 《王文成公全书》,中华书局 2015 年版,第 31 页。
② 《王文成公全书》,中华书局 2015 年版,第 95 页。
③ 《王文成公全书》,中华书局 2015 年版,第 133 页。
④ 《王文成公全书》,中华书局 2015 年版,第 133 页。

一般无意义。

（三）知行合一

朱子把知行分开："论先后，知为先；论轻重，行为重。"[①]王阳明针对此观点提出"知行合一"的思想。其一，阳明提出"知行本体"。有人质疑，很多人知道孝悌的道理，却不践行孝悌，知和行明明分开，如何说知行合一？阳明说："此已被私欲隔断，不是知行的本体了。未有知而不行者，知而不行只是未知。"[②]知行本是一体，只是由于被私欲阻隔，才导致知行分离。其二，真知必然包含行。在宋代儒家看来，"真知"虽然不直接包括行为，但包含"必能行"的性质。二程认为"无有知而不能行者"，朱子认为"真知未有不能行者"，阳明其实也认可这一点，他认为"未有知而不行者，知而不行只是未知"[③]，"真知即所以为行也，不行不足谓之知"[④]。真知就自然能发显为行，比如"知孝知悌"不是指能谈论孝悌的道理，而是能实践孝悌。如果真明了知行本体，言知即有行在，言行即有知在。

阳明从不同角度解释知行合一。他说："知是行之始，行是知之成。"[⑤]知和行是同一个过程的两面，知中有行的因素，行中也有知的因素。又说："知是行的主意，行是知的工夫。"[⑥]知是行为的头脑，行是践行知的工夫。知识为行为提供思想指导，行为为知识提供实现手段。行不能无主意，故行不离知；知不能无手段，故知不离行。又说："知之真切笃实处即是行，行之明觉精察处即是知。"[⑦]一方面，无论是心理行为还是物理行为，只要是真切笃实的，就是行，比如实在地去学问思辨就是行。另一方面，行的过程又包含着学问思辨的因素，亦是知的过程。又说："我今说个知行合一，正要人晓得一念发动处，便即是行了。发动处有不善，就将这不善的念克倒了。须要彻根彻底，不使那一念不善潜伏在胸中。此是我立言宗旨。"[⑧]内心一念发动时，知道一念之动便是知，一念中有善不善的发动，便是行。这样一来，

① 《朱子语类》，中华书局1986年版，第148页。

② 《王文成公全书》，中华书局2015年版，第4页。

③ 《王文成公全书》，中华书局2015年版，第4页。

④ 《王文成公全书》，中华书局2015年版，第52页。

⑤ 《王文成公全书》，中华书局2015年版，第5页。

⑥ 《王文成公全书》，中华书局2015年版，第5页。

⑦ 《王文成公全书》，中华书局2015年版，第52页。

⑧ 《王文成公全书》，中华书局2015年版，第120页。

知行合一就把格物、致知、诚意、正心贯通了。因此知行合一的提出，一方面是针对当时知行分裂的道德状况，强调道德意识和道德修养是一致的；另一方面是为了将格物工夫贯彻始终。

（四）致良知

王阳明晚年居越时提出“致良知”的思想，一时引来四方学者受学。“良知”出自《孟子》，“致知”出自《大学》，“致良知”是将《大学》和《孟子》相结合而形成的一种新的诠释思想。王阳明认为，“致良知”是学问的唯一内容和方法，“良知之外更无知，致知之外更无学。外良知以求知者，邪妄之知交；外致知以为学者，异端之学矣。”①为学目的是求得道德本心，从良知本心之外寻求知识，不过是获得邪妄之知，为学不去致良知本心，不过是异端之学（佛老）。

致良知的“致”可以训为“极致”或“实致”，具有扩充、至极、实行三种意义，致良知一方面指人应最大限度扩充自己的良知，另一方面指把良知付诸行为中。致良知体现了知行合一的精神，阳明《答陆元静书》：“孰无是良知乎？但不能致之耳。《易》谓知至至之，知至者知也，至之者致知也，此知行所以合一也。”②“致良知”的“知”属知，“致”属行，致良知就是将道德准则付诸实践之中。但是王阳明早年认为真知即包含力行之意，真知即所以为行，不行不足谓之知，知行本是合一的。晚年王阳明强调良知与致良知的区别，良知人人本有，但存在致与不致的差别，只有致良知后才是知行合一。

（五）四句教

嘉靖五年（1526）和嘉靖六年（1527）前后，王阳明将他的思想提炼成四句：“无善无恶心之体，有善有恶意之动，知善知恶是良知，为善去恶是格物。”③这“四句教”是阳明晚年的思想总结。阳明“四句教”认为，心之本体完满自足，是寂然不动的“未发之中”，没有与之对立的恶，没有善恶之别。当人心产生意念活动时，便有善恶差别。但本心之良知能明辨是非、善恶。按良知的准则自觉为善去恶，便是格物工夫。关于“四句教”，最难理解的是第一句“无善无恶心之体”。“无善无恶心之体”所讨论的问题是心之本体的状态，而不是伦理学的善恶问题。王阳明对钱德洪解释道：心之本体与

① 《王文成公全书》，中华书局 2015 年版，第 263 页。

② 《王文成公全书》，中华书局 2015 年版，第 227 页。

③ 《王文成公全书》，中华书局 2015 年版，第 145 页。

太虚本体一样,虽能生一切情感,包含一切情绪,但本体却是无滞无执的。良知不仅是知善知恶的道德主体,还是无善无恶的心之本体。“无善无恶”指良知的虚寂无滞特性,体现了洒落、自然、和乐的境界。

王阳明起征思田前夕,弟子钱德洪和王畿针对“四句教”产生了“四有四无之辨”。王畿主张“四无说”,也就是心、意、知、物皆无善无恶;钱德洪主张“四有说”,也就是心、意、知、物皆有善有恶。然后在天泉桥请阳明裁断,这就是有名的“天泉证道”。王阳明认为,王畿的“四无说”适合接引上根人,钱德洪的“四有说”对下根人有用,又说钱德洪应该通达王畿所谓的“本体”,王畿应该学习钱德洪的工夫。阳明在“天泉证道”中提出“本体”与“工夫”这对概念。本体指心之本体,工夫指复归心之本体的实践过程。“四句教”第一句指本体,后三句讲工夫。王阳明去世之后,王门弟子分为诸多派别,围绕“四句教”产生很多辩论,而阳明后学正是以“本体”和“工夫”为两个主要方向而展开。

第四编

文　　学

第一章　文学名义

何谓文学？文学是关于文章的学问。[1] 何谓文章？文章是“缘情而绮靡”的成篇文字。文学和文章，在中国古代的很长一段时间里，并非现在的意义。如《论语·先进》云：“文学：子游，子夏。”这里的“文学”是指学术的总称。又如《楚辞·九章·橘颂》：“青黄杂糅，文章烂兮。”这里的文章用其本义，意为文采。又如《诗经·大雅·荡·小序》云：“厉王无道，天下荡荡，无纲纪文章。”这里的“文章”是指礼仪。总之，以上均为当时文学和文章的常用义项。

魏晋是文学自觉的时代，其表现之一就是形成了文章的现代性概念，如曹丕的《典论·论文》、陆机的《文赋》等中的“文”及其所言“盖文章，经国之大业，不朽之盛事”“游文章之林府，嘉丽藻之彬彬”中的“文章”均是成熟的文学和文章概念。我们现在讨论的文学和文章的含义，就是指魏晋之后概念定型了的文学和文章。

第一节　言　志

诗歌是最早产生的文学样式，关于诗歌的认识也往往就是关于文学的认识。而“诗言志”则是中国古代文论的“开山纲领”[2]，也是关于文学的最早界定。《尚书·尧典》说：“诗言志，歌永言，声依永，律和声，八音克谐，无相夺伦，神人以和。”表达思想的诗歌，是同音乐和舞蹈结合在一起的，以达到感人的目的。[3] 因此，文学语言必须具备思想、情

---

① 这是文学的一层含义，即“学”的含义。文学还有一层含义，即“文”的含义，也就是文章。这二层含义，可以随文而用。

② 朱自清：《诗言志辩序》，《诗言志辩》，广西师范大学出版社 2011 年版，第 3 页。

③ 所谓“神人以和”，要先感人，才能感神。或者既感人，又感神。

感、韵律[1]三个要素。当然，这是关于史前口头文学的定义，不过它孕育了后世的文学概念和文学思想。

《诗经》的美刺传统即是“诗言志”的具体发展和运用。《诗经》的作者自述其作诗有如下动机：

> 维是褊心，是以为刺。(《魏风·葛屦》)
> 夫也不良，歌以讯之。(《陈风·墓门》)
> 家父作诵，以究王讻。(《小雅·节南山》)
> 作此好歌，以极反侧。(《小雅·何人斯》)
> 君子作歌，维以告哀。(《小雅·四月》)

《诗经》中诗有讽刺，有颂美，而讽刺多于颂美。关于诗歌的讽刺功能，《国语·周语》也有记载：

> 是故为川者决之使导，为民者宣之使言。故天子听政，使公卿至于列士献诗，瞽献曲，史献书，师箴，瞍赋，矇诵，百工谏，庶人传语，近臣尽规，亲戚补察，瞽史教诲，耆艾修之，而后王斟酌焉，是以事行而不悖。

上文系自下位者而言，此则自上位者而言，均道出诗歌的讽刺功能。因此《诗大序》所言“下以风刺上”准确地概括了诗歌的讽刺特征。《文心雕龙·情采》云：“盖风雅之兴，志思蓄愤，而吟咏情性，以讽其上，此为情而造文也。”亦是此意。此后，汉乐府、杜甫写实诗、白居易讽喻诗等，则显然是《诗经》刺诗传统的发展。而刺诗仍兼具思想、情感、韵律之文学三要素，当然思想是第一位的。原始的诗歌其思想和情感的表达是自由的，但是到儒家，给予了诗歌思想和情感表达以限制。孔子说：

> 诗可以兴，可以观，可以群，可以怨。迩之事父，远之事君，多识于鸟兽草木之名。(《论语·阳货》)

---

① 即诗歌有与音乐相配合的韵律，如节奏、用韵等。

孔子重视诗歌的思想和情感特征，同时也重视诗歌的政治和伦理作用。他又说：

《关雎》乐而不淫，哀而不伤。（《论语·八佾》）

主张限制情感的强度，保持中和的状态。《论语·八佾》又云：

子谓《韶》，尽美矣，又尽善矣。谓《武》尽美矣，未尽善矣。

孔子在诗歌美的特质之外增加了善的特质，或者说是在思想和情感之上加以政治和伦理的限制，即文学要为政治和伦理服务。"《诗三百》，一言以蔽之，曰思无邪"（《论语·为政》）也是此意。这一思想开启了儒家的诗教传统，经过孟子、荀子及汉代经师等的推扬和发展①，形成明道、宗经、征圣三位一体的中国古代主流文学思想。三者的关系，就是《文心雕龙·原道》所说的"道沿圣以垂文，圣因文而明道"。因此，中国传统"言志"的文学特质论，其核心思想是儒家的道德伦理观。

第二节　缘　情

思想和情感有何关系？《诗大序》云：

诗者，志之所之也，在心为志，发言为诗。情动于中而形于言，言之不足故嗟叹之，嗟叹之不足故永歌之，永歌之不足，不知手之舞之，足之蹈之也。

可以看出，"在心为志，发言为诗"与"情动于中而形于言"是同构的关系，志即是情，情即是志，互训而一。将情与志相结合，奠定了后世缘情说的基础。又《汉书·艺文志》云：

① 如孟子有"我善养吾浩然之气"之说，荀子有"凡言不合先王，不顺礼义，谓之奸言"之论，《诗大序》有"发乎情，止于礼仪"之语，等等，均是强调文学的政治伦理化特征。

> 《书》曰:“诗言志,歌永言。”故哀乐之心感而歌咏之声发。诵其言谓之诗,咏其声谓之歌。

就直接以情训志,用缘情说而代替了言志说。上引《诗大序》和《汉书·艺文志》二段文字同前引《尚书·尧典》一段文字均论及诗的特征和诗歌与音乐相结合的问题,显然三段文字是一脉相承的。同时也可以看出其关于诗歌特征的观点的发展轨迹:诗言志、诗言志与情一、诗言情,最终揭示出情感是文学更为本质的特征这一认识。思想是有情感的思想,情感也是有思想的情感,而情感对于文学而言更为本质和普遍。《诗经》的怨刺、屈原的牢骚、司马迁的“发愤著书”、韩愈的“不平则鸣”,都是思想在情绪的裹挟下通过文章而生发感人的效果。

正式提出缘情说的是陆机,其《文赋》中有“诗缘情而绮靡”一语,他对“缘情”作了如下阐述:

> 伫中区以玄览,颐情志于典坟。遵四时以叹逝,瞻万物而思纷;悲落叶于劲秋,喜柔条于芳春。心懔懔以怀霜,志眇眇而临云。咏世德之骏烈,诵先人之清芬;游文章之林府,嘉丽藻之彬彬。慨投篇而援笔,聊宣之乎斯文。

为何“情动于中”“哀乐之心感”呢?陆机认为其源有二:一是间接经验,如“典坟”“世德”“文章之林府”等,可统称为文化遗产。二是直接经验,如“四时”“万物”,陆机主要指的是自然环境。直接经验和间接经验都能引起人的情志活动,如情则有“叹逝”“悲秋”“喜春”等,志则有“思纷”“眇眇”等。而情志又往往是交融的,因此陆机以“情志”并称。诗是最具文学性的文体,陆氏对诗的界说,也可看作对文学的界说,由其“诗缘情”之命题而可推知陆机认为文学的特征是以情为主,以志为辅,且情志交融。刘勰《文心雕龙》受陆机《文赋》影响也是以“情志”并称者。[①] 陆机的“文缘情发,情因物感”的物感说其含义较为丰富,是对前人关于文学情感特质思想的发展。

关于物感说,钟嵘《诗品序》有更详细的叙述:

---

① 《文心雕龙·附会》:“必以情志为神明。”

> 气之动物，物之感人，故摇荡性情，形诸舞咏。
>
> 若乃春风春鸟，秋月秋蝉，夏云暑雨，冬月祁寒，其四候之感诸诗者也。嘉会寄诗以观，离群托诗以怨。至于楚臣去境，汉妾辞宫；或骨横朔野，或魂逐飞蓬，或负戈外戍，杀气雄边；塞客衣单，孀闺泪尽；又士有解佩出朝，一去忘返；女有扬蛾入宠，再盼倾国；凡斯种种，感荡心灵，非陈诗何以展其义？非长歌何以骋其情？故曰："诗可以群，可以怨。"使穷贱易安，幽居靡闷，莫尚于诗矣。

感物而后形咏，其感人之物有二："若乃"以下五句为自然环境，"嘉会"以下十二句为社会生活。其于社会生活之感人者绘写尤详，这一观点则是对陆机《文赋》的发展。

第三节　绮　靡

除了儒家，还有道家的文学观念，而尤以庄子最具影响。《庄子》云：

> 寓言十九，重言十七，卮言日出，和以天倪。（《寓言》）
>
> 古之道术有在于是者，庄周闻其风而悦之。以谬悠之说，荒唐之言，无端崖之辞，时恣纵而不傥，不以觭见之也。以天下为沉浊，不可与庄语，以卮言为曼衍，以重言为真，以寓言为广，独与天地精神往来，而不敖倪于万物，不谴是非以与世俗处。其书虽瓌玮，而连犿无伤也。其辞虽参差，而諔诡可观。彼其充实，不可以已。（《天下》）

文学就是想象和虚构，用现代的文学理论术语而言，文学就是对社会生活的形象反映。庄子所谓的"寓言""重言""卮言""谬悠之说""荒唐之言""无端崖之辞"，就是指形象化的语言，用中国古代文学术语而言就是"丽藻"或"华辞"①。也就是说，庄子在文学三要素思想、情感、韵律之外增加了"丽

① "丽藻"一词出自陆机《文赋》："游文章之林府，嘉丽藻之彬彬。""诗人之赋丽以则。"（扬雄《法言·吾子》）"诗赋欲丽"（曹丕《典论·论文》）中的"丽"就是"丽藻"之意。就以《文心雕龙·情采》为例，又有"缛采""藻饰""绮丽""文采"等说法，均与丽藻同意。而《文心雕龙》有《丽辞》篇，此"丽辞"则专指骈俪之辞，意有不同。

藻”一项。庄子的文学性创作和言论开启了中国古代浪漫主义的文学传统。而屈原则强化和拓展了这一传统,并达至高峰。如其美人香草的比兴手法即是强化和拓展了丽藻这一文学要素。庄子、孟子、韩非子、屈原等人的丽藻往往运用象征、夸张、虚构、譬喻、寓言、比兴等艺术手法以增强语言的形象性和感染力。对后世的文学创作产生了巨大的影响。

文章的特质包括两个方面:一是意,一是辞。《文赋》云:“其会意也尚巧,其遣言也贵妍。”意即上二节所论思想和情感,而贵妍之言同样包含两个方面。《文赋》接下来即言:“暨音声之迭代,若五色之相宣。”这二句应是对“其遣言也贵妍”的解释,也就是说“言”包含文字和音律两个方面。《文赋》又云:“炳若缛绣,悽若繁弦。”同样是用比附的方法说明言有文字(五彩)和声律(音乐)两个方面,其要求是“炳”和“悽”。这二者合起来,就是陆机所说的绮靡,分开来说,绮指丽藻,靡指声律。而刘勰《文心雕龙·情采》将之统视为“文”,分开则有“形文”和“声文”二项:“一曰形文,五色是也;二曰声文,五音是也。”

明确提出文学声律论的是沈约,其《宋书·谢灵运传论》云:

> 若夫敷衽论心,商榷前藻,工拙之数,如有可言。夫五色相宣,八音协畅,由乎玄黄律吕,各适物宜。欲使宫羽相变,低昂互节,若前有浮声,则后须切响。一简之内,音韵尽殊;两句之中,轻重悉异。妙达此旨,始可言文。

文学语言由文采和声律两个要素组成,前人多言文采,而沈约始专论声律。“宫羽相变”八句即其四声八病之总说。所谓四声,即平上去入四声的变化和调谐,“宫羽相变”四句言此。所谓八病,即平头、上尾、蜂腰、鹤膝、大韵、小韵、旁纽、正纽,“一简之内”四句言此。四声八病之说,虽非成熟的声律论,也曾遭受过批评,但是毕竟极大地推动了诗歌的格律化趋势。到唐代,律诗定型,即是声律论发展的结果。文学的声律特质不仅限于律诗,也不仅限于诗歌,几乎所有的文体都有声律特征。辞、赋、词、曲等自不必说,即如古文也有讲究者。

综上所述,文学的要素包括内容和形式两个方面,内容主要要素有志意、情感,形式要素主要有辞采和声律。这几种主要要素的关系,刘勰有经典的论断，其《文心雕龙·附会》云：

> 夫才量（优）学文，宜正体制：必以情志为神明，事义为骨鲠，辞采为肌肤，宫商为声气，然后品藻玄黄，摛振金玉，献可替否，以裁厥中；斯缀思之恒数也。

他将文学比作人的身体。情感和志意合称情志，是文学的灵魂，最为重要。其次是事义，为文学的骨骼。再次是辞采，为文学的肌肤。最后是声律，为文学的声音和气息。事义乃文章用以表达情志的内容，亦可归属情志。

第二章　文学简史

第一节　先秦两汉文学

一、先秦文学

按中国文学发生发展过程划分，从上古到秦统一前为先秦时期，是中国文化的初始阶段，也是中国文学发展的源头。这一时期，独立的文学观念还没有形成，也没有专门从事文学创作的文人，文学与其他文化形态一起还处于混沌一体，尚未分离出来。但先秦文学独有的神秘、古朴、瑰丽，彰显着中国文学悠久的历史与强大的生命力。

《诗经》是我国第一部诗歌总集，创作于西周初到春秋中叶大约五百余年的时间里，三千年前的社会政治、民俗风情、喜怒哀乐都能从这些诗歌中体味出来。

先秦历史散文很早就已出现，甲骨卜辞和殷商铜器铭文是我国最早的记事文字，也是史传文学的萌芽。《尚书》和《春秋》提供了史书记言记事的不同体例，是史传文学的雏形。春秋战国时期，史传文学向着更加文学化的方向迈进，《左传》标志着中国叙事文学的成熟，史学和文学价值都很高。《国语》是一部古人言论的汇编，与《左传》在时间、历史事件上有许多相同之处。《战国策》又称《国策》，由西汉刘向整理校定，不是一人一时所作，但基本上为战国时期作品，描绘了战国时代纵横捭阖的时代风貌与瑰丽恣肆的人文精神。

先秦诸子散文在形式上属于论辩性的哲理散文，包括不同的学术派别和政治观点。它的发展可以概括为三个阶段：第一阶段是《论语》和《墨子》，第二阶段是《孟子》和《庄子》，第三阶段是《荀子》和《韩非子》。《论语》语录体言近旨远、词约义丰，《墨子》虽尚未完全摆脱语录体的影响，但已具有自觉的逻辑意识，说理文体制已基本形成。《孟子》对话式论辩逻辑鲜明而富有感染力，形成了对话体的论辩文。《庄子》具有丰富的寓言和奇崛的想象，《荀子》《韩非子》中的专题论文，则标志着我国古代说理文体制的完全成熟。

《楚辞》是战国后期在楚国出现的一种诗歌样式，“书楚语，言楚物，记楚事”①，是屈原在南方民间祭歌的基础上加工改造而形成的，是屈原个性精神和南方楚文化结合的产物。鲁迅说屈原的作品“逸响伟辞，卓绝一世”，“其影响于后来之文章，乃甚或在三百篇以上”，楚辞是中国文学史上的瑰宝，它思想深沉，风格绚丽，其鲜明的艺术特色，构成了中国浪漫主义文学的源头。它和《诗经》作为中国浪漫主义和现实主义的两大丰碑，以其各异的精神品质、美学原则、创作方法，使中国诗歌呈现异彩纷呈、风格多样的局面。

二、两汉文学

汉赋展现了汉代真实丰富的生活场景和铺张扬厉的文风，其“苞括宇宙，总揽人物”的宏大气魄，表现了艺术作为一种自觉的美的创造的特性。赋的发展，可以分为三个阶段。第一个阶段是高祖初年到武帝初年，流行骚体赋，形式上模仿楚辞，抒发作者的政治见解和身世感慨。其中以贾谊的《吊屈原赋》和《鹏鸟赋》为代表。第二个阶段是武帝初年到东汉中叶，是散体大赋流行时期，以铺写宫廷建筑、宫殿苑囿、田猎巡狩、声色犬马为主，在辞赋末尾常加上一些所谓讽喻劝诫的话，文字堆砌铺张，词句华丽艰深，但也有一定的美学价值。代表作品有枚乘的《七发》，司马相如的《子虚赋》《上林赋》。第三个阶段是东汉中叶以后，反映社会黑暗、讥讽时事、抒情咏物的短篇小赋开始兴起，代表作有张衡的《归田赋》等。

两汉时期，史传文学达到高峰，其标志就是司马迁的《史记》。司马迁以其深沉的精神力量和卓越的叙事才能创作出来的《史记》，被鲁迅称之为“史家之绝唱，无韵之离骚”，感染了一代又一代的读者。班固的《汉书》是我国历史上第一部断代史，体例在《史记》的基础上加以变化，具有平实、严谨、整齐的特点。

汉代诗歌主要指汉乐府民歌和文人五言诗。汉朝的乐府作为一个音乐机构，不但创作了宗庙祭祀之乐，还搜集了大量的民歌，使汉乐府诗成为一

---

① 黄伯思：《校定〈楚辞〉序》，见吕祖谦编：《宋文鉴》，中华书局 1992 年版，第 1306 页。

个以杂言和五七言为主的新的诗歌样式。汉乐府中的民歌继承了《诗经》"感于哀乐，缘事而发"①的特点，广泛反映了汉代人民丰富的生活与情感，语言朴素生动。受汉乐府民歌的影响，到了东汉，文人五言诗开始大量出现，《古诗十九首》成为五言抒情诗的典范。《古诗十九首》表达了东汉中下层文人的哀伤与苦闷，内容主要是游子之歌与思妇之叹。它长于抒情，善于用比兴的手法，表现深刻而曲折的主题，语言意蕴丰厚而简约自然。

第二节　魏晋南北朝文学

一、魏晋文学

建安是东汉汉献帝的年号，但这个时期政权实际上掌握在曹操手中，汉朝已名存实亡，所以建安这个时期可以看作是魏晋南北朝的开端。建安时期是中国古代文学史上一个光辉灿烂的时期，建安文学反映了建安时期动荡不安的社会惨景，表达了诗人追求"建功立业"的政治理想和积极进取精神，风格悲凉慷慨、刚健有力，被称为"建安风骨"或"汉魏风骨"。其代表作家主要有"三曹"、"七子"、蔡琰等人。

"三曹"之曹操是一个具有雄才伟略的政治家和军事家，他的诗歌富有创新精神，重实际、尚通俗，语言质朴，善于用旧的形式写新的内容，多运用乐府古题和四言诗，风格慷慨激昂、积极向上，后人评价很高。如："曹公古直，颇有悲凉之句。"②"魏武帝如幽燕老将，气韵沉雄。"③曹丕为曹操次子，在曹操死后代汉自立，是为魏文帝。他在文学上的成就主要还是诗歌，其《燕歌行》是我国现存的第一首完整的七言诗，诗歌语言清新流丽，音节流畅婉转，在诗歌发展史上有着特殊的地位。他的《典论·论文》是我国古代文学批评史上最早的一篇文学理论论著，提出了文学批评的方法问题，并把文学的价值和作用提到很高的高度："盖文章，经国之大业，不朽之盛事。"对文学的发展起了一定的推动作用。曹植是曹丕之同母弟，是建安时代最杰出的作家。曹植前期的诗歌主要歌唱他的理想与抱负，格调开朗、豪迈。

---

① 《汉书·艺文志·诗赋略》说："自孝武立乐府而采歌谣，于是有代赵之讴，秦楚之风，皆感于哀乐，缘事而发，亦可以观风俗，知薄厚云。"

② 钟嵘《诗品》说："曹公古直，颇有悲凉之句。"

③ 宋代敖陶孙《臞翁诗评》说："魏武帝如幽燕老将，气韵沉雄。"

后期由于长期遭受曹丕和曹叡的猜忌与陷害，曹植的诗歌充满了内心郁积的激愤情感。曹植是第一个大力写五言诗的人，他的诗感情真挚深厚，辞藻华美丰富。钟嵘《诗品》说其诗“骨气奇高，词采华茂”。

“七子”之称，始于曹丕《典论·论文》：“今之文人，鲁国孔融文举，广陵陈琳孔璋，山阳王粲仲宣，北海徐幹伟长，陈留阮瑀元瑜，汝南应玚德琏，东平刘桢公干。斯七子者，于学无所遗，于辞无所假，咸以自骋骥騄于千里，仰齐足而并驰。”“七子”中除孔融外，都是依附于曹氏集团的文人，“七子”的文章大都“慷慨”“华丽”，都能真实地反映建安时期的社会生活和士人的心理状态。

正始是曹魏少帝曹芳的年号，属曹魏政权末期，司马氏当权，大肆杀戮异己，准备篡夺帝位，政治的恐怖给文人的心灵造成了极大的冲击。再加上当时经学衰微，玄学开始盛行，使正始诗歌显现出与建安诗歌不同的特质来：英雄建功立业意识消退，诗人转而抒写内心深处的忧惧与彷徨，并开始思考人生价值，其中最有代表性的作家是阮籍和嵇康。阮籍的代表作是《咏怀诗》八十二首，表现了诗人在现实与理想、心灵自由与全身保命之间冲突时无尽的痛苦与悲哀。嵇康高傲刚直，不拘礼法，是“竹林七贤”的领袖人物，后被司马氏所杀。他的诗带有浓重的玄学意味。他用玄学的思辨方式观察自然，使他不再局限于描述现实世界中的自然，而是采用自我建构的方式将抒情置于虚拟化的自然中，较著名的有《幽愤诗》。嵇康诗歌成就不如阮籍，而散文成就则在阮籍之上，嵇康的《与山巨源绝交书》是散文史上的名篇。

西晋初的作家有傅玄、张华等人，傅玄以乐府诗见长，张华写夫妇相互赠答的情诗，语浅情深。西晋武帝司马炎太康年间，是紧承建安至魏末的又一个文学创作繁荣的时期，太康也常成为西晋文学的代称。钟嵘《诗品序》云：“太康中，三张、二陆、两潘、一左，勃尔复兴，踵武前王，风流未沫，亦文章之中兴也。”其中最为出色的作家为陆机、潘岳和左思。陆机被钟嵘称为“太康之英”，在诗、赋、论或其他杂体文上，都达到了较高的艺术境界。其代表作《赴洛道中作》，描写赴洛道中触景生情的感受和反应，清丽流畅，感人至深。其《拟古诗》十二首，注重诗歌语言和技巧的锤炼，对偶工巧，文辞华美。潘岳的诗歌代表作为《悼亡》诗三首，笔触细腻，感情哀婉，历来被认为是语淡情浓的佳作。《晋书·潘岳传》云：“岳美姿仪，辞藻绝丽，尤善为哀诔之文。”左思《咏史》八首，是这一时期最能保持建安诗风的代表作品。由于左思出身寒微，又其貌不扬，口齿迟钝，难免受到上层名士的歧视和排挤，其咏史诗其实为咏怀诗，表达了作者对自己人生际遇的慨叹，对建功立业的渴望，对门阀制度和不合理社会风气的批判，笔力矫健，情调高亢，被钟嵘标举为“左思风力”，再现了建安风骨。

东晋诗坛占主导地位的是玄言诗。玄言诗人以玄学思维来体悟、阐发玄理，表达其逍遥自足、自适任性的人生态度。公元353年兰亭之会，是玄言诗的一次集中展示，代表作家有王羲之、孙统、谢绰、谢安等四十二人。这次集会的诗作后来汇编成《兰亭集》，王羲之著名的《兰亭集序》即为此而作。玄言诗表达了诗人渴望摆脱俗世负累，在自然山水中发现自我的强烈愿望，虽然其本身的价值不是太高，但对诗歌发展有着深远影响，它促进了山水诗的形成，也促进了古典诗歌审美情趣的成熟。

陶渊明是东晋最伟大的田园诗人，陶渊明所处时代是东晋和刘宋之交，阶级矛盾、民族矛盾、统治阶级内部矛盾异常尖锐复杂，陶渊明不满于当时的社会污浊，不愿同流合污，又无力改变现实，只好走向退隐之路。陶渊明以自己对老庄美学的精确把握和对田园生活的亲切体验，在诗歌中创造出一种自然淳朴的生命机趣。他的诗平淡自然，语言质朴，但内涵充实丰厚，情感真实，苏轼称之为“质而实绮，癯而实腴”①。陶渊明开创的田园诗对中国文学史有着重大的影响，但在其所处的晋宋时代，崇尚烦琐靡丽之风，陶渊明的诗并未受到应有的关注，其田园诗的艺术价值直到唐代才开始得到重视，王维、李白、杜甫、白居易等大诗人无不表达了对陶诗的景仰，后代诗人更是将陶诗的境界看作自己艺术追求的最高目标之一。

二、南北朝文学

南北朝文学中乐府民歌是继汉乐府之后的又一批民间创作。南朝民歌大部分保存在宋人郭茂倩所编《乐府诗集》的“清商曲辞”和“杂曲歌辞”里，主要有吴歌与西曲两类。吴歌的产地多是长江流域商业发达之地，故其民歌主要反映城市中下层居民的生活和思想感情，有较多的市井气息；而西曲则多写水边船上旅客商妇的离别之情，且能结合劳动来写，情调较吴歌开

① 苏东坡评价陶渊明诗说：“其诗质而实绮，癯而实腴。”（《与苏辙书》）又说：“渊明诗初看散缓，熟看有奇句。”（《冷斋诗话》引）

朗明快。南朝民歌中反映男女之情的情歌特别发达，这类情歌表现的情感真挚细腻，情调艳丽柔弱，哀怨缠绵。北朝民歌大部分保存在《乐府诗集·横吹曲辞》的《梁鼓角横吹曲》中，反映了社会生活的各个方面，语言朴素无华，情调坦率爽朗，风格刚健豪放。

齐武帝永明年间，沈约、谢朓等诗人创造了一种跟古体诗不同的新体诗，史称“永明体”。永明体主要特征是讲究声律和对偶，在对“四声”发现的基础上，制定了一系列诗歌写作的声韵原则以规范诗歌创作。沈约是著名的永明体诗人，钟嵘在《诗品》中将其诗歌风格概括为“长于清怨”，这种风格主要表现在他的山水诗和离别哀伤诗中。谢朓是永明体诗的代表诗人，也是齐梁时期最为杰出的诗人，与谢灵运并称为“二谢”，后世称之为“小谢”。

梁武帝萧衍普通年间(520—527)至陈代末年(589)近七十年中，萧纲、徐摛、庾肩吾所提倡的宫体诗风开始兴起并逐渐占统治地位。宫体诗的创作，视野大多停留在宫廷、内府，题材单调狭窄，内容脱离社会生活。宫体诗比永明体更趋格律化，对律诗的形成有着推动作用，代表人物为徐摛、徐陵父子和庾肩吾、庾信父子，又称为“徐庾体”。

魏晋南北朝时期的小说，鲁迅把它分为志怪和志人两类，志怪小说记叙社会上流传的神鬼怪异故事，志人小说记载人物的逸闻轶事或只言片语。《世说新语》《搜神记》等魏晋小说对后世影响深刻，不仅模仿之作不断出现，而且后世不少戏剧、小说也都取材于它们。

第三节　唐宋文学

一、唐代文学

(一)初唐诗坛

初唐的前五十年，是宫廷诗的时代。“以绮错婉媚为本”①的“上官体”为这一时期的诗风代表。在野诗人王绩“以真率浅疏之格”(翁方纲《石洲诗话》卷一)特立于初唐诗坛，惠及初唐四杰。初唐的后五十年是逐步突破

① 《旧唐书·上官仪传》说：上官仪“工五言，好以绮错婉媚为本，仪既贵显，故当时颇有学其体者，时人谓之上官体”。

旧的诗风、建立唐诗风范的时期。改革诗风的呼声与创作实践同样强烈。“以文章名天下”的初唐四杰，把诗歌的题材从宫廷移到市井，从台阁移到江山与塞漠，感情基调也清新健康起来，继之有沈佺期、宋之问确立了律诗这种新形式，陈子昂痛斥齐梁浮华和纤弱，高倡风骨。

（二）盛唐之音

以王维、孟浩然为首的一批山水田园诗人和以高适、岑参为首的一批边塞诗人分别以或宁静优美或豪迈奔放的音符，弹奏出盛唐之音的不同音部。“开元十五年后，声律风骨始备矣。”总的说来，这一代诗人大都具有宏伟的理想和抱负、蓬勃热烈的感情，他们的诗歌大都充满了积极向上的青春活力，这也就是后人所称道的“盛唐之音”。李白诗歌则是“盛唐之音”的典型代表，杜甫既是“盛唐之音”的结束者，又是中唐诗歌新变的开启者。

（三）中唐诗

藩镇割据、宦官专权、朋党之争，以及日益尖锐的阶级矛盾，使社会陷于严重的无法摆脱的危机之中。严峻、冷酷的现实使诗人们不得不倾向冷静的观察与思考，所以诗歌表现的内容转向了现实和社会。因此，中唐诗歌无论在内容还是艺术上，都出现了竞相创新的局面，诗人及流派的创作“如危峰绝壑，深涧流泉，并自成趣，不相沿袭”①，市民化、通俗化倾向也明显加强。白居易、元稹、张籍、王建等发起的“新乐府运动”，倡导“歌诗合为事而作”，在文学理论和创作上掀起了一个波澜壮阔的现实主义诗歌高潮。韩愈、孟郊、柳宗元、刘禹锡、李贺等，在艺术上也各有创造，自成一家，其中韩孟一派诗人的影响较大。韩愈诗歌，纠正了大历以来的平庸诗风，把新的语言风格、章法技巧引入诗坛，从而扩大了诗的领域。

（四）晚唐诗

李商隐、杜牧两位诗人为晚唐之翘楚。他们的诗歌，渐从江山社稷移到歌楼舞榭，写男女之情乃至狎妓游冶者增多，追求感情表达的深细幽曲、意境的朦胧凄迷，无论内容还是艺术形式都有杰出的成就。由于晚唐时局如西风残照，士人深感回天乏力，他们在反映政局动乱、民生凋敝的同时，或隐逸山林，或寄情声色，以寻找慰藉解脱。因而他们的诗中都笼罩着衰飒悲凉凄冷的情调和气氛，这是晚唐诗风委靡、以纤巧为美的主要原因。

---

① 胡应麟:《诗薮》，中华书局 1958 年版，第 187 页。

（五）古文运动和唐代散文

安史之乱后，唐王朝曾出现短暂的中兴气象，文人参与政治的热情被调动起来，由于诗词歌赋在形式上有诸多的限制，而散体单行的古文最为自由，便于知识分子表达改革现实的愿望与主张，所以中唐古文运动在韩愈、柳宗元的倡导下得以大规模开展。虽说韩柳之后，古文运动又被重形式、轻内容的骈文所取代，但北宋中叶欧阳修主持的诗文改革浪潮，终将韩柳古文革新传统发扬光大。

（六）唐五代传奇

唐传奇的出现，标志着我国文言小说发展到了成熟的阶段。唐人小说之称为“传奇”，始于晚唐裴铏的《传奇》一书，宋以后人遂以之概称唐人小说。唐传奇的发展大致经历了三个时期。初、盛唐时代为发轫期，也是由六朝志怪到成熟的唐传奇之间的一个过渡阶段，作品数量少，艺术表现上也不够成熟。中唐时代是传奇发展的兴盛期，特别是从唐代宗到宣宗这100年间，名家名作蔚起，唐传奇的大部分作品都产生在这个时期。晚唐时代是唐传奇由盛转衰期。但随着中唐以后游侠之风的盛行，也涌现出一批描写豪侠之士及其侠义行为的传奇作品，人物性格坚韧刚毅，武功出神入化。从总体看，唐人传奇以愉悦性情为旨归，更加关注个体生命和个体情感，全方位地展示纷纭复杂的人世生活，让诸色人等在作品中跃动，藉以寄寓个人的志趣爱好和理想追求。

（七）唐五代词

词于初盛唐即已在民间和部分文人中开始创作，《旧唐书·音乐志》中记载：“自开元以来，歌者杂用胡夷、里巷之曲。”如敦煌词曲数量很大，作者范围广泛，多来自民间。到了中唐，越来越多的文人开始严格按照乐谱的要求填词，逐渐发展成一种句子长短不一、有固定格律要求的文学形式，最终形成了“词”。后蜀赵崇祚编《花间集》，收录十八位作家的五百首词作，这些作家都被称为“花间派”。温庭筠被奉为花间词的鼻祖，他是晚唐第一位大力作词的文人，“深美闳约”①“酝酿最深”②，就是指其词风格含蓄蕴藉，

① 清代词学家张惠言《词选序》：“自唐之词人，李白为首……而温庭筠最高，其言深美闳约。”

② 清代周济在《介存斋论词杂著》中说：“飞卿酝酿最深，故其言不怒不慑，备刚柔之气。”

华美绮丽，直接影响了花间词派的创作。花间词的另一位作家是韦庄，韦庄词有花间词的柔媚与轻艳，但又有其自然朴实、直抒胸臆的一面。南唐词趣味高雅、境界开阔，情致委婉缠绵，以南唐后主李煜词和冯延巳词为代表。李煜的词以其被俘分为前后两期：前期的词，多写宫廷享乐生活，描写纵情声色的生活断面，刻画精细，画面多姿多彩，富于立体感；后期的词全部写他国破家亡的深悲巨痛和无限悔恨，风格由前期的风情旖旎、婉转缠绵一变而为沉郁凄怆。

二、宋代文学

（一）欧阳修与诗文革新运动

宋初结束了晚唐五代长期分裂割据的局面，阶级矛盾趋向缓和，晚唐五代以来的浮靡文风继续发展，其代表西昆体在宋初风靡了数十年。柳开、穆修等为代表的复古派以恢复唐代韩愈、柳宗元的古文传统为己任，反对西昆体的穷妍极态文风，但因矫枉过正，走上了险怪晦涩的创作道路，形成风靡一时的“太学体”。欧阳修倡导的诗文革新在本质上是针对五代文风和宋初西昆体的，但也反对“太学体”的艰涩古怪。欧阳修团结了一大批著名的文学家，如“三苏”、王安石、曾巩、梅尧臣等，组成了强有力的诗文革新队伍。欧阳修散文创作的高度成就与其正确的古文理论相辅相成，从而开创了一代文风。欧阳修的诗歌成就虽远不能和散文相比，但它们清新自然的风格，对扫除西昆派的浮艳诗风，仍有其良好的作用。欧阳修对词境的开拓，对词的风格多样化探索，为后来苏轼的豪放风格开了先路。王国维《人间词话》评欧阳修“人生自是有情痴，此恨不关风与月”等句时，说：“于豪放之中，有沉着之致，所以尤高。”“即以词而论，亦隽疏开子瞻，深婉开少游。”①

（二）文苑全才苏轼

北宋杰出文学大家苏轼，字子瞻，具有多方面的文艺才能，其诗、词、散文里所表现的豪迈气象、丰富的思想内容和独特的艺术风格，再加上其人所独有的人格魅力，永远为后人所景仰。苏轼生长在号称“百年无事”的北宋中叶，有志于改革朝政且勇于进言，在北宋党争的旋涡中历经坎坷。他在王安石厉行新法时持反对态度，当司马光废除新法时又持不同意见，结果多次受到排斥打击。晚年更被一贬再贬，直到荒远的海南。宦海浮沉使苏轼对

① 冯煦：《蒿庵词论》，见周义敢、周雷编：《秦观资料汇编》，中华书局 2001 年版，第 343 页。

人生、命运、世界有了透彻的洞察了悟，使他的创作达到了完美的境界。苏轼的诗有时能结合生活中所接触的情景，表现他对事物的新颖见解，而不失诗的趣味，如《题西林壁》等。苏诗还体现了作者深刻的人生思考和对沉浮荣辱冷静、旷达的态度，如其被贬至惠州时，作诗说："日啖荔枝三百颗，不辞长作岭南人。"及贬儋州，又说："他年谁作舆地志，海南万里真吾乡。"这种乐观旷达的核心是坚毅的人生信念和不向厄运屈服的斗争精神，所以苏轼在逆境中的诗作依然是笔势飞腾，辞采壮丽，并无衰疲颓唐之病。可以说，苏诗在题材的广泛、形式的多样和情思内蕴的深厚这几个维度上，都是出类拔萃的，同时，较强的艺术兼容性也使苏轼在总体成就上实现了对同时代诗人的超越，成为最受后代广大读者欢迎的宋代诗人。清人赵翼《瓯北诗话》评苏诗说："天生健笔一枝，爽如哀梨，快如并剪，有必达之隐，无难显之情，此所以继李、杜后为一大家也。"苏轼的词有更大的艺术创造性，他突破了"词为艳科""诗庄词媚"的传统观念，为诗和词的相互渗透作了理论上的准备。

(三)黄庭坚与江西诗派

以黄庭坚为开山领袖的江西诗派，是宋代最大的诗派，鲜明地体现出了宋诗的特色，在当时乃至后代产生了重要而深远的影响。黄庭坚主张诗文写作要善于学习和运用古人语言的遣词造句功夫，取古人陈言加以点化，赋予新的意蕴，谓"点铁成金"。他还主张借鉴前人的诗意在文辞上加以变化改造，谓"夺胎换骨"。他认为宋人在唐诗的巨大成就上要有所成就，只有推陈出新，求新求变。江西诗派的另一重要诗人陈师道，他的诗锤炼幽深，比之苏轼、黄庭坚，他更工五言，也在一定程度上纠正黄庭坚"作意好奇"的偏向。陈与义也是江西诗派的一员，因为经历了靖康之难，"感时抚事，慷慨激越，寄托遥深，乃往往突过古人"①。到了宋末，方回因为诗派成员多数学习杜甫，就把杜甫称为江西诗派之祖，而把黄庭坚、陈师道、陈与义三人称为诗派之"宗"，提出了江西诗派的"一祖三宗"之说。②

(四)柳永及北宋中后期词坛

北宋初期的词坛大多不屑于民间词的俚俗，只有柳永既为文人身份又

① 永瑢等：《四库全书总目》卷一百五十六，中华书局1965年版，第1349页。

② 方回《瀛奎律髓》卷二六评陈与义《清明》诗说："古今诗人当以老杜、山谷、后山、简斋四家为一祖三宗。"

谱写民间风味的词，因为仕途失意，柳永“忍把浮名，换了浅斟低唱”，他长期与歌伎乐工们来往，善于表现具有下层市民特征的感情、观念和价值标准，体现他们的爱情观。在柳永之前，词多为短调小令，柳永开始大量填写慢词。他自创新调并丰富了慢词的表现手法，多用铺叙和白描，写景、状物、言情叙事，都直抒胸臆，再现了雅俗并陈的特点，使柳词“大得声称于世”①。晏几道是北宋词人中最后一位以写小令著称的词人，他虽出身相门，仕途却颇为坎坷，其词与父晏殊齐名，著有《小山词》。他词中多写自己的情感经历，在情感深度的挖掘上，与花间词相比已有很大的推进。秦观是“苏门四学士”之一，但他的词也近花间体，以描写男女恋情、哀叹个人身世不幸为主要内容，多具有浓烈的感伤色彩，深沉浓挚，他与柳永合称“秦柳”，与周邦彦合称“秦周”，具有承前启后的作用。贺铸词介于豪放与婉约两大派别之间，风格多样，贺铸作词，善于融化古人成句，如同己出。他还善于炼字炼意，人称“贺梅子”。周邦彦以宫廷词人的身份著称，既无柳永的“词语尘下”之病，又无苏轼的“多不协律”之讥，深受后世推崇。

（五）李清照

由于宋代文化的高涨，妇女知书能文的渐多，宋代出现了一些女词人，李清照就是其中最杰出的代表，正如清人李调元《雨村词话》所说：“易安在宋诸媛中，自卓然一家，不在秦七、黄九之下。”“不徒俯视巾帼，直欲压倒须眉。”李清照诗、词、文皆擅长，其诗表现了她的英雄之气，散文以《金石录后序》为代表，叙事、抒情、议论融为一体，穿插细节，间有描写，优美动人，表现了其在散文上的艺术成就。李清照尤以词的创作及理论为有名，其《词论》对晚唐以来的主要词人分别进行了评论，同时还提出了自己的词体观念，即“词别是一家”的主张，对词体的发展起到了促进的作用。李清照的词主要继承婉约派词家的道路发展，具有很高的艺术成就，当时就广为流传，被称为“易安体”，后世沈谦《填词杂说》也称赞说，“男中李后主，女中李易安，极是当行本色”。

（六）陆游

陆游是南宋“中兴四大诗人”中成就最为突出、影响最大的一位，他一生用诗歌作武器，高扬爱国旗帜，对后世诗坛产生了深远的影响。陆游一生

① 李清照：《词论》，见《重辑李清照集》卷四，中华书局2009年版，第53页。

勤奋创作，流传至今的诗就有九千四百多首，其中最重要的是爱国主题和对日常生活情景的吟咏。陆游虽专力于诗，但也擅长填词。在现存的一百多首词中，有不少作品同样抒写了激越的爱国情思，同时陆游也有《卜算子·咏梅》《钗头凤》等风格多样的佳作为后人所称道。

（七）辛弃疾

辛弃疾《稼轩词》存词六百多首，在思想内容与艺术成就上丰富多姿、别开生面。辛弃疾继承了苏轼豪放的词风及南宋初期爱国词人的战斗传统，进一步扩大词的题材，几乎达到了无事无意不可以入词的地步。为了充分发挥词的抒情、状物、记事、议论的各种功能，他创造性地融会了诗歌、散文、辞赋等各种文艺形式的优长，丰富了词的表现手法与语言技巧。

第四节　元明清文学

一、元代文学

元朝是我国历史上第一个由少数民族统治者建立的统一政权，历史比较短暂。由于元代不重视科举考试，汉族知识分子失去进入仕途的机会，他们只能“以其有用之才，而一寓之乎声歌之末”①。失意无聊的知识分子形成的“书会才人”，和勾栏艺人相结合，使元杂剧取得了突出的成就。叙事性文学第一次居于文坛的主导地位，作家与下层人民的联系更加密切，文学创作赢得了更多的观众、读者，在社会上产生了更为广泛的影响。

（一）关汉卿与《窦娥冤》

王国维《宋元戏曲考》谓关汉卿“一空倚傍，自铸伟词，而其言曲尽人情，字字本色，故当为元人第一”。关汉卿不但亲自参加戏剧的演出实践，写出了大量优秀的戏剧作品，而且对戏剧体制、艺术的成熟，作出了极大的贡献。关汉卿杂剧不论是取材于现实生活还是取材于历史故事，都热情地歌颂被压迫人民的斗争，多方面揭露了封建社会的黑暗和残酷，塑造了许多个性鲜明、血肉饱满的典型人物。

（二）王实甫与《西厢记》

《西厢记》是我国较早的一部以多本杂剧连演一个故事的剧本，《录鬼

① 胡侍：《真珠船》，见邓子勉编：《明词话全编》，凤凰出版社 2012 年版，第 881 页。

簿》及明初朱权《太和正音谱》都记录在王实甫的剧目里，明初贾仲明谓“《西厢记》天下夺魁”，认为王实甫的《西厢记》达到了元代戏曲创作的最高水平。

（三）南戏与高明的《琵琶记》

南戏是在宋杂剧脚色体系完备之后，在叙事性说唱文学高度成熟的基础上出现的。南戏形式上比较灵活自由，不像北曲受一人主唱和一本只能四折的限制，因而易于改编移植杂剧作品，借鉴杂剧的文学手法。随着南戏在艺术上得到提高，分唱形式的优越性逐渐显露，人们的兴趣也从杂剧转移到南戏。元代后期，“亲南而疏北，作者猬兴”①，元代南戏继杂剧之后走向兴盛时期，高明的《琵琶记》是元末成就较高影响也较大的作品。

（四）元代散曲

词在南宋后期日趋衰落，但民间长短句歌词，经过长期酝酿，到了宋金对立时期，又吸收了一些民间兴起的曲词和女真、蒙古等少数民族乐曲，逐渐形成了一种新的诗歌形式，这就是当时流传在北方的散曲，也称北曲。在元代登坛树帜、独领风骚的文学样式是散曲，它与传统的诗、词样式分庭抗礼，代表了元代诗歌创作的最高成就。散曲最突出的特征就是不避方言俚语，便于传唱，市井生活色彩十分浓郁，传播的范围也十分广泛。进入文人创作领域的散曲，和纯粹的“市井小曲”相比，在艺术上有所提升。

二、明代文学

明初经济开始复苏，人民生活相对安定，但统治者在思想文化上实行专制主义和特务统治，影响到了文学的发展，明朝前期的文学，除在元明之际出现的优秀长篇小说《三国演义》《水浒传》外，成就寥寥。中叶后，城市工商业的繁盛，资本主义的萌芽，市民群众的增加，先进的哲学思潮及其对思想界的巨大影响，使文坛出现了繁荣的局面。

（一）明代诗歌

明初的政治高压和理论指导，使诗人对诗言情的本质以及审美趣味的认识，都发生了变化，出现了以“三杨”为代表的馆阁重臣所创作的“馆阁体”，歌功颂德，粉饰太平，内容空泛，缺乏真性情。所以“馆阁体”遭到“茶

---

① 徐渭：《南词叙录》，见中国戏曲研究院编：《中国古典戏曲论著集成》（三），中国戏剧出版社1959年版，第239页。

陵派”等有识之士的批评与排斥，进而被逐步取代。茶陵派是指以李东阳为代表的诗派，他们提倡尊汉魏、盛唐诗文为师的复古思想。李东阳的复古论点对当时的文坛产生过很大的影响，如明代中叶崛起的以李梦阳、何景明为代表的“前七子”，在诗歌师古问题上就继承了李东阳“轶宋窥唐”的主张。李梦阳等前七子的某些复古论点透露出他们对文学现状的不满与对文学本质新的理解，借助复古手段而欲达到变革的目的，李梦阳提出文学应重视真情，认为“真诗乃在民间”，“真者，音之发而情之原也”①，反映了以李梦阳为代表的前七子文学观念由雅向俗转变，散发出浓烈的庶民化气息。前七子于嘉靖初逐渐偃旗息鼓，至嘉靖中期，以李攀龙、王世贞为首的“后七子”重新在文坛举起了复古的大旗，声势赫然，为众人所瞩目，后七子中以王世贞声望最显，影响最大。王世贞重视作家的思想感情在艺术创作中的主导作用，提出了“有真我，而后有真诗”②的主张。与前七子相类似的是，后七子创作的弊病也在于过分注重对古体的揣度模拟，以至于难脱蹈袭的窠臼。归有光等唐宋派首先起来反对复古派，注重文以明道。“三袁”的公安派更给复古派以沉重打击，他们提出了反对贵古贱今，反对模拟古人，以及文学要有质，能独抒性灵，发前人之所未发等主张，这些主张在当时是有积极意义的。

（二）汤显祖与《牡丹亭》

明代中叶以后，受到新的时代气氛的激荡，戏曲创作也突破了长期沉寂的局面，产生了影响深远的作家作品，如梁辰鱼的《浣纱记》、无名氏的《鸣凤记》、汤显祖的《牡丹亭》等，成为我国传奇戏创作繁荣的时期。汤显祖作为明代成就最高、影响最大的剧作家，其“临川四梦”达到了同时代戏剧创作的高峰。早年即有文名的汤显祖，由于不肯阿附权贵，在政治上一再遭受挫折，把全部希望寄托在戏曲创作上。他构建了自己的“至情”世界观，并在戏剧创作中予以淋漓尽致的演绎和张扬。汤显祖曾说：“一生四梦，得意处惟在牡丹。”《牡丹亭》即《还魂记》，它是汤显祖的代表作，也是我国戏曲史上浪漫主义的杰作。

---

① 李梦阳：《诗集自序》，见郝润华校，李梦阳撰：《李梦阳集校笺》，中华书局 2020 年版，第 5 页。

② 王世贞：《邹黄州鹪鹩集序》，见张进、侯雅文、董就雄编：《王维资料汇编》，中华书局 2014 年版，第 537 页。

（三）明代拟话本小说

明代话本因群众爱好，书商大量刊行，逐渐引起文人的注意，他们逐渐模拟话本写作，这就出现了主要供案头阅读的文本模拟的话本，通常称为拟话本。从鲁迅起，一般又将“三言”之后的白话短篇小说都归属于“拟话本”一类。“三言”是《喻世明言》《警世通言》《醒世恒言》三部小说集的总称。这些作品有的是辑录了宋元明以来的旧本，但一般都作了不同程度的修改；也有的是据文言笔记、传奇小说、戏曲、历史故事，乃至社会传闻再创作而成。在冯梦龙辑录“三言”的影响下，凌濛初编著了《初刻拍案惊奇》和《二刻拍案惊奇），人称“二拍”。“三言”“二拍”中，也有不少借历史故事，以阐发作者善恶伦理观念的作品，但其主要篇幅和精彩部分，则是写世俗的人情百态。商人作为当时商品经济中最活跃的分子和市民的主要代表，在“三言”“二拍”中作为正面的主人公而频频亮相。

（四）明代“四大奇书”

这四大奇书指的是四部长篇小说:《三国演义》《水浒传》《西游记》《金瓶梅》，这四部小说，家喻户晓，在思想内容和艺术造诣上达到了前所未有的高度。

《三国演义》是我国第一部历史小说，描写的历史起自黄巾农民起义，终于西晋统一，此书善于通过错综复杂的故事情节，巧妙地表现封建统治集团之间以及各统治集团内部的种种复杂、尖锐的矛盾和斗争，尤其善于描写各种战争。通过惊心动魄的政治、军事斗争，塑造了一系列鲜明生动的人物形象，构成了一幅绚烂多彩的图卷，丰富了我国艺术的宝库。

《水浒传》这一类小说通常被称为英雄传奇，以有别于《三国志演义》之类历史演义。《水浒传》创作的历史根据是宋江等三十六人在梁山水泊的农民起义，《宋史》中的《徽宗本纪》《侯蒙传》《张叔夜传》及其他一些史料都曾提及，还有的史书记载宋江投降后征方腊。从南宋起，宋江的故事就在民间广泛流传。施耐庵、罗贯中就在宋元以来广泛流传的民间故事、话本、戏曲的基础上，进行综合性的再创作，才写成了这部反映农民起义的作品《水浒传》。小说继承和发展了现实主义和浪漫主义的优良传统，并把两者结合起来，刻画了一个个有血有肉、栩栩如生、个性鲜明的典型形象。

《西游记》取材于唐代和尚玄奘取经的真实历史事件，和《三国演义》《水浒传》一样，《西游记》中的取经故事也经历了一个长期积累与演化的过程。但和《三国演义》《水浒》在历史真实的基础上加以生发与虚构不同的是,《西游记》将历史不断神化、幻化而成为神怪小说。唐僧、孙悟空、猪八戒、沙僧师徒四人取经故事在元代已渐趋定型,这为吴承恩《西游记》的成书打下了坚实的基础。吴承恩以整整七回"大闹天宫"的故事开始,突出了全书战斗性的主题,同时把孙悟空的形象提到全书首要的地位。

《金瓶梅》是我国第一部文人独创的长篇小说,也是第一部以家庭生活为题材的长篇小说,常常被看作中国世情小说(或称人情小说)的开山之作,也是标志性的巨作。一般研究者认为它成于万历前中期,这个时代,官商结合,商业经济繁荣,市民阶层正在崛起,人们在两极分化中,受到金钱和权势的猛烈冲击,价值观念发生了急剧的变化,奢华淫逸之风也迅即弥漫了整个社会。《金瓶梅》的作者,《金瓶梅词话》卷首欣欣子所作的序称"兰陵笑笑生作",真姓名不可考。《金瓶梅》对晚明丑恶的社会本质和当时统治阶级的荒淫无耻,作了比较全面的暴露。

三、清代文学

清朝是一个极端专制的封建王朝,在思想文化方面的控制尤为严苛。清代前期诗文和戏曲成就较高,后期小说影响更大。

(一)清代诗文

清初最富有时代精神的诗歌是明末遗民诗人的作品。遗民诗人用血泪写成的诗篇,具有抒发家国之悲和同情民生疾苦的共同主题,体验深切,感情真挚,遗民诗人中最为著名的有顾炎武、黄宗羲、王夫之等,他们反映易代之际惨痛的史实与民族共具的感情,笔力遒劲,沉痛悲壮,肇开清诗发展的新天地。"江左三大家",是指明末清初诗人钱谦益、吴伟业、龚鼎孳。三人皆由明仕清,籍贯都属旧江左地区。钱谦益为"江左三大家"代表,在诗歌创作上反对明代前后七子的文必秦汉、诗必盛唐的观点,他作诗出入各家,博采众长,不拘一格。其诗笔力雄厚,感情深沉,寄托遥深,语言精丽。虽然钱谦益在政治上失节事清,降清后又想做抗清义士,为人所不齿,但他在诗歌理论和实践上的建树,使他成为有清一代诗坛"导夫先路"的人物。继遗民诗人之后崛起的诗人中最负盛名的是王士禛。王士禛的诗歌创作,早年从明七子入手,"中岁逾三唐而事两宋",晚年又转而宗唐,但是在这三次转变中,提倡"神韵说"是贯穿始终的。在他的诗作中,风神独绝的神韵诗占了主流,继承王维、孟浩然一派的家数,含情绵渺而出之纤徐曲折,惨淡经营却不露斧凿痕迹，词句明隽圆润，音节流利跌宕，代表了其诗的主要成就和特色。康熙末年，清朝开始步入中期，雍正、乾隆两朝号称“盛世”。这一时期，社会上读书风气高涨，文学创作活跃，诗派有沈德潜、厉鹗、翁方纲和袁枚、赵翼等设坛立坫，分庭抗礼。古文则桐城派以正宗自居，声势浩大。“桐城派”主要作家有方苞、刘大櫆、姚鼐。桐城派余脉是道光末叶曾国藩领导的湘乡派和曾门弟子，声威重振；“桐城嫡派”的严复、林纾翻译西方著作，但未能挽救桐城派古文被五四新文化运动取代的历史命运。

（二）清代戏曲

清初戏曲创作保持了明末的旺盛势头。在明末已经活跃的以李玉为代表的苏州剧作家仍然进行创作，吴伟业、尤侗等文化名流借戏曲抒写内心难言的隐衷，李渔大量创作风情趣剧。康熙朝最负盛名的是两大传奇——《长生殿》和《桃花扇》，当时许多人对这两部剧作给予了很高的赞赏。金埴题诗说：“两家乐府盛康熙，进御均叨天子知。纵使元人多院本，勾栏争唱孔洪词。”（《题桃花扇传奇》）《长生殿》是洪昇的代表作品，是作者在继承传奇创作中现实主义传统的基础上，部分吸收《牡丹亭》等戏曲的浪漫主义手法写成的。作者把自己的理想熔铸在他所创造的人物形象之中，表现了强烈的感情色彩和鲜明的倾向性，作品热烈地歌颂唐明皇杨贵妃的爱情。《桃花扇》以侯方域、李香君的爱情故事为线索，集中地反映了明末腐朽、动荡的社会现实及统治阶级内部的矛盾和斗争，即作者所说的“借离合之情，写兴亡之感”。《桃花扇》是一部最接近历史真实的历史剧，虽然孔尚任对剧中各类人物作了不同笔调的刻画，忠、奸两类人物的结局加了点虚幻之笔，但总的来说，作者的褒贬、爱憎是颇有分寸的，表现出清醒、超脱的历史态度。

（三）清代小说

在清初以志怪传奇为特征的文言小说中，最富有创造性、文学成就最高的是蒲松龄写的《聊斋志异》。蒲松龄自谓“喜人谈鬼”“雅爱搜神”。《聊斋志异》绝大部分篇章叙写的是神仙狐鬼精魅故事，是作者在广泛搜集民间故事的基础上写成的，它与六朝志怪小说同伦，其中许多篇章描写委曲，又有别于六朝志怪小说之粗陈梗概，而与“始有意为小说”的唐人传奇相类。鲁迅在《中国小说史略》中称之为“用传奇法，而以志怪”。《聊斋志异》中的优秀作品，反映了广阔的现实生活，提出许多重要的社会问题，表现了作者鲜明的态度。它们或者揭露封建统治的黑暗，或者抨击科举制度的腐朽，或者反抗封建礼教的束缚，具有丰富深刻的思想内容。

《儒林外史》是我国古代讽刺文学中最杰出的代表作，标志着我国古代讽刺小说艺术发展的新阶段。它深刻地揭露现实黑暗，显现社会病态，突出多种矛盾，对近代谴责小说有极大的影响。作者吴敬梓深刻认识到科举制度的弊端，不愿走科举仕进的道路，“恩不甚兮轻绝，休说功名”（《内家娇》），于是在《儒林外史》中假托明代故事，其实小说展示的是 18 世纪清代中叶的社会风俗画，它以知识分子的生活和精神状态为题材，对封建制度下知识分子的命运进行了深刻的思考和探索。作品一开始就通过周进、范进中举前后的悲喜剧，揭示了科举制度是怎样腐蚀着文士的心灵，以及士子们热衷科举的原因，辛辣地讽刺了这种弄得人神魂颠倒的科举制度。

《红楼梦》原名《石头记》，前八十回的作者是曹雪芹，后四十回作者是高鹗。由于屡经增删修改，又长期以抄本的形式流传，使《红楼梦》版本问题非常复杂。有署名脂砚斋等人评语的脂评本，脂评本多是只有八十回的传抄本；还有程伟元用木活字排版刊印的程刻本，一百二十回。两种系统都有多个版本，现在流传最广泛的是根据程甲本或程乙本整理校点的版本。《红楼梦》为曹雪芹费时十载的心血之作，小说以爱情婚姻悲剧为中心，对人世百态进行了广泛而深刻的描绘，塑造了各阶层人物栩栩如生的群像。

第三章　文学流派

文学活动是文学发展的重要动力，而文学活动往往是群体性的。因此，考察文学群体和文学流派也是探讨文学的重要维度。所谓文学群体是指同时有多人参加同一文学活动，并且这样的文学活动多次发生的文人结合体。群体的文学活动，古人通常称为“文社”或“社集”“社课”等。如果组织较严密，活动较频繁，影响较重大，则被称为“文学流派”。“文学流派”主要有四个要素：一是有创作的理论，二是有代表的作家，三是有众多的成员，四是有频繁的活动。本章主要论述文学群体或文学流派。宋以前，严格意义的文学流派少，重要的文学群体也纳入论述的范围。或者可以将这些重要的文学群体视为广义的文学流派。

第一节　汉魏六朝文学流派

汉魏六朝是文学自觉的时代，这个自觉不是个人的自觉，而是群体的自觉，即有文学群体的出现。

一、邺下文学集团

一般认为，中国的第一个重要文学群体是邺下文学集团。在邺下文人集团兴盛之前，有荆州文学群体存在，属于刘表幕府文学群体，邯郸淳、繁钦、王粲等曾为其成员。公元 208 年，刘表之子刘琮投降曹操后，文学活动中心转移到了邺城曹氏“沙龙”。荆州文学远不如邺下文学之盛，这当然与曹氏父子爱好文学有关。曹氏父子大力招揽文学之士，积极组织或参与文学群体活动，其本身的文学创作也取得了很高的成就，极大地引领了文学的风尚，促进了文学的发展。邺下文人集团的实际领袖是曹丕，核心是“三曹”（曹操、曹丕、曹植）和“建安七子”（孔融、陈琳、王粲、徐幹、阮瑀、应玚、刘桢）。建安文学的繁荣与邺下文学集团的活跃有重要的关系。

文学群体活动的创作成果主要是“同题集咏”之诗赋。有一组题为《玛瑙勒赋》，作者有曹丕、陈琳、王粲。又有一组赋，是以“车渠”为题材。王粲、应玚、徐幹、曹丕、曹植都曾作有《车渠椀赋》。这种“同题集咏”赋作多为咏物小赋，可以认为邺下文学群体活动促进了咏物赋的发展。曹氏家族经常举办各种宴游活动，因此同题之《公宴诗》较多，作者包括曹植、王粲、应玚、刘桢、阮瑀等。宴饮、游览、赋诗，是文人雅集的基本内容。邺下文学群体活动奠定了后世文人雅集的基本形式，对文学的发展也有促进作用。“同题集咏”诗，还有“斗鸡诗”，作者有刘桢、应玚、曹植。其实同题最多的是乐府和“杂诗”（即古诗），体现出邺下文学群体推崇乐府和古诗的共同倾向，通过这样的文学群体活动，促进五言诗走向了成熟。

“赠答”“送别”也是一种文学群体活动，其诗数量更多。其中，曹植的《赠白马王彪诗》和《送应氏》二首均为名篇。前者“鸱枭鸣衡轭，豺狼当路衢。苍蝇间白黑，谗巧反亲疏”，后者“中野何萧条，千里无人烟”，分别反映政治险恶和民生凋敝，触目惊心。“赠答诗”可以说是中国古代诗歌中数量最多的一类诗，而这一题材是由邺下文学群体开创的。

文学群体活动除了文学创作活动，必定伴随文学批评和理论建构。邺下文人的书信，留有珍贵的文学批评材料。如曹丕的《与吴质书》、曹植的《与杨德祖书》都是有名的文学批评文本。曹丕的《典论・论文》就是邺下文学群体活动的理论总结。因此，邺下文学群体活动不仅促进了文学创作的发展，同时也促进了文学批评和文学理论的发展。

二、竹林七贤

曹魏后期曹氏衰落而司马氏得势，此时有七位著名的作家、思想家，他们常常聚集在嵇康庄园竹林之下，清谈，饮酒，弹琴，作文，“肆意酣畅”，世称“竹林七贤”。这七个人分别是：嵇康、阮籍、向秀、刘伶、王戎、山涛、阮咸。

七人是魏晋玄学的重要人物，崇尚老庄哲学，“越名教而任自然”。政治上，竹林时期，七贤大体拥护曹魏政权。但是后竹林时期，七贤政治立场发生了分化。除了清谈，饮酒也是他们追求“自然”的方式。《晋书》本传说阮籍“不与世事，酣饮为常”。刘伶更是酒痴，其《酒德颂》追慕饮者“无思无虑，其乐陶陶”、超脱俗世、忘却利欲的快意人生。嵇康则有《酒会诗》，是对建安公宴、赠答等类诗的发展。音乐也是他们追求“自然”的方式。嵇康精通音乐，撰有《声无哀乐论》《琴赋》，擅弹《广陵散》，但人亡乐绝。阮咸亦妙解音律，善弹琵琶，后以“阮琴”名此乐器。同样，文学也是他们追求“自然”的方式。七贤中文学成就最高的是阮籍和嵇康，但二人风格迥异，所谓“阮旨遥深，嵇志清峻”，一个是隐晦，一个是发露；一个是苦闷，一个愤慨。这是由他们性格不同所决定的，但是他们追求自然淳真的人生则相同。

总之，如果说以邺下文学集团为代表的建安文学是用世的文学，那么以竹林七贤为代表的正始文学则是脱俗的文学，二者从不同的方向追求人生的价值。竹林七贤具有独特的文学意义，对后世同样产生了深远的影响。

三、玄言诗派

玄学始兴于曹魏正始年间，代表人物有何晏、王弼，主张“天地万物皆以无为本”。而后，阮籍、嵇康继起，为文为诗皆“言及玄远，而未曾评论时事，臧否人物”。西晋初主要玄学家有向秀、郭象。向秀作《庄子注》，“发明奇趣，振起玄风”。西晋末年至东晋时期，玄学思想侵入文学领域，出现盛行一时的“理过其辞，淡乎寡味”的玄言诗。代表作家有孙绰、许询、庾亮、桓温等。此派诗的特点是以玄理入诗，以诗为老庄哲学的说教和注解，脱离社会生活，可谓“建安风力尽矣”。

四、山水诗派

南朝宋、齐间一些士族文人放情山水，以自然景物为审美对象而写入诗歌，形成山水诗派。刘勰《文心雕龙·明诗》谓，“宋初文咏，体有因革，庄老告退，而山水方滋。俪采百字之偶，争价一句之奇，情必极貌以写物，辞必穷力而追新”。这一论述简要指出山水诗派的起因及特点。东晋诗坛为玄言诗所统治。但玄言诗并不排斥山水的描写，相反，玄言诗人往往在玄言诗中以山水的诗句作为玄学名理的印证或点缀。但少数山水的诗句无法改变玄言诗枯淡的面貌，直到东晋后期，出现了谢混《游西池》等少数集中刻画山水景物的诗篇，才为玄言笼罩的诗坛带来一点新鲜空气。而大量写作山水诗，并最终确立山水诗在诗坛的优势地位的是刘宋初年的谢灵运。在刘裕代晋后，谢灵运感到其特权地位受到威胁，政治欲望不能满足，于是肆意游览山水，借描绘江南山光水色，以发泄其政治失意的愤懑，这就使诗歌从枯淡无味的玄理中解脱出来，扩大了诗歌题材，加之他创作中注意诗歌的艺术形象、语言的精工，讲究对句和声色，因而引起了社会的普遍注意。谢灵运山水诗的创作，标志着南朝诗歌发展第一个重大变化，以后谢惠连、谢朓、何逊等都有不少山水诗歌，使之成为南朝诗歌显著特点，并直接影响唐代山水诗歌的形成和发展。

谢灵运与族弟谢惠连并称为“大小谢”。谢灵运又与谢朓并称“二谢”，也称“大小谢”。谢灵运和谢惠连、谢朓三人则并称“三谢”。

五、竟陵八友和永明体

南朝齐永明年间，有一大群文士集合于竟陵王萧子良左右，形成了一个文学群体，文学史上称“竟陵八友”。① 竟陵八友并不是一个单纯的文学集团，它还兼有一定的政治色彩，萧子良有意通过这种形式将这些文人引为政治羽翼。但从文学的角度看，竟陵八友又有着比较典型的流派特征，这表现为他们有着比较明确的创作理论与比较接近的创作特色。这一明确的创作理论就是永明声律论，比较接近的创作特色就是永明体。②

永明声律论提出者是沈约，他在《宋书·谢灵运传论》中说：“夫五色相宣，八音协畅，由乎玄黄律吕，各适物宜，欲使宫羽相变，低昂互节，若前有浮声，则后须切响。一简之内，音韵尽殊；两句之中，轻重悉异。”要求在诗歌中做到声、韵、调配合，平仄相对，以求得诗歌音律既变化错综又和谐协调的效果。为了达到这一目的，沈约还提出了声律上应避免的八种毛病，即平头、上尾、蜂腰、鹤膝、大韵、小韵、旁纽、正纽。尽管在实际的创作中，很少人做到不犯“八病”，但声病说的意义却在理论上为永明体诗歌确立了一种规则。

萧子良凭借着政治上的地位成为竟陵八友这一集团的领袖，但真正在诗歌的理论与创作上成为八友代表的是沈约与谢朓。沈约是当时诗坛的领袖，他的贡献主要在理论上提出了永明声律说，而谢朓则以他的诗歌创作成功地实践了永明声律的理论。他的诗清新明净，情景交融，音韵谐畅，偶对工整，其中有不少诗已接近了后来的格律诗，也把由谢灵运开创的山水诗派提高到一个新的水平，他是竟陵八友中成就最高的诗人。

六、宫体诗派

宋齐诗人讲究文字技巧，描写山水，而内容感情却是贫乏的。梁武帝时

---

① 《梁书·武帝本纪》：“竟陵王子良开西邸，招文学，高祖（萧衍）与沈约、谢朓、王融、萧琛、范云、任昉、陆倕等并游焉，号曰‘八友’。”

② 《南齐书·陆厥传》：“永明末，盛为文章。吴兴沈约，陈郡谢朓，琅琊王融，以气类相推毂。汝南周颙善识声韵，约等文皆用宫商，以平上去入为四声，以此制韵，不可增减，世呼为‘永明体’。”

期，南方长期偏安，门阀贵族生活由安逸更趋腐朽堕落，华侈颓靡。反映到他们的文学作品中，便产生了宫体诗。宫体之宫是指梁朝太子萧纲之宫廷，宫体诗的创制者即是萧纲（即简文帝）和他周围的文人。宫体诗是一种风格“轻艳”而以“好为新变”为特征的诗歌。宫体诗实是一种艳诗，但与传统艳诗不同的是，宫体诗多从男性的审美目光出发，对女性之美加以品鉴、欣赏，因而在情调上带着比较明显的轻薄、游戏的色彩，亦即所谓的“轻艳”。宫体诗又是一种新变体诗。宫体诗注重声韵、偶对，它们在永明体的基础上对声律的掌握与运用有了进一步的提高，其中一些作品已与唐代的五、七言律绝相当接近了。在表现手法上，宫体诗描写细密精巧，辞采柔媚婉转，风格清丽流畅。

宫体诗的发展大致经历了三个阶段：其一为孕育时期（齐永明年间至梁天监八年）。由于受到六朝乐府中“吴声”“西曲”和刘宋休、鲍之诗的影响，这时沈约、谢朓、王僧孺、萧衍等人已分别创作了一批接近于后来宫体诗的作品，如沈约的《六忆诗》《少年新婚为之咏》《梦见美人》，谢朓的《赠王主簿》《夜听妓》，萧衍的《子夜四时歌》《江南弄》等。这些作品绮靡香艳，具备了宫体诗的某些特征，它们的出现为后来宫体诗的繁荣作了准备。其二是全盛时期（梁天监八年至陈末）。梁天监八年（509），徐摛任晋安王萧纲侍读，开始大力写作宫体诗，并以此来影响萧纲及其周围文人，于是宫体诗便首先在萧纲幕中流行起来①。大通三年（529），萧纲入主东宫，同时执掌文坛，其时诗坛盛行裴子野、谢灵运的诗风。萧纲遂对此种风气发起攻击，并以自己的创作大力提倡宫体诗，由是宫体诗在诗坛上确立了地位。而后宫体诗风日盛，到梁武帝大同以后，宫体诗风遂弥漫朝野，盛极一时，成为诗坛的主潮。其时著名的宫体诗人还有徐陵、庾肩吾、庾信、萧绎、萧子云、萧子显、刘遵、刘孝仪等人。其三是尾声时期（隋代至初唐）。梁陈宫体之风在隋代、初唐仍有势力，诗坛一派柔靡之风，其代表作家有以风格“绮错婉媚”著称的上官仪。不过此时宫体诗历经百年，已成强弩之末，“争构纤微，竞为雕刻”的诗风也越来越引起人们的不满。于是，首先是“四杰”，接着是陈子昂出来扫荡文场，改变了诗风。从宫体诗的流变发展来看，大约经历了一百多年的时间。

---

① 《梁书·徐摛传》：“（摛）属文好为新变，不拘旧体。……摛文体既别，春坊尽学之，‘宫体’之号，自斯而起。”

第二节　唐代文学流派

隋代虽有文帝发布“公私文翰，并宜实录”①的圣训，提倡改革文风，但这一时期活跃在文坛上的作家多是南北朝旧人，受齐梁文风熏染极重，又有隋炀帝带头写宫体诗，因而整个隋代文坛仍然弥漫着南北朝的浮艳文风，也没有形成独特的流派。唐代诗文则取得了极高的艺术成就，诗文集团和流派也异彩纷呈，极大地推动了文学的发展。

一、初唐十八学士

唐帝国建立之初，未即位的李世民为了与其兄建成、弟元吉争夺帝位，延揽了一大批文士，号称“十八学士”。这十八人是：杜如晦、房玄龄、于志宁、苏世长、薛收、褚亮、姚思廉、陆德明、孔颖达、李道玄、李守素、虞世南、蔡允恭、颜相时、许敬宗、薛元敬、盖文达、苏勖。“十八学士”既是李世民的智囊团，也是李世民的文学顾问。他们在草拟奏章、撰写文牍之外，也吟诗作文，对当时文风影响极大。他们大都自隋入唐，所作诗多奉和、应诏、侍宴等内容，诗风靡丽婉折。“十八学士”文学集团的领袖是李世民，他对齐梁诗风颇为爱好，写了不少宫体诗，如《采芙蓉》《翠微宫》《咏风》等，就完全承袭齐梁余风。

二、上官体

“上官体”是唐初诗人上官仪首创并专力写作的一种讲究声律、对仗，辞采艳丽的诗歌体式。《旧唐书·上官仪传》：“（上官仪）本以词采自达，工于五言诗，好以绮错婉媚为本。仪既贵显，故当时多有效其体者，时人谓为‘上官体’。”上官仪的文学活动在太宗朝后期及武后朝。他以文才而受知于太宗，成为当时最著名的宫廷诗人，上官仪实际上已成为当时诗坛的领袖人物，而上官体则可以视为初唐宫廷诗派的代称。

上官体诗内容多奉诏、应制，内容贫乏。在形式上，讲究工丽、精切，词采华赡，对仗整肃，声律谐和，为诗歌的格律化探索了新的途径。特别是他把诗歌创作的对仗方法程序化了，提出“六对”“八对”之说。上官仪的功劳在于将对偶之法比类排列，达到了系统、条理和理论化的程度，使后人便于

① 魏徵等：《隋书·李谔列传》，中华书局1973年版，第1544页。

掌握，加快了唐代律诗成熟的进程。

三、初唐四杰

在上官体盛行之时，武后文坛上崛起所谓“四杰”这一文学集团。“四杰”是指王勃、杨炯、卢照邻、骆宾王四位政治地位不高的文人。他们开始努力改变那种柔弱轻浮的宫体诗风。他们是班才华洋溢的士子，有建功立业的壮志，政治上屡受打击和排挤，生活潦倒，因此才能广泛地接触社会现实，受到各种磨炼，这样自然在作品中表现出郁郁不平之气。他们都不受齐梁诗风的束缚，试图扩大诗歌题材的领域。

他们在诗歌上的成就，主要表现在两方面：一方面是在七言古诗中发展了歌行体，另一方面是五言律诗经过试验逐渐成熟。在歌行方面成就比较大的主要是卢、骆，如卢照邻的《长安古意》、骆宾王的《帝京篇》等；在近体诗方面成就比较大的主要是王、杨，如王勃的《送杜少府之任蜀川》、骆宾王的《在狱咏蝉》等。

四、文章四友

“文章四友”是初唐诗人崔融、李峤、苏味道、杜审言的合称。[①] 他们是活跃于武后末期至唐中宗神龙、景龙之际的文学集团。文章四友有着大致相似的经历与文学趣尚。他们大都以文学才能而致通显。武后退位以后，他们也都因此而失去往日的荣耀，不是被贬，就是遭流放。

他们的诗歌具有明显的宫廷文学特点，多奉和、应制、游览、咏物之作，歌功颂德，意义不大。而风格则清丽流畅，圆美婉转。不过，与一般的宫廷诗相比，四友的诗具有一些新的特点。这主要表现在他们的游宴、应制诗中有着比较细致的景物描写，在应酬中时有个人真实情绪的流露。

更为重要的是，四友的诗都有比较严谨的格律。他们的诗绝大部分是近体诗，而从合律率来看，也高于初唐四杰。更值得注意的是，四友的近体诗几乎众体兼备。这说明四友对格律的运用已较前有了很大的提高，为后来律诗体制的最后定型作了充分的准备。文章四友中成就最高的是杜审言，其代表作是五律《和晋陵陆丞早春游望》，完全合律，被胡应麟称为“初唐五言律第一”[②]。

---

① 《新唐书·杜审言传》：“（审言）少与李峤、崔融、苏味道为文章四友。世号‘崔、李、苏、杜’。”

② 胡应麟：《诗薮》，上海古籍出版社 1958 年版，第 66 页。

五、王孟诗派

王孟诗派中的王维、孟浩然是盛唐开元、天宝年间山水田园诗派的杰出代表，他们的作品代表了这一诗派的最高成就。属于这一诗派的重要作家还有常建、祖咏、裴迪等人。

王孟诗派主要以山川风物、田园风光为题材，风格恬淡自然，精致秀丽；体制以五言诗为主。孟浩然是唐代大力写作山水诗的第一人，他的山水诗对自然景物观察细致，刻画入微，流露出淳厚朴拙的风格，语言淡素。如《过故人庄》，描写了极为普遍的乡村生活和田园景色，平淡朴素，毫无藻饰的痕迹。

王维的山水田园诗在孟浩然的基础上有了进一步的提高。他对自然景物的描写既宏大开阔，又细致入微，能把诗情、画意与禅意巧妙地融合起来。如《山居秋暝》，确是诗、画、禅的完美结合。

六、边塞诗派

边塞诗派是盛唐诗歌的主要流派之一。唐宋以来，边疆战争不断。随着民族意识的不断高涨，国力的增强，不少诗人仗剑从戎，走向边塞、战场，写作了大量以从军、出塞、征战为内容的诗歌。受这种诗歌风气的影响，许多没有边塞生活经验的诗人也创作了这方面的诗歌，因而在当时的诗坛上形成了以高适、岑参为代表的边塞诗派。

边塞诗的特点主要体现在四个方面：从内容上看，以描写边地风光，军旅生活为主；从感情基调上看，以慷慨激昂、昂扬奋发为主；从风格上看，雄奇奔放、瑰丽多姿，富有浪漫气质；从体制上看，多乐府体，尤以七言歌行为多。

高适、岑参为边塞诗派的杰出代表，他们的诗代表了盛唐边塞诗的高峰。高适诗风质实豪迈，内容深广充实。岑参的边塞诗以奇峭超逸为主要特色。

七、大历十才子

中唐大历年间，唐诗发展进入一个低潮期和转折期，“大历十才子”是这一时期的杰出诗人群体。他们是钱起、卢纶、吉中孚、韩翃、司空曙、苗发、崔峒、耿湋、夏侯审和李端。[①] 十才子共同的诗歌特征是：从诗歌内容看，以

① 参见欧阳修等：《新唐书·卢纶传》，中华书局1975年版，第5785页。

宴饮酬酢、山水田园、隐逸闲适为主。从艺术上看，十才子技巧圆熟，手法巧妙，风格清雅，多擅白描，着力于词语的锤炼、推敲。

大历十才子的诗有成就、有特色，却缺乏大家气度，具有过渡时期的特征。四库馆臣谓："大历以还，诗格初变。开宝浑厚之气，渐远渐漓，风调相高，稍趋浮响。升降之关，十子实为之职志。"①

八、新乐府诗派

中唐以白居易、元稹为代表，以新乐府诗的形式来揭露时弊，反映民生疾苦的诗歌流派。新乐府是相对于汉乐府来说的，指以新题写时事又不入乐的乐府体诗，也包括一部分以古题写时事的乐府诗。此派诗人还有张籍、王建等。

新乐府诗派主张诗歌创作必须明确政治目的，即"补察时政"，"泄导人情"，从而"救济人病，裨补时阙"。他们认为"文章合为时而著，歌诗合为事而作"，诗歌应该反映人民的疾苦。

新乐府诗派在语言风格上，强调通俗平易，浅切明畅。要求诗歌"其辞质而径，欲见之者易谕也；其言直而切，欲闻之者深诫也。……其体顺而肆，可以播于乐章歌曲也"②。

九、韩孟诗派

是在唐代元和年间形成的，以韩愈、孟郊为代表的诗歌流派。主要成员还有贾岛、李贺、卢仝、马异、刘叉、姚合等。韩孟诗派的理论主张：一是在审美理想上以雄奇光怪为美。他们突破传统的思路和写法，将传统的可怕、可憎、光怪陆离的意象引入诗中，以求产生一种独特的审美效果。二是主张诗歌应该抒发愤郁不平之气。韩愈倡导"不得其平则鸣"③，认为诗歌要抒发其"感激怨怼奇怪之辞"，以"舒忧娱悲"④。三是赞赏苦吟精神。韩、孟都力主语言要避熟出新，务去陈言，因而主张苦吟、锤炼。

---

① 永瑢等：《四库全书总目·钱仲文提要》，中华书局1965年版，第1286页。

② 白居易：《新乐府序》，见辛文房：《唐才子传校笺》，中华书局2010年版，第1307页。

③ 韩愈：《送孟东野序》，见魏仲举集注：《五百家注韩昌黎集》，中华书局2019年版，第957页。

④ 韩愈：《上兵部李侍郎书》，见辛文房：《唐才子传校笺》，中华书局2010年版，第1073页。

十、温李诗派

晚唐诗坛影响最大、成就最高的，当属以温庭筠、李商隐为代表的诗歌流派。其重要成员还有杜牧、许浑、韩偓等人。有“温李”和“小李杜”这两个文学并称，“温李”即温庭筠、李商隐，“小李杜”则是指李商隐和杜牧。

温李诗派反对传统的功利主义，追求一种细密幽约之美，表现出唯美倾向。他们善于沉潜到内心世界，捕捉瞬间的微妙变化，将绵渺深细的感情表现出来。

除诗派，唐代还有文派，主要有古文运动派、三十六体、皮陆派等。

十一、古文运动

唐代散文，由于古文运动的胜利，打破了骈体文在文坛的一统天下，无论思想性和艺术性都取得了极大成功。开元、天宝间，李华、萧颖士倡导写作古文，并称“萧李”，为后来古文运动的前驱。贞元、元和间，韩愈、柳宗元并称“韩柳”，他们协力抨击骈俪文风，明确提出“文以载道”“气盛言宜”等古文理论，并创作出大量的优秀作品，是古文运动的领袖。

十二、三十六体

晚唐初期，骈俪复萌。李商隐、温庭筠、段成式极擅骈文，形成“三十六体”①，影响了整个晚唐五代文风。

十三、皮陆

皮日休、陆龟蒙并称“皮陆”，他们特立于骈体文风之外，以小品文针砭时弊，取得了一定的功绩。

第三节 宋代文学流派

公元 960 年，赵匡胤建立宋朝。公元 1127 年，金兵南侵，结束北宋的统治。赵构南渡，在临安建立偏安一隅的南宋。至公元 1279 年被蒙古军队所灭，前后 319 年。

一、宋词流派

宋代文学最可称道的是词。宋初欧阳修、晏殊等人的词多描写贵族士

① 欧阳修等:《新唐书 · 李商隐传》，中华书局 1974 年版，第 5736 页。

大夫的闲适生活和流连光景、伤感时序的愁情，实际是晚唐、五代词风的继续。此后涌现出多个词学流派，共同推动词体文学达至高峰。

（一）柳派词

柳永的出现，使北宋词坛有了新的变化。柳词多杂俚俗之语，主要反映中下层市民的生活面貌，时称“俚词”“柳词”。柳词长于铺叙，拓展了长调的体制，促进了词的发展。

（二）豪放派词

苏轼以纵横奇逸之笔，浑厚慷慨之气，一扫词坛柔靡纤弱之态，创立了“豪放派词”。豪放派词摆脱了传统势力的束缚，内容上全面冲破了“词为艳科”的藩篱，使词“无意不可入，无事不可言”；在格律上，则“不喜剪裁以就音律”，随笔舒卷，为词的发展开拓了广阔的领域。同时写作豪放派词的还有王安石、贺铸、毛滂，稍后有张孝祥、张元干等。与苏轼同时稍晚的有黄庭坚、秦观、张耒、晁补之，号称“苏门四学士”[①]，又加上陈师道、李廌，称“苏门六君子”。其中秦观词成就最高，但却走了与苏轼词完全不同的路子，被认为“得花间、尊前遗韵”。秦观又与黄庭坚齐名，并称“秦黄”，两人风格颇为相似。

（三）大晟词人

北宋末年，周邦彦提举大晟府，糅柳词之铺张、苏词之妩媚、秦观之柔丽、贺铸之艳美，以及花间、欧晏词的丰韵于一体，达到了“富艳精工”“浑厚和雅”的境界，开创了“格律词派”，被认为是北宋词坛的集大成者。同派词人还有万俟咏、晁端礼、田为等，统称“大晟词人”。大晟词直接启迪了南宋姜夔、张炎等格律派词人。

（四）易安体

女词人李清照作词“创意出奇”“曲折尽人意”，论者以其词为“易安体”。李清照又被尊称为“婉约词主”。

（五）辛派词人

北宋灭亡之后，尖锐的民族矛盾给词注入了更多现实的内容，词风为之一变。爱国名将辛弃疾以词抒发自己的爱国之情，继承和发展了苏轼豪放词派的传统。同时还有陈亮、刘过、杨炎正和后期的岳珂、戴复古、刘

① 脱脱等：《宋史·黄庭坚传》，中华书局1977年版，第13110页。

克庄、刘辰翁，被称为“辛派词人”。辛派词人以辛弃疾成就最高。其词气魄豪壮，慷慨纵横，有“扫空万古”之概。在形式上亦有独创，打破了诗、词的界限，吸取了诗、散文、辞赋等多种文学形式的长处，形成了独特的风格。

（六）格律派词人

南宋中后期，姜夔进一步发展大晟词人的传统。使词在格律和内容表达形式上更加趋于圆熟，但内容脱离现实，题材也过于狭窄。属于这一派的还有吴文英、高观国、张辑、卢祖皋、王沂孙、张炎、周密、陈允平等。姜夔与张炎并称“姜张”，吴文英与周密并称“二窗”。这一派词人对后世影响极大，直到清代浙西派甚至标榜“家白石而户玉田”。

二、宋代诗歌流派

宋代诗歌也取得高度的艺术成就，是继唐代以后诗歌创作的又一高峰，流派众多。

（一）西昆体

西昆体是流行于北宋前期太宗、真宗及仁宗三朝以台阁诗人为主的诗歌流派。宋真宗景德二年（1005），真宗命杨亿等人编纂《册府元龟》，修书期间，杨亿等人互相唱和。大中祥符元年（1008），杨亿收集了杨亿、刘筠、钱惟演等十七位诗人互相唱和的五、七言近体诗二百五十首，编为一集，取名《西昆酬唱集》，西昆派之名即由此而来。

西昆派的作品在内容上比较狭窄，感情肤浅，主要取材于台阁文士优游宴乐的生活。当然，西昆派的创作也不是一无可取的，咏史之作，如《始皇》《汉武》《南朝》《明皇》等，往往能以古讽今，具有较强的现实针对性。在体裁上，西昆派全写近体，讲究音节铿锵，辞采妍丽，对仗工整，组织精密。在风格上，则多宗法李商隐，以深婉绮丽、刻玉镂金、多有典故为贵。

北宋初期，西昆体蔚成风气，占居了诗坛的主导地位，但其弊端也受到了严厉的批评。待欧阳修、苏舜钦、梅尧臣等登上诗坛，酝酿发起了一场诗文革新运动，并以自己的创作实绩取西昆体而代之。

（二）梅苏

“梅苏”是北宋中期梅尧臣、苏舜钦的合称。梅、苏两人都是诗文革新运动的健将，都以自己的诗歌创作扭转了笼罩诗坛的西昆派诗风，开始形成宋诗的独立面目。

他们都认为诗歌可以反映"风教之感，气俗之变"①，因而诗歌必须为现实政治服务，发挥美刺比兴的作用，遂多抨击时弊、揭露社会矛盾、反映民生疾苦的政治诗。在风格上，梅、苏两家却各有特点。梅诗兼有古硬与平淡两种风格，而以平淡为主，追求"作诗无古今，惟造平淡难"②。而苏舜钦的诗风偏于雄健豪放、超迈凌厉。他的诗感情强烈，有时突怒奔腾到不能自抑时，便常常冲决而出，一泻千里。诚如《宋史》本传中所说："时发愤懑于歌诗，其体豪放，往往惊人。"当然，苏诗也存在着情感抒发过于直露、精练含蓄不够的弊端。

梅苏之诗开始扭转了北宋前期诗坛浮华肤浅的西昆诗风，把诗风的改革推向了高潮。叶燮在《原诗》中说："开宋诗一代之面目者，始于梅尧臣、苏舜钦二人。"从这个意义上说梅苏可视为一个诗歌流派。

（三）元祐体

元祐体是北宋哲宗元祐年间开始广为流行的诗歌风格。元祐体这一称谓见严羽的《沧浪诗话》，注曰"苏黄陈诸公"，即苏轼、黄庭坚、陈师道等人。

元祐时期是宋代诗歌的繁盛时期，其时苏轼主持诗坛，宋诗的主要特点基本形成。从某种意义上来说，所谓元祐体，即指当时流行并对两宋诗坛发生重大影响的苏黄诗风。

苏轼是宋代最有才气的诗人。他的诗题材广泛，气势奔放。他常常在诗中发议论，直抒胸臆，滔滔汩汩，一泻千里。他的诗还富于理趣，在一些写景抒情的小诗中常常蕴含着哲理，如《题西林壁》。苏诗想象丰富，比喻新奇，又喜欢使事用典。这些特点既显示出苏轼纵横不羁的大家风范，又体现出宋诗不同于唐诗尚理趣、重学养的特点。他又乐于扶持新人，奖掖后进，因而在他周围便形成了一个作家群。北宋中后期的著名诗人大都跟苏轼有着直接、间接的关系，这在相当程度上促成了北宋中后期诗坛的繁荣。

黄庭坚先是苏轼的追随者，"苏门四学士"之一，后成为江西诗派的开创者，陈师道也是江西诗派的宗祖之一。

（四）江西诗派

江西诗派是在宋徽宗初年兴起的以黄庭坚为代表的诗歌流派。吕本中

① 苏舜钦：《古曼卿诗集序》，《苏学士文集》卷十三，《四部丛刊》影清康熙刊本。

② 梅尧臣：《读邵不疑学士诗卷》，《宛陵集》，《四部丛刊》影明万历梅氏祠堂本。

作《江西诗社宗派图》，把黄庭坚、陈师道为首的诗歌流派取名为“江西诗派”，该派因此得名。宋末元初方回撰《瀛奎律髓》，提倡一祖三宗之说，尊杜甫为祖，奉黄庭坚、陈师道、陈与义为宗，为江西诗派确立了整体概念。其重要成员还有陈与义、潘大临、韩驹等。

黄庭坚提出的一系列观点，成为江西诗派公认的理论主张。在诗歌创作门径和法度上，黄庭坚主张多读前人的作品，力求熟练地掌握炼字、造句、谋篇等写作技巧，以此为写诗打下基础。然后再力求打破前人技巧的束缚，进入“不烦绳削”的境界，争取超越前人而自成一家。① 又创“点铁成金”“夺胎换骨”之说。黄庭坚说：“自作语最难，老杜作诗，退之作文，无一字无来处。盖后人读书少，故谓韩、杜自作此语耳。古之能为文章者，真能陶冶万物，虽取古人之陈言入于翰墨，如灵丹一粒，点铁成金也。”②意指借用古人之词语、典故，加以点化。“不易其意而造其语，谓之换骨法；窥入其意而形容之，谓之夺胎法。”③意思是借用古人诗意加以点窜翻新。又提倡枯涩瘦硬之诗风。黄庭坚主张作诗要力避陈言俗调，自标新格，认为“宁律不谐，而不使句弱；用字不工，不使语俗”④，竭力追求格韵高绝的境界。

江西诗派经过黄庭坚、陈师道、陈与义等人的创作实践，影响日大，风靡整个诗坛。终宋之世，几乎很少有诗人不受其影响。

（五）永嘉四灵

“永嘉四灵”是流行于南宋后期的诗歌流派。所谓四灵是指徐照（字灵晖）、徐玑（字灵渊）、赵师秀（字灵秀）、翁卷（字灵舒），他们的字中都有一个“灵”字。四人中除翁卷是浙江乐清人外，其他三位都是永嘉人。他们诗风相近，故有此称。

四灵的出现代表了南宋诗风转变的一个新趋势。自黄庭坚开创江西诗派后，北宋末叶以迄南宋中期诗坛几为江西派所独占。然而到了宋宁宗之

① 黄庭坚：《题意可诗后》，见曾枣庄主编：《宋代序跋全编》，齐鲁书社 2015 年版，第 3115 页。

② 黄庭坚：《答洪驹父书》，见曾枣庄、刘琳主编：《全宋文》卷二二八一，上海辞书出版社、安徽教育出版社 2006 年版，第 301 页。

③ 慧洪：《冷斋夜话》引黄庭坚语。见吴曾：《能改斋漫录》卷十，大象出版社 2019 年版，第 24 页。

④ 黄庭坚：《题意可诗后》，见曾枣庄、刘琳主编：《全宋文》卷二三〇九，上海辞书出版社、安徽教育出版社 2006 年版，第 187 页。

世，江西派诗风已渐趋式微，诗人们多半又回过头来学习唐诗，特别是学唐人的近体诗，永嘉四灵就是这一倾向的代表，其影响一直延续到宋末。

四灵都是中下层文人，有的做过小官，有的终生未仕，因而牢骚满腹，却又企图在庄禅、理学中寻求某种安慰，以维持心理的平衡。在文学思想上，他们既反对当时理学家重道轻文的观点，也不满足于江西诗派“资书以为诗”，主张诗歌应陶冶性情，提倡“捐书以为诗”①，尽量白描，独出机杼。他们生活圈子狭窄，才力有限，因而他们倡导中晚唐贾岛、姚合一派诗风，以野逸清瘦之语相标榜。他们彼此酬唱，旨趣相投，诗风接近，因而形成了在当时有一定影响的诗歌流派。

（六）江湖诗派

南宋中后期，以姜夔、刘克庄、戴复古为代表的诗歌流派。当时，一些未能入仕的游士流转江湖，以献诗卖文维持生计，成为江湖谒客。书商陈起喜欢结交文人墨客，其中包括了低级官员、隐逸之士和江湖谒客，他凭借雄厚的财力，为所结交的诗人刻印诗集，总称《江湖集》。以江湖谒客为主的这些诗人就被称为“江湖诗派”。

从诗歌的内容来看，江湖诗派因人数众多，成分复杂，故诗歌内容丰富，但总体上多反映个人生活和感情，也有反映社会现实、关注民生疾苦的作品。如戴复古的《织妇叹》《庚子荐饥》，刘克庄的《国殇行》《军中乐》等，都表现了江湖诗派对现实社会的关注。

从诗歌的风格来看，江湖诗派具有纤巧清丽的特点。该派诗人喜欢写小题材、小景物，喜欢用五、七言近体的形式，手法多细腻精巧，不用典，不雕饰。力求口语化，清新可诵。

（七）爱国诗派

南宋灭亡后，一批爱国志士和诗人深感国破家亡的痛苦，用血和泪写出了许多爱国诗篇。他们的杰出代表是文天祥。称为“爱国诗派”。

（八）古文革新派

宋代诗人也往往是散文家，特别是由于北宋诗文革新运动的胜利，古文创作取得了空前的成功。其中代表人物是欧阳修、王安石、曾巩、苏洵、苏

---

① 刘克庄：《韩隐君诗序》，见曾枣庄主编：《宋代序跋全编》卷五三，齐鲁书社 2015 年版，第 1433 页。

轼、苏辙，他们与唐代的韩愈、柳宗元合称“唐宋八大家”。北宋诗文革新的对象是晚唐、五代以来的今体时文。诗文革新运动的前驱是王禹偁、柳开、穆修、孙复、石介等人。其领导者是欧阳修，他继承韩愈的观点，主张“文以载道”“先道后文”，强调文章平实、朴素，内容充实。欧阳修散文体裁多样，委婉含蓄，平易自然，成就极高。曾巩文含蓄典雅，冲和平淡，结构严谨，语言精练。王安石政论文说理透彻，笔力雄健，记叙文则隽永别致。苏轼散文内容宏富，千变万化。

第四节　明代文学流派

明代文学集团林立，流派纷呈，标新立异，争讼不息，造成了明代文学批评兴盛的局面。

一、明初四杰

明初，高启、杨基、张羽、徐贲四位诗人，均系吴中人，并称为“吴中四杰”，又称为吴中诗派、明初四杰。高启是此派领袖，他的诗歌具有强烈的个性，表现了一种独立不羁、要求获得自由发展的人格形象。其《青丘子歌》有云：“不忧回也空，不慕猗氏盈。不惭被宽褐，不羡垂华缨。不问龙虎苦战斗，不管乌兔忙奔倾。向水际独坐，林中独行。”追求无拘无束、自由独立的诗意人生。但是入明后在严酷政治的高压下，高启们的恣意人生是无法实现的。其后期诗歌往往流露出自由精神受到压抑和摧残的痛苦。高启善于模拟，四库馆臣谓其诗：“拟汉魏似汉魏，拟六朝似六朝，拟唐似唐，拟宋似宋，凡古人所长，无不兼之。”而又镕铸成清新超拔、沉雄古朴的独特风格，七言歌行体最能体现他的特色。

二、台阁体

明代永乐至成化年间，以馆阁文臣杨士奇、杨荣、杨溥为代表的一种创作风格，具有这种创作风格的还有胡俨、胡广、金幼孜、黄淮等人，因他们都身居高位，是当时的台阁重臣，故称这一诗派为台阁体。

台阁体诗大体上说来是一种平庸乏味的诗。从内容上看，台阁体诗主要写朝贺、宸游、征伐、饮宴等达官贵人的日常生活。最突出的有两点：一是对太平盛世的歌咏。如杨荣的《元夕赐灯诗》：“海宇升平日，元宵令节时。彩云飘凤阙，瑞霭饶龙旗。歌管春声动，星河夜色迟。万方同乐事，千载际昌期。”

描写了元宵时节一派歌舞升平、瑞霭缭绕的繁荣气象。二是表现台阁重臣陶然自得的心态。如“身世真超人境外,玉盘亲捧枣如瓜”(杨士奇《从游西苑》)。

从艺术特色来看,台阁体诗人崇尚平正纡余、淳厚典雅的诗风。他们反对雕琢,以为“务为新巧而风韵愈凡,务为高古而气格愈下”①。胡俨称赏杨荣的文章如“江河演迤,平铺漫流,高辞尔雅,不事雕琢,气象雍容,自然光彩”。

三、茶陵诗派

明成化、正德年间以湖南茶陵人李东阳为代表的诗歌流派。李东阳立朝数十年,官至内阁首辅。他喜欢奖掖后进,推举才士,其中有所成就的有何孟春、邵宝、顾清等,再加上他的朋友谢铎、吴宽等,形成了一个以他为核心的茶陵诗派。

当时社会弊病已日见严重,台阁体阿谀粉饰的文风已不容不变,以李东阳为首的茶陵派针对台阁体卑冗委琐的风气,提出“轶宋窥唐”,强调对法度声调的掌握,以图洗涤台阁体啴缓冗沓的风气,振兴文坛。一般认为,茶陵诗派是台阁体与前后七子之间的过渡。

在创作上茶陵派诗具有明显的两重性。一方面,他们尚未完全从台阁体中脱离出来。李东阳本身是台阁体后期的成员,以台阁大臣身份主持着诗坛。所以,他们的诗歌脱离不了台阁体那种歌功颂德、应制奉和的藩篱,无法从根本上改变台阁体的诗风。另一方面,茶陵诗派在一定范围内做出了革新。在内容上,既有关注社会现实的诗作,又有表现日常生活真情实感的诗作。在艺术形式上,茶陵派倡导浑雅正大之体,体现出一种夭矫劲健的审美效果。

四、吴中诗派

明代弘治、正德年间,流行于江南一带以祝允明、唐寅、文徵明和徐祯卿为代表的诗歌流派。这四人又被称为“吴中四才子”。吴中诗派的诗人大都才华横溢,善书画,工诗文,因科场不利,而退居山林,放浪市井,表现出一种特立独行的精神风貌。因此,吴中诗派的诗多流露出狂放不羁、真率自然、通俗浅近的特征。如“别人笑我忒疯癫,我笑他人看不穿。不见五陵豪杰墓,无花无酒锄作田”(唐寅《桃花庵歌》),将唐寅那种狂放不羁、豪气逼

① 杨荣:《省愆集序》,《文敏集》,影文渊阁《四库全书》本。

人的个性表现得淋漓尽致。又如“蓬头赤脚勘书忙，顶不笼巾腿不裳。日日饮醇聊弄妇，登床步入大槐乡”（祝允明《口号》），向我们展现了诗人个性舒张、纵情任性的狂傲之气。

五、前七子派

明弘治、正德年间，以李梦阳、何景明为代表的诗文流派。成员还包括徐祯卿、边贡、康海、王九思和王廷相等。前七子的崛起是对台阁体诗风的反拨。前七子皆为进士，又多负气节，因不满腐败的朝政和庸弱的士气，强烈反对当时“啴缓冗沓，千篇一律”的八股习气和虚夸平庸的台阁体诗风。

前七子以复古为号召，提倡“文必秦汉，诗必盛唐”①，企图以优秀的古典作品为楷模来扭转台阁体诗风，复古的目的还在于倡导真情，反映时政，追求质朴苍劲、古雅浑厚的风格。前七子崛起明代文坛后，其复古主张迅速风行天下，成为文学思想之主流，掀起了一场文学复古运动。这在明代文学史上有一定的进步意义。但其模拟之习也产生了消极影响。

六、后七子派

明嘉靖至万历年间的诗文流派，以李攀龙、王世贞为核心，主要成员还有谢榛、宗臣、梁有誉、徐中行、吴国伦等人。因在前七子之后，继承了前七子的思想，继续提倡复古，故称后七子，又有“嘉靖七子”之名。他们主张“文自西京、诗自天宝而下，俱无足观，于本朝独推李梦阳”②。复古思想与前七子一脉相承。论诗重法度格调，如王世贞说：“思即才之用，调即思之境，格即调之界。”又说：“首尾开阖，繁简奇正，各极其度，篇法也；抑扬顿挫，长短节奏，各极其致，句法也；点缀关键，金石绮彩，各极其造，字法也。”③所论也是对前七子格调说的继承和发展。

李攀龙的一些七律七绝写得比较出色，沈德潜、周淮在《明诗别裁集》卷八中评价其七言绝句为“有神无迹，语近情深”。如他的七律《登黄榆马陵诸山是太行绝顶处》其一云：“太行山色倚巑岏，绝顶清秋万里看。地坼黄河趋碣石，天回紫塞抱长安。悲风大壑飞流折，白日千崖落木寒。向夕振

---

① 张廷玉等：《明史·文苑二》，中华书局1974年版，第7348页。

② 张廷玉等：《明史·文苑三》，中华书局1974年版，第7318页。

③ 王世贞：《艺苑卮言》，见丁福保辑：《历代诗话续编》卷一，中华书局2006年版，第963页。

衣来朔雨，关门萧瑟罢凭栏。”这首诗描写了作者秋日登高所见的壮丽景象，境界开阔，气象高远，表现了作者恣肆不凡的胸襟。

七、公安派

明代后期以湖北公安人袁宗道、袁宏道、袁中道三兄弟为代表的，以矫正前后七子拟古思潮为主要目的的诗文流派。其中以袁宏道声誉最高，成就最大。针对拟古派的文学主张，公安派提出了“性灵说”的口号，推崇“独抒性灵，不拘格套”。他们要求文学作品要真实表现出作者的个性、感情。在袁宏道看来，“大概情至之语，自能感人，是谓真诗”①。认为优秀的作品都是任性而发，“性之所安，殆不可强，率性所行，是谓真人”②。他们认为，文学创作必须顺应时代的变化，不能一味因袭、摹拟。“代有升降，而法不相沿，各极其变，各穷其趣”③，“世道既变，文亦因之；今之不必摹古者，亦势也”④，否定了拟古派“文必秦汉、诗必盛唐”的观点。

他们的诗大都信心而出、信口而谈，根据生活体验和个人志趣爱好，抒情状物，写景赋事，追求一种清新洒脱、逸趣横生的创作效果。四库馆臣评论袁宏道时，谓“其诗文变板重为轻巧，变粉饰为本色，致天下耳目于一新”⑤。

总的说来，公安派的出现，对纠正前后七子的拟古风气，倡导个性，做出了一定的功绩。但随意轻巧的风格有时也使公安派的诗歌创作走向了浅薄粗俗之路。

八、竟陵派

明万历、崇祯年间，以湖北竟陵人钟惺、谭元春为代表的竟陵派崛起于文坛。竟陵派又称钟谭派。竟陵派继承了公安派的主张，但又有所不同。一方面，他们继承了公安派“独抒性灵，不拘格套”的思想，反对摹拟，主张张扬个性。提出重“真诗”，重“性灵”。另一方面，他们对公安派率直、浅俗的流弊不满，试图加以矫正。因此，竟陵派提出以“察其幽情单绪，孤行静寄于喧杂之中，而乃以其虚怀定力，独往冥游于寥廓之外”的创作要求，来

① 袁宏道：《叙小修诗》，《袁中郎全集》卷一，明崇祯刊本。

② 袁宏道：《识张幼于箴铭后》，《袁中郎全集》卷十六，明崇祯刊本。

③ 袁宏道：《叙小修诗》，《袁中郎全集》卷一，明崇祯刊本。

④ 袁宏道：《江进之》，《袁中郎全集》卷二十三，明崇祯刊本。

⑤ 永瑢等：《四库全书总目 · 袁中郎提要》，中华书局1965年版，第963页。

反对“极肤、极狭、极熟，便于口手”的公安派诗风，[①]即追求一种幽深奇僻、孤往独来的文学审美情趣。客观上对纠正拟古派和性灵派流弊起到了一定的积极作用。但他们偏执地将“幽情单绪”“孤行静寄”当作文学的全部内蕴，这就将诗歌引向了比公安派更为狭窄的道路。

九、几社

明末爱国文学社团之一，其领袖为陈子龙，最初成员有六位：陈子龙、夏允彝、杜麟征、周立勋、彭宾、徐浮远，人称“几社六子”，后成员扩大至百人。在文学主张上，推崇复古，陈子龙《仿佛楼诗稿序》认为：“既生于古人之后，其体格之雅，音调之美，此前哲之所已备，无可独造者。”同时，主张发扬诗歌的讥刺传统，对现实政治有所干预，抒发真实的思想感情。清人吴伟业《梅村诗话》评陈子龙“诗特高华雄浑，睥睨一世”。

十、复社

崇祯初年，太仓人张溥、张采等发起的带有政治团体性质的文学社团。其首领张溥、张采都是娄东（太仓）人，因此被称为“娄东二张”。复社是在几个小社的基础上形成的，包括了江北匡社、中州端社、松江几社、莱阳邑社、浙东超社、浙西庄社、黄州质社、江西应社。复社之名，有复兴古学之意。在诗歌创作方面，复社推崇盛唐，取法明七子。他们注重反映社会现实，揭露权奸宦官，同情民生疾苦，讴歌抗清伟业，抒发报国豪情。

十一、云间派

明清之交以松江（古称云间）人陈子龙为代表的诗歌流派，主要成员还有李雯、宋征舆、夏允彝、夏完淳等。云间派以“云间三子”陈子龙、李雯、宋征舆为中心，其中以陈子龙成就最高。云间派膜拜《诗经》中的风雅传统，推崇汉魏、盛唐诗歌，表彰明前后七子的复古之风。他们强调诗歌创作应包涵性情、学问、世运，提出了“诗之本”在“忧时托志”，极具现实主义色彩，这又是对七子派的发展。

第五节　清代文学流派

明清鼎革，激化了民族矛盾与斗争，唤起了汉族的民族意识和文人的创

---

① 钟惺：《诗归序》，见张宏生、于景祥：《中国历代唐诗书目提要》，辽海出版社 2015 年版，第 343 页。

作才情，给文学注入了新的生命力，各体文学均呈现出中兴的局面。本节主要论述清代诗歌流派。

一、虞山诗派

清代初年，以钱谦益、冯叔、冯班为代表的诗歌流派在当时的诗坛最负盛名，因该派三位代表诗人为常熟虞山人，故称为虞山诗派。

他们反对诗歌只注重形式，一味地摹拟，缺乏个性，而强调诗歌的真情特质，认为"诗以道性情"①，"有真好色，有真怨诽，而天下始有真诗"②。虞山派的诗歌有许多关注社会现实、抒发家国之恨的作品，如钱谦益的《发在平过高唐州》写出了人民在官府的逼迫下流离失所、奔走道路的惨状。冯班《甲申闻报兼祭长洲许琰》描写了天灾人祸下民不聊生的景象。冯舒《丙戌除夜是夕立春》则表现了作者对明亡的忧思。

二、河朔诗派

清顺治、康熙年间，流行于北方以申涵光为代表的诗歌流派，该派的作家还有殷岳、张盖、赵湛、刘逢源等。该派诗人大都是明亡之后隐居不仕的遗民。他们经常相互唱和，倾吐怨愤，逐渐形成一个诗人群体。他们有大致相同的诗学主张，认为作诗的宗旨是"陶写性情，舒我抑郁"③，推崇杜诗忧国忧民、同情人民苦难的思想和沉郁悲壮、"刚肠嫉恶"④的风格。他们善于以闳肆悲郁之音、苍劲激楚之声反映时艰，发愤抒志。

三、神韵派

清初以王士禛为代表的诗歌流派。其成员还有吴雯、洪昇、宗元鼎等人。王士禛的"神韵说"代表了该派的理论主张。"神韵"主旨与钟嵘《诗品》的"滋味"说、司空图的"韵外之致"⑤大体相同，而以"不着一字，尽得风流"⑥和"羚羊挂角，无迹可求"⑦为最高境界。吴陈琰认为："梅止于酸，盐

---

① 冯班：《马小山停云集序》，《钝吟全集》，清康熙七年汲古阁本。

② 钱谦益：《季沧苇诗序》，《牧斋有学集》卷十七，《四部丛刊》影清康熙本。

③ 申涵光：《文集自序》，《聪山集》，清康熙十六年刻本。

④ 申涵光：《屿舫诗序》，《聪山集》，清康熙十六年刻本。

⑤ 司空图：《与李生论诗书》，见董诰等编：《全唐文》卷八〇七，中华书局 1983 年版，第 8485 页。

⑥ 司空图：《二十四诗品》，司空图著，郭绍虞集解：《诗品集解》，人民出版社 2005 年版，第 21 页。

⑦ 严羽：《沧浪诗话》，严羽著，郭绍虞校释：《沧浪诗话校释》，人民出版社 1983 年版，第 26 页。

止于咸，饮食不可无酸咸，而其美常在酸咸之外，酸咸之外者何？味外味也；味外味者，神韵也。”①所谓的神韵，是要求诗歌具有含蓄深蕴、言尽意不尽的特点。因此，特别推崇唐代王维、孟浩然的诗。

四、浙西诗派

清代中期，以朱彝尊为开山之祖的诗歌流派。该诗派成员还有厉鹗、杭世骏、金农、符曾、丁敬、全祖望、江沆等。浙西诗派宗法宋人，好用典故，好以学问入诗，诗风清润苍劲。杨钟羲在《雪桥诗话》中引吴颖芳语说：“浙诗国初衍云间派，尚傍王、李门户，竹垞（朱彝尊号）出，尚根柢考据，善词藻而骋辔衔，士大夫咸宗之，俭腹咨嗟之吟摈弃不取，风云月露之句薄而不为，浙诗为之大变。”浙西诗派蔚为大观，是由钱塘人厉鹗实现的。厉鹗承袭了宗宋的风气，并别开生面，自树一帜。他的诗笔致轻灵，风味清幽，饶有情趣。

五、格调派

清雍正、乾隆年间以沈德潜为代表的诗歌流派，因该派沈德潜倡导“格调说”而得名。该派作家还有钱大昕、王昶、赵文哲、曹仁虎等。格调派注重诗歌反映诗人的真性情。沈德潜认为“诗贵性情”，又说“性情面目，人人各具”。② 格调派主张师法唐诗，尤以李白、杜甫为正宗，提倡温柔敦厚的诗歌风格，在表现方法上讲究比兴、蕴蓄，反对发露。

六、性灵派

清乾隆年间以袁枚为代表的诗歌流派。因该派诗人强调诗歌必须本于性灵而得名。所谓的性灵实指人的真实情感。该派诗人还有蒋士铨、赵翼、郑燮等。

性情真淳、笔致轻灵是该派诗学的基本主张。袁枚《寄怀钱屿沙方伯予告归里》说“性情以外本无诗”，又在《随园诗话》中说“自把新诗写性情”，“作诗不可无我”，“有人无我，是傀儡也”。反对摹拟，主张转益多师，提倡风格的多样化和个性化。袁枚的诗大体上体现了性灵派的诗歌理论。他的诗能突破封建正统思想的束缚，颇具离经叛道的色彩。他宣扬性情至上，肯定男女情欲的合理性。他的诗往往不用或少用典故，不加雕饰，脱口

---

① 吴陈琰：《蚕尾续集・序》，《蚕尾续集》，齐鲁书社 2007 年版，第 1153 页。

② 沈德潜：《诗话晬语》，见吴文治编：《韩愈资料汇编》，中华书局 1983 年版，第 1132 页。

而出，晓畅平易。

七、肌理派

清嘉庆年间，以翁方纲为代表的诗歌流派。该派因翁方纲提倡“肌理说”而得名。主张“为学必以考证为准，为诗必以肌理为准”①。杜甫《丽人行》中有“肌理细腻骨肉均”一语，翁方纲用“肌理”一词来论诗，意谓诗歌创作不能流于空疏而要讲究切实，如人的肌肤之有清晰的纹理。肌理的内涵大致包括“义理”与“文理”。“义理”即“言有物”，指以六经为代表的合乎儒家道德规范的思想与学问；“文理”为“言有序”，指诗律、结构、章法等作诗之法。翁方纲又认为学问是作诗的根本，提倡以学问入诗，以考据入诗。然而也往往失之索然无味。

八、宋诗派

在清代，宋诗派有广义和狭义之分。广义的宋诗派是指清代推崇、取法宋诗的流派。清代诗坛，学宋是一股潮流，其中有三个突出的时期：第一是发端于顺治、康熙，大盛于乾隆，以朱彝尊为开山之祖、厉鹗为代表的浙西诗派。第二是道光、咸丰年间以何绍基、曾国藩、郑珍为代表的宋诗派。第三是起于同治、光绪，绵延至民初，以陈三立为代表的同光体诗派。因这三个诗派都高举宗宋旗号，效法宋诗，故被称为“宋诗派”。狭义的宋诗派则是指道光、咸丰年间以程恩泽为领袖，何绍基、曾国藩等为代表的诗歌流派。其重要成员还有郑珍、欧阳辂、莫有芝等。此派提出先学为人，后学作文，“人与文一”的观点，主张学人之诗与诗人之诗相结合。在艺术上，他们要求诗歌须追新逐奇，化腐朽为神奇，力求“语必惊人，字忌习见”②。从实际的创作来看，宋诗派主要崇尚是“以开元、天宝、元和、元祐诸大家为职志”③，即以杜甫、韩愈、苏轼、黄庭坚为宗，推崇质实、厚重、生新之风。

九、中晚唐诗派

清同治、光绪年间，以樊增祥、易顺鼎为代表的诗歌流派。因该派师法白居易、元稹、李贺、李商隐、温庭筠等中晚唐诗人而得名。中晚唐诗派诗歌

---

① 翁方纲：《志言集序》，见金海编：《杜牧资料汇编》，中华书局 2006 年版，第 291 页。

② 陈衍：《石遗室诗话》，人民文学出版社 2004 年版，第 42 页。

③ 陈衍：《石遗室诗话》，人民文学出版社 2004 年版，第 41 页。

的基本特点是以隶事、对仗为能，辞采艳丽，清新流美。

十、汉魏六朝诗派

中国近代，以汉魏六朝诗为取法对象的诗歌流派。主要代表人物为王闿运、邓辅纶，属于该派诗人的还有程颂万、陈锐、高心夔等。该派以五言为学诗的枢纽，定汉魏六朝为师法的对象。

十一、新派诗

流行于十九世纪末，以宣传维新思想为要旨的诗歌流派。其主要成员有康有为、梁启超、谭嗣同、黄遵宪、夏曾佑等人。他们强调诗歌要为现实政治服务，反对拟古。主张改革旧体诗，开创新境界。其诗主要特点是写新内容，创新意境，时以新名词入诗，不拘格律，语言通俗。

十二、同光体

中国近代诗坛上以拟宋为特征的诗歌流派。陈衍说："同光体者，余与苏堪(郑孝胥)戏目同光以来诗人不专宗盛唐也。"①

同光体有三个方面的基本特点。一是拟古气息浓厚。他们诗法黄庭坚、陈师道、王安石、梅尧臣等，从宋人的诗作中寻找灵感和创作源泉，摹拟痕迹明显。二是语言艰涩生硬。他们好以学问入诗，喜用僻典，生造新词，时用拗句。因而他们的诗多佶屈聱牙，险奥难解。三是注重锤炼功夫。他们"不肯作一习见语"，"恶俗恶熟"②，力求在字句上翻新出奇，倾力于炼字炼句。

钱仲联在《论同光体》中指出，同光体诗人因其具体宗尚不同，又有闽派、浙派、江西派之分。陈衍将道光以来宋诗运动的诗歌分为"清苍幽峭"和"生涩奥衍"两派，前者"体会渊微，出以精思健笔"；后者"语必惊人，字忌习见"③。大体说来，闽派近于前者，浙派、江西派近于后者。

十三、南社

近代资产阶级民主革命运动中形成的诗歌创作团体。为了团结革命文学力量，宣统元年(1909)，由陈去病、高旭、柳亚子发起。社名"南社"，取意于"钟仪操南音，不忘本也"④，寓有对抗清朝之意。他们的宗旨是用诗歌的

---

① 陈衍：《石遗室诗话》，人民文学出版社 2004 年版，第 4 页。

② 陈衍：《石遗室诗话》，人民文学出版社 2004 年版，第 14 页。

③ 陈衍：《石遗室诗话》，人民文学出版社 2004 年版，第 41 页。

④ 宁调元：《南社集序》，《南社丛刻》本。

形式宣传民族民主革命,为政治上推翻清朝封建专制统治服务。南社创作的基本倾向表现在四个方面:第一,强调文学要反映现实,要抒发反清、革命与爱国之情。第二,提倡唐音,反对尊宋,南社诗人尊唐黜宋,很大程度上是为了与以封建遗老为主的宋诗派做抗争。第三,崇尚浪漫主义。他们的诗反封建专制,要求解放个性,呼唤改革,抒发理想,洋溢着浪漫主义激情。第四,重内容,轻形式。他们重视诗歌的思想内容,要求诗歌成为资产阶级民主革命中的号角。

第四章　文学体裁

我国古代文学体裁丰富多样，源远流长。从上古歌谣、上古神话、诗经、楚辞，到后来的诗、词、曲、赋，以及文章、小说、戏曲，几千年的传承一直未曾中断。为行文方便，本章按诗歌、辞赋、文章、小说、词曲五大类进行分类介绍。

第一节　诗　歌

诗歌是最具抒情性的一种文体，其巨大的情感力量和富有韵律的音乐语言，使其具有永久的魅力。古代诗歌按体裁可以分为古体诗和近体诗两大类。

古体诗，是指唐以前的诗歌，这些诗歌大多格律自由，不讲究对仗、平仄，篇幅长短不限。主要有四言、五言、六言、七言体和杂言体，包括上古歌谣、诗经、楚辞、汉乐府、汉代文人诗、魏晋南北朝民歌、建安诗歌、太康诗歌、陶渊明五言诗以及唐代的古诗和新乐府诗等。

远古时期的文学巫卜色彩浓厚，如据说是神农时期产生的《蜡辞》，可能是一首农事祭歌："土反其宅，水归其壑，昆虫毋作，草木归其泽！"表达情感最早最为朴实的歌谣"候人兮猗"，被视为中国爱情诗的最初篇章，据《吕氏春秋·音初》记载，是大禹之妻涂山氏之女等候大禹时所唱的，歌谣只一句四字，情感表达却缠绵悱恻，韵味深长。《诗经》是我国古代诗歌体裁形成与发展的第一个高峰，按风、雅、颂分为三类。由于上古祭祀活动盛行，"大雅"和"三颂"中多为祭祀诗，主要内容为祭祀、歌颂祖先，如被认为是周族史诗的《生民》，叙述了周民族始祖姜嫄履帝迹生子的神话，反映了母系社会只知有母不知有父的现实，姜嫄所生之子即为周人始祖后稷，《生民》描写了后稷超人的农业稼穑才能，表现了后人对后稷开辟之功的钦佩与自豪。《诗经》中的“大雅”与“小雅”主要反映了贵族及下层官吏的生活场景，如燕飨、战争与仕宦生涯等。《小雅·鹿鸣》是一首天子宴群臣嘉宾的诗，后被广泛运用于贵族宴会宾客之时：“呦呦鹿鸣，食野之苹。我有嘉宾，鼓瑟吹笙。”《诗经》中最精彩动人的篇章是反映婚姻爱情生活的诗作，主要集中在“国风”之中，情感坦诚真挚，如“执子之手，与子偕老”（《诗经·邶风·击鼓》），“野有蔓草，零露漙兮。有美一人，清扬婉兮。邂逅相遇，适我愿兮。”（《郑风·野有蔓草》）有的诗歌表现了男子对爱情的执着专一：“出其东门，有女如云。虽则如云。匪我思存。缟衣綦巾，聊乐我员。”（《郑风·出其东门》）；有的诗歌则表达了女子对男子的思念：“青青子衿，悠悠我心。纵我不往，子宁不嗣音？”（《郑风·子衿》）“国风”中也有不少诗歌与民间礼俗活动有着密切关系，甚至有一些描写男女恋情的诗歌就产生于民间集体祭祀活动中，如《郑风·溱洧》记载的就是季节祭祀中男女约会的场面：“溱与洧，方涣涣兮。士与女，方秉蕳兮。”

与《诗经》为先秦劳动人民集体智慧结晶相比，楚辞则是作家有意识自觉创作大量诗歌的开端。楚辞以杂言为主，比四言的《诗经》在句式上更为自由而富于变化，往往是在四言或六言句式中增加一个语气助词“兮”字，构成了五言或七言句式。楚辞比《诗经》更适合抒发热烈、幽深的情感，塑造复杂的艺术形象，其最为突出的艺术特征，是以象征手法来抒发感情，如香草通常被屈原用来象征自己的品质和修养，而美人被屈原自拟，用以向楚王陈述忠君之心及遗弃之怨：“惟草木之零落兮，恐美人之迟暮”“众女嫉余之蛾眉兮，谣诼谓余以善淫”。香草美人意象，已成为一个浪漫而悲怨的文学传统，感染和哺育了一代又一代的诗人。

汉代乐府诗是继《诗经》之后古代民歌的又一汇集，是中国古典诗歌的又一高峰，与《诗经》的四言和楚辞的“兮”字句相区别的是，汉代乐府诗主要是杂言体与五言体，它继承并发展了《诗经》现实主义的优良传统，“感于哀乐，缘事而发”。与《诗经》和楚辞中的主调是抒情诗不同的是，汉乐府出现了大量成就很高的叙事诗，标志中国古代叙事诗的成熟。汉乐府中的叙事诗叙事详略得当，繁简有法，叙事不再附属于抒情，而是构建完整的故事情节，讲述一个个有头有尾、情节完整的故事。如《十五从军征》讲述一位十五岁出去当兵，八十岁才得以返乡的老兵的经历，诗歌通过景物描写渲染了老兵家园荒芜、亲人辞世的悲惨现实，详细叙述老兵归家后的行动，诗歌以叙事为主,对主人公的情感较少着笔,末四句道出主人公所有悲哀,“羹饭一时熟,不知贻阿谁。出门东向看,泪落沾我衣。”言事尽而言情不欲尽。汉代乐府诗语言朴素自然,感情强烈真挚,还出现了一些富于戏剧性的独白和对话,如《战城南》《陌上桑》中大段的独白与对话描写,增强了诗歌的表现力。

进入东汉以后,文人奉四言为正言的状况有所改观,开始创作五言诗,完整的七言诗也开始产生。东汉文人五言诗的典范是《古诗十九首》,钟嵘《诗品》称之为“文温而丽,意悲而远,惊心动魄”,刘勰《文心雕龙》评为“五言之冠冕”。《古诗十九首》写游子之思与思妇之情,抒发人生普遍的情感和思绪,言情婉曲而反复低回,善用比兴,如《行行重行行》:“胡马依北风,越鸟巢南枝”“浮云蔽白日,游子不顾反”等句,语言朴素自然,描写生动真切。

唐代以歌行体为代表的古体诗达到了后代难以企及的高度。歌行体为南朝鲍照所创,本出自乐府,但形式较自由,文辞更铺展,融合了七言古诗和骈赋,又受到近体诗的一些影响,通常用“歌”“行”或“歌行”来命名,代表作有岑参的《白雪歌送武判官归京》、白居易的《长恨歌》等,但最有特色的是李白的杂言歌行。李白的歌行,语言通俗流畅,似暴风急雨,骤起骤落,又如行云流水,一泻千里,完全打破诗歌创作的一切固有格式,空无依傍,笔法多变,达到了任随性情之所之而变幻莫测、摇曳多姿的神奇境界。如他的《宣州谢朓楼饯别校书叔云》:“弃我去者,昨日之日不可留;乱我心者,今日之日多烦忧。……抽刀断水水更流,举杯消愁愁更愁。人生在世不称意,明朝散发弄扁舟。”《梦游天姥吟留别》:“我欲因之梦吴越,一夜飞度镜湖月。湖月照我影,送我至剡溪。……安能摧眉折腰事权贵,使我不得开心颜。”李白歌行呈现出的豪迈飘逸的诗歌风貌,充分体现了盛唐诗歌蓬勃向上的时代精神美。

近体诗又称“今体诗”,是唐人为了与以前不受格律限制的“古体诗”相区别而命名的。近体诗包括律诗和绝句,它是在五古、七古的基础上,吸收了六朝崇尚骈偶和讲究音律的元素,特别是永明体和宫体诗的出现,对近体诗影响很大。到了初唐,具有严密格律和固定形式的律诗终于出现了。

律诗因格律严明而得名,要求“篇有定句,句有定字,韵有定位,字有定声,联有定对”。每首诗句数固定,除排律外,五言律诗、七言律诗都是每首八句,所以每首诗的字数也是固定的。律诗的中间两联,要求用对偶句,即颔联上下句对仗,颈联上下句对仗。对仗不仅是平仄相对,而且句法结构和意义也要相对。律诗通常押平声韵,首句可入韵,也可不入韵,“声(调)”不同的字不能押韵。一首诗要一韵到底,不能中途换韵,且双句句末必须用韵,单句句末可不用韵。律诗还讲究平仄,每首诗八句分为四联——首联、颔联、颈联、尾联,各联内部两句的节奏点上要平仄相反,称为“对”;相邻两联间两句的节奏点上平仄相同,称为“粘”。每联单句、双句分别称“出句”和“对句”,如首联的出句是平—仄—平,那么对句就是仄—平—仄,颔联的上句还应是仄—平—仄,颔联的下句是平—仄—平,一对一粘,音韵既整齐,又错落。七言律诗平仄讲究“一三五不论,二四六分明”,即每句的第一、三、五字可以不拘平仄,第二、四、六、字必须依据格式平仄相间。五言律诗则是“一三不论,二四分明”。

总的来说,律诗的格律要求为“本句平仄相交替,对句平仄要对立。一三五字不严论,二四六字必明晰。首颔颈尾共四联,双对单粘不可移。中间两联用对仗,双句平韵直到底”。

初唐律诗最有代表性的是杜审言、沈佺期、宋之问的作品,沈佺期的《独不见》是一首温丽高古的七言律诗,宋之问的《度大庾岭》是一首情景交融、华美谐婉的五言律诗。深受武则天宠幸的宋之问在武后失势后,被贬发配岭南。诗人度大庾岭,去国怀乡,凄楚悲凉之情难抑,遂写下这首后来五言律诗的典范之作:“度岭方辞国,停轺一望家。魂随南翥鸟,泪尽北枝花。山雨初含霁,江云欲变霞。但令归有日,不敢恨长沙。”唐代律诗创作成就最大的是杜甫,他的律诗对仗工妥,用字精当,声音和谐,纵横恣肆。如《登高》被称为“古今第一律诗”,诗歌抒写其长年漂泊的老病孤愁,景象苍凉阔大,格调雄壮高爽:“风急天高猿啸哀,渚清沙白鸟飞回。无边落木萧萧下,不尽长江滚滚来。万里悲秋常作客,百年多病独登台。艰难苦恨繁霜鬓,潦倒新停浊酒杯。”全诗八句皆对,对仗严整,多个动词使整体流动感增强,疏畅而不失严密。

绝句常见的有五言和七言,也是近体诗的一种,每首四句,等于律诗的减半,所以也叫“截句”“断句”。如唐代张祜的五绝《何满子》:“故国三千里,深宫二十年。一声何满子,双泪落君前。”绝句有平仄押韵较为宽松的古绝句,如李白的《静夜思》。其《山中问答》也写得蕴意幽邃、质朴自然:

“问余何意栖碧山,笑而不答心自闲。桃花流水窅然去,别有天地非人间。”近体绝句对格律要求较为严格,有的绝句格律同于律诗前四句,如孟浩然的《宿建德江》:“移舟泊烟渚,日暮客愁新。野旷天低树,江清月近人。”有的同于律诗后四句,如王之涣的《登鹳雀楼》:“白日依山尽,黄河入海流。欲穷千里目,更上一层楼。”还有的同于律诗中间四句,如杜甫的名篇《绝句》(两个黄鹂鸣翠柳)等。也有不太讲究对仗的近体绝句,如贺知章的《回乡偶书》其二:“离别家乡岁月多,近来人事半消磨。惟有门前镜湖水,春风不改旧时波。”

除律诗和绝句之外,排律也属于近体诗。它按照一般律诗的格式加以铺排延长而成,又称长律,对平仄、对仗、押韵等要求严格。由于限制过多,流于堆砌死板,内容也日见贫乏,极少名篇。较为有名的有南朝宋谢灵运的《湖中瞻眺》、庾信的《奉和山池》,中唐白居易的《代书诗寄微之》以及韩愈、孟郊等的长篇联句《城南联句》等。

第二节　辞　赋

“辞赋”连称,多半单指“赋”而不是“楚辞”与“赋”。“赋”介于诗歌与散文之间,韵散结合,可以说是诗的散文化、散文的诗化,可以朗诵,但不像《诗经》那样可以入乐。赋体的流变大致经历了骚体赋、散体赋、短篇小赋、骈赋、律赋、文赋几个阶段。

汉代是赋的兴盛期,也是辞赋文体论述开始活跃的时代。汉代君臣多为楚地人,他们受《楚辞》影响很深,从而创造出汉代文坛独具风貌的赋。无论是骚体赋还是散体大赋,其浪漫主义精神和绚丽斑斓的语言形式,都与崇尚现实主义的中原文化审美趣味相区别。汉初贾谊则是第一个为自己的作品冠以“赋”名的重要人物,贾谊的赋为骚体赋,大量使用四字句,句法比较整齐。其《吊屈原赋》是汉初文坛的重要作品,为其被贬为长沙王太傅途经湘水时所作,他借凭吊屈原来抒发自己的抑郁不平之气。如:“彼寻常之污渎兮,岂能容夫吞舟之巨鱼?横江湖之鳣鲸兮,固将制于蝼蚁。”①他认为造成屈原悲剧的根本原因是其节操高尚,才能超凡,所以不为社会所容。他

① 班固:《汉书·贾谊传》,中华书局1965年版,第2225页。

的《鹏鸟赋》以主客问答的形式，阐明自己对生死、祸福的达观态度。

散体大赋又称为新体赋，西汉时代表作有枚乘的《七发》、司马相如的《子虚赋》《上林赋》。《七发》以楚太子有病，吴客前往探病为开端，以较有益于健康的贵族生活方式启发太子，是劝诫膏粱子弟的一篇成功之作。《七发》在艺术上的特色是铺张，这也是新体赋即散体大赋的根本特色，以铺张为能事，以适应统一帝国的需要。所以刘勰《文心雕龙·诠赋》说，“赋者，铺也，铺采摛文，体物写志也”。司马相如的《子虚赋》和《上林赋》代表新体赋的最高成就。《子虚赋》作于相如为梁孝王宾客时，《上林赋》作于武帝召见之际，这两篇赋摆脱了以往辞赋模仿楚辞的俗套，假托人物子虚、乌有先生、亡是公三人，设为问答，层层铺写了诸侯和天子上林苑的“巨丽”和壮阔，歌颂了大一统中央皇朝无可比拟的气魄和声威，又从天子对后世子孙的垂范作用、对社稷人民所负使命的角度对统治者达到了讽谏的目的。作品气势恢宏，波澜起伏，一转再转，而又气脉贯通，一泻千里。《子虚赋》和《上林赋》确立了一个以歌颂王朝声威和气魄为主要内容的“劝百讽一”的赋颂传统，也奠定了一种铺张扬厉的大赋体制，在总体上显示出恢宏壮阔的美学特征。扬雄是继司马相如之后西汉最著名的新体赋大家，扬雄的赋学习司马相如的铺排夸饰，但其典丽深湛、词语蕴藉又与司马相如的词语雄肆、意气风发相区别。代表作有《甘泉赋》《羽猎赋》和《长杨赋》等。

东汉新体赋的名作为班固的《两都赋》和张衡的《二京赋》。东汉建都洛阳，关中父老犹望复都长安，班固作《两都赋》以反驳。《两都赋》以《西都赋》《东都赋》为上下章，《西都赋》盛赞长安形胜为中土之最；《东都赋》着力描绘了洛阳的法度，也就是后汉的制度之美，最后以节俭“折西宾淫侈之论”。《两都赋》借鉴司马相如和扬雄的上下篇相互对比、主客问答等写作手法，但作者也有自己的创造，如《东都赋》通篇都是讽喻、诱导，区别于传统大赋“劝”与“讽”篇幅相差悬殊的特点。张衡《二京赋》是他精思十年才完成的，以《西京赋》《东京赋》构成上下篇，体制比班固的赋更为恢宏精细，也更有特色。张衡少时就有感于“自王侯以下莫不逾侈”，《西京赋》假托凭虚公子对长安繁盛富丽的称颂，展现出一派繁荣富贵、穷奢极侈的京都景象，《东京赋》则表现安处先生对西京奢靡生活的否定，作品在叙述中引入议论说理，规讽和议论明显。《二京赋》规模宏大，文字典雅，取材翔实，被称为京都赋之极轨，推动了后来京都题材文学创作的发展。

短篇小赋以西汉王褒《洞箫赋》为咏物小赋的代表作，善于描摹物态，音调和谐，风格清新，不同于汉代大赋，在当时即获得了很高的评价，并对东汉一些以乐器、音乐为题材的作品产生了直接的影响。东汉时期盛行抒情赋，东汉抒情赋成就最突出的是纪行赋和述志赋。纪行赋以班彪的《北征赋》、班昭的《东征赋》和蔡邕的《述行赋》为代表，述志赋以冯衍的《显志赋》和张衡的《归田赋》为代表。纪行赋是后代游记文学的先声，主要叙写旅途所见所闻，抒发感慨。班彪的《北征赋》在结构上摹拟屈原的《楚辞》和刘歆的《遂初赋》，记述作者在两汉交替的动乱中离开长安至天水避乱的行程，将史实与感情紧密结合。这篇赋四句一转，字句温婉，文辞典雅，情感细腻，为纪行赋的成熟之作，表现了作者的感时伤世情怀。述志赋更注重抒发情感，反映社会动乱和宦海沉浮中的个人情志，张衡的《归田赋》借春日景物抒发自己归田后的恬淡愉悦，作品情景和谐，语言清新，注重骈偶，艺术成就较高。赵壹的《刺世疾邪赋》和祢衡的《鹦鹉赋》主要抒发个人感情、抨击黑暗现实，打破了以往的赋颂传统，是抒情赋的先声。

魏晋时期抒情小赋大量涌现，从而拓展了辞赋的表现领域与表现风格。曹植的《洛神赋》是传诵千古的名作，《洛神赋》借鉴宋玉《神女赋》，通过梦幻境界，描写了人神恋爱的悲剧。作品想象丰富，描写细腻，辞采流丽，抒情意味和神话色彩很浓。汉魏之际另一个出色的辞赋家是被刘勰《文心雕龙·才略》称为诗赋“七子之冠冕”的王粲，其代表作《登楼赋》语言平易隽永，把眷恋故乡、怀才不遇之情巧妙地结合起来：“风萧瑟而并兴兮，天惨惨而无色。兽狂顾以求群兮，鸟相鸣而举翼，原野阒其无人兮，征夫行而未息。心凄怆以感发兮，意忉怛而憯恻”，作品即景抒情，情境交融，感人至深。向秀《思旧赋》是悼念好友嵇康的作品，作者以情真语切、悲愤交加而又凝练含蓄的语言，寓情与景，寄意遥深，表达了对好友的追念感怀和对当政者的怨愤谴责。

骈赋代表作有江淹的《别赋》、庾信的《哀江南赋》等；唐代盛行科举考试专用的律赋，但佳作甚少；唐宋时代盛行趋向散文化的文赋，代表作品有杜牧的《阿房宫赋》、苏轼的《赤壁赋》、欧阳修的《秋声赋》等。《秋声赋》是欧阳修改造散文文体的尝试，叙事议论，悲秋悯怀，写景、状物形神兼备，变旧赋骈偶对仗为奇偶相间的散体。作品从秋之色、容、气、意四个方面把秋天的风貌和内在“气质”描绘得具体可感：“其色惨淡，烟霏云敛；其容清明，天高日晶；其气栗冽，砭人肌骨；其意萧条，山川寂寥；故其为声也，凄凄切切，呼号愤发。”结尾“草木无情，有时飘零。人为动物，惟物之灵。……奈何以非金石之质，欲与草木而争荣”句，表现了作者历经沧桑行至暮年之后的感受，抒发了对自然人生的深沉感慨。

第三节　文　章

文章是与诗歌相对应的中国古代文学的另一大类文体，有散体文章和骈文之分。散体文章指不押韵不重排偶的中国古代散文，内容极其广泛，主要分为以下几类：

一、史传

史传散文主要有编年体、纪传体、国别体等体裁。甲骨卜辞是史传散文的最早源头，甲骨卜辞记载了殷商时期包括祭祀、农业生产等社会生活的方方面面，可算作记事的片段散文，是先秦散文的萌芽。商周铜器铭文不仅有记事文字，还有简短的记言文字，内容比甲骨卜辞更复杂。《尚书》是最早的成篇的散文，创作时间与甲骨卜辞、铜器铭文相近，是中国最古的记言的史书，是中国古代散文形成的标志。《尚书》文字古奥迂涩，“周诰殷盘，佶屈聱牙”，但比甲骨卜辞和铜器铭文更注重语言技巧。

春秋战国时期的《左传》是先秦文学中叙事成就最高的一部编年体史书。《国语》则首创分国记史的国别体体例，以记言为主，在记言中展开故事情节，描绘人物形象，展现了春秋时代错综复杂的斗争风云和形形色色的人物风貌。《战国策》把战国策士赤裸裸追求功名富贵和谲诈机变的个性淋漓尽致地表现出来。

《史记》是汉代历史散文里程碑式的杰作，鲁迅称它是“史家之绝唱，无韵之离骚”（《汉文学史纲要》）。《史记》开创了我国纪传体史学的体例，作者在“实录”史事的基础上，塑造了众多栩栩如生、各具姿态的人物形象，表现了人物思想性格的重要特征，具有极强的艺术感染力。东汉史传散文中，班固的《汉书》和赵晔的《吴越春秋》都有很高的文学价值。

二、论、说

论是古代析理推论的议论文体，如贾谊的《过秦论》、苏洵的《六国论》等；说是用记叙、议论或说明等方式来阐述事理的文体，如韩愈的《马说》

《师说》等。论说文可追溯到先秦的诸子散文,《庄子》具有丰富的寓言与奇特的想象,将形象情感与逻辑思辨相结合,“汪洋恣肆”“飘渺奇变”,在先秦散文中独树一帜。《荀子》和《韩非子》是先秦说理散文发展的成熟阶段,基本上脱离了《论语》的语录体或《孟子》的对话体,而成为首尾完整、层次清晰、论证严密的专题论文。

韩愈和柳宗元都主张“文以载道”,强调文章的政治功用,韩愈提倡“修其辞以明其道”①,强调以文章承担起儒家政治教化责任。柳宗元重视“文”的作用:“言而不文则泥,然则文者固不可少耶!”②韩愈主张“不平则鸣”,强调文学抒情言志的功能,他还主张为文贵在创新,提出“惟陈言之务去”,主张文章应流畅易晓,“文从字顺各识职”。③ 韩柳的古文理论在他们的各类散文创作中得到了很好的体现,韩愈的论说文雄辩精悍,而柳宗元的论说文则有立有驳、气势雄浑。

欧阳修是宋代古文革新运动的领军人物,他强调道与现实生活的关系,强调文、道并重,认为“道纯则充于中者实,中充实则发为文者辉光”④,又认为“其言之所载者大且文,则其传也彰;言之所载者不文而又小,则其传也不彰”⑤。他强调艺术形式与思想内容并重的文学主张,提高了文学的地位。欧阳修的散文将古文的实际功用与艺术价值有机结合起来,内容充实,形式多样,有的散文直指当时的政治斗争,如反驳敌对势力写的《朋党论》,理直气壮,胆识过人,其“小人无朋,唯君子则有之”的论点,显示了革新者的凛然正气。苏轼亦为宋代古文革新运动的先驱者,并代表了宋代散文的最高成就。苏文以议论见长,其评史议政的文章如《留侯论》《平王论》,纵横捭阖,雄辩恣肆,深入浅出而又文采斐然。

清朝中期的方苞继承归有光的“唐宋派”古文传统,提出“义法”的主

---

① 韩愈:《谏臣论》,见魏仲举集注:《五百家注韩昌黎集》卷十四,中华书局2019年版,第806页。

② 柳宗元:《答吴武陵论非国语书》,《柳宗元集》卷三十一,中华书局1979年版,第824页。

③ 韩愈:《南阳樊绍述墓志铭》,见魏仲举集注:《五百家注韩昌黎集》卷三十四,中华书局2019年版,第1371页。

④ 欧阳修:《答祖择之书》,《欧阳修全集》卷六十九,中华书局2001年版,第1010页。

⑤ 欧阳修:《代人上王枢密求先集序书》,《欧阳修全集》卷六十九,中华书局2001年版,第1010页。

张:“义即《易》之所谓‘言有物’也,法即《易》之所谓‘言有序’也”①。桐城派以“义法”为基础,发展成具有严密体系的古文理论,切合了古代散文发展的格局,从而形成纵贯清代文坛的蔚然大派。

三、记

有碑记、杂记、游记等,其中游记描写旅行见闻,影响较大,名篇较多。如柳宗元的山水游记“永州八记”富有情韵,语言生动;苏轼的《石钟山记》在情景交融的优美意境中逐步展开议论,将叙事、抒情、议论三种功能结合得水乳交融,思路清晰,论证透辟;欧阳修的《醉翁亭记》写滁州山间朝暮四时不同的景色,语言自然流畅,文笔摇曳生姿,情感真挚动人,表达了作者寄情山水、与民同乐的思想;姚鼐的《登泰山记》以韵味胜,语言凝练生动,颇有文采。

四、疏、表、策

疏又称奏议,是臣僚向帝王进言使用文书的统称,重在议事,如贾谊的《论积贮疏》、魏征的《谏太宗十思疏》;表是陈述某种意见或事情的文体,重在言情,如李密的《陈情表》;策是科举考试问之于策而令应举者作答的文体。

五、赠序与序跋

赠序是为赠别而写的。古代文人送别时常以诗文相赠,后凡是惜别赠与的文章,都叫赠序。赠序内容多推重、赞许或勉励之词,如明代宋濂的《送东阳马生序》等。

序跋中的序也作“叙”“引”,一般写在书籍或文章前面(也有写在后面的称为“后序”或“跋”),有的序跋说明编写目的、简介编写体例和内容,有的评论作者作品或阐发问题,如《指南录后序》《伶官传序》等。

六、铭

“铭”是古代刻在器物上用来警诫自己或者称颂功德的文字,如唐刘禹锡的《陋室铭》等。还有刻在石碑上,叙述死者生平,加以歌功颂德追思的“墓志铭”,如韩愈的《柳子厚墓志铭》等。

七、书信

在中国古代的书信中,著名的有秦朝李斯的《谏逐客书》,还有司马

---

① 方苞:《又书货殖传后》,《望溪文集》卷二,《四部备要》清刻本。

迁的《报任安书》，其书信格式和用语都比较规范，为书信体典范。诸葛亮的《诫子书》饱含一位父亲对儿子的深情；曹丕、曹植的书札，抒发悲欢契阔之情，往往随境生趣，摇曳多姿；嵇康的《与山巨源绝交书》，以书信体尚情任气，真挚自然，表达自己不愿做官的坚决意志，充满自由与抗议的气息。

八、祭文

祭文是在告祭死者或天地山川等神祇时诵读的文章，主要追念死者生前经历，颂扬其品德和业绩，寄托哀思，激励生者。清代袁枚的《祭妹文》写得情真意切，生动感人，为后人广为传诵：

> 汝以一念之贞，遇人仳离，致孤危托落，虽命之所存，天实为之；然而累汝至此者，未尝非予之过也。予幼从先生授经，汝差肩而坐，爱听古人节义事；一旦长成，遽躬蹈之。呜呼！使汝不识《诗》《书》，或未必艰贞若是。
>
> 余捉蟋蟀，汝奋臂出其间；岁寒虫僵，同临其穴。今予殓汝葬汝，而当日之情形，憬然赴目。予九岁憩书斋，汝梳双髻，披单缣来，温《缁衣》一章；适先生奓户入，闻两童子音琅琅然，不觉莞尔，连呼"则则"，此七月望日事也。汝在九原，当分明记之。予弱冠粤行，汝掎裳悲恸。逾三年，予披宫锦还家，汝从东厢扶案出，一家瞠视而笑，不记语从何起，大概说长安登科、函使报信迟早云尔。凡此琐琐，虽为陈迹，然我一日未死，则一日不能忘。旧事填膺，思之凄梗，如影历历，逼取便逝。悔当时不将嫛婗情状，罗缕记存；然而汝已不在人间，则虽年光倒流，儿时可再，而亦无与为证印者矣。①

以上所述为古代主要的散文体裁。除了散文，还有一种特殊的文体：骈文。骈文和散文相对举，是指用骈体写成的文章，讲究对仗与声律，以偶句为主。骈文起源于汉末，全盛于南北朝，郭沫若曾指出："南北朝时期，骈文盛行。这种文体讲求对偶和声律，使用很多典故，堆砌词藻，意少词多，在表达思想

---

① 袁枚：《小仓山房诗文集》，上海古籍出版社 1988 年版，第 1435—1436 页。

内容方面受到很多限制。”①南朝梁陈诗人徐陵的《玉台新咏序》是千古不朽的骈文杰作，句式工整、对仗巧妙、典雅含蓄、声调和谐，为后代的骈文创作提供了绝佳的典范：

其中有丽人焉。其人五陵豪族，充选掖庭；四姓良家，驰名永巷。亦有颍川新市、河间观津，本号娇娥，曾名巧笑。楚王宫里，无不推其细腰；卫国佳人，俱言讶其纤手。阅诗敦礼，岂东邻之自媒；婉约风流，异西施之被教。弟兄协律，生小学歌；少长河阳，由来能舞。琵琶新曲，无待石崇；箜篌杂引，非关曹植。传鼓瑟于杨家，得吹箫于秦女。②

南北朝文学家庾信的《哀江南赋序》在整个文学发展史上占有重要的地位，在这篇序中，作者叙家世，抒故国之思，表达自己悲苦欲绝的隐衷，感情深挚动人，具有史诗般的规模和气魄。南朝梁文学家吴均的《与朱元思书》是一篇辞采隽永的山水骈文，语言骈散结合、清新自然，音韵和谐含蓄，表达作者爱慕美好自然，避世退隐的高洁之趣。

骈文在中唐古文运动以后逐渐衰落，直至清初，骈文又开始兴盛，晚清文学大家王闿运崇尚典丽渊雅的汉魏骈文，其骈文骈散兼行，单复并用，可云绝响。

第四节　小　说

我国小说最早可以溯源到古代的神话和历史传说，远古时期产生的大量神话是我国志怪小说的源头。先秦两汉寓言故事、史传文学在素材和叙事经验上，为后世小说创作提供了蓝本。

魏晋南北朝志怪小说名作迭出，有《博物志》《拾遗记》《搜神记》《搜神后记》和《幽明录》等多部名家作品，其中文学价值最高的为东晋干宝的《搜神记》。《搜神记》中的小说已经具有完整的故事情节，并有较为生动的细节描写，有些小说中的人物性格也较清晰。志人小说较著名的有《西京杂

① 郭沫若：《中国史稿》，人民文学出版社 1979 年版，第 309 页。

② 吴冠文、谈蓓芳、章培恒汇校：《玉台新咏汇校》（上、下），上海古籍出版社 2014 年版，第 6 页。

记》，记述西汉人物轶事，带有怪异色彩。而南朝宋临川王刘义庆的《世说新语》“记言则玄远冷隽，记行则高简瑰奇”①，是魏晋志人小说的集大成之作，《世说新语》用只言片语写出人物的言谈举止，语言简约含蓄，隽永传神，透出机智和幽默。

中国小说发展到唐代，出现了一种新的文言短篇小说样式——唐传奇。唐传奇兴盛的标志之作为陈玄佑的《离魂记》，而沈既济的《任氏传》是继之出现的又一爱情佳作，李朝威的《柳毅传》写洞庭龙女与书生柳毅的爱情故事，别具特色。白行简、元稹、蒋防则不再叙写神怪之事，转向表现人世间男女之情，《李娃传》《莺莺传》《霍小玉传》等作品生动形象，感人至深。《南柯太守传》和《枕中记》借寓言、梦幻以讽刺社会，“黄粱美梦”“南柯一梦”成为后世传衍不衰的典故。晚唐多叙写豪侠之士及其侠义行为的传奇，而传为杜光庭所作的《虬髯客传》更是晚唐豪侠小说中最出色的一部。唐传奇叙事具体细致，文辞华艳，在揭露社会矛盾、反映人情世态和描摹人物形象上取得了较高的成就。

宋元话本是我国小说发展史上的一个崭新阶段，有承前启后的重要地位。话本原是“说话”艺人传唱的文字底本，爱情故事是宋元小说话本的主要内容，展现了一批主动追求爱情的女性形象，如《碾玉观音》中的璩秀秀、《闹樊楼多情周胜仙》中的周胜仙。宋元小说话本的另一突出内容是公案故事，《错斩崔宁》讲述由一起命案引发的一段冤情，就颇有典型意义。宋元讲史话本《新编五代史平话》《大宋宣和遗事》和《全相平话五种》对后来《三国演义》等历史小说有很大的影响，《大唐三藏取经诗话》为明代小说《西游记》的创作提供了最早的根据。宋元小说话本描写细致，语言生动逼真，说书艺人的个性特点在作品中展露无遗。

明代的短篇白话小说为拟话本小说，话本的特色在著名拟话本小说“三言”中仍有保留，但“三言”比话本篇幅更长，内容更丰富，它由文人创作供人案头阅读，因而也更注重主题的集中与情节的曲折，如《乔太守乱点鸳鸯谱》等。《杜十娘怒沉百宝箱》代表了明代拟话本的最高成就，小说主人公为妓女杜十娘，作品生动叙写了底层被压迫女性对自由爱情生活的追求与渴望，作者在作品中对她的悲惨遭遇表现了深切的同情。凌濛初的“二

① 鲁迅《中国小说史略》：(《世说新语》)“记言则玄远冷隽，记行则高简瑰奇。”

拍”基本上摆脱了话本的集体创作，而是转向作家个人创作，“取古今来杂碎事可新听睹、佐谈谐者，演而畅之”①。“二拍”的创作成就标志着中国短篇小说的创作进入了一个新的阶段。

明代长篇小说取得了突出成就。《三国演义》作者罗贯中在陈寿《三国志》等正史材料的基础上，搜集各类民间传说及戏曲、话本，加以生发创造，写成《三国志通俗演义》一书，清代的章学诚认为它是“七分实事，三分虚构”（《丙辰札记》），其重要源头是史志和民间说话等民间创作，是成功融合上层雅文化和民间俗文化的巅峰之作。全书采用浅近的文言，雅俗共赏，又以宏伟的结构，营造出气势磅礴的艺术气氛。百年历史演进、众多人物形象在作者笔下叙述得有条不紊、层层推进，其完整严密的叙述方式让人叹为观止。

《水浒传》又名《忠义水浒传》，是最早用白话文写成的章回小说之一，小说以民间广泛流传的宋江起义史实为主要题材，描写了一个个被奸臣贪官逼上梁山的忠义之士，他们后来被朝廷招安之后，仍被误国之臣、无道之君逼向了绝路。《水浒传》抨击了当时逼良为盗的黑暗社会，塑造了一大批各怀绝技、忠义神武的英雄形象。金圣叹在《读第五才子书法》中说：“独有《水浒传》，只是看不厌，无非为他把一百八个人性格都写出来。”

《西游记》是我国第一部浪漫主义章回体长篇神魔小说，艺术想象奇特、丰富、夸张，创造了一个神异奇幻的世界，塑造了众多集物性、神性与人性于一身的人物形象，如有勇有谋却不脱猴性的孙悟空、率真谐趣却贪吃贪睡贪色的猪八戒等。《西游记》将当时社会的世态人情寄寓在奇幻世界中曲折地反映出来，具有强烈的社会批判性。

清代小说艺术成就明显。文言短篇小说《聊斋志异》不仅揭露了统治阶级的残暴，而且塑造了一系列富有个性的反抗人物形象，歌颂人民道德情操的高尚。《聊斋志异》情节曲折迂回，文章波澜起伏，人物语言精妙传神，谐谑有趣，形成了自己的独特风格，达到了文言小说的高峰。《儒林外史》是中国古代讽刺小说的代表作，是高雅品位的艺术精品，是作者对知识分子命运进行深刻而理性思考之后的思想巨著。小说语言准确、洗练、生动，描写人物性格丰富复杂，也更为真实可信，如写严监生既一毛不拔

① 凌濛初：《〈初刻拍案惊奇〉序》，《初刻拍案惊奇》，中华书局2009年版，第1页。

又挥银如土，他平时悭吝到了极点，但在夫人王氏去世时，竟舍得花费五千两银子办丧事，并常怀念王氏而潸然泪下。《红楼梦》汲取了《水浒传》《金瓶梅》以及《西厢记》《牡丹亭》等小说戏曲多方面的创作经验，又进行了巨大的创造和发展，成为我国古典小说不可逾越的现实主义高峰。《红楼梦》描写人物打破了类型化描写，作品塑造了众多富有个性又丰富复杂的人物形象。《红楼梦》故事庞杂但布局精妙，起于言情终于言情，但不止于言情，其杰出的现实主义创作成就，给后代作家提供了丰富的艺术经验。

第五节　词　曲

词是为配合"燕乐"而创作的。"燕乐"由唐代西域的胡乐和汉族的清乐融合形成，音域宽广，表现力丰富，从而吸引诗人纷纷为之作词应歌。元和以后，作词的文人更多，白居易、刘禹锡曾被贬于巴蜀湘赣一带，受民间文艺熏染颇深，两人都爱好声乐歌舞，经常为歌者作诗填词。晚唐以至五代，词的文人化程度加强，艺术趋于成熟。五代十国中的西蜀和南唐，因为战乱较少，经济相对繁荣，吸引了众多晚唐北方的士大夫来此避乱，他们也带来了纵情享乐的生活方式和对词的喜好，"花间派"和南唐词随之分别产生。

有着"诗余"之称的词，"调有定格，句有定数，字有定声"，即每首词的句式、字数、用声都非常严格。词还有单调和双调之分，双调就是字数、平仄相等或大致相等的两段，分别称前阕、上阕、上片和后阕、下阕、下片；单调只有一段，又叫一阕或一片。词的词牌就是词的格式，词的格式和律诗的格式不同，律诗只有四种格式：仄起仄收、平起仄收、仄起平收、平起平收，而词的格式总共有一千多个，这些格式称为词谱，人们为方便记忆，给它们起了一些名字，这些名字就是词牌。每种词牌的字数、每句平仄、押韵都是有一定规定的。如《如梦令》为单调三十三字，五仄韵，一叠韵，上去通押。词牌格式为：（仄）仄（仄）平平仄，（仄）仄（仄）平平仄。（仄）仄仄平平，（仄）仄（仄）平平仄。平仄，平仄（叠句），（仄）仄仄平平仄。如李清照《如梦令》："常记溪亭日暮，沉醉不知归路。兴尽晚回舟，误入藕花深处。争渡，争渡，惊起一滩鸥鹭。"

词依字数多少大致可分三类：小令（五十八字以内）、中调（五十九字至九十字）、长调（九十一字以上）。宋初柳永之前，词人大多作小令与中调。和诗的界域宽广相比，词多言闺情风月。温庭筠花间词多写月桥花院、琐窗朱户中的人物和她们的情感及生活。南唐李煜使词摆脱了在花间樽前的曼声吟唱，而成为可以多方面言怀述志的新词体，故王国维《人间词话》云："词至李后主而眼界始大，感慨遂深，遂变伶工之词而为士大夫之词。"李煜词抒情咏怀，本色自然，多用白描，善用比喻，长于意境营造，如："无言独上西楼，月如钩。寂寞梧桐深院锁清秋。"（《乌夜啼》）描绘了一幅清冷孤独的画面。李煜词篇同时又"粗服乱头，不掩国色"①，如《清平乐·别来春半》完全丽质天成："别来春半，触目柔肠断。砌下落梅如雪乱，拂了一身还满。雁来音信无凭，路遥归梦难成。离恨恰如春草，更行更远还生。"南唐词境界开阔，气象雄大，风格上却情致缠绵，如冯延巳的《鹊踏枝·谁道闲情》，写闲情难以排遣，却又以无悔的口吻宣称"不辞镜里朱颜瘦"。冯延巳的词对宋初欧阳修影响较大，欧阳修继承了南唐词"思深辞丽"的特点，在词中融入了更多的情感体验。

柳永擅长写长调，苏轼、秦观、黄庭坚的创作使长调开始流行。柳永是宋代第一个专心致力于词的创作的重要词人，他在词的题材、形式、表现手法、语言各方面大胆突破，从而获得了在词史上举足轻重的地位。柳永扩大了词的题材领域，使词向着更广阔的社会空间拓展，词中大量描写羁旅行役的感受和旅途风光，如《八声甘州》"对潇潇暮雨洒江天，一番洗清秋。渐霜风凄紧，关河冷落，残照当楼。""不忍登高临远，望故乡渺邈，归思难收。叹年来踪迹，何事苦淹留？"他成功地把词的感情由"春女善怀"变成了"秋士易感"，真正把读书人的悲慨写入了词里。

苏轼改变了晚唐五代词家婉约的文风，成为后来豪放词派的开创者。他进一步冲破了晚唐五代词专写男女恋情、离愁别绪的模式，将词发展成为可以记游、怀古、感旧、说理的新样式。如《江城子·密州出猎》，写他在射猎中所激发的要为国杀敌立功的壮志；《念奴娇·赤壁怀古》将江山和英雄合写，把对历史的回顾和人生际遇的感慨相结合；《临江仙·夜饮东坡醒复

① 周济《介存斋论词杂著》："毛嫱西施，天下美妇人也，浓妆佳，淡妆佳，粗服乱头亦不掩国色。飞卿浓妆也，端己淡妆也，后主则粗服乱头矣。"

醉》中"长恨此身非我有"，感叹人生的短暂和命运的虚幻易变，表现了作者对人生的深沉思考。

和晚唐五代相比，北宋词坛保持多元化的发展态势，除欧阳修、苏轼、柳永几位大师之外，词坛呈现"群星璀璨"的局面：晏几道的词把花间体的华美精致、含蓄蕴藉发挥到了极致。秦观被视为北宋以来词坛一流的正宗婉约派，周济称其《满庭芳·山抹微云》是将"身世之感，打并入艳情"（《宋四家词选》评语），其词柔婉绮丽，较之宋代词苑的其他婉约词，更富有艺术美感。贺铸的词有写得慷慨悲壮的，如《六州歌头·少年侠气》追忆少时豪侠，抒发英雄报国无门的抑塞不平，充满豪放之气；也有写得深婉密丽、寄托遥深的，如《踏莎行·杨柳回塘》借写莲自喻："杨柳回塘，鸳鸯别浦，绿萍涨断莲舟路。断无蜂蝶慕幽香，红衣脱尽芳心苦。返照迎潮，行云带雨，依依似与骚人语：当年不肯嫁春风，无端却被秋风误。"周邦彦的长调铺陈与柳永不同，极尽变化，错综复杂，如《夜飞鹊·别情》下阕："迢递路回清野，人语渐无闻，空带愁归。何意重经前地，遗钿不见，斜径都迷。兔葵燕麦，向残阳、影与人齐。但徘徊班草，欷嘘酹酒，极望天涯。"词作意境交错叠映，结构复杂严密。

南渡词人李清照的词大都明白如话，清新质朴，较少粉饰；又流转如珠，富有声调美。她善于选取自己日常生活中的起居环境、行动、细节来展现自我的内心世界，无论是描写深闺孤独无依的生活，还是抒发南渡以后国破家亡的痛苦心情，都善用白描手法，创造出水墨画般的清婉秀逸的意境。如《一剪梅》《菩萨蛮》《念奴娇》《声声慢》等词，都是传诵千古的名篇。李清照既有女性的敏锐纯真多情，又有以诗酒书画为乐的雅士情怀，她以女性词人特有的细腻纤巧写闺情，其词多为"写出妇人声口"（吴从先《草堂诗余隽》卷二）之作，如"寂寞深闺，柔肠一寸愁千缕。惜春春去，几点催花雨。"（《点绛唇》），"生怕离怀别苦，多少事、欲说还休"（《凤凰台上忆吹箫》）等。但她也有颇显巾帼之气的词作，如《渔家傲·天接云涛连晓雾》，表现了一个女子在生命临终之际对自己生命终极价值和归宿的反思，突破了女性词人和女性词作的传统。

辛弃疾是南宋杰出的豪放派词人，辛弃疾的词主要表现了其爱国思想与战斗精神，如他强烈抨击了南宋苟安的局面，其词中"西北有神州""西北是长安""斜阳正在，烟柳断肠处"等句子，表现了他对南北分裂局面的难以忍受。两首《水龙吟》均为登临怀古之作，表现了辛弃疾面对美好河山和历史英雄人物的豪情壮志，但这种豪情壮志却得不到当时统治集团的理解，词人表达了自己有志无成的不平。辛弃疾词意境雄奇阔大，比兴寄托遥深，大量运用典故，从而形成独特的风格，“能于剪红刻翠之外，屹然别立一宗”①。

南宋后期以姜夔、吴文英为代表的格律词派最为著名，姜夔词大都是记游咏物之作，代表作是《长亭怨慢》，慨叹身世的飘零和情场的失意，注意修辞琢句和声律。

词至元明走向衰落，在清代呈中兴气象。清初，陈维崧效法苏、辛之豪放，朱彝尊推崇姜夔、张炎之清空，纳兰性德善作小令，长于白描，以情取胜，风调酷似后主李煜。如他的《蝶恋花·出塞》：“今古河山无定据，画角声中，牧马频来去。满目荒凉谁可语，西风吹老丹枫树。从前幽怨应无数。铁马金戈，青冢黄昏路。一往情深深几许？深山夕照深秋雨。”词作由个人命运的“幽怨”到回顾历史引发的惆怅，形成一种哀郁凄婉的情调。

元曲是散曲和元杂剧的合称，散曲是元代文学主体，但论成就和影响来说，元杂剧远远超过散曲。散曲由词化而来，又叫作“词余”，有金、元时发展兴盛的北散曲，分为小令和套数两类，小令一般用单支曲子写成，套数用同宫调的两支以上曲子写成。南方的称南曲，包括杂剧和传奇中的曲子。早期的文人散曲，通俗、流畅、质朴、泼辣，主要作家有关汉卿、马致远、白朴等，马致远的《[越调]天净沙·秋思》，情景交融，色彩鲜明，被王国维誉为“纯是天籁，仿佛唐人绝句”（《宋元戏曲考》）。后期的文人散曲，辞藻华美、典雅清丽，代表作家有张可久、乔吉、张养浩、睢景臣等，张可久、乔吉是清丽一派的代表，张养浩的《[中吕]山坡羊·潼关怀古》和睢景臣的《[般涉调]哨遍·高祖还乡》为元代散曲名作，构思新颖，前者风格豪放，气势沉雄，后者诙谐风趣。

元杂剧和南戏代表了元代戏曲的最高水平。《窦娥冤》是关汉卿最负盛名的杂剧杰作，也是中国戏曲史上的不朽剧作之一。剧中窦娥善良而坚强的性格，为我国的悲剧艺术提供了典型的范例。王实甫的剧作《西厢记》故事来源于唐代元稹的传奇小说《莺莺传》（《会真记》），但《西厢记》使崔张爱情真正升华到了反抗封建礼教压迫、讴歌自由美好爱情的思想高度，作

① 永瑢等：《四库全书总目》卷一百九十八，中华书局1965年版，第1816页。

品在错综复杂的戏剧冲突中成功塑造了莺莺、张生、红娘等光彩夺目的艺术形象。

明代戏曲创作成就最大的是汤显祖，汤显祖《牡丹亭》将话本的认识意义与审美价值擢升到了一个新的高度，代表了明代南曲的最高成就。据汤显祖自己说，《牡丹亭》剧“传杜太守事者，仿佛晋武都守李仲文、广州守冯孝将儿女事，予稍为更而演之”（《牡丹亭题词》）。《牡丹亭》辞采华丽、激情驰骋，成为古代爱情戏中继《西厢记》以来影响最大、艺术成就最高的一部杰作。

清代戏曲最有代表性的是《长生殿》和《桃花扇》。《长生殿》作者洪昇精心研究唐明皇杨贵妃的故事传说以及有关历史资料和文学作品，并加以选择和组织，作者通过李杨爱情故事抒发了自己的爱国情思。继《长生殿》之后问世并负盛名的《桃花扇》，是写南明王朝兴亡的历史剧，作者孔尚任。《桃花扇》塑造了誓不屈节的妓女李香君和任侠好义的艺人柳敬亭、苏昆生等社会下层人物形象，作品在力求遵守历史真实的原则下，把名士侯方域和名妓李香君的离合之情与晚明兴亡之迹紧紧结合在了一起，在思想和艺术上达到了完美的结合。

第五章　文学文献

文学文献，按传统的四部分类法主要属于集部，而集部又分总集、别集、诗文评、词曲等类。

第一节　总　集

总集一般指多人作品集。“总集”首见于南朝梁阮孝绪的目录学著作《七录》，此后，历代正史的《艺文志》或《经籍志》予以沿用，各种官家或私家的书籍分类以及目录学著作亦多沿用，清代《四库全书》也是如此，总集一名历代通行。

就现代学术而言，中国古代现存最早的文学总集为《诗经》，其次是《楚辞》。建安以后，总集渐繁，而六朝、唐、元明是总集发展的关键阶段。六朝总集虽流传少，但很重要，以《文选》和《玉台新咏》为代表。

总集一般先定标准，再根据分体选录诗文，并且有序有论，这种编纂方法对后世影响很大，并使总集很早就有了文学批评的意义。

一、《诗经》

《诗经》（详见本书第一编“经学”第二章第三节）。

二、《楚辞》

以屈原作品为主，汉代刘向纂辑。“楚辞”本义是泛指楚地的歌辞，以后才成为专称，指以战国时楚国屈原的创作为代表的新诗体。西汉末年，刘向将屈原、宋玉的作品以及汉代淮南小山、东方朔、王褒、刘向等人承袭模仿屈原、宋玉的作品汇编成集，共十六卷，定名为《楚辞》。《楚辞》运用楚地（今湖南、湖北、安徽西部一带）的方言声韵，叙写楚地的山川人物、历史风情，具有浓厚的楚国地域色彩，所谓“皆书楚语，作楚声，纪楚地，名楚物”①。

汉代王逸《楚辞章句》是现存最早注本。古代注本重要的还有宋代洪兴祖的《楚辞补注》、朱熹《楚辞集注》和清代蒋骥的《山带阁注楚辞》等。今注有汤炳正等的《楚辞今注》、董楚平的《楚辞译注》、赵逵夫的《楚辞》等。

三、《文选》

中国现存最早的诗文选集，由梁代昭明太子萧统组织编选，也称《昭明文选》。

《文选》选录东周迄梁八百年间的各体文章，分为三十八类，共七百五十二篇作品，作者一百三十位。其中诗歌四百三十二篇，又根据题材、内容分二十三小类，类分之中以时代先后为次。《文选》所选诗以五言诗为主，为后世保存了大量汉魏六朝五言诗，艺术眼光较公允，是后人研读这段时间五言诗不可或缺的选本。选文则反映了六朝重视骈体文学语言之美的时代风尚。

现存最早的、影响最大的注本是唐高宗时李善的《文选注》。此后有唐玄宗时吕延济、刘良、张铣、吕向、李周翰五臣注的《文选》，自此《文选》有李善注和五臣注两个注本流传。南宋时又将李善注和五臣注合刊成六臣注本。今注本则有高步瀛的《文选李注义疏》、张启成等的《文选》。

四、《玉台新咏》

东周至南朝梁诗歌选集，又称《玉台集》。南朝陈徐陵编，共十卷，其中五言诗八卷，歌行一卷，五言四句诗一卷。除第九卷中的《越人歌》相传作于春秋战国之间外，其余均为自汉迄梁的作品，因此也作为汉魏六朝诗歌总集看。

《玉台新咏》所收以艳歌为主，所谓“但辑闺房一体”②，“非词关闺闼者不收”③。《古诗为焦仲妻作》即最早出自此书。

---

① 黄伯思：《校定楚辞序》，见曾枣庄、刘琳主编：《全宋文》卷三三五六，上海辞书出版社、安徽教育出版社2006年版，第166页。

② 胡应麟：《诗薮》，见徐陵编，吴兆宜注，程琰删补：《玉台新咏笺注》，中华书局1985年版，第2页。

③ 纪容舒：《玉台新咏考异》，见徐陵编，吴兆宜注，程琰删补：《玉台新咏笺注》，中华书局1985年版，第2页。

《玉台新咏》的各种版本，所收篇数不尽相同，字句、题目、作者等也时有歧异。清初纪容舒作《玉台新咏考异》十卷，聚合众本，详加考核，订正宋、明诸本错误不少。注本有清代吴兆宜注、程琰删补的《玉台新咏笺注》。

五、《乐府诗集》

现存收录乐府歌辞最完备的一部总集，所收自上古迄唐五代，由宋代郭茂倩所编。全书共一百卷，分十二大类：郊庙歌辞十二卷，燕射歌辞三卷，鼓吹曲辞五卷，横吹曲辞五卷，相合歌辞十八卷，清商曲辞八卷，舞曲歌辞五卷，琴曲歌辞四卷，杂曲歌辞十八卷，近代曲辞四卷，杂歌谣辞七卷，新乐府辞十一卷。包括民间歌谣与文人作品、乐曲原作与后人仿作。其中，以相和、杂曲为菁华。全书各类有总序，每曲有题解，对各种曲调及歌辞的起源和发展，都有考订。每题古辞居前，后人仿作列后，资料颇为丰富。“征引浩博，援据精审，宋以来考乐府者，无能出其范围。”①

《乐府诗集》有宋本、汲古阁本，中华书局点校本即用宋本为底本，校以汲古阁本等，较通行。

六、《先秦汉魏晋南北朝诗》

先秦至隋诗歌总集，今人逯钦立纂辑，共一百三十五卷。全书收录有名姓可考的作者八百余人，引书近三百种。凡此前辑录唐以前诗作总集，如《文选》《玉台新咏》《乐府诗集》《广文选》《古诗类苑》《古谣谚》之类，均被甄别采录，搜刮殆尽。取材博洽，资料翔实，异文齐备，考订精审，编次得宜。有中华书局 1983 年排印本。

七、《全上古三代秦汉三国六朝文》

上古至隋代的文章总集，清代严可均于嘉庆间校辑，收三千四百九十七位作者之文，合七百四十六卷。王毓藻等校刻，有广雅书局光绪二十年(1894)本。中华书局据此本点校出版，又编有篇名目录和作者索引。

八、《唐诗品汇》

《唐诗品汇》是明代高棅编选的唐诗总集。全书九十卷，选录诗人六百二十家，诗作五千七百六十九首。有简要评注。分唐诗为初、盛、中、晚四期，专宗盛唐。又分为正始、正宗、大家、名家、羽翼、接武、正变、余响、旁流九格，《凡例》称：“大略以初唐为正始，盛唐为正宗、大家、名家、羽翼，中唐

---

① 永瑢等：《四库全书总目》卷四十七，中华书局 1965 年版，第 421 页。

为接武，晚唐为正变、余响，方外异人（释、道、女子及生平不可考者）等为旁流。间有一二成家特立与时异者，不以世次拘之。”高棅将四期与九格相结合，力图展现唐诗流变的概貌。

至于版本，最早有明成化年间陈炜刻本，后又有汪宗尼、汪季舒、陆允中、张恂等校订本。上海古籍出版社即据汪宗尼本影印，附人名索引；又中华书局有点校本。

九、《全唐诗》

唐诗总集，清代彭定求等编，收诗四万九千四百零三首，句一千五百五十五条，作者二千八百七十三人，总九百卷。相当完备地搜罗了唐代三百年间无论成集的或零星的篇章单句诗歌，使我们能概见唐诗的全貌。

《全唐诗》最早的版本是康熙四十六年（1707）扬州诗局本。中华书局据扬州书局刻本点校印行，附日本上毛何士宁所辑《全唐诗逸》，凡补诗七十二首，句二百七十九条。

今人王重民辑《补全唐诗》《敦煌唐人诗集残卷》二种，据敦煌遗书补一百七十六首。孙望《全唐诗补逸》二十卷，补诗七百四十首，八十七句。童养年《全唐诗续补遗》二十一卷，补诗一千一百五十八首又二百四十三句。以上四种，中华书局合编成《全唐诗外编》出版。

陈尚君著《全唐诗补编》，中华书局 1992 年出版。是编对《全唐诗外编》做了甄别工作，又做了大量新增工作。合《外编》原有成果，《补编》共收诗六千三百二十七首，句一千五百零五条，诗人一千六百多位，新见九百余位。

张忱石编有《全唐诗作者索引》，中华书局出版，便于检索。

十、《元诗选》

清代顾嗣立编纂的元诗总集，又名《元百家诗选》。全书分初、二、三集，每集再分为甲集至壬集。初集六十八卷，二集二十六卷，三集十六卷。每集录元人诗一百家，三集合附见者共录三百四十家，加上未刻稿二十六家，其书目相当于《四库全书》所收元人别集一倍以上。每人名下各存原集名称，前列小传，并附评语。《四库全书总目》说：“虽去取不必尽当，而网罗浩博，一一采自本书，具见崖略，非他家选本饾饤缀合者可比。有元一代之诗，要以此本为巨观矣。”版本有康熙中顾氏秀野草堂刻本、《四库全书》本、中华书局排印本。

十一、《明诗综》

明代诗歌总集。清代朱彝尊(1629—1709)编纂,其友人汪森、朱端、张大受等人分卷辑评。全书共一百卷,存录作者三千四百余家。各家名下有小传,略叙始末。又分载诸家评语,并附编者自己所撰评论。

《明诗综》较客观地展示了明代二百七十余年的诗风演变,于明代各诗歌流派的特点也有所反映,编者评述也较为公允。《明诗综》有康熙四十四年朱氏六峰阁写刻本、《四库全书》本和中华书局排印本。

后人对朱氏评论甚为重视,由姚祖恩从书中辑出,编为《静志居诗话》二十四卷,单独刊行。

十二、《晚晴簃诗汇》

原名《清诗汇》,清诗总集,近代徐世昌所编。全书共二百卷,收录清代诗人六千一百五十九家,存诗二万七千余首,选录颇为丰富。作者名下有小传,并辑入有关评论和诗话。诗话多出于徐氏幕僚门客之手,少数为徐氏自撰,持论亦颇公平。《晚晴簃诗汇》有退耕堂刊本,中华书局即以此本为底本点校出版,附作者人名及字号索引。

第二节　别　集

别集是专收一位作者作品并按一定的体例汇编而成的书,也就是作者个人作品的结集。

别集作为古代典籍中重要的一个部类,具有多方面的史料价值,就其大者而言,首先,别集是文学作品最集中的部分,以诗而言,历代诗歌除《诗经》《楚辞》和一些无名氏作品以外,大部分诗歌都存在于历代别集之中,如果要阅读和研究某位诗人的诗作,他的别集就为我们提供了较为完整全面的诗歌作品,特别是他的诗全集或诗文全集。其次,别集中的许多作品本身虽不一定有多大的文学价值,但为我们提供了许多有关作者的时代、社会、政治、作者的生平、交游等方面的第一手资料,有时他人的别集中的一些相关作品也能为我们提供许多有用的资料,如墓志、行状、序跋、书信等。再次,别集中的诗文作品常常反映了作者的文学思想和理论批评主张。最后,别集的编者,尤其是后人整理或注释的别集,往往对作品的创作年代、背景,词语出处、意蕴有所考订阐明,而且常常将有关作者的许多资料作为附录附于集后，有的还有年谱，这就给读者的阅读和研究带来了极大的便利，特别是今人整理的别集，这方面的资料往往更全。总之，别集的史料和文学价值都是很大的。

一、《曹子建集》

三国魏曹植的别集。曹植（192—232），字子建，沛国谯县（今安徽亳州）人，曹操第三子。封陈王，谥思，世称陈思王。

现存最早的版本是南宋嘉定间刊《曹子建集》十卷本，另有宋大字《曹子建集》十卷本，明活字《曹子建集》十卷本。其他明清刻本甚多。注本有今人赵幼文《曹植集校注》。

《曹子建集》十卷凡赋四卷、诗一卷、乐府一卷、文四卷，其中诗歌（包括乐府）完整的有七十余首，加上不少残缺的诗篇，从数量上看，曹植的诗歌在建安诗人中存世最多。就艺术成就而言，曹植也是建安诗人中最负盛名的。

二、《陶渊明集》

东晋陶渊明的别集。陶渊明（约365—427），一名潜，字元亮，浔阳柴桑（今江西九江）人。历来评注陶渊明集的不少，重要的有：宋末汤汉的《陶靖节先生诗注》四卷，为最早的陶诗注本；元初李公焕的《笺注陶渊明集》十卷，开了集注陶渊明集的先河；明清有数十种注、评、选本，其中最有名的是清代陶澍集注的《陶靖节先生集》十卷附《年谱考异》二卷，此本在校注、评论、考订方面较为系统详备，很有参考价值；今注本又有古直、丁福保、王瑶、逯钦立、袁行霈、龚斌、郭维森等诸家，其中袁行霈注本和龚斌注本较通行。

三、《谢康乐集》

南朝宋谢灵运的别集。谢灵运（385—433）为东晋名将谢玄之孙，袭封康乐公，世称谢康乐。唐宋各家目录著录谢集分别有二十卷、十九卷、十五卷、九卷者，宋以后均已亡佚。现存谢灵运集子为明人所辑。明代沈启元将李梦阳、黄勉之和他本人先后辑录的谢灵运诗文合编为《谢康乐集》四卷，由焦竑作序并于万历十一年（1583）校刊行世。此本凡赋二卷，乐府、诗一卷、文一卷。此后，明清有多本刊行。近人丁福保辑有五卷本，较完备。今人黄节有《谢康乐诗注》四卷，附补遗，人民文学出版社排印出版。

四、《鲍参军集》

南朝宋鲍照的别集。鲍照（414—466），字明远，东海（今江苏涟水）人。

出身寒族，曾官秣陵令、临海王前军行参军等，世称鲍参军。今存最早的鲍照集刊本为宋代《鲍氏集》十卷，此后均为明清刊本。注本有清代钱振伦注、今人钱仲联补注集说的《鲍参军集注》六卷，上海古籍出版社点校出版。

五、《庾子山集》

北周庾信的别集。庾信（513—581），字子山，南阳新野（今河南新野）人。庾信集最早由北周滕王宇文逌编成于大象元年（579），二十卷。此本元代以后亡佚，现存最早的为明代刊本。诗集有正德十六年（1521）朱承爵存余堂重刊《庾开府诗集》四卷本、嘉靖间朱曰藩刊《庾开府诗集》六卷本等，诗文合集则有明代万历屠隆辑评的《庾子山集》十六卷本等。清代出现了两家注本，一是吴兆宜的《庾开府集笺注》十卷本，一是倪璠的《庾子山集注》十六卷本。倪注较吴笺为详，更通行，有上海古籍出版社点校本。

六、《孟襄阳集》

唐孟浩然的别集。孟浩然（689—740），襄州襄阳（今湖北襄樊）人，世称孟襄阳，是唐代第一个倾力作山水诗的诗人。现存最早的是宋蜀刻《孟浩然诗集》三卷，收诗二百一十一首，与唐代王士源初辑本相近。明清诸本均源于此本，而略有增补。今注本有李景白的《孟浩然诗集校注》、佟培基的《孟浩然诗集笺注》、徐鹏的《孟浩然集校注》等。

七、《王右丞集》

唐王维的别集。王维（701—761），字摩诘，祖籍太原祁（今山西祁县），其父迁家蒲州（在今山西永济），遂为蒲人，官至尚书右丞，世称王右丞。今存南宋麻沙本《王右丞文集》十卷和蜀刊《王摩诘文集》十卷本。元代有刘辰翁评《王摩诘诗集》七卷本。注本有明代嘉靖顾起编刻的《类笺唐王右丞集》十卷，附《文集》四卷。清代有赵殿成《王右丞集笺注》二十八卷，此本笺释了全部诗文，并附有评语，对有疑的作品加以说明，间有考订，较为精确，故此注本为迄今为止较好的注本，上海古籍出版社点校出版。今注则有陈铁民的《王维集校注》。

八、《李太白集》

唐李白的别集。李白（701—762），字太白，号青莲居士，绵州昌隆（今四川江油）人。今存世的李白集子为宋人所重辑。注本主要有南宋杨齐贤集注的《李翰林集》二十五卷、元代萧士赟删补杨齐贤注而成的《分类补注李太白诗》二十五卷，两种注本只注诗赋，不注文。明人胡震亨有《李诗通》

二十一卷，此本也只注诗。清康熙间王琦始将李白诗文合注为《李太白全集》三十六卷。王琦注本汇集了杨齐贤、萧士赟、胡震亨三家注本的长处，并有所补充，改正了三家注的一些错误，注释体例严谨，辑录李白有关资料也很丰富。今人瞿蜕园、朱金城有《李白集校注》，此校注本以王琦注本为底本，校以各本，并在杨齐贤至王琦各种旧注的基础上，旁搜唐宋以来有关诗话、笔记、考证资料以及近人研究成果，加以笺注补充、纠正谬误而编成。又有詹锳的《李白全集校注汇释集评》、郁贤皓的《李太白全集校注》等。

九、《高常侍集》

唐高适的别集。高适（约 702—765），字达夫，渤海蓨（今河北景县）人。官至左散骑常侍，世称高常侍，封渤海县侯。高适现存诗歌二百四十首左右，边塞诗虽然仅占十分之一左右，但却最为人所称道。现存版本有明汲古阁影宋钞本《高常侍集》十卷（诗八卷，文二卷）等。注本有今人刘开扬的《高适诗集编年笺注》，又有今人孙钦善的《高适集校注》，也为编年校注本。

十、《杜工部集》

唐杜甫的别集。杜甫（712—770），字子美，祖籍襄阳（今属湖北），生于巩县（今属河南），曾寓居长安城南少陵，故自称少陵野老。安史之乱中，官左拾遗，后为华州司功参军。一度入剑南节度使严武幕，武表为检校工部员外郎，世称杜工部。杜诗的艺术成就是多方面的，集中诗作类型众多，题材广泛，且各体诗歌均有其独到的成就。

《杜工部集》定本是北宋宝元二年（1039）由王洙编辑、王淇刊刻。此本不存。现存最早的是王淇等嘉祐四年（1059）校刻本。清康熙间仇兆鳌著有《杜诗详注》（又名《杜少陵集详注》）二十五卷附编二卷，其中诗注二十三卷，按年编次，有诗一千四百三十余首，是杜诗注本中最出色的一部。这部书最大特点是“详”，仇对每一首诗都分“编年”“内注”“外注”“根据”四部分，作了极详尽、细密的考证和评说。总之，《杜诗详注》四位一体的注释方法，是迄今可以看到的最完整、最系统的杜诗诸注本。清注杜诗较有名的还有钱谦益的《杜工部集笺注》二十卷、浦起龙的《读杜心解》六卷、杨伦的《杜诗镜铨》二十卷。

十一、《韩昌黎集》

唐韩愈的别集。韩愈（768—824），字退之，河南河阳（今河南孟州）人。自谓郡望昌黎，世称韩昌黎。北宋时较为流传的《韩愈集》版本主要有：大中祥符二年(1009)刊行的杭本,嘉祐间刊行的蜀本,李老汉、谢任伯校注的秘阁本等。南宋人则在韩集的校勘注释方面用力很多,主要有:方崧卿《韩集举正》十卷、《外集举正》一卷,祝允的《音注韩文公文集》四十卷、《外集》十二卷,魏怀中《新刊五百家注音辨昌黎先生文集》四十卷、《外集》十卷等。近人有马其昶的《韩昌黎文集校注》,今人有钱仲联的《韩昌黎诗系年集释》、刘真伦等的《韩愈文集汇校笺注》等。

十二、《柳河东集》

唐柳宗元的别集。柳宗元(773—819),字子厚,河东(今山西永济)人,世称柳河东。现存最早的版本是北宋天圣元年(1023)穆修校刻《河东先生文集》四十五卷本。今人吴文治等有《柳宗元集》校点本,较为完备。注本有今人尹占华等的《柳宗元集校注》、王国安的《柳宗元诗笺释》等。

十三、《白氏文集》

唐白居易的别集。白居易(772—846),字乐天,晚号香山居士。祖籍太原(今属山西),曾祖迁居下邽(今陕西渭南)。白居易曾任左拾遗及左赞善大夫等职,后被贬为江州司马。又任杭州、苏州刺史、秘书监、太子少傅等职,官至刑部尚书。宋代版本今存《白居易集》南宋绍兴初刊《白氏文集》七十卷本。注本有清康熙间汪立名编注的《白香山诗集》四十卷,其中《长庆集》二十卷,《后集》十七卷,《别集》一卷,《补遗》二卷。今人朱金城有《白居易集笺校》,为诗文全注本,此笺校本收录白居易诗文三千七百余篇,较为完备。诗注本有谢思炜的《白居易诗集校注》。

十四、《李义山诗集》

唐李商隐的诗集。李商隐(811—859),字义山,号玉溪生、樊南生,怀州河内(今河南博爱)人。今传李商隐诗集中有诗六百首左右,其中最出色的是七言律诗和绝句,这部分诗文采斐然,意境朦胧,具有独特的艺术魅力。今传李商隐的诗集均源出于宋代的三卷本,注本则有明代钱龙惕的《玉溪生诗笺》、清代朱鹤龄的《李义山诗注》、清代吴乔的《西昆发微》、清代冯浩的《玉溪生诗集笺注》、近人张采田的《玉溪生年谱会笺》等。今人刘学锴、余恕诚有《李商隐诗歌集解》。

十五、《欧阳文忠公集》

北宋欧阳修的别集。欧阳修(1007—1072),字永叔,号醉翁,晚号六一居士,吉州永丰(今属江西)人。曾官枢密副使、参知政事、刑部尚书、兵部尚书等，卒谥文忠。《欧阳文忠公全集》一百五十三卷，现存主要版本有：元刊本（题《欧阳文忠公集》）、明天顺间程宗刊本、明嘉靖间刊本、清康熙间吉水曾弘刊本等。今人有洪本健的《欧阳修诗文集校笺》。

十六、《东坡集》

北宋苏轼的别集。苏轼（1037—1101），字子瞻，号东坡居士，眉州眉山（今属四川）人，苏洵子。因反对王安石新法，以作诗谤讪朝廷罪名贬谪黄州。后任翰林学士，曾知杭州、颍州，官至礼部尚书，后又贬谪惠州、儋州。卒后追谥文忠。

晁公武《郡斋读书志》著录苏子瞻《东坡前集》四十卷、《后集》二十卷、《奏议》十五卷、《内制》十卷、《外制》三卷、《和陶集》四卷、《应诏集》十卷。以上《东坡集》（《前集》）《后集》《奏议》《外制》《内制》《应诏集》加上后来的《续集》十二卷，合起来称为《东坡七集》，不包括词，共一百十卷。《东坡七集》在明代已不易见。明成化四年（1468）江西布政司重刊《苏文忠公全集》（即《东坡七集》）一百一十二卷，此本是《东坡七集》现存的最早刊本。嘉靖十三年（1534），江西布政司又曾重刊。清末缪荃孙又据明成化刊本加以校刊，成化本所缺之卷和所缺之页以嘉靖本及钱求赤校宋残本校补完全，并附《校记》，称为善本。

诗注本有清代冯应榴的《苏轼诗集合注》、清代王文诰辑注的《苏轼诗集》。

十七、《山谷集》

北宋黄庭坚的诗集。黄庭坚（1045—1105），字鲁直，号山谷道人、涪翁，洪州分宁（今江西修水）人。以校书郎为《神宗实录》检讨官，迁著作佐郎，后以修实录不实罪名遭贬。为“苏门四学士”之一。黄庭坚被后人奉为江西诗派的宗师，对后人影响很大。

现存南宋乾道间刊本、明代嘉靖中周季凤等江西刊本、万历间莆田方沆刊周希令重编本等。注本有宋代任渊、史容、史季温的《山谷诗集注》。

十八、《剑南诗稿》

南宋陆游的诗集。陆游（1125—1210），字务观，号放翁，山阴（今浙江绍兴）人。陆游一生著作甚富，有《渭南文集》五十卷，又有《南唐书》《老学庵笔记》等著作，诗歌因数量极多，别本单行，名《剑南诗稿》。

宋本残缺。明毛晋汲古阁曾刊《陆放翁全集》一百六十五卷，其中《剑南诗稿》八十五卷、《放翁逸稿》二卷。中华书局1976年出版《陆游集》排印本，其中《剑南诗稿》八十五卷即以汲古阁本为底本。今人钱仲联有《剑南诗稿校注》本，上海古籍出版社1985年出版。

十九、《高青丘集》

明高启的别集，高启（1336—1374），字季迪，长洲（今江苏苏州）人。元末隐居吴淞青丘，自号青丘子，是明代最有成就的诗人之一。明景泰初，徐庸编辑《高太史大全集》十八卷，收诗歌二千余首。清雍正六年（1728），金檀辑注高启诗歌而成《青丘高季迪先生诗集》十八卷，为历来公认最完备的高启诗集本。上海古籍出版社即据金檀辑注本点校出版，名为《高青丘集》。

二十、《怀麓堂集》

明李东阳的别集。李东阳（1447—1516），字宾之，号西涯，祖籍胡广茶陵（今属湖南）人。官至礼部尚书兼文渊阁大学士，内阁首辅。卒谥文正。李东阳为茶陵派首领，主持诗坛多年，颇有声望。

李东阳的诗文集为其生前自己编定，原名《怀麓堂稿》，正德十一年其门生熊桂刊刻于徽州，改题为《怀麓堂集》。清康熙二十一年（1682），茶陵州学正廖方达等重新校勘刊行《怀麓堂集》，《四库全书》抄录者即此本。清嘉庆八年（1803）又有陇下学易堂刊本和仰斗斋刊本，题为《怀麓堂全集》。今人周寅宾有《李东阳集》校点本，岳麓书社出版。

二十一、《沧溟先生集》

明李攀龙的别集。李攀龙（1514—1570），字于鳞，号沧溟，历城（今山东济南）人，官至河南按察使。官京城时，与谢榛、王世贞、宗臣、梁有誉、徐中行、吴国伦等结社唱和，称“后七子”，李、王为其领袖。李攀龙诗文全集，最早是王世贞于李死后第二年，即隆庆六年（1572）刊刻的，名《沧溟先生集》，三十卷，附录一卷。其中诗十四卷，文十六卷。万历期间，一再翻刻王刻李集。清代道光二十七年（1847），李攀龙九世孙李献方重校翻刻了王本。今人包敬第即以李本为底本重为校勘，由上海古籍出版社出版。

二十二、《袁中郎集》

明代公安派领袖袁宏道别集。袁宏道（1568—1610），字中郎，湖北公安县人。万历十九年（1591）进士，历任吴县知县、礼部主事、国子博士等职。论诗主性灵。明刻袁集通行者为陆之选编崇祯二年（1629）武林佩兰居刊本,名《袁中郎全集》,四十卷。今人钱伯城即以佩兰居本为底本,校以众本,略有笺注,由上海古籍出版社出版。

二十三、《牧斋初学集》《牧斋有学集》

清代钱谦益的别集。钱谦益(1582—1664),字受之,号牧斋,常熟(今属江苏)人。明末任礼部侍郎、翰林侍读学士,南明弘光朝为礼部尚书,入清为礼部侍郎、《明史》馆副总裁。

《牧斋初学集》一百一十卷,钱谦益本人编定,是他在明代所写诗文的总结集,明崇祯十六年(1643)由其门人瞿式耜刊行于世。《牧斋有学集》五十卷,是钱谦益入清以后所作诗文,清康熙三年(1664)由邹镃刊行于世。诗集别有钱曾的《初学集笺注》二十卷、《有学集笺注》十四卷,刻于清初。乾隆时,钱谦益的著作遭到禁毁。清末宣统二年(1910),邃汉斋以诸本相校勘,铅字排印,《初学集》《有学集》遂复行于世。今人钱仲联即以邃汉斋本为底本,参校诸本,由上海古籍出版社先后出版,仍名《牧斋初学集》《牧斋有学集》。

二十四、《曝书亭集》

清代朱彝尊的别集。朱彝尊(1629—1709),字锡鬯,秀水(今浙江嘉兴)人。朱彝尊诗工整雅健,当时与王士禛齐名。朱彝尊生前有《竹垞诗》、《腾笑集》等诗集,晚年亲自编定了诗文集《曝书亭集》八十卷,凡赋一卷,诗二十二卷,词七卷,文五十卷,后附《叶儿乐府》一卷,刊行于康熙四十八年。此后有多本刊刻。朱彝尊诗有汪浩然、杨谦、孙银槎三家注本。汪注本不佳,杨谦《曝书亭集诗注》二十二卷,较详赡,有乾隆刊本。孙银槎《曝书亭集笺注》二十二卷,有嘉庆九年刊本。

二十五、《渔洋山人精华录》

清代王士禛自选诗集。王士禛(163—1711),字贻上,号阮亭,又号渔洋山人,新城(今山东桓台)人。论诗重神韵。《渔洋山人精华录》十卷,古体诗四卷,今体诗六卷,收诗约一千七百首,按年编次。注本有雍正间金荣撰《渔洋山人精华录笺注》十二卷,乾隆间惠栋又撰《渔洋山人精华录训纂》十卷。上海古籍出版社即据金注本和惠注本点校出版《渔洋精华录集释》。

二十六、《小仓山房诗文集》

清代袁枚别集。袁枚(1716—1797),字子才,号简斋,晚号仓山居士,钱塘(今浙江杭州)人。论诗主性灵,“好韩、柳,亦为徐、庾”。《小仓山房诗文集》续有补刻,嘉庆初随园刻本增至《诗集》三十七卷、《补遗》二卷,《文集》三十五卷,《外集》八卷。此后多有翻刻。今人周本淳点校《小仓山房诗文集》,由上海古籍出版社出版。

二十七、《己亥杂诗》

清代龚自珍诗集。龚自珍(1792—1841),字璱人,号定盦,浙江仁和(今杭州)人。清代著名思想家和诗人,其诗被誉为"三百年来第一流"。《己亥杂诗》是大型组诗,共三百一十五首,道光十九年己亥辞官返家时所作,可谓龚诗最完整的诗歌小集,代表了他诗歌的最高成就,开启了近代诗坛的新风尚。今人刘逸生有《龚自珍己亥杂诗注》,上海古籍出版社出版。

二十八、《人境庐诗草》

清代黄遵宪的别集。黄遵宪(1848—1905),字公度,广东嘉应州(今梅县)人。黄遵宪诗是近代"诗界革命"的旗帜,他自称其诗为"新派诗"。《人境庐诗草》是黄遵宪自编的诗集,收入同治三年(1864)至光绪三十年(1904)间的诗歌作品六百四十一首,按年编次为十一卷。今人钱仲联有《人境庐诗草笺注》。

第三节　诗文评

从《隋书·经籍志》将《文心雕龙》《诗品》等归为"总集类"起,中经宋人书目如《直斋书录解题》《遂初堂书目》等从总集类分出"文史类"的阶段,直至清初,《绛云楼书目》《述古堂书目》等始用"文说类""诗话类""诗文评类"等辟立新目,再至清中叶,《四库全书总目》才正式建立起"诗文评类",认识经历了一个逐步趋于明晰合理的过程。《四库全书总目》小序首先概举各种诗文评专著的体制形式,并指出各自相应的内容特征:"其勒为一书,传于今者,则断自刘勰、钟嵘。勰究文体之源流,而评其工拙;嵘第作者之甲乙,而溯厥师承,为例各殊。至皎然《诗式》,备陈法律;孟棨《本事诗》,旁采故实;刘攽《中山诗话》、欧阳修《六一诗话》,又体兼说部。后所论著,不出此五例矣。"[①]这段话划明了我国传统诗文评著作的三种主要形式,即《文心雕龙》与《诗品》创体并代表的评论之体,皎然《诗式》为代表的以"陈法律"为主的诗格诗式之体,以及欧阳修《诗话》创体并代表的"体兼说

---

① 永瑢等:《四库全书总目》卷一百九十五,中华书局1965年版,第1779页。

部”的诗话之体，这是极具从大体处着眼的识力的。

一、《文赋》

晋代陆机撰。陆机（261—303），字士衡，吴郡人。出身三国东吴一个显贵的家庭。他是西晋代表作家，诗、赋、文章在当时负有盛名。《文赋》是我国文学理论批评史上第一篇系统地论述文学创作问题的文章，其每一个观点在《文心雕龙》中都可以看到它的影响。今人张少康有《文赋集释》，是《文赋》注本集成之作。此书分校勘、集注、释义三个部分。集注部分收集历代各家注释，按时代先后，取其始见者。释义部分为著者对《文赋》每一段中主要观点之扼要分析，并探讨其理论价值及意义。

二、《文心雕龙》

南朝梁刘勰撰，十卷。《文心雕龙》是我国第一部系统的文学理论批评著作，它“体大虑周”，“深得文理”，影响深远。全书五十篇，实际可进一步分为四个部分。自《原道》至《辨骚》五篇为第一部分，是总论，《序志》篇称为“文之枢纽”。自《明诗》至《书记》二十篇为第二部分，是文体论。前十篇论有韵之文，后十篇论无韵之文。自《神思》至《总术》十九篇为第三部分，是创作论。自《时序》以下六篇为第四部分，是批评论。

《文心雕龙》现存版本达百余种。最早版本为敦煌唐写本残卷，最早单刻本为元至正十五年（1355）刻本。通行本有清人黄叔琳注本，今注本有范文澜的《文心雕龙注》、杨明照的《文心雕龙校注》及其《校注拾遗》、周振甫的《文心雕龙注释》、王利器的《文心雕龙校证》、詹锳的《文心雕龙义证》等。研究著作有黄侃的《文心雕龙札记》、王元化的《文心雕龙创作论》（后改名《文心雕龙讲疏》）等。

三、《诗品》

南朝梁钟嵘撰。钟嵘（约468—518），字仲伟，颍川长社（今河南长葛）人。齐时官至司徒行参军；入梁，历任至晋安王萧纲记室，不久卒于官。本书专论五言诗，认为“五言居文词之要，是众作之有滋味者也”。全书品评自汉至南朝梁之诗人凡一百二十二家，其中上品十一家，中品三十九家，下品七十二家，以此分出优劣。《诗品》被称为“百代诗话之祖”①，是我国第一部诗论著作，以其“思深而意远”“深从六艺溯流别”，与同时代的《文心雕

① 章学诚撰，叶瑛校注：《文史通史校注》，中华书局2014年版，第648页。

龙》堪称双璧。

注本有陈延杰《诗品注》(人民文学出版社排印本)、曹旭《诗品集注》(上海古籍出版社排印本)。

四、《文镜秘府论》

日本释空海辑。空海(774—835),俗姓佐伯,赞岐国多度郡屏风浦(今日本香川县善通寺市)人,法号遍照金刚。曾于日本延历二十三年(唐德宗贞元二十年,804)随遣唐使来华,至日本大同元年(唐宪宗元和元年,806)返国。卒后追封弘法大师。其著作至明治四十三年(1910)被汇编成《弘法大师全集》十五卷。

该书分天、地、东、南、西、北六卷,系作者从携回之中国诗文评书籍中删削整理而成。所涉及的文献,最早为晋陆机《文赋》,以及沈约《四声谱》、刘善经《四声指归》、上官仪《笔札华梁》、元兢《诗髓脑》、崔融《唐朝新定诗格》、王昌龄《诗格》等,最晚为唐皎然《诗议》。另有佚名之作《诗格》《诗式》,以及托名魏文帝《诗格》、托名李峤的《评诗格》等。这些著作,除陆机《文赋》外,其余或已亡佚,或残缺不全,赖此书得以留存一二,故文献价值极高。

该书在日本版本甚多。我国则有周维德点校本(人民文学出版社排印出版)、王利器校注本(中国社会科学院出版社排印出版)、卢盛江校考本。

五、《二十四诗品》

唐司空图撰。本书以韵文写成,凡二十四则,每则四言十二句,故称《二十四诗品》(也简称《诗品》)。其二十四品的标目依次为:雄浑、冲淡、纤秾、沈著、高古、典雅、洗练、劲健、绮丽、自然、含蓄、豪放、精神、缜密、疏野、清奇、委曲、实境、悲慨、形容、超诣、飘逸、旷达、流动。首列雄浑、冲淡两种基本风格,但是重心还是偏在于后者,如高古、典雅、自然、含蓄、清奇、飘逸等品均属于冲淡一路,占据了极大的比重。这种冲淡的风格得自于诗人性情的自然与真率,以及表达的含蓄不露。

本书影响很大,自清代以后注释、续补、规仿之作甚多,如杨廷芝《诗品浅解》、袁枚《续诗品》、许奉恩《文品》等。有中华书局刊清人何文焕《历代诗话》点校本、人民文学出版社刊郭绍虞《〈诗品〉集解》本。

六、《沧浪诗话》

宋严羽撰辑。全书分诗辨、诗体、诗法、诗评、考证(一作诗证)五部分,末附《答吴景仙书》，体例最称严整。《诗辨》总论诗歌原理，提出“别材”“别趣”“兴趣”“妙语”等说，以禅喻诗，批评本朝诗人“以文字为诗，以才学为诗，以议论为诗”，语势磅礴，立意甚高。《诗体》几乎已经勾勒出宋以前诗歌发展的历史概貌，其中对唐、宋两代的论述尤为深入。

本书是宋代最负盛名的诗学著作，影响明、清诗学甚巨。元杨士弘编《唐音》，明初高棅编《唐诗品汇》，均从本书宗盛唐的理论而来；明前、后七子倡格调说，清王士禛倡神韵说，乃至清袁枚的性灵说，也均程度不等地取资于本书之论，再加以发挥而成新说。鉴于本书的影响及价值，清代开始即有人为作注释，而以今人郭绍虞的《沧浪诗话校释》汇集历代有关资料，最为详赡。

七、《升庵诗话》

明杨慎撰。杨慎（1488—1559），字用修，号升庵，四川新都人。正德六年（1511）状元，授翰林院修撰。嘉靖三年（1524），因议大礼，谪戍云南。被誉为明代博学第一。本书内容广博，考释、论评历代诗人诗作，推源溯流，辨析详切。驳正“前七子”诗必盛唐说和模拟论等，提倡六朝诗学，推崇缘情绮靡、含蕴蕴藉、无一字无来处的诗歌风格和特色。

《升庵诗话》版本复杂，最早的是嘉靖二十年刻《升庵诗话》四卷和嘉靖三十五年刻《诗话补遗》三卷，又《丹铅》诸录本、《升庵文集》本、《升庵外集》本、《函海》本、《历代诗话续编》本等。注本有王仲镛、王大厚父子的《升庵诗话笺证》和《升庵诗话新笺注》。

八、《诗薮》

明胡应麟撰。胡应麟（1551—1602），字元瑞，号少石山人，兰溪（今属浙江金华）人。万历四年（1576）举于乡。筑室山中，藏书四万余卷，读书著述于其中。与王世贞兄弟相过从，世贞为作《石羊生传》，并登其名于“末五子”之列。著有《少石山房类稿》等。

本书共二十卷，分内、外、杂、续四编。内编六卷，分论古体、近体；外编六卷，历评周、汉、六朝、唐、宋、元诗；杂编六卷，补述亡佚的篇章、载籍及三国、五代、南宋、金诗；续编二卷，专论本朝诗（止于嘉靖）。全书卷帙繁富而编排颇为整齐系统，充分阐明了格调说以汉魏盛唐为宗的基本观点，步趋王世贞，又有所修正，可谓格调说的集大成者。

本书有明万历十八年（1590）胡氏少石山房原刊本（残）、清末广雅书局刊本(缺外编五、六两卷与续编两卷)、1958年中华书局上海编辑所标点本(据日本贞享三年重刊本校补广雅本)、1979年上海古籍出版社刊王国安校补本。

九、《姜斋诗话》

清王夫之撰,三卷。王夫之(1619—1692),字而农,号姜斋,人称船山先生,衡阳人。本书系由作者三种论诗之著《诗译》《夕堂永日绪论·内编》与《南窗漫记》合辑而成。前二种以评论为主,其中《诗译》十六则,专就《诗经》立论,但也涉及唐宋以前人诗;《夕堂永日绪论》有康熙二十九年(1690)自序,其《内编》凡四十八则,涉及诗的意、势、情景关系、时空特征、宗派、题材、章句、音韵种种问题,颇多精义特识可采。后一种有康熙二十七年(1688)自引,凡三十二则,多录与同时人的诗事交往。今有简夷之点校本和戴鸿森笺注本,由人民文学出版社先后出版。

十、《原诗》

清叶燮撰,四卷。叶燮(1627—1703),字星期,号已畦。江南吴江(今属江苏)人。康熙九年(1670)进士,授扬州宝应知县,不久罢归。讲学苏州横山,世称横山先生。有《已畦集》。《原诗》是一部具有较为严密的逻辑体系,集中论述诗源、诗美、诗法的诗学专著。

本书在作者生前与身后很长一段时间内并未产生显著影响,附刊于《已畦文集》中,民国初丁福保据《昭代丛书》本辑入《清诗话》,始流传开来,逐渐受到重视。今人注本有霍松林校注本(人民文学出版社)、吕智敏的《诗源·诗美·诗法——〈原诗〉评释》(书目文献出版社)、蒋寅的《原诗笺注》(上海古籍出版社)。

第四节　词　集

词曲为词、曲二体。词又可分为总集、别集、词话、词韵等,曲则可分为散曲、剧曲两类,两类之下又可细分。

一、《花间集》

第一部文人词总集,后蜀赵崇祚编撰,十卷,成书于后蜀广政三年(940),收录晚唐至五代十八位词人五百首词。十八位词人除温庭筠、皇甫松、和凝三位与蜀无涉外,其余十五位皆活跃于五代十国的后蜀,这批后蜀词人模仿温庭筠艳丽词风，以描绘闺中妇女日常生活情态为主要内容，互相唱和，形成了花间词派。花间词规范了“词”的文学体裁和美学特征，确立了“词”的文学地位。

《花间集》原刻已佚，现在南宋三刻，均有影印或排印本。校注本有李心若《花间集评注》（开明书店）、华连圃《花间集注》（商务印书馆）、李一氓《花间集校》（人民文学出版社）、杨景龙《花间集校注》（中华书局）。

二、《乐章集》

北宋柳永词集。柳永（约 984—约 1053），名三变，字耆卿，崇安（今福建武夷山）人。景祐元年（1034）进士，官至屯田员外郎，故世号柳屯田。婉约派代表词人。《乐章集》版本主要有明代毛晋《宋六十名家词》本、清代吴重熹《山左人词》本、近人朱祖谋《疆邨丛书》本、今人唐圭璋《全宋词》本等。注本则有薛瑞生的《乐章集校注》（中华书局）、陶然等的《乐章集校笺》（上海古籍出版社）。

三、《东坡乐府》

北宋苏轼词集。苏轼（1037—1101），字子瞻，号东坡。词开豪放一派，与辛弃疾并称“苏辛”。《东坡乐府》最早版本是元代延祐间叶曾南阜书堂刻本，明本则有毛晋《六十一家词》本。注本有朱祖谋的《东坡乐府校注》、龙榆生的《东坡乐府笺》（上海古籍出版社）、邹同庆等的《苏轼词编年校注》（中华书局）。

四、《淮海词》

北宋秦观词集。秦观（1049—1100），字少游，别号淮海居士，高邮（今属江苏）人，亦婉约派代表词人。有《淮海集》四十六卷，其中《长短句》三卷，称为《淮海词》。现存最早的秦氏词集是南宋乾道间刻《淮海居士长短句》三卷，收词七十七首。其他重要的版本有明嘉靖张綖刻全集本、明毛晋汲古阁本、朱祖谋《彊村丛书》本、龙榆生校本、唐圭璋《全宋词》本等。注本有王辉增的《淮海词笺注》（中国书店出版社）、杨世明的《淮海词笺注》（四川人民出版社）、陈祖美选注的《淮海词》（浙江古籍出版社）、赵炯的《淮海词注析》（天津古籍出版社）、徐培均的《淮海集笺注》（上海古籍出版社）。

五、《放翁词》

南宋陆游的词集。陆游（1125—1210），字务观，号放翁，山阴（今浙江绍兴）人，有《剑南诗稿》《渭南文集》。词亦有名，“纤丽处似秦观，雄慨处似苏轼”①,“超爽处似辛弃疾”②。今注本有夏承焘、吴熊和笺注,陶然订补的《放翁词编年笺注》(增订本)(上海古籍出版社)。

六、《稼轩词》

南宋辛弃疾的词集。辛弃疾(1140—1207),字幼安,号稼轩,历城(今山东济南)人。豪放派爱国词人,存词六百多首,为两宋最多者。《稼轩词》有四卷本和十二卷本两个系统:四卷本,总名为《稼轩词》,有汲古阁影宋抄本、吴讷《唐宋名贤百家词》本;十二卷本,名《稼轩长短句》,有元大德广信书院刻本、明代王诏校刻本、李濂批点本、毛氏汲古阁《宋六十名家词》本等。注本有邓广铭的《稼轩词编年笺注》(上海古籍出版社)。

七、《姜白石词》

南宋姜夔词集。姜夔(1154—1221),字尧章,号白石道人,饶州鄱阳(今江西鄱阳县)人。著名词人,词作清空骚雅。今注本有夏承焘的《姜白石词编年笺校》(上海古籍出版社)、陈书良的《姜白石词笺注》(中华书局)。

---

① 杨慎著,岳淑珍校注:《杨慎词品校注》卷五,中州古籍出版社2013年版,第260页。

② 毛晋辑:《宋六十名家词》,上海古籍出版社1989年版,第126页。

第五编

佛　学

第一章　佛教的形成与传播

第一节　佛教的形成

佛教是世界三大宗教（佛教、基督教、伊斯兰教）之一，公元前6世纪在古代印度产生，因创始人释迦牟尼在修行成功后，被称为"佛陀"而得名。释迦牟尼曾为古印度迦毗罗卫国的王子，因不满当时印度社会婆罗门教的独尊地位和种姓制度，创立了反对婆罗门教的"沙门思潮"之一的佛教，迄今为止已有2500余年的历史。佛教产生的时期，相当于我国春秋百家争鸣的时代，以及古希腊诡辩派开展活动的年代，这个时期也正是雅斯贝尔斯所谓的"轴心时代"①。

释迦牟尼姓"乔答摩"，名"悉达多"，人们尊称他为释迦牟尼（Sakyamuni）②。"释迦"是他的族名，"牟尼"是明珠的意思，喻指"圣人"，所以"释迦牟尼"的意思就是释迦族的圣人。

佛教中经常说的"佛陀"是梵文 Buddha 的古代音译，而用今天的汉语音译，应该是"布达"。这个梵文词的词根"budh"含有"醒来"和"知道"双重意思。"佛"的意思就是"启悟了的人"或"醒悟了的人"。意思是说，当世界上其他的人都处在沉睡中，或自以为清醒而其实仍处梦境的状态时，他

---

① "轴心时代"是德国哲人雅斯贝尔斯著名的命题，他在1949年出版的《历史的起源与目标》中说，公元前800至公元前200年之间，尤其是公元前600至前300年间，是人类文明的"轴心时代"。"轴心时代"发生的地区大概是在北纬30度上下，就是北纬25度至35度区间。这段时期是人类文明精神的重大突破时期。在轴心时代里，各个文明都出现了伟大的精神导师——古希腊有苏格拉底、柏拉图、亚里士多德，以色列有犹太教的先知们，古印度有释迦牟尼，中国有孔子、老子……他们提出的思想原则塑造了不同的文化传统，也一直影响着人类的生活。而且更重要的是，虽然中国、印度、中东和希腊之间有千山万水的阻隔，但它们在轴心时代的文化却有很多相通的地方。

② 汉语音译为释迦牟尼。

们之中的一个把自己叫醒了。

“佛陀”一词也并非佛教首创,而是印度早就有的,佛教给它加了三种涵义:一是正觉,即对一切法的性质相状,无增无减地、如实地觉了。二是等觉或称遍觉,就是不仅自己觉悟,而且能平等、普遍地觉他,使别人觉悟。三是圆觉或称无上觉,即自觉觉他的智慧和功行都已经达到最高的、最圆满的境界。所以“佛陀”一词的意义就是“圆满觉悟的人”。

关于释迦牟尼的具体生卒年历来说法不一,现在一般认为他生于公元前 624 年,卒于公元前 544 年,享年 80 岁。他所处的时代正好是我国春秋时代,大约与孔子同时。他是迦毗罗卫国国王的长子,父亲是净饭王,母亲是摩耶夫人。据记载,当时摩耶夫人按印度的风俗在生产前回到母亲家去,路过蓝毗尼花园在树下休息的时候,生下了悉达多王子。

悉达多王子从小就有沉思的习惯,世间许多现象都会引起他的感触和沉思。为什么人会有饥、渴、困、乏,会有生、老、病、死？人的世界为什么是一个弱肉强食的世界？这些促使他思索如何解脱世上的痛苦。他觉得从他当时读过的书上找不到答案,他未来的王位和权力也不能解决这类问题,于是他从小就有了出家修道的想法。

他的父亲早就发现了儿子的心思,用各种办法阻止他,企图通过生活上的享受来打消他出家的念头,在他 16 岁时便为他娶了邻国的公主耶陀罗为妃,并生有一子。但当时迦毗罗卫国只是个弱小的国家,受到邻国的不断侵略,悉达多早就看出他的国家和他的家庭迟早都会“国破家亡”,现实生活的这一切让他感到“人生无常”,在 29 岁的时候做出选择,离开王宫。

净饭王曾力劝他回去,无效后就在亲族中选派了五个人随从。悉达多出家后寻访了三个有名的法师学道,但仍不能满足他解救人类痛苦的愿望,就离开他们来到尼连禅河岸边的树林里,和那里的苦行僧在一起。他尝尽了各种苦行方法以寻求解脱,经历六年仍没有悟道。他这才领悟到依靠苦行实现解脱是无益的,于是放弃以前的做法。悉达多一个人来到菩提伽耶的一棵菩提树下禅坐,发誓说:“我如果不证得无上觉,宁可让此身粉碎,终不起此座。”经过七天七夜后,终于战胜了烦恼魔障,获得了彻底觉悟,成为了有“大智慧”的人,时年 35 岁。

此后的 45 年间(国内佛教徒写的文章里面说佛陀传道 49 年,这里是按照巴利文原始佛典中的说法,也是目前国际公认的说法),佛陀把自己觉悟的内容向社会各阶层宣讲,拥有了越来越多的信徒。他最初在鹿野苑找到他原来的五位侍者,为他们说法,从而组织起佛教第一个教团。佛教后来把佛陀第一次说法的活动称为“初转法轮”。

“轮”在古代印度既是一种农具,也是一种兵器。在古印度有一种说法,即称征服四方的王为“转轮圣王”。释迦牟尼创立的佛教被认为是无上乘的教法,佛教借用“轮”来比喻佛法无边,名曰“法轮”。佛教的理论一出现就使一切不正确的见解和说法都“破碎无余”,所以佛教把佛法的弘扬称为“法轮常转”(弘扬佛法)。佛教传入中国后,法轮成为佛教的标志和象征。因此有的寺院房上建有法轮,僧人的香袋上也绣有法轮,以表示佛教徒对佛教的无上教法的信仰和崇拜。现在世界佛教徒联合会也将法轮的图案作为佛教的教徽。

佛陀在鹿野苑“初转法轮”后到摩揭陀国去的路上,接受他的教化而皈依的人很多,其中就有拜火教的婆罗门姓迦叶的三兄弟率领一千多人皈依佛教。他到了摩揭陀国首都王舍城后,皈依的人就更多了,其中最有名的出家弟子有舍利弗、摩诃目犍连、摩诃迦叶等人。回到故乡后,佛陀的异母弟弟难陀、堂兄弟阿难、提婆达多和他的儿子等都出了家。他的姨母也皈依了佛教,成为僧团中第一个出家的女弟子。根据记载,佛陀自己足迹所到的地方主要是中印度地区。他的弟子到四方游化就更远一些了。斯里兰卡和缅甸都有佛陀曾经到过的足印的传说,但也只是传说而已。

佛陀最后在毗舍离城生了病,度过雨季后,偕弟子向西北走,最后到了拘尸那伽一条河,洗了澡,在一处四方各有两棵娑罗树的中间安置着的绳床上侧卧着安详逝世。佛陀逝世后,遗体被火化,摩揭陀国和释迦族等八国将佛陀的舍利分为八份送到各地建塔安奉。其中摩揭陀国安奉在菩提伽耶的那一份舍利,在公元前3世纪被阿育王取出,分成许多份送到各地建塔。

第二节　佛教的传播

佛教在印度本土的传播。在释迦牟尼创立佛教和他逝世后的100多年间,佛教主要在古印度恒河中游一带流传,佛教教团比较统一,都奉行释迦牟尼的教法,信徒持戒严谨,基本上以乞食为生。历史上通称这一期间的佛教为“原始佛教”,也称“早期佛教”或“初期佛教”。

释迦牟尼逝世后约一百年,统一的原始佛教开始发生分裂,先后出现了十八个或二十个不同的派别,这是部派佛教的时期。公元1世纪左右,一些佛教徒因不满佛教内部腐化堕落,理论落后,于是新开教门,创立了大乘佛教,并把以前的原始佛教和部派佛教贬称小乘。有一部分佛教徒根据《大般若经》《维摩经》《法华经》和《解深密经》等阐述大乘思想和实践的经典进行修行和传教,从而形成了大乘佛教中的两大宗派,即:中观派,该派以阐述“空、中道、二谛”等思想为主;瑜伽行派(国内称为唯识派),该派以“弘扬万法唯识、三界唯心”的理论为主。这就构成了大乘佛教中的“空”“有”二宗两大系统。

由此将早期佛教称为小乘(又称声闻乘),而将公元前后发展起来的对佛教教义的重新诠释称为大乘(又称菩萨乘)。到公元7世纪以后,西印度产生了密教(又称密宗)。它以《大日经》《金刚顶经》为基本经典,吸收了中观和唯识学派的观点,又吸收印度民间的宗教信仰,以持诵咒为主要修行方法。在9世纪初,密教发展很快,相继形成金刚乘、俱生乘、时轮乘等系统。13世纪后,伊斯兰教的势力扩展到古印度各地,佛教在南亚次大陆的印度本土几乎销声匿迹了。佛教在印度沉寂了六百多年后,在19世纪末掀起了“复兴运动”。1891年,斯里兰卡贵族达摩法罗居士在科伦坡创办摩诃菩提会,次年总部迁至印度加尔各答,上座部佛教又从斯里兰卡北传回印度,至今影响颇大。

佛教在海外传播,主要有两条路线。小乘佛教南传南亚、东南亚地区,如斯里兰卡、缅甸、泰国、柬埔寨、老挝等。公元前3世纪,佛教在古印度国王阿育王的护持下,由印度本土向国外发展,最先由南印度传入斯里兰卡,后又传到了缅甸、柬埔寨、泰国,老挝等国,这一支称“南传佛教”。这一支佛教,在教义理论上,保持了较多原始佛教的思想,在实践上以严格的修行为手段,因此曾有人将其称为小乘佛教,但是该派反对这种说法,自认为是属于上座部教派,故亦称“南传上座部佛教”。南传佛教经典用巴利文书写,佛教徒重实践,属于巴利语系佛教。

公元1世纪左右,佛教由北印度经中亚地区丝绸之路和海路传入中国,又由中国传到朝鲜、日本、越南等国,这一支称“北传佛教”。这一支佛教,以弘传大乘佛法为主,有流行汉地的汉地佛教和流行藏地的藏传佛教二支。汉传佛教是形塑大乘佛教面貌的主要力量之一,宗派以显宗为多,有别于藏传佛教之显密并重的传统。

佛教传入我国后在历史上经历了三大发展时期，即："格义"佛教时代，在这个时代佛典往往被人用道家思想进行类比解释；"教门"佛教时代，在这个时代每一个宗派都信奉佛教的一种经典作为教义；"宗门"佛教时代，中国"禅宗"的出现标志着"宗门"佛教时代的到来，"禅宗"认为自己接受了佛典以外的释迦牟尼直接的秘密传授，它基本上不要任何佛典作为根据，而是根据人自己的"本心"。

佛教的创立可以说是东方文明史上的重大事件。它不仅影响了古代印度宗教、思想和文化的发展，而且也影响了亚洲许多国家的宗教、伦理、哲学、艺术、民俗的变化和发展。大约在佛灭（就是佛陀逝世）后一两百年间，佛教发展非常迅速，特别是阿育王（公元前 286—232）在位期间，广建佛塔、支持布教，尊佛教为国教，并派传教师到周边国家传教，逐渐使佛教成为了世界性的宗教。由于弟子们对佛陀的教义和戒律理解不同，佛教分为上座部、大众部二大派。其后又分成十八部或二十部，这就是佛教发展史上的"部派佛教"时代，这是佛教由"原始佛教"向"大乘佛教"发展的桥梁。

佛教传入每个国家后，又与各国的历史文化相结合，形成了各具民族特色的佛教文化。佛教在其发展的历史中，与政治的关系也是紧密的。各国统治者都对佛教给予了充分的照顾，有的国家甚至奉佛教为国教。佛教在民间更是影响巨大，佛法深入人心，寺院遍布各地，佛教著述层出不穷，而且还影响了其他的宗教文化。佛教已经成为东亚、东南亚等地区传统宗教文化之一，至今仍然发挥着重要作用。

第三节 中国佛教的宗派

中国佛教主要有八大宗派，分别为唯识宗、三论宗、天台宗、华严宗、禅宗、净土宗、律宗和密宗，简称汉传佛教八大宗派。佛教自印度传入中国，不断与中国本土文化融合。到了 6 世纪左右，中国佛教试图用自己的理解，建构佛教的理论架构，这是中国佛教宗派形成并不断丰富的大背景。

隋唐是中国佛教创宗立派的重要时期，产生了不同佛教派别，这即是佛教中国化的重要成果。唯识宗，又称法相宗，汉传佛教唯识宗是印度瑜伽行派在汉地的传承。玄奘从印度回国后，翻译了瑜伽学系的《瑜伽师地论》

《百法明门论》《摄大乘论》《辨中边论》《唯识二十论》《唯识三十颂》《分别瑜伽论》等各论，以及《成唯识论》，在此基础上创立了此宗。主要理论包括："三性说"（遍计执性、依他起性、圆成实性）、五重观法、因明学说。唯识因明之学对后世影响很大。

三论宗，隋代吉藏创立。因依龙树的《中论》《十二门论》和提婆的《百论》三论立宗，故名。该宗是印度中观派在汉地的传承，主要理论是缘起性空，即认为世间万有诸法，都是从众多因缘和合而生，是众多因素和条件结合而成的，这叫缘起，没有事物是独立不变的实体，这叫无自性，也就是性空。其他如真俗二谛、八不中道等思想主要来自印度中观派。

天台宗，这是中国佛教最早创立的一个宗派，因创始人智顗常住浙江天台山而得名。其教义主要依据《妙法莲华经》，故也称法华宗。该宗的主要思想是实相和止观，以实相阐明理论，用止观指导实修。提出的理论包括：十如是、一念三千、一心三观等。该宗集合南北各家义学和禅观之说，理论体系完备，对以后成立的各宗派多有影响。9 世纪初，此宗传到日本，13 世纪由日本天台本宗分出日莲宗。

华严宗，该宗因以《华严经》为根本典籍，故名。又因实际创始人法藏号贤首，也称贤首宗，该宗以发挥"法界缘起"的思想为宗旨，又称法界宗。主要教理为法界缘起说。认为宇宙万法、有为无为、色心缘起时，互相依持，相即相入，圆融无碍，如因陀罗网，重重无尽。并提出四法界、六相、十玄等法门。

禅宗，该宗主张修习禅定，故名禅宗。创始人为菩提达摩，下传慧可、僧璨、道信，至五祖弘忍下分为南宗惠能，北宗神秀。该宗主张心性本净，佛性本有，见性成佛。提出了二入四行的理论。二入指理入和行入，四行指报怨行、随缘行、无所求行与称法行。主要经典包括《楞伽经》《金刚经》《坛经》。随着禅宗的传播和发展，其内部又分成"五家七宗"：沩仰宗、临济宗、曹洞宗、云门宗、法眼宗，临济宗后来又形成黄龙、杨岐两派。禅宗在中国佛教各宗派中流传时间最长，至今仍延绵不绝，并先后传入朝鲜和日本。

净土宗，该宗专修往生阿弥陀佛净土法门，故名净土宗。因其始祖慧远曾在庐山建立莲社提倡往生净土，故又称莲宗。该宗主要思想是以修行者的念佛行业为内因，以弥陀的愿力为外缘，内外结合，往生极乐世界。主要经典包括《无量寿经》《观无量寿经》《阿弥陀经》和世亲的《往生论》，称三经一论。该宗由于修行方法简便易行，所以广泛流行于汉地，汉传佛教其他宗派往往也兼修净土法门。8 世纪该法门传入日本，形成日本的净土真宗。

律宗，该宗因着重研习及传持戒律而得名。也称四分律宗、南山律宗。律宗主要理论为戒法、戒体、戒行、戒相四科。唐代鉴真将律宗传入日本。近代弘一大师大倡律宗。

密宗，与其他宗派（显宗）不同，密宗仅限于具有一定资质的学僧修习，由师徒密传。密宗是佛教中吸收了印度婆罗门教部分内容和形式的宗派，不经灌顶不经传授不得任意传习，因此称为密宗。一般认为汉地的密宗是在唐朝开元年间由善无畏、金刚智、不空（史称开元三大士）来华后正式确立的。密教有曼荼罗思想，分成胎藏界和金刚界两部。曼荼罗是一种图像，它表示的是以主尊佛为核心，诸佛诸尊环绕的一种场景。

第二章　佛教的基本教义

每种宗教都有其基本教义用以宣扬信仰，教化信徒。教义是宗教的灵魂，也是一种宗教区别于其他宗教的根本，佛教也不例外。狭义的佛教仅指佛陀的教言，亦即佛教徒所说的佛法。在某种意义上，佛教教义的主要内容可分为两大方面：一是关于因果与修行的理论，这是佛教教义的实践方面、宗教方面、道德说教方面。二是关于生命和宇宙的真相，这是佛教教义的理论方面、哲学方面、辩证思维方面。佛教关于生命和宇宙的真相的理论，是建立在佛教修行（主要是禅悟）基础上的成果。从具体内容上看，这两大方面是不可能截然分割开来的。佛教教义在整体上是相辅相成、自成一体的，共同构成了一套完备的佛学体系。

佛教的基本教义主要是：缘起、四法印、四谛、八正道、十二因缘等。理解了佛教的基本教义就基本上把握了佛教的核心内容，迈入了佛教的大门。

第一节　缘　起

缘起说被视为佛教的根本思想，佛教的所有教义，都从缘起法而来。缘起，即诸法由因缘而起。意思是说，世间一切事物或现象，都是相待相持的互存关系和条件，离开关系和条件，就不能生成任何事物和现象。在《杂阿含经》中，释迦牟尼曾经给缘起下了一个这样的定义：“此有故彼有，此生故彼生，此无故彼无，此灭故彼灭。”在《中阿含经》中，释迦牟尼曾说：“若见缘起便见法，若见法便见缘起。”在《造塔功德经》中，有法身偈（又作诸法缘起颂）云：“诸法因缘生，我说此因缘，因缘尽故灭，我作如是说。”在《初分说经》卷下中，有缘起偈（又作缘起法颂）云：“若法因缘生，法亦因缘灭；是生灭因缘，佛大沙门说。”缘起说解释了世界就是由时间上无数的异时连续不断的因果关系组成的无限的网络构成的。

缘起论是佛法的代表,是佛教与世界上其他宗教或古今任何哲学流派相区别的根本特征。缘起论系以“法印”为基础,以“十二因缘”“四谛”“八正道”为中心思想。不管是原始佛教、部派佛教还是大乘佛教,任何时代或任何地域之佛教宗派,必然以缘起论为根本教理,反之,则不能称为佛教。随着佛教的发展,以缘起论为根本教理,逐渐发展出业感缘起、赖耶缘起、真如缘起、法界缘起、六大缘起等一系列缘起论系统教说。

第二节　四法印与四谛

法印就是“佛教的标记”,即作为印证各种说法是否合乎佛法的标准。印定其说,便是佛说,否则就是魔说。四法印是判定佛教真伪的标志,掌握了它,便能对一切佛法通达无碍。

所谓四法印,即《增一阿含经》卷十八所说:“一切诸行无常,一切诸行苦,一切诸行无我,涅槃永寂。”通常作:诸行无常,诸法无我,有漏皆苦,涅槃寂静。

四法印之一是“诸行无常”,意思是说宇宙间的一切事物和一切现象都是此生彼生、此灭彼灭、流动变迁着的互存因果关系,任何现象的性质都是无常的,表现为刹那生灭。

四法印之二是“诸法无我”。它的意思是说,世界上一切事物和一切现象并无本体论的所谓我的存在。“无我”就是无固定性,亦即无自性。世上的种种要素都是在刹那间依缘而生灭,找不到一个固定的、独立的有情在支配的身心,也就是找不到“我”的存在。所以佛教说的空,不是平常意义上的没有,而是说世界上没有一个永恒不变的“我”的存在,没有一个自性本体的法存在,没有一个恒常不变的主宰体存在。

四法印之三是“有漏皆苦”。“漏”是烦恼的意思,佛教认为众生不明白一切法“缘生缘灭”“无常无我”的道理,而在无常的法上贪爱追求,在无我的法上执著为“我”,或为“我所有”,这叫惑。惑使人烦恼,这就是有漏皆苦。

四法印之四是“涅槃寂静”。涅槃(梵文 Nirvana)这个词的原意是“熄灭”意译“圆寂”。它是佛教全部修习所要达到的最高理想,一般指熄灭生死轮回后的一种精神境界。在佛教看来,人生有着重重烦恼和痛苦,涅槃即是对“生死”诸苦及其根源“烦恼”的最彻底的断灭。

四谛，是佛教的基本教义之一，又作四圣谛。谛，意为真理或实在。四谛即苦谛、集谛、灭谛、道谛。(1)苦谛：是对社会人生以及自然环境所做的价值判断。指三界六道生死轮回，充满了痛苦烦恼，世俗世界的一切，本性都是“苦”。有八苦：生苦，诞生时的痛苦；老苦，老年时的痛苦；病苦；死苦；怨憎会苦，不得不与不喜欢的人“聚集”在一起的痛苦；爱别离苦，不得不与喜爱的人或事离别的痛苦；求不得苦，有所欲求而得不到满足的痛苦；五盛阴苦，或称“五阴盛苦”，五阴，即五蕴，指众生是由色、受、想、行、识五种因素组成。五阴生灭变化无常，盛满各种身心引起的痛苦。(2)集谛：集谛也叫习谛，集是集合、积聚、感招之意。集谛，指众生痛苦的根源。谓一切众生在日常生活中由于贪、嗔、痴等行为造成种种业因，从而感招未来的生死烦恼之苦果。从根本上来说，众生痛苦的根源在于无明，即对于佛法真理、宇宙人生真相的无知；正因为无明，众生才处于贪、嗔、痴、慢、疑、恶见等等烦恼之中，由此造下种种恶业；正因为造下种种恶业，又使得众生未来要遭受种种业报。这样反复自作自受，轮回不休。(3)灭谛：指痛苦的寂灭。灭尽三界烦恼业因以及生死轮回果报，到达涅槃寂灭的境界，称为灭。(4)道谛：指通向寂灭的道路，主要指八正道。佛教认为，依照佛法去修行，就能脱离生死轮回的苦海，达到涅槃寂灭的境界。佛教的经典都没有超出这四圣谛。

第三节　八正道与十二因缘

八正道，即合乎正法的八种通向涅槃悟道成佛的途径，又称八圣道。即：(1)正见：正确的见解，亦即坚持佛教四谛的真理；离开一切断常邪见。(2)正思维：又称正志，即根据四谛的真理进行思维，离开一切主观分别、颠倒妄想。(3)正语：正确的言语，也就是不妄语、不慢语、不恶语、不谤语、不统语、不暴语，远离一切戏语。(4)正业：从事清静之身业。一切行为都要符合佛陀的教导，也就是不杀生、不偷盗、不邪淫等，诸恶莫做，众善奉行。(5)正命：过符合佛陀教导的正当生活，即远离一切不正当的职业和谋生方式。(6)正精进：正确的努力，去恶从善，勤奋修行，不懒散度日。毫不懈怠地修行佛法，以达到涅槃的理想境地。(7)正念：念念不忘四谛真理，即忆持正法，铭记佛教真理，时时惕励自己。(8)正定：正确的禅定，即专心致志地修习佛教禅定，于内心静观四谛真理，以进入清净无漏的境界。佛教认为，按此修行可由凡入圣，从迷界此岸达到悟界的彼岸。

八正道中最根本的一道是正见，即坚定不移地信奉佛教的教义。佛教并不反对其他的宗教，凡是能有助于个人修行的都可以融汇于佛教中。因而把正见当作最重要的一道，而其余七道则都是在正见的基础上进行精进不懈的修行。

十二因缘是佛教重要基础理论之一，是释迦牟尼佛陀自修自证得到的真理，指从“无明”到“老死”这一过程的十二个环节，因果相随，三世相续而无间断，使人流转于生死轮回大海，而不能得以出离。所谓十二因缘就是，无明、行、识、名色、六入、触、受、爱、取、有、生、老死。这十二个环节一环套一环，顺逆都互相缘生缘灭，故称十二因缘。

具体而言：(1)无明缘行：于缘起性空无所明了，因而妄生一切执著，此谓“无明”。就是指众生对佛法真理、对宇宙人生真相的无知状态。正因为无知，由此产生行，即盲目的冲动，亦即意志活动。(2)行缘识：因为有意志活动，因而产生心识，识即精神活动，指按照意志活动投生后产生最初的意识。(3)识缘名色：业识，此识随业受报，为过去业力所驱，挟持所造善恶种子而来投胎，由于心识活动而形成精神和物质的胎质。名，指概念，精神方面；色，指色质，物质方面的形体。(4)名色缘六处：由于一念爱染投入母体为名，成胎后为色。所谓心物和合而成胎，胎相初成叫作“名色”。六处，又称六入，在此指六根，即眼、耳、鼻、舌、身、意等感官和认识器官。这时，胎质逐渐成熟，即将诞生。(5)六处缘触：在母胎十个月的中间，由名色渐渐成长到六根完备，于出胎后对六尘境有互相涉入的作用，故名“六入”。指接触，指胎儿出生后，六种感觉和认识器官与外界接触。(6)触缘受：根、尘和合而成触。指出胎后六根与一切外境之接触；受即感受、接受，由于身心逐渐发育，六根与色、声、香、味、触、法六境接触频繁，而产生相应的或苦或乐、或不苦不乐的感受。(7)受缘爱：根境相对于违顺二种境界，生起苦乐二种感觉谓之“受”，此即为对境所起的一种情绪。爱指爱欲、贪爱，随着年龄的增长，在不断感受的基础上产生分别心，有了爱恶之情。(8)爱缘取：对于五尘欲境，心生贪著，此即为对境所起的一种贪染心，取即执着、追求，正因为有了贪爱，到了成年以后，爱欲强盛，开始对外界执着追求。(9)取缘有：

遇喜欢之乐境则念念贪求,必尽心竭力以求得之而后已,遇所憎之苦境则念念厌离,必千方百计以图舍之而后已,此即为爱染欲境的一种趋求。这里的有,指思想、行为所产生的难以抹掉的后果,即业,分为善、恶、无记三种性质的业。由于执着,造下了种种业。(10)有缘生:有因有果,由前际因(爱取),生后际果(生老死),业力牵引,因果不亡,遂演成三界轮回的事实来。此为所作业力感报的一种规定;正因为有了业,这种业必然产生未来的果报,使人在死后重新投胎受生,从而导致来世的再生。(11)生缘老死:以现在所作之业为因,依因感果,必招来世受生,老死皆以生为缘。(12)老死:诸根衰败叫作老,身坏命终谓之死。有生就不能不死,四大和合的身躯自然从少到老,无常转变必至于死,此即为未来受报的一种结果。有了生则必然招致老、死。这样,十二个环节辗转不断地生死轮回,互为因缘,是十二因缘。由此可见,众生之所以有生死轮回种种痛苦烦恼,根源在于无明,即对生活真实的无知。反之,只要破除无明,就可以灭除生死轮回的痛苦而获得解脱。

第三章　佛教典籍

把佛教典籍分为经、律、论是按照其所载内容来分的，这是一种最基本的分类，也是使用频率最高的一种分类。经、律、论所载内容分别是：

经，一般被认为是佛说过的话的汇编，它是佛教教义的基本依据。

律，是佛教组织为教徒或信众制定的纪律或行为规范，它的基本原则一般被认为是佛所确定的，而系统化的佛教戒律是后来才逐步形成的。

论，是对经、律等佛典中教义的解释或重要思想的阐述。它在佛教中一般被认为是菩萨或各派的论师所作，但也有极少数的论被认为是佛自己作的。

通达佛法能为人讲说的人称为法师，精通经藏的称为经师，精通律藏的称为律师，精通论藏的称为论师，遍通经、律、论三藏的称为三藏法师，如唐三藏法师玄奘。

第一节　原始佛教时期典籍

在原始佛教的经典中，论藏较少，而主要是经藏和律藏两部分，经藏中又以四部阿含经最为重要，在南传和北传佛教中，这四部经书在形式和内容上又有许多出入。阿含，梵文的音译，也译作阿含暮，意思是“法归”“汇集”“万法所归也”。《翻译名义集》把“阿含”译为“无比法”，意思是“法之最上者”。这类型的梵文本已经散失了，现存的主要是汉文和巴利文的两个系统的译本。汉译的阿含类经主要有四部，分别是《长阿含经》《中阿含经》《杂阿含经》《增一阿含经》；巴利文系统的阿含类经并不叫阿含经，只是这些经中的内容与汉文阿含类经相同而已，所以也把它们归入阿含类经中，这些经主要有五部，分别是《长部》《中部》《相应部》《增支部》《小部》，其中前四部的内容大致与汉译“四阿含”的内容差不多。这些经中的内容虽然反映的都是原始佛教时期的思想观点，但它们被整理成书面文字的时间较晚，主要是由部派佛教时期的不同部派在佛教集结大会上整理出来的，所以这些经典中既有原始佛教的思想，也有后来部派佛教的思想，但主要还是以原始佛教的思想为主。阿含类经采用的是一种言行录的体裁，以对话的形式记载现实中的释迦牟尼及其弟子的传教活动，阐述佛教的基本教义。

在这四部阿含类经中又以《长阿含经》最为重要，是印度佛教中主要记述早期佛教内容的经，共二十二卷，由三十部篇幅较长的经合成，所以取名《长阿含经》，主要记载了释迦牟尼的生平，还有他的直传弟子们的一些事迹，此外，该经还阐述了原始佛教的一些基本教义和概念，比如，四圣谛、五蕴、缘起、四禅等。

第二节　部派佛教时期典籍

上座部与大众部分裂后到大乘佛教兴起前的这个时期被称为部派佛教时期。佛灭度后一百年，因对待戒律的态度不同，佛教分裂成严格持戒的上座部与主张戒律可以变通的大众部。这是佛教的第一次分裂，又称根本分裂。根本分裂之后的几百年，上座部与大众部又各自分裂形成二十（一说十八）个更小的派别，被称为枝末分裂。部派佛教又被称为小乘佛教。小乘佛教这个称呼是大乘佛教对成立在它之前的各佛教部派的称呼，意为小乘佛教发心较小，只自修度己，无法济度一切众生。这个称呼本身被认为具有贬低之意，因此较有争议，部派佛教本身也不接受这样的称呼，因此在佛教界一般称之为部派佛教，或声闻乘。现在的学术界，为了研究佛学而沿用此名，则无褒贬之意，但局限于对历史时期的描绘。用小乘佛教来称呼现在的上座部佛教则不被上座部佛教徒接受。

部派佛教与原始佛教相异之处，在于部派除继承原始佛教的“法”与“律”之外，又另外阐述“对法”（阿毗达磨），而具备了经、律、论三藏。从这个意义来说，部派的特征可以说就在“对法”的论书，同时也可看出将部派佛教视为较低阶教法的原因，是针对阿毗达磨论书说的。为了匡正阿毗达磨部派佛教的缺陷，以及推广释尊真实的佛法，初期大乘佛教兴起。初期大乘经典有般若诸经和《维摩诘经》《华严经》《法华经》《无量寿经》等，而将这些思想汇整、纂集的，则有龙树的《中论》与传说是他所著的《大智度论》，以及其他诸多著作。初期大乘的学说,可见于前述经典与论书中。下面介绍部派佛教的代表性作品《华严经》与《法华经》。

《华严经》全称《大方广佛华严经》。大方广,即总说一心法界之体用,广大而无边;佛,即证入大方广无尽法界者;华严,即以莲花庄严、严饰之意,喻佛果之万德圆满。此经为华严宗所依的根本经典,有三个汉译本:(1)东晋佛陀跋陀罗译本,六十卷,称“六十华严”或“旧译华严”;(2)唐实叉难陀译本,八十卷,称“八十华严”或“新译华严”;(3)唐般若译本,四十卷,称“四十华严”,全名为《大方广佛华严经入不可思议解脱境界普贤行愿品》,简称《普贤行愿品》或《入法界品》。

三种译本中,以新译华严流传最广。此经以九会说法组合而成,称释迦牟尼初成佛后,在菩提场、普光明殿、帝释天宫、夜摩天宫、兜率天宫、他化自在天宫等处说法,入三昧,显现神变,于海印定中显现佛果地无量无碍、庄严无比的境界。说菩萨以菩提心为因而修行,顿入佛地的因果,显示心性含摄无量、缘起无尽等相涉相入、无碍无尽的境界,被大乘佛教推为经中的圆满顿教,有“经中之王”之称。

《普贤行愿品》原为“四十华严”的标题,后专指其中的最后一卷。说菩萨所修礼敬诸佛、称赞如来、广修供养、忏悔业障、随喜功德、请转法轮、请佛住世、常随佛学、恒顺众生、普皆回向等十大行愿,以往生西方极乐世界为归宿,传诵甚广。

在大乘佛法兴起的时代,有了以“声闻”“缘觉”为二乘或小乘,以“菩萨”为大乘的说法。《法华经》就是在这种背景下结集的代表作品,提出了“开权显实”“会三归一”的思想,融会三乘为一乘(佛乘)。以“声闻”“缘觉”二乘为方便(权)说,“二乘”终究要以成佛为最终目标(如“化城喻品”所说),开启了“回小向大”的门径,这是一种崭新的学说思想,也是本经的主旨所在,在佛教思想史上占有至关重要的地位。

《法华经》八品共八万余字,初学者如果没有参阅古德的注疏,仅仅读诵原文是不易把握其整体脉络的。由于此经的内容在表面上看起来比较分散,读诵者常常不知所云,而对经文呈现的重要思想也无法深刻领会。这主要有两个原因:第一,《法华经》主要讲述的是一佛乘思想,也即一切众生,无论三乘五乘,最终皆归于一佛乘,无有余乘。由之而来佛陀对一乘之法的功德赞叹在经文中随处可见,读诵者往往只看到佛对一乘和法华功德的赞叹，却没有注意到一佛乘思想贯穿其中。第二，本经流通分共有十六品，不但流通品目比其他经文多，且按本迹二门的分法而有两个流通分，失去往常序、正、流通三分法的一般次序，使读诵者无法清楚把握《法华经》全体的格局。

第三节　禅宗典籍

禅宗是中国佛教宗派之一。主张顿悟法要"见性成佛"自初祖达摩祖师起，皆指人心，不拘修行。又因以参究的方法，彻见心性的本源为主旨，亦称佛心宗。传说创始人为菩提达摩，下传慧可、僧璨、道信，至五祖弘忍下分为南宗惠能，北宗神秀，时称"南能北秀"。北宗神秀是以"坐禅观定法"为依归，渐进禅法，渐修菩提，所以称之为"渐悟"。南宗惠能是以"即心即佛""直指人心，见性成佛"为依归，不拘泥"坐禅""观定"与否即成佛。这里介绍三本禅宗典籍:《金刚经》《心经》《坛经》。

《金刚般若波罗蜜经》，简称《金刚般若经》或《金刚经》。《金刚经》是早期大乘佛教经典，属于《大般若经》的第九会，是宣说般若空义的代表作之一。最早由后秦鸠摩罗什于公元 402 年译出，一卷，后又出现了五种译本。中国以鸠摩罗什译本为流行本。该经称佛对须菩提说诸法无相，菩萨应以无所住心，修布施等六度及一切善法，发愿度尽一切众生，并极言持诵解说此经的功德。《金刚经》古来依无著和世亲的论释为中心被理解，尔后由三论、天台、华严、法相、禅、真言等各宗的观点加以理解和发展。

《金刚经》的中心思想是"一切有为法，如梦幻泡影，如露亦如电，应作如是观"。意思是说世界上一切事物是空幻不实的，"实相则是非相"；认为应"远离一切诸相"而"无所往"（不要执着），其思想重心分为以下五个方面:

第一，着重"无相"。如说"凡所有相，皆是虚妄，若见诸相非相，则见如来"。"无复我相人相众生相寿者相，无法相亦无非法相"。"离一切诸相，则名诸佛"。"于一切相应如是知，如是见，如是信解，不生法相"。"不取于相，如如不动"。"无相"与"原始般若"的"无受三昧"，"是三昧不可以相得"，称之为"离相门"一样。般若与"空"本没有必然的关系，"空"是在般若发展中重要起来的。《金刚经》说"无相"而没有说"空"，保持了"原始般若”的古风。

第二,着重“无我”的菩萨行。如说“若菩萨有我相人相众生相寿者相,即非菩萨”。“其有众生得闻是经信解受持,是人则为第一希有,何以故?此人无我相人相众生相寿者相”。“实无有法名为菩萨,是故佛说一切法无我无人无众生无寿者”。“若菩萨通达无我法者,如来说名真是菩萨”。“若复有人知一切法无我,得成于忍,此菩萨胜前菩萨所得功德”。习惯大乘我法二空者,或不解于菩萨行着重“无我”。而古传般若法门即以“无我”悟入实相。“原始般若”并举菩萨与般若,阐明菩萨(我)与般若(法)不可得(空),原理是一样的。但《金刚经》不只说“无我”,也说“无法相,亦无非法相”。

第三,着重“利他”的菩萨行。般若的原义,菩萨行重于自行。《中品般若》的不退菩萨,得“报得波罗蜜”“报得五神通”“成就众生”“庄严国土”,重于利他行。《金刚经》着重菩萨的“受记”“度众生”“庄严国土”,与《中品般若》(不退菩萨以上)的重利他行相合。

第四,着重如来的体认。《金刚经》重在大菩萨行,更着重佛的体认。如说“若见诸相非相,则见如来”;“离一切诸相,则名诸佛”——佛是离一切相的。“不可以身相见如来”;“不可以三十二相得见如来”;“如来不应以具足色身见”;“如来不应以具足诸相见”;“不应以三十二相观如来”;“若以色见我,以音声求我,是人行邪道,不能见如来”——佛是不能于色声相中见的。“如来者,无所从来,亦无所去”——佛是不能从威仪中见的。

第五,佛和法的并重。早期的传统佛教以舍利塔象征佛,将供养舍利塔视为对佛的信敬怀念。从下品到上品般若是重法的,所以宁可取《般若经》而不取舍利塔。《金刚经》却说:“随说是经乃至四句偈等,当知此处,一切世间天人阿修罗皆应供养,如佛塔庙”;“在在处处若有此经,一切世间天人阿修罗所应供养,当知此处则为是塔,皆应恭敬作礼围绕,以诸华香而散其处”。以经典与佛塔一样,重法又重佛(塔)。《金刚经》这种特性与法藏部是非常接近的。

由于此经以空慧为体,说一切法“无我”的道理,篇幅适中,不过于长篇大论,也不过于简略,因而在北传佛教界流传甚广,被禅宗奉为根本经典。

《心经》全称《般若波罗蜜多心经》,简称《般若心经》或《心经》。汉传佛教通行版为玄奘译。这部经在佛教三藏中的地位殊胜,就相当于释迦牟尼佛的心脏一样,收于大正藏第八册。

心(梵 hrdaya),本指心脏,含有精要、心髓等意。本经系将内容庞大之般若经浓缩,成为表现“般若皆空”精神之简洁经典。全经举出五蕴、三科、十二因缘、四谛等法以总述诸法皆空之理。“色即是空,空即是色”一语,即是出自本经。《心经》全文如下:

> 观自在菩萨,行深般若波罗蜜多时。照见五蕴皆空,度一切苦厄。舍利子,色不异空,空不异色,色即是空,空即是色,受想行识,亦复如是。舍利子,是诸法空相,不生不灭,不垢不净,不增不减。是故空中无色,无受想行识,无眼耳鼻舌身意,无色声香味触法,无眼界,乃至无意识界。无无明,亦无无明尽,乃至无老死,亦无老死尽。无苦集灭道,无智亦无得。以无所得故,菩提萨埵,依般若波罗蜜多故,心无挂碍,无挂碍故,无有恐怖,远离颠倒梦想,究竟涅槃。三世诸佛,依般若波罗蜜多故,得阿耨多罗三藐三菩提。故知般若波罗蜜多,是大神咒,是大明咒,是无上咒,是无等等咒,能除一切苦,真实不虚。故说般若波罗蜜多咒,即说咒曰:揭谛揭谛,波罗揭谛,波罗僧揭谛,菩提萨婆诃。

《心经》被认为是般若经典的提要与精华。该经称观自在菩萨为舍利子(舍利弗)说五蕴皆空,观诸法实相,以无所得而证无上菩提。此经言简意赅,在僧俗两界广为传诵。

《坛经》亦称《六祖坛经》,是佛教禅宗六祖慧能宣讲佛法,弟子法海集录的一部经典。

《六祖坛经》的主要内容,一是记载慧能一生得法传宗的事迹,二是启导门徒的言教。因此内容丰富,文字通俗,是研究禅宗思想渊源的重要依据。《坛经》可分三部分,第一部分即是在大梵寺开示“摩诃般若波罗蜜法”。第二部分,回曹溪山后,传授“无相戒”,故法海于书名补上“兼授无相戒”。第三部分,是六祖与弟子之间的问答。《坛经》有近十种异本,其中,敦煌本、慧昕本、宗宝本是其主要版本。

该经的中心主张是佛性本有、见性成佛,即人人都有佛性,人人都有成佛的可能。指出“法即一种,见有迟疾”“法无顿渐,人有利钝”。人们轮回受苦的原因是清静佛性被妄念浮云所遮盖,吹散妄念浮云即可成佛。佛性本有思想与《涅槃经》“一切众生悉有佛性”之说一脉相承。对于怎样修炼才能成佛的问题，惠能主张顿悟说，认为“不悟即佛是众生，一念悟时众生是佛”；“迷闻经累劫，悟在刹那间”。他主张往生西方净土，主张“佛法在世间，不离世间觉；离世觅菩提，恰如求兔角”。《坛经》不主张坐禅，而主张“以定慧为本”，行卧皆是禅定，要求修行者时刻处于修持状态中。《坛经》同时还论述了什么是功德，说：“见性是功，平等是德。念念无滞，常见本性，真实妙用，名为功德”“内下谦下是功，外行于礼是德”“不离自性是功，应用无染是德”“自修性是功，自修身是德”。又说：“功德需自性内求，不是布施供养之所求也。”

《坛经》的思想对禅宗乃至中国佛教本土化的发展起了重要作用。中国佛教著作被尊称为“经”的，仅此一部。

第四章　佛教的影响

佛教从创立至今已有两千五百多年的历史，在漫长的人类文明进化发展历程中，佛教也一直紧跟时代潮流，像一棵小树一样把它的主根深深地扎进泥土里，汲取着养分，又不断地向四周生根发芽，最终长成枝繁叶茂的参天大树。佛教在人类文明史上有着无与伦比的地位，它与其他文明交相辉映，共同奏响了人类文明的交响乐。

第一节　佛教对哲学的影响

从哲学思想方面来说，佛教思想蕴藏着极深的智慧，它对宇宙人生的洞察，对伦理道德的规范，对心理活动的分析，形成了深刻独到的见解和完整严密的体系。佛教思想的核心是缘起性空，它否认有至高无上的神，认为事物永远处于无始无终、无边无际的因果中，同时强调个人解脱和普度众生。

佛教自汉代传入中国后，与中国本土文化相结合，逐渐发展成为中国的佛教，逐步成为中国传统文化中一个重要的、有机的组成部分。佛教对于中国哲学的发展有着重大的影响。这种影响，初始期是外在的，其后则转变为内在的了。也就是说，佛教也成了中国传统哲学的一个重要的、有机的组成部分，甚至在某些历史时期成为中国哲学的主体部分。

佛教刚传入中国时，人们把它看作与本土黄老道和神仙方术一样的东西。到东晋时期，佛教在社会上已有相当广泛的影响，人们对佛教的教义也已有了较为深入的了解。随着佛教社会影响的扩大和人们对佛教教义的深入了解，佛教教义与中国本土文化的矛盾也就暴露出来了，尤其是与当时占据正统地位的儒家的基本伦理价值观念发生了严重的冲突。这些冲突大致可分为两类：一是伦理礼义方面的问题，一是形上理论方面的问题。儒家学说是积极入世的，它十分强调每一个人的社会伦理责任，对国家、君主要尽忠，对家庭、父母要尽孝。因此，儒家学者们猛烈批判佛教的出世主义和出家行为，认为它是一种抛弃个人对社会、家庭责任的，违反最基本伦理观念的异端邪说。与此相关，在应当不应当落发、该不该跪拜国君等礼仪问题上也发生了针锋相对的争论。形上理论方面的冲突，则主要集中在因果报应、生死轮回与神灭神不灭等问题上。如佛教只讲个体自我的因果报应，即所谓“所作好恶，身自当之”，“善自获福，恶自受殃”；而中国传统文化则强调家族同受共享的祸福，即所谓“积善之家必有余庆，积不善之家必有余殃”。这两种思想是显然不同的。在佛教与本土文化发生冲突的同时，更值得注意的是它们之间的融合。在初期译经中，译经者大量借用儒、道所用的名词概念来译述佛经思想，其中虽有不少附会之处，但在沟通佛教与中国本土文化方面，也是一个不可缺少的过程。魏晋南北朝时期，佛教与当时占主要地位的玄学之间产生了极为密切的关系。佛教借助于玄学融合儒道的理论和得意忘言的方法，进一步使佛教思想与中国传统儒道思想融合起来，而玄学则借助于佛教以丰富自己的理论，因此形成三教并流的盛况。魏晋南北朝时期，名僧谈玄，名士论佛，已成为一种时尚。彼时涌现出了一大批高僧，如道安、慧远、支遁、鸠摩罗什、僧肇、道生等，他们的思想不仅在当时有很大的影响，而且在整个中国哲学发展史上也占有重要地位。

东晋以后，佛教发展十分迅速，到了隋唐时代，佛教在中国开花结果，涌现出了一批与中国本土文化完全融为一体的宗派，如天台宗、华严宗、净土宗、禅宗等。隋唐时代是中国佛教的鼎盛时期，其影响渗入到了社会生活的各个方面，特别是在思想理论方面，佛教的影响尤为深刻，以至于后人把隋唐时期文化学术的特征概括为“佛学时代”。梁启超曾说，中国的佛教以宗教而兼有哲学之长，佛教不应当与一般宗教同样看待，中国人所受益者多在其哲学方面，而不在其宗教方面。中国佛教并不是简单地照搬印度佛教，而是有很大的创造和发展。中国佛教哲学，在理论上与中国传统儒家哲学也有很好的互补性，因此应当把佛教哲学包括在整个中国哲学之内。

隋唐佛教哲学的充分发展，为宋明理学的创立和发展提供了丰富的理论营养。可以毫不夸张地说，没有隋唐佛教哲学也就不会有宋明理学。宋明时期，儒家似乎反对佛教，实际上却又从思想上汲取佛教的精髓，形成了新儒学——理学。理学表面是打着批判佛老、复兴儒学的旗号建立和发展起来的，但佛教哲学对宋明理学的广泛而深刻的影响，是一个不容否认的事实。理学家几乎没有一个是不曾出入于佛老的，就连对佛教持严厉批判态度的朱熹，也曾有相当长的一段时间潜心于佛教。

近代的改良派也从佛教汲取养料，如谭嗣同所建立的“仁学”体系，思想渊源之一其实就是禅宗。

随着佛教文献进入西方及对其研究的逐步深入，佛教哲学对欧洲也产生了影响。其中最早且最显著的是德国哲学家叔本华(1788—1860)，他在基督教世界中宣称佛教是最高的宗教，消除痛苦的最好出路在于涅槃寂静。他的悲观主义和禁欲主义，他之视“世界是我的表象”和视意志为一切痛苦之源泉的观点，都浸透着佛教的某些基本精神，把世界的一切看作是幻象。连尼采也称他的意志至上论为“佛教徒的虚无意志”。在现代，佛教哲学对存在主义的影响也相当明显。他们把人的现实品格规定为恐怖、厌烦、失败、绝望以及生老病死等痛苦，就与佛教的出发点一致。法国文学家、哲学家萨特(1905—1980)创造的存在主义著名论断“存在先于本质”，与佛教的业报思想在“人创造人本身”这点上，就是完全相通的。

第二节　佛教对文学的影响

佛教对文学的影响可谓是深远巨大，数千卷印度佛典，如《维摩经》《妙法莲华经》《楞严经》等，本身就是瑰丽的文学作品，素为文人喜爱。《百喻经》已被译为多种文字，其中的譬喻故事被认为是世界文学中的珍品。印度叙述佛陀前生的《本生经》是著名的传记文学，马鸣的《佛所行赞》是印度著名的长篇叙事诗之一。其他如佛教典籍中的偈颂、赞、散文、故事、俗讲、变文、语录、传记、游记、文集等，均为优美的佛教文学作品。中国、日本、斯里兰卡很多著名的文学作品，都受到佛教的深远影响，产生了新的意境、新的文体和新的命意遣词方法。

佛教对中国文学来说就犹如阳光和雨露，中国文学在佛教的滋养沐浴下，开出了绚烂的花朵，结出了丰硕的果实。佛教对中国文学的深远影响，最突出的主要表现在两个方面：一是形式方面，佛教促进了格律诗的形成和俗文学的发展；二是内容方面，佛教细致观察自然、世界，感受人生的苦、空、无常、无我，从而得到契悟，深化了文学描写，并以超现实的想象力推动了中国浪漫主义文学的发展。

自东晋起佛经在中国翻译并流传后，中国文学的内容形式和思维理念受到了深远的影响。佛经中丰富的譬喻故事令中国文士大开眼界，而佛教思想特别是唐以后兴起的禅宗思想则开阔了文学家们的视野和思想境界。禅宗的语录（宋代程朱语录之模范）及宋代兴起的以说唱、诗歌合体的佛经变文（“唱导”）实为明清白话小说奠定了基础。

在诗歌方面，印度声明学的影响，导致了汉语四声的发明及诗歌格律上“八病”的制定。基于此理论的诗歌被称为“永明体诗”或“新体诗”。因当时皇室推崇，而成文坛主流，演为唐骈文及格律诗体。到唐代，禅宗盛行。诗人受禅宗的影响，开始追求高远的意境，以情入景的诗风开始流行。初唐、中唐至宋代，诗风发展为融理入景。诸如“横看成岭侧成峰，远近高低各不同。不识庐山真面目，只缘身在此山中”之佳句，意境高妙，令人回味无穷。

另外，因佛经或是五言、七言诗体，或是长行，长行之中亦有述事、问答，乃至譬喻等，不像早期中国文学作品所具的单一性，所以唐以后中国文学作品出现的多元化趋势，实是受佛经的启发。更为重要的是佛教苦空无常和因果轮回的思想一直贯穿于宋以后的诗词、戏曲、小说之中。宋词中当以苏轼《念奴娇·赤壁怀古》为代表。元曲中，《西厢记》以一场惊梦终结，《桃花扇》以“猛抬头，秣陵重到，残车留废垒瘦马卧空壕，村郭萧条，城对着夕阳道。”作余韵，皆是“人生无常”之观念。明清小说中《西游记》自不必说，《三国演义》虽是描写三国群雄战争，而开篇题词即以“滚滚长江东逝水，浪花淘尽英雄。是非成败转头空，青山依旧在，几度夕阳红？白发渔樵江渚上，惯看秋月春风。一壶浊酒喜相逢，古今多少事，都付笑谈中。”点明意旨。《红楼梦》描写荣华富贵、儿女情长，洋洋大观，最后以人亡家败为结局，也以一场大梦譬喻人生一世。其他诸如《聊斋志异》《儒林外史》“三言二拍”等章回小说，皆受因果报应等佛教思想影响。

第三节　佛教对艺术的影响

佛教对艺术的发展有着极强的影响，表现在雕塑、建筑、绘画、音乐等领域。在世界艺术瑰宝中，佛教艺术可谓是独领风骚。佛教需要通过佛、菩萨的艺术形象引起人们的敬畏心理，通过寺庙建筑的宏伟庄严并与周围山林的协调引起信众的美感、神秘感,从而达到感化人心的目的。佛教音乐给人以空灵纯净的感觉。佛教的绘画、石刻、石窟等造型艺术也让人叹为观止。

从中国来看,佛教的传入为中国传统文化艺术注入了新鲜的血液,焕发出蓬勃的生命力。佛教的传入扩展了中国文化艺术的范畴,丰富了中国文化艺术的表现内容。

魏晋的佛教建筑,一直影响着中国的建筑形态。佛教建筑力求艺术化,建筑物的布局庄严、雄伟,立足原始印度佛教的特色。佛教输入的佛塔建筑,将中国的建筑艺术推进了一步,开拓了新的里程。佛教传入中国之后,也推进了中国塑像艺术的发展,洛阳的龙门、大同的云冈、敦煌的莫高窟那些伟大的佛像雕刻是我们宝贵的文化遗产。佛教雕塑开发了中国传统雕塑的新品种,开拓了中国传统雕塑的艺术手法,极大地丰富了中国传统雕塑的内容。

书法是中国传统文化艺术的瑰宝,自从有了汉字以来,书法艺术就伴随着汉字的成长而不断成熟。佛教的传入,犹如催化剂,使得中国书法艺术越发丰满与丰富。手抄佛经的出现,不仅为佛教文化的传播与发展保留了珍贵的实物资料,也繁荣与发展了书法艺术。书法大师的手抄经书,成为后来历代文人墨客临摹与学习的典范。在这些手抄经卷中,正、行、草、八分、篆各体俱备,成为书法艺术中的珍品。保存各朝不同书法风格的佛经石刻,为研究我国书法的变迁史提供了珍贵史料。造像题记又是代表中国书法艺术的另一高峰。

佛教东渐,同样给我国传统的绘画带来了新样式和新内容,丰富了绘画理论和技巧。佛教壁画的产生,为中国绘画保留了大量的实物资料。最著名的是敦煌莫高窟,规模宏大,至今保留有十六国、北魏、西魏、北周、隋、唐、五代、宋、西夏、元等十个朝代的洞窟四百九十二个,壁画四万五千平方米,壁画十分精美,成为世界美术史上的奇迹。

第六编

道　　教

第一章　道教的产生及其与道家的关系

第一节　道教的形成

我国是一个多民族、多宗教的国家，在诸多宗教的流传中，世界性的三大宗教佛教、基督教和伊斯兰教，都是舶来品，唯有道教是土生土长的宗教。现在学术界所说的道教，是指在中国古代宗教信仰的基础上，承袭了方仙道、黄老道和民间天神信仰等大部分宗教观念和修持方法，逐步形成以"道"作为最高信仰的一种宗教。

关于道教的渊源，一般有以下几种说法。其一，道教脱胎于我国古代的原始宗教。在远古社会，人们对自然万物的变化和人的生老病死等现象不能理解，认为由一种超自然力在起支配作用，因而产生了对自然物、祖先的崇拜，于是采取祭祀和祈祷的办法来求得鬼神的保佑，这就是"巫术"。这种从事巫术活动的人就是"巫人"，那时的人认为巫人可以沟通人和鬼神的关系，巫术可以祈福禳灾，这种巫术被道教继承和吸收。其二，道教在形成过程中吸收了殷周时代的巫祝祭祀、先秦时代的神仙方术，这是一种鼓吹长生不老借助炼丹采药企图成仙的奇术，又叫作仙术，那些精通奇术，好神仙的人就叫作"方士"。春秋战国时期，诸子百家中以儒、道、墨为显学，同时，沟通人神的占卜及原始时期崇拜自然与鬼神的阴阳家、神仙家也兴起，各种寻找神仙及"长生不老"之药的活动屡见于史书。秦汉时期方术非常盛行，秦始皇、汉武帝都曾迷信方士，派人寻找海上仙山，祈求长生不老。其三，战国时期邹衍的阴阳五行思想的影响。无论是道家、儒家还是方士们都受其影响，这在《礼记》《吕氏春秋》以及后来的道教经典里面都有体现，以至成为道教内外丹学的重要理论根据。最后道教的形成与流行于战国、两汉之际的黄老学派有着直接的继承关系。

战国至汉初，黄老道家思想十分流行，该派尊传说中的黄帝和春秋时的老子为创始人。黄帝和老子都主张以清净之术治天下，而且道家所崇尚的“道”具有神秘化的倾向。道家所宣扬的养生理论也包含了长生的思想，这些思想都被道教所吸收。后来秦始皇焚书坑儒，但是为寻求长生不老的方法，鼓励神仙卜筮，而在当时，传说中的黄帝已经被赋予了神仙人物的品格，所以许多书假借黄帝之名，表达自己的想法，又因为当时老子的学说盛行于世，两者融合，称黄老之言。后来对黄帝和老子不断地神秘化和宗教化，到东汉时期已经出现了奉黄帝和老子为教主的“黄老道”，这就是道教的前身。

东汉末年，由于政治腐败，经济萧条，天灾人祸，社会危机四伏，汉祚已经岌岌可危，这时儒家势力已经在削弱，国治天下平的社会理想既不能实现，虚幻的乌托邦也没给人们的生活带来改善。人们从实际生活到精神生活都感到无依无靠，道教正好乘时崛起，填补了这个空虚。同时道教的产生与佛教的传播有着重大的关系。由大月氏使伊存于汉哀帝元寿二年(前1)口授浮屠经，至永平求法传说的发生，佛教已有相当发展。佛教的传入，必然要遭到人们的抵制，认为这是以夷变夏。在这种情况下，有人根据《史记》和刘向《神仙传》关于老子西游，莫知其所终的传说，编造出老子化胡的神话。印度的佛陀成了老子的化身，夷夏合一，减轻了佛教传播的阻力，故佛教徒最初对老子化胡的神话承认不讳。黄老信徒更借以抬高自己，于是出现历史上的汉桓帝设华盖并祀浮屠老子一事。《史记》《汉书》之前的书中凡提到黄老的人多用“好黄老言”“学黄老术”等，到桓帝时改用“事黄老道”。事就是侍奉的意思，这说明黄老二字已由学术流派进入宗教神道。

桓帝事黄老道兼祀浮屠，据《东观汉记》说法是“以求福祥也”，可见其宗教性质。除此之外还有两件事值得注意。一是顺帝时琅邪人于吉，自称得神书一百七十卷，号称《太平清领书》。于吉的门徒宫崇献书给汉顺帝，收藏在官府。这部书以阴阳五行学说为本，再加上巫术。书中宣扬神咒的作用，说天上有永恒的神圣，常常下来把重要话传授给人，人用这种话使唤神吏，神吏完全听从。襄楷献《太平清领书》给汉桓帝。后来等到汉灵帝即位时，十分信奉该书。另一件事情是，在何皇后生有皇子刘辨之前，灵帝有过几位皇子，但都先后夭折，所以灵帝便将刘辨从小寄养在民间一位姓史的道人家里。由此可知，到灵帝或者更前一些，在民间已经有以宗教为业的“道人”称呼，宗教组织已具雏形。

从以上所说一系列事情看来，黄老道的宗教色彩越来越浓，影响越来越大。最后以信仰黄老道为号召聚众造反的东汉末年农民起义，为黄老道向道教转变施加了关键性的助力。巨鹿人张角创立太平道首先发难，宣称“苍天已死，黄天当立”，组织民众举行反抗东汉王朝的起义。但在领导发动黄巾起义遭受失败后，太平道销声匿迹。五斗米教是道教早期的重要流派，关于它的起源，学术界有两种观点。一种认为五斗米教是张道陵于公元126—144年在四川鹤鸣山创立；《后汉书》中记载：“张鲁字公祺，沛国丰人也。祖父陵，客蜀，学道学道鹄鸣山中，造作道书以惑百姓，从受道者出五斗米，故世称米贼。陵死，子衡行其道。衡死，鲁复行之……鲁遂据汉中，以鬼道教民，自号师君。”而当代学者任继愈主编的《中国道教史》和樊光春先生主编的《陕西道教两千年》则认为，五斗米教实际上是由张修在公元184年之前创立于汉中。因张修被张鲁杀害，所以张鲁称自己的祖父为五斗米教的创始者。《三国志·张鲁传》裴松之注引《典略》云：“修法略与角同，加施静室，使病者处其中思过；又使人为奸令、祭酒。祭酒主以老子五文，使都习，号为奸令，为鬼吏，主为病者请祷。请祷之法，书病人姓名，说服罪之意，作三通，其一上之天，著山上，其一埋之地，其一沉之水，谓之三官手书。使病者家出米五斗以为常，故号曰五斗米师。”最终张鲁占据汉中三十年，后被曹操征服，张鲁死后，他的儿子张盛移居江西龙虎山，自称天师，后世成为天师道，成为道教的正统。天师道和太平道的出现，在道教历史上发挥着重大作用，它们使得道教拥有大批下层民众信徒，并初步建立起一套相对稳定的宗教组织，使得道教具有群众性和相应的物质外壳。从此，道教不仅作为一种意识形态，作为一种方术或巫术存在，同时也作为一种宗教社会力量出现在中国历史舞台上，道教开始成为有严密思想体系和组织制度的教团。

第二节　道教与道家的关系

一、道家哲学精神在道教中的延续

道教是对道家理论的宗教化发展，实现人生超越是道教理论和实践的哲学基础。在历史上，魏晋玄学之后，道家之学主要是通过道教而得以延续发展的。道教系统吸收道家的思想理论，是一个复杂的历史过程，大致可从三方面理解。

首先，道教吸收道家“道”论以建构自己的宇宙观。“道”是道家理论的核心，老子认为，“道”是天地万物的根源，是一种不可名状，无法把握却无处不在的东西。“道”普遍存在于万事万物之中，宇宙万物乃是以“道”为其最大共性和最初本原的有机统一整体。道生万物的模式是“道生一，一生二，二生三，三生万物。万物负阴而抱阳，冲气以为和”。这就说明万事万物在本原上是统一的，就有了相互转化的物质基础“臭腐复化为神奇，神奇复化为臭腐”。可以说道家透过宇宙万物具体属性，寻找到了产生宇宙万物的总根源——道，从而体会到了宇宙万物最本质的共相。

道教以“道”名教，“道”的信仰成为其根本信仰，道教的所有经典也将“道”当作生天生地化生万物的宇宙本原。如《太平经》说：“夫道何等也？万物之元首，不可得名者。六级之中，无道不能变化。元气行道，以生万物，天地大小，无不由道生者也。”这是用元气生成天、地、人，将老子“道生一，一生二，二生三，三生万物”具体化了。

认为天地万物乃至于人类皆是同根同源，万事万物之间皆可以相互转化，是道教炼丹术的理论基础。道教提倡并从事炼丹、服气、守一等多种道术的修炼，这些修炼都模仿自然，以“天人合一”为基础。在道教看来，天地大宇宙、人体小宇宙，人体本身就是一个小天地，它是大天地的一个缩影。因此通过效仿自然，就可以“人与天合”，人便能与天地一样永恒长存。

其次，道教吸收道家的贵己重生思想发展了自己的养生长生乐生理论。道家是注重长生不老的，老子说过“深根、固柢、长生久视之道”。道教继承老庄思想，认为人的生命最为可贵，道教将生命与生存看作是神圣的，对生命的价值做了极高的肯定。因为道教的最高理想就是长生不死，摆脱死亡的困惑，让生命进入永恒存在的境界，这也是道教可以深入人心的基本精神所在。在贵生的基础上，道教要提倡“乐活”，以“生”为乐，活着就是要愉快，就要追求最大的精神和物质的满足，在这种长生久视的生命律动的推动下，道教格外重视养生，积累了非常系统的养生理论。

最后，道教吸收道家任性逍遥思想发展自己的精神超越理论。道家逍遥境界是一种超越万物，超越是非，超越生死，超脱于一切“生人之累”的无执无着的境界，达到逍遥境界。说到底，这是一种精神的驰骋，心灵的神游，是人心的彻底解放和绝对自由。为了达到这一种境界必须从纷繁的世事中超脱出来，忘却天下万物，忘却自我，无思无虑，无欲无求，然后才能体会大道，进入逍遥游的理想境界。道教吸收这种观点，并通过对老庄的阐发将精神超越理论发挥到一个新的阶段。道家的超越精神主要通过无物、无我、物我两忘来实现，消解物物差别，消解自我意识，最终实现物我之间相互交融，而道教学者则进一步指出仅仅消除自我意识和物物差别，还不能达到真正的逍遥，只有将消解本身也消解了，才是真正的无执无着，才能达到精神上的极度自由和超越。

二、道教相异于道家的宗教性

道教与道家有许多相似之处，但是我们应该看到作为一种宗教形式出现的道教的独特文化个性。宗教不同于哲学，宗教是作为一种人类面对生存中种种问题的补偿力量而存在，它不能只耽于虚空的玄思。当道教成为一种宗教时，它不能没有可以付诸实践、实现承诺的理论和方法，不能没有与神交感的神秘体验，不能没有共同的宗教仪轨，道教的终极理想不是探求宇宙的哲理而是追寻永生。因此，道教有着自己独特的宗教性质。

首先，道教强调“通神”。道教有很多与神沟通的方法，如“存思”，就是要求修炼者闭合双眼或微闭双眼，存想内观某一物体或者神的形貌、活动状态等，以期达到集中思想、去除杂念、延年益寿、与神交流的效果。存思的对象也很广泛，包括存思天象、景物、人体以及神等。修道者力图通过与道教所奉祀的神祇相沟通，成功地与神灵沟通，可使修道者本人具有超凡的能力。人们所体验的宗教境界与日常生活世界是迥然不同的，平常人视虚空为虚空，道教徒却通过存想在虚空中见到神灵的活动，并使自己参与到神灵活动中去。从宗教学观点看，恰恰是因为宗教境界是以完全独特的方式被体验到的，人们才相信它是各种奇迹、幻象、戒律、洞见的源泉。诵经听经也是道教通神的手段之一，念诵不同的经典，也可达到不同的效果。

其次，重视“斋醮”仪式。斋醮为道教的主要宗教活动，俗称“道场”。斋为祭神之前整洁自己身、口、心的仪式，后来还加上忏仪和醮仪。忏为忏悔罪过，醮为上章祈求祭祷，合而为斋醮。在斋醮中，修道者需诚心敬意，心无杂念，洁净身体，不食荤腥，甚至要自苦自虐，以求得神的庇佑。斋醮的进行要求十分苛刻，为什么人们甘愿承受呢？这是因为斋法的威力是无比的，如经受涂炭斋后可以“上解亿曾道祖无数劫来宗亲门族及己身家门无鞅数罪，拯拔忧苦，济人危厄，其功至重，不可称量”。正是如此丰厚的许诺，修道者才会前赴后继地忍受折磨，在虔诚修道的表象下，隐藏着的正是人们对自己幸福的无限向往。对戒律的遵守正是反映了人们祈求神灵庇护的迫切心理,人们面对种种灾难和折磨创造了神灵,希望借助超人间的力量来拯救自己,他们认定神和人一样有同情心和怜悯心,谁最受苦,神就同情谁,谁最虔诚,神就最先光顾谁。道教戒律可能束缚了信徒的行为,使其在日常生活中不能“百无禁忌”,肆意妄为,但与此同时,戒律却从来没有阻止过对理想的追求。身为道教信徒,身心越不自由,他对自由的向往之心就越浓厚,对未来修成神仙的欲望就越强烈。正是这种看似矛盾的心理,促使修道者能够心甘情愿地承受一般人所无法想象的痛苦。

综上所述,道家与道教的内在精神具有一脉相承的哲学精神,但是道教作为中国社会特有的宗教形态,其所包含的丰厚内容远非道家所能涵盖,对世人所造成的影响也是道家哲学无法取代的。在研究道家与道教的关系时,应该更多地将目光投向其相异处,只有这样才能分辨出作为宗教的道教与作为哲学的道家对中国文化特质构成的不同作用力。

第二章　道教思想概说

第一节　道教文化的基本特色

道教的宗旨，概括起来有两个字——长生。道教追求“长生”，不是简单的贪生怕死，而是为知生而生，知死而死。在道教看来，世人无一不死，却甚少有善于死（善终）的。这都是因为他们不善于养生的缘故，道教的修养就是要知道如何迎接死亡。人之所以不能“长生”，在于他犯了三种毛病。时病、年病、身病。时病是劳逸过度，冒寒涉暑，其结果为“患”。年病是恣情纵意，散失元阳，其结果是“老”。身病是精神消散，其结果是“死”。人要解脱患、老、死，就应当修养。修养的方法，俗世的目标是“延年益寿”，更高级的目标是“羽化登仙”。

“延年益寿”就是延长生命在现实世界的存在时限；“羽化登仙”就是通过一定的修养方式来改变气质，使修行者达到“长生久视”“老而不死”的目标。“延年益寿”是从人的角度来说的，“羽化登仙”是从“化人”的角度来讲的。换一个角度来看，“延年益寿”只是为了延长人的寿命而已，这个追求基本上没有超出世俗人类生活的范围，但是“羽化登仙”却不一样，它所追求的是超越人类的生命局限，达到与大道合一的境界。虽然道教在不同历史时期对“不死”的理解有所差异，但是以“不死”成仙作为其最高目标，这是毋庸置疑的。当然，道教所说的不死并非都是从肉身永存的角度来说的，再后来基本上是侧重于精神永存的意义了。

道教生命意识并非只是反映在神仙故事之中，其实，凡是有道教组织活动留下痕迹的地方几乎都可以感受到生命意识的强烈辐射力。这种辐射力借助象征符号来传递。道教文化中的诸多表现形态，诸如神仙人物形象、绘画、建筑、雕塑，乃至道教所使用的各种法器，都具有象征符号的意义，因为这些形态在深层次上都寄托了道教的生命意识，传递道教的基本精神。太上老君的形象,便可以见其象征意义。众所周知,太上老君的原型是先秦道家学派理论大师老子,司马迁曾对老子进行过描述,但是着墨不多。到了葛洪的《抱朴子》,对老子的描述就细致多了。他描述老子身长九尺,黄色,鸟喙,隆鼻,秀眉长五寸,耳长七寸,额有三理上下彻,足有八卦,以神龟为床,金楼玉堂,白银为阶,五色云为衣,重叠之冠,雷电在上,晃晃昱昱。葛洪不仅描述了老子的"肖像",而且做了环境渲染。这种渲染具有象征符号的意蕴,尤其是"八卦"以及相关的数字更是如此。作为数字代码,一、三、五、七、九也是象征符号,暗示了天地万物的演化规则。老子形象只是道教象征符号的一个小例子,但从这种形象中,我们可以看见道教象征符号的深刻内涵。这种象征符号涉及的,无论是花草、树木、河流、石头,还是人工创造的图像,都有一定的寄托、寓意。

第二节　道教的宇宙论与神灵信仰

道教的基本出发点虽然是为了人的生存,但生存问题不是孤立的,于是道教放开自己的眼界去探索茫茫宇宙,思索这个容纳了芸芸众生的时空统一体,积极地思考人与环境的关系,形成了以"道"为根本的宇宙论。基于信仰的原因,道教以神学的立场来理解宇宙的形成与演化,从而建立起神灵体系。

"宇宙"一词最早出现在《尸子》:"天地四方曰宇,往古今来曰宙。"宇宙连在一起,始见于《庄子》,该书《齐物论》云:"旁日月,挟宇宙,为其吻合。"中国最早的宇宙论可以追溯到老子,老子在批判前人的基础上,把实体观测和抽象思辨结合起来,首次提出了较为完整的宇宙论。道教宇宙论是在老庄等传统道家宇宙学说的基础上,经过不同历史时期的宗教化改造而形成的具有鲜明思想特色的理论体系。

道教宇宙论所探讨的基本问题是:宇宙是怎么产生的,宇宙具有怎样的结构,该如何看待人在宇宙中的地位。关于第一个问题,道教除了以"道"作为宇宙的始基之外,还引入了"气"作为建构宇宙论的基本范畴。道教从老子《道德经》那里获得启示,根据"道生一"的逻辑,以"气"作为宇宙演化过程中的一个重要环节,这个"气"相当于老子的"一"。最初的"气"是混沌一片的,这就叫作"元气",由"元气"化生出太阳、太阴、中和三气。太阳之气清轻上升而为天,太阴之气重浊下降而为地,中和之气则生人,天地人交通相感而有万物,这就是道教哲学宇宙万物化生逻辑的基本理论框架。关于第二个问题,道教主要引入了传统的阴阳五行、八卦学说来解释宇宙的组合结构。所谓阴阳五行就是先秦已经建立的一种理论模式。阴阳是相反相成的两种因素、力量或者状态,古人认为天下万物都存在着相反相成的态势,概括万物存在及其发展态势的基本概念就是阴阳,而五行就是木、火、土、金、水。最初,阴阳与五行是两种相对独立的解释系统,但到了周易,阴阳与五行的理论已经结合起来,于是阴阳五行并称,以阴阳统五行,以五行证阴阳。道教吸收阴阳五行理论并加以发展。关于第三个问题,道教将人置于宇宙的整体结构中来思考。在道教看来,人是宇宙中的人,宇宙是人的宇宙。没有宇宙,人无法生存;没有人,宇宙也失去了存在的意义。人在宇宙中占特殊地位,人对宇宙的变化发展具有特殊作用,也负有不可推卸的责任。因此,人必须慎重地注意自身的行为。《黄帝阴符经》指出人与宇宙万物不断进行着能量的交换,从某种意义上说,这种能量交换就是一种“盗”,但是“盗”需要“道”,也就是应该注意能量的平衡,根据道教的立场,人不可凌驾于宇宙万物之上,而应该“观夫之道,执天之行”,按自然规律办事。

原始的道家,并没有明白地说这个世界有主宰的神灵。天地在道家心中,是一副大机械,也可名之为“玄机”,作善作恶之果报乃是自然的机械性运动使然,并非由于大神的赏罚。汉初的道家基本继承了这一传统,《淮南子》言:“祸之来也,人自生之;福之来者,人自成之。祸与福同门;利与害为邻。”这与《易经·坤卦》所谓“积善之家必有余庆,积不善之家必有余殃”是同一个意思。道家本不重祈禳之事,这是“巫祝”主管,不是清静无为之人所为。但在后续发展过程中,道教与墨家在天人感应上趋同,祈禳逐步成为道教的“专长”。《太上感应篇》和《墨子》的《法仪》《天志》《明鬼》相比较就能看出,其中相似的观念颇多。

道教关于祈禳与感应的学说逐步发展,日后不断丰富,出现《神仙传》也就是自然的事情了。道教今天祭奉诸神,一方面是从古代的神话中流传而来,另一方面是从阴阳五行的禳星礼斗中发展出来。汉朝拜星与现在道教所奉诸神有关联,群星的人格化是汉人最普遍的信仰。《拾遗记》中记载刘向校书天禄阁,有黄衣老人自言是“太一之精天帝”;《搜神记》中记载了董永娶织女的故事,便是从牵牛星、织女星的星名衍化而来。东汉末期张角作乱,以"苍天已死,黄天当立,岁在甲子,天下大吉"为辞。这里的苍天、黄天即是九天巫祠所祠,就是祭星的。

祭星礼斗是汉朝人普通的宗教行为,道教恰好成立于此时,因此就发明不少神仙名号来号召百姓。现在所谓"玉皇大帝""文昌""斗姆""司命""福德"等,无一不是从那时候拜星礼斗中留下来的。道教的神仙,名号无数,特别是佛教传入后,为与佛教诸神争雄,道士们编造出很多天尊与元君的名字。《诸师真诰》《上清众经诸真圣秘》《三洞赞颂灵章》等书中填满了道教神仙的名号。

第三节　以人为主体的生命论

道教一向关注生命问题,甚至可以说道教的一切理论乃是建立在对生命认知的基础上。在道教看来,人身是个小宇宙,所以万物皆备其中,无须再向外求。

在道教看来,身体里有三个重要区域,即所谓三丹田。上丹田为神舍,中丹田为气府,下丹田为精区,此三丹田是神、气、精寄寓之所。三丹田中自有妙药,能自炼自还。道教的内丹,讲究"还丹",即将丹田炼成的药(龙虎)还到丹田。这丹药是降伏心肾的龙虎,即节制色欲、忿怒使心火下降,肾水上润。身体中的水火,从肾生真水,从心生真火。自凝神息虑,历过小还丹、大还丹、七返、九转、金液、玉液,诸还丹后乃得真念与真空,最后进入超凡脱俗之境界。还丹,是还吾身中的日月去和天地造化同途的意思。

内丹难炼成,是因为修炼者身上有九难十魔的阻碍。九难一是衣食迫逼,二是尊长拦阻,三是恩爱牵挂,四是名利萦绊,五是灾祸横生,六是师长约束,七是议论差别,八是意志懈怠,九是岁月蹉跎。十魔是:贼、富、贵、情、恩爱、患难、圣贤、刀兵、女乐、女色。能避掉这九难十魔,才能修仙炼丹。有关修炼还丹之术,可参考《参同契》中所言:"人之一身,法天象地,与天地同一阴阳也。人知此身与天地同一阴阳,则可与论还丹之道也。"

在道教看来,宇宙本身是最大的生命,而社会和人生则是宇宙大生命流程的中生命和小生命。除此之外,自然界的诸多存在物也具有生命的活力,如昆虫、草木、山河、大地都应该以生命的观点来看待。道教不仅承认生命的普遍性,而且提出了生命起源的共同性。在承认生命多样性的前提下,道教具体探讨了人体生命的形神关系。道教认为人体生命不单是通过形态体样及其活力来显示,也以精神活动为标志。前者称为形,后者称为神,形与神是人体生命存在不可或缺的两种基本要素。形的存在是因为有气,这个气是一种先天性的物质,对于人体生命非常重要。用“气”来解释“形”,表明了道教力图解释人体生命外形的存在根据。另一方面,道教也关注人类生命之“神”的载体,其理论建设者从传统的医学典籍吸纳养分,以“心”为神的根本或者载体。心是神识活动的主导,它不仅蕴含着神,而且决定神识活动的根据。正是由于“心”在神识活动中具有突出作用,道教干脆将“心”与“神”连称,谓之“心神”。

值得一提的是,道教的生命论不仅基于微观上的认识,而且也从宏观方面考虑问题。根据生物禀赋的不同,道教一方面看到了宇宙芸芸众生的区别,另一方面则认为生命形态是相互转化的。《抱朴子》说:“人之为物,贵性最灵,而男女易形,为鹤为石,为虎为猿,为沙为鼋,又不少焉。至于高山为渊,深谷为陵,此亦大物之变化。”葛洪既强调了变化的普遍性,又侧重说明了生命转化的实在性。人可以转化为其他动物,这虽有悖现代科学原则,但敢于探索生命形态变化的可能性,这种思想无疑是富于开拓意义的。葛洪这种认知思维,在道教之中并非偶然,它从一个侧面反映了道教对生命特征及其存在方式的极大关注。

第三章　道教典籍

任何一种宗教的研究都不能离开经典文献，没有经典文献作为依据的研究，是不可能真正把握宗教精神实质的，本章我们集中讨论道教经典文献的来龙去脉和思想价值问题。要了解道教经籍的思想意义和文化价值，我们不能不了解其历史脉络。

第一节　道经缘起的神话传说

道教经籍是怎么出现和流传的呢，有一种说法相当具有代表性，那就是将主要经典看作是“气化”的结晶。于是许多经籍就有了神话色彩，但是这并不能笼统地说不是一种科学的态度，为了透析其内涵，我们有必要对道经缘起的神话进行一番追索。

一、经诰发端于妙气

这个问题在道门中有各种有趣的说法，其中一种是推源于“气”，宋代张君房编《云笈七签》卷七《道教所起》一节概括了道门关于经诰出处的代表性观点：“寻道家经诰，起自三元。从本降迹，成于五德，以三就五，乃至八会，妙气所成，八角垂芒，凝空云篆，太真按笔，玉妃拂筵，黄金为书，白玉为简，秘于诸天之上，藏于七宝玄台。有道即见，无道即隐。盖是自然天书，非关仓颉所作。今传《灵宝经》者，是天皇真人于峨眉山授予轩辕黄帝。又天皇真人授帝喾于牧德之台，夏禹感降于钟山，阖闾窃窥于句曲，其后有葛孝先之类、郑思远之类，师资相承，蝉联不绝。”这段话的意思第一就是说明“道家经诰”的发端，这里所谓的道家就是道教的意思，而“经诰”就是神明降授的经典。经诰乃出自“三元”，在道教中，三元是一种很遥远的时空表达方式，是一种时空混沌的存在状态，经诰就是由自然奥秘之气凝结而成，它们凝聚了金木水火土的品质，从四面八方散发出光芒来。第二，编者用

《灵宝经》为例来说明，这部经典是由天真皇人的传授才流传于人间的，说明了经诰发端的基本看法。这种关于经诰起源的看法，可能给我们一种雾里看花的感觉，那些充满想象力的字眼无疑给现代人带来诸多神秘感，但是从宗教的角度来看，我们可以感受到的是先民们对自然宇宙的探索精神，道门把经书看作“自然天书”，这在深层次上否定了“人为”造作经典的取向，体现了从自然界寻求真谛的思想。

二、三洞经书与三清尊神

道教除了从气化流行的立场追溯经籍的来历之外，还往往把经籍隶属于天神名下，《云笈七签》卷三《道教三元洞》说：“天宝君治在玉清境，即清微天也，其气始青；灵宝君治在上清境，即禹余天也，其气元黄；神宝君，治在太清境，即大赤天也，其气玄白。故《九天生神章经》云：此三号虽殊，本同一也。此三君各为教主，即是三洞之尊神也。其三洞者，谓洞真、洞玄、洞神是也。天宝君说十二部经，为洞真教主；灵宝君说十二部经，为洞玄教主；神宝君说十二部经，为洞神教主。故三洞合成三十六部尊经。”首先概述了道教关于天上三清胜境的分治情形，紧接着按照《九天生神章经》的说法，居处于三天胜境之中的“三宝君”各自都是教主。所谓三宝君就是元始天尊、灵宝天尊、道德天尊，此三天尊神为了教化天下，各自说了“十二部经”。这里所谓“十二部”不是十二本，而是十二个门类。将道教的经书都隶属于三天尊神的名下，体现了道门崇尚天神的基本态度，这当然是一种信仰的说法，具有明显的神话色彩。“三天尊神”说十二部经的神话蕴含着道门独特的图书分类法，这就是“三洞模式”，这种模式不是从图书结构来考虑问题，而是基于古老的道家哲学理念。由《道德经》“道生一，一生二，二生三，三生万物”的化生链条而有“三洞”之体制，至于叙说“三洞”经书的三天尊神又对应于“玄”“元”“始”三气，这就使“三洞”经书的发展具有了特殊的物质基础。

第二节　道经目录与编纂体例

一、《抱朴子·遐览》与《三洞经书目录》

就历史而言，道教的经籍目录可以追溯到《汉书·艺文志》。这篇出自官方史学家之手的目录版本学著作记载了“神仙”“方技”等八类书目，共一百七十一种，凡三千八百六十七卷，这可以看作道经经籍的前身，其中有许多书目与后来《道藏》的书目名称完全一致或者基本一致，可见道教经籍不是无源之水。鉴于学习的需要，道门中人一开始就注重经典的传播。到了晋代，著名道教理论家葛洪将当时他所见到的一部分道门经籍注录汇编，就成了《抱朴子·遐览》。该篇录入了《三皇内文天地人》《元文》《混成经》《九生经》《彭祖经》等二百六十种，共一千二百卷。葛洪的《遐览》篇提供了当时在金丹派之中流行的道经的基本面貌，但还没有形成道教的图书分类系统。后来陆修静编了一部《三洞经书目录》，标志着道教图书分类系统的成熟。

陆修静是南朝宋著名道士。作为早期道教一个重要的建设者，陆修静不论是在道教组织还是在科仪方面都有自己的贡献。他的《三洞经书目录》是在道经不断增加并且道门分系授受的情况下编纂而成的。“三洞”实际上指的是以《上清大洞真经》《灵宝五篇真文》和《三皇经》为首的三组道经，分别称为“洞真”“洞玄”“洞神”。这个洞的意思就是“通”。以“三洞”总括道教经书并且形成系统目录，应该说是陆修静的创造。这种划分确立了道教经书分类的基本框架，其意义相当重大。

二、“玉纬七部”与“三洞四辅十二类”

陆修静以“三洞”法式来著录道经，这是很有创意的，不过却不能包含全部道教的经籍文献，例如当时的天师道正一类经书和太平道经书似乎难以概括进来，于是又出现了“四辅”的分类法。“四辅”指的就是太清、太平、太玄、正一四部辅经。这里的“辅”就是“辅助”的意思。具体来说，就是以太清辅洞神，以太平辅洞玄、以太玄辅洞真，以正一贯通“三洞”和太清、太平、太玄这“三太”。这就是“三洞四辅”。合起来就是“七”，因此有人将之称为“七部”。梁代的孟法师《玉纬七部经书目》是这种分类法的代表。在七部之中，除了三洞之外，四辅也各有归属，太清部以葛洪所传的《太清金液神丹经》为主，并且囊括其他外丹黄白之书；太平部以《太平经》为主；太玄部以《道德经》为首；正一部则收六朝时代所流传的《正一法文》等天师道的经典。根据现存资料可知，由于“三洞”包容的范围较大，所以还可以进一步分类，而“四辅”则不能再分。三洞之下各分十二类，合为“三十六部”。由十二类汇合成“三十六部”的概念大约在南北朝后期即已形成，当时的《三十六部尊经目》就是证明。

第三节　隋唐至明清的道教典籍

一、"道藏"述义

"藏"字读"zàng",意为储备东西的地方,道教使用这个字眼原来指的是储存经书的场所或者容器。可见,最初的所谓"藏"乃具有包含的意思。在中医里,有"五脏"之说,原来所谓"五脏"即作"五藏",表示五种藏纳气血、物质的器官。道门依物象人,故而经书宝藏也具有身体含容气血的借鉴意义。"道藏"一词开始于唐代弘道元年(683)十二月王悬河所作的《道德经序碑》,不过具有收集成"藏"的大规模道经编纂活动却早已开始,北周武帝在位年间,道经之搜罗工作便具有官方活动性质,建德三年(574),朝廷建置通道观,令道士王延校订三洞经书,得八千又三十卷。虽然通道观并没有在校订之后汇聚刊刻,但却为后来的"道藏"收集编纂刊刻奠定了基础。

二、《三洞琼纲》

隋唐之际,有过几次道经收集与缮写活动,最有影响的是《三洞琼纲》的编纂。唐朝皇帝因尊奉道教教主李耳为其远祖,故而重视道经编纂工作。唐高宗时期,曾有《一切道经》行世。开元年间,唐玄宗派遣师者搜访道经,编成《三洞琼纲》。后人称此"藏"为《开元道藏》。关于《三洞琼纲》的卷数,历史上有几种不同说法,《文献通考》卷二百二十四引《宋三朝国史志》称该"藏"有三千七百四十四卷,杜光庭《太上黄箓斋仪》卷五十二则称唐玄宗纂《三洞琼纲》凡七千三百卷,复有《玉纬》别目、记传疏论,共九千余卷。另外,《道经尊经历代纲目》记载,《琼纲经目》有五千余卷。这里所谓"琼纲"应该是《三洞琼纲》,而"经目"应是《三洞琼纲》的经书总目。由于历史上诸家记载的差异,我们现在已经难以稽考其确切的卷数,但《三洞琼纲》的编纂与缮写工作对于道教在全国的发展无疑具有重要的推动作用。

三、《大宋天宫宝藏》与《政和万寿道藏》

自安史之乱始,经唐末五代动荡,道经多有散失。宋代之初,重新编纂《道藏》的工作又成为道教文化建设的一项迫切任务。自端拱二年(989)起,到淳化二年(991),道门领袖人物广搜道经,得七千余卷,删去重复,存三千余卷。宋真宗崇尚道教,于大中祥符二年(1009),下诏左右街选道士十人校定道藏。次年,又令王钦若作为总校定官,率领崇文院集馆阁一批名流复校道经，还派人将秘阁所藏道书送往余杭郡，命戚纶、翰林学士陈尧佐选道士多人修校。王钦若以宋太宗时期所存《道藏》为基础，按照“三洞四辅”的体例，增补道经六百余卷，共四千余卷，编订目次，名曰《宝文统录》，于大中祥符九年(1016)上进。在王钦若编定《宝文统录》之前的大中祥符五年(1012)，余杭知郡戚纶等人极力向朝廷举谪官宁海的张君房来主理道经编纂工作。次年冬，张君房被正式任命为著作佐郎，专任修校。张君房在朝廷所颁发的道经基础上，搜罗苏州等地的旧“道藏经”数千卷，按照千字文的顺序编纂成藏，以“天”字为始，以“宫”字为末，加上朝廷号，名曰《大宋天宫宝藏》。这部《大宋天宫宝藏》与王钦若的《宝文统录》存在十分密切的关系，可以说其主要的底本是一致的。

四、金元《玄都宝藏》

金朝虽为少数族统治的朝代，但并没有放弃道教。大定二十八年(1188)，世宗诏，以北宋时期的《政和万寿道藏》付中都十方大天长观。明昌元年(1190)，提点观事孙明道对《政和万寿道藏》进行补刊，并且印经一藏。此次编纂道经，仍然按照三洞四辅的体例进行，名曰《大金玄都宝藏》。

《大金玄都宝藏》编纂十年以后，天长观遭大火，经版都被焚毁。元初道士宋德方立志恢复，在太宗九年，嘱其弟子秦志安于平阳玄都观总领其事。秦志安以管州的金藏为底本，并且搜罗他处道经，开展校勘和补脱工作，编纂而成新的一部《道藏》，仍然名曰《玄都宝藏》。可惜后来道门中人在佛道辩论之中失利，道经遭到人为摧残和焚毁。

五、《正统道藏》

鉴于金元时期的《道藏》几遭焚毁的局面，明代统治者深感有必要重新进行道经建设与编纂工作。早在明太祖的时候，他就亲自注疏《道德经》，这对于道教哲理的研究无疑起了示范作用。与此同时，明太祖采取三教并用政策，对于影响较大的正一派或者全真派道士给予扶持。明太祖的这种态度定下了朱明王朝崇道的基调，在明中叶以前，道教具备了生存与发展的良好社会环境。明成祖在位年间，社会上兴起了一股较大的崇道热潮，其标志就是永乐四年(1406)诏命四十三代天师张宇初总领道藏的纂校工作。在其带领下，明英宗正统十年(1445)，道经全部刊刻完毕，名曰《正统道藏》。《正统道藏》是一种“经折本”，也就是可以折叠的纸质读本。每函卷首刊刻道教“三清”尊神及其他圣像，并且有“御制”的题识，而卷末则有护法神像。《正统道藏》所收经书数量很大，所涉内容相当广泛，这是研究道教乃至中国文化史的极为珍贵的文献。

六、《万历续道藏》

明代正统十年所编纂刊刻的《道藏》虽然花了很大的力气收集道经，但依然有为数不少的道经文献流散于各处而未能收入。除此之外，在该藏刊行之后一二百年间，又有诸多新的道书撰成。因此，明神宗在万历三十五年（1607）诏第五十代天师张国祥刊刻“续道藏”。该藏仍以千字文为次序，自杜字至缨字，编成三十二函，共一百八十卷。由于该藏完成于万历年间，所以又称为《万历续道藏》，顾名思义，《万历续道藏》乃是《正统道藏》的续集。

七、《道藏辑要》

自《正统道藏》与《万历续道藏》刊行之后，清代至民国期间，我国又有几次比较大的道书编纂工作，修成《道藏辑要》等丛书。《道藏辑要》编纂于清代嘉庆年间（1796—1820），按照二十八星宿顺序编排，共辑录道书二百九十七种，分装二百一十八册，为方册本。顾名思义，“辑要”乃是从《道藏》中辑其要者。《道藏辑要》选择了《正统道藏》与《万历续道藏》中的道书凡二百零四种，新增九十三种。将三本书进行对比可以发现，“辑要”并不是完全保持原书的面貌，而是常有删减。

第四章　道教的影响

作为中华民族自创的宗教，道教在神州大地的怀抱中诞生，为中国传统文化的乳汁养育而成，和我国传统文化的许多领域都有血肉相连的密切关系，是我国思想文化的一个有机组成部分。在漫长的发展过程中，道教对我国古代的思想文化和社会生活的许多方面都产生了深远的影响。

道教的“道”与儒家的“道”，共有一个术语，但内涵却有差别。道教认为人生应该顺应天地之道，与万物同流同化，立足于阴阳、动静、刚柔、强弱等自然相生、相克的观念上，忽视人为建构的“仁义”。儒家的“道”，偏重人世间秩序与伦理之道，故重视仁义等道德内容。道教关注自然之道，关注“葆真”，对中国古典文学、医学和科技的发展，有深广的影响。

第一节　道教与中国文学

道教对中国古代文学的影响非常突出。中国历代的优秀文学作品中，有不少是以道教为题材或涉及道教内容的，受到道教影响的文人墨客更是不计其数。

魏晋时期，文坛上盛行的游仙诗，即是一种以歌咏神仙漫游之情为主题的诗篇。这一时期有名的志怪小说，是干宝的《搜神记》，其中记载了许多道教故事。魏晋笔记小说的代表作《世说新语》同样涉及道教内容。

唐诗中描写道教的作品也不少。被称为“诗仙”的李白，所作的诗中，道教内容极多，以至范文澜在《中国通史》中称李白是“反映道教思想的杰出作家”。

词起于唐，而盛于宋。词有词牌。不少词牌都与道教有关，如《临江仙》《女冠子》《望仙门》《献仙音》《潇湘神》等等，莫不与道教神仙故事有牵连。宋代不少填词大家如柳永、苏轼、黄庭坚、秦观、周邦彦等，都有以道教为题材的词作。

明清小说中，也有不少是以道教为题材的。如《封神演义》《东游记》《韩湘子全传》《绿野仙踪》等。中国四大古典文学名著之一的《西游记》虽然讲述的是唐僧等四人去西天取经的故事，但全书中使用了大量道教专有的概念如心猿、意马、姹女、元神等，还构筑了一个以玉皇大帝为核心的道教神祇、神官系统。书中也出现了很多道教人物，有些竟然被荒唐地写成反面角色。《三国演义》中关于诸葛亮登坛借东风、五丈原布灯祈续命，都是道教思想的反映。而一部《水浒传》，就是以“张天师祈禳瘟疫”发端的。《红楼梦》开宗明义也是由一个空空道人把“石头记”抄下来传到人间，书中一僧一道的形象给读者留下了深刻的印象。

第二节　道教与中国艺术

道教与中国艺术之关系，可从音乐、书法、绘画、雕塑、建筑等方面略作叙说。道教音乐是中国传统音乐的一个有机组成部分，它在发展过程中广泛吸收宫廷音乐和各地民间音乐的成分，并按道教信仰对之作了新的综合熔化，从而在中国乐坛上独树一帜。我们所熟知的《二泉映月》，就是无锡道士华彦钧（阿炳）创作的。在国务院公布的国家级非物质文化遗产名录中，就有道教音乐。现在非常出名的纳西洞经音乐也是道教音乐。

道教与书法的关系非常密切。道教认为，其神圣的经书，原本是宇宙形成过程中自然凝结而成的天书，蕴藏着无穷的奥秘和巨大的能量，由天上神仙摹写之后，才传到人间的。由于经书的神圣性，抄写经书对书法提出了很高的要求。这样，书法造诣就成了一个优秀道士必备的宗教素养。道教神秘主义文字观以及在此文字观影响下进行的写经活动，对文人的书法创作产生了深远影响。从书法史的角度来看，书法在魏晋南北朝时期开始成为独立艺术，道教的影响在其中起了重要的作用。近代著名历史学者陈寅恪先生早就意识到道教对魏晋南北朝书法的影响。据陈先生考证，南朝的王、郗，北朝的崔、卢等以书法闻名的大家族都是奉道世家。

道教与国画的关系，也是十分密切的。历代绘画名家，根据道教题材，创作了许多名画。如东晋著名画家顾恺之，曾绘有《列仙图》《洛神赋》等。唐代著名画家阎立本曾绘有《元始像》《行化太上像》《北帝像》等近二十幅道画。吴道子则绘有《天尊像》《列圣朝天图》等。宋真宗崇道，为营造玉清昭应宫，征天下画家三千余人，以著名画家武宗元为首，作壁画饰于宫观中。现存武宗元的传世之作《朝元仙杖图》，即为壁画之底本。历代善画的道士亦比比皆是，如唐代的张素卿，元代的黄公望、张雨、倪瓒等，均为中国绘画史上的大家。举世闻名的山西芮城永乐宫壁画，场面浩大，人物众多，生动逼真，堪称中国美术史上的杰作。至宋元时期，已达十分高超的水平。现存宋元道教造像有泉州北郊清源山老君像巨形石刻、太原龙山石窟神仙塑像、晋城玉皇庙二十八宿像等，均为世界著名的中国古代雕塑珍品。

道教建筑也是中国古代建筑艺术的典型代表之一。北京白云观、苏州玄妙观、嵩山中岳庙，都已被列为国家级重点文物保护单位。武当山宫观建筑群，更是已入选世界文化遗产名录。

第三节　道教与中国医学、科技

道教对中国古代医学有重要影响。道教重视人的生命，追求长生久视，故特别关注生命的养护和疾病的防治。俗话说：十道九医。许多高道都是医学名家，他们在继承中国传统医学的同时，结合自己的实践，在医药学方面卓有成就，并形成了颇具特色的“道医”形象和道教医学流派。著名的道医有东晋的葛洪、梁代的陶弘景和唐代的孙思邈等。

东晋葛洪是“道医”的第一位代表人物。他广泛收集民间医疗成果，辑集《玉函方》一百卷。又作《肘后备急方》三卷，全是验方，药物均用易得的草木，不用贵品，诊治各种急病的方剂都很齐备。特别需要指出的是，在该书中载有以青蒿治愈疟疾的方子。20 世纪 80 年代，我国以青蒿素制成了一种新型的高效、速效、低毒的植物类抗疟新药。

梁代道士陶弘景博学多才，医学造诣颇深。他在整理、补充葛洪《肘后备急方》的基础上写成了《补阙肘后百一方》。他又在系统整理《神农本草经》和全面总结六朝以前药学经验的基础上，撰写了《本草集注》七卷。书中首创的按药物性质分类的药物分类法，为以后的本草著作所继承。该书对药物名称、来源、产地、性状、鉴别、功用、炮制、保管等的记述，为我国的本草学留下了珍贵的资料。他还撰有《药总诀》《效验方》等医学著作多种，在当时社会上产生过很大影响，可惜现在大都已散佚。

唐代道士孙思邈在医学史上有着崇高的地位，被尊称为“药王”。其著作《备急千金要方》收集了东汉以来许多医论、医方、用药、针灸等成果，兼及服饵、食疗、导引、按摩等养生方法，记载了他的临床经验和采集的民间验方。全书合方、论五千三百首，对我国医药学特别是方剂学作出了卓越的贡献。他晚年又撰有《千金翼方》，对前书作了全面的补充，其中以本草、伤寒、中风、杂病和疮痈最为突出。这两本书被后人通称为《千金方》，它是继张仲景《伤寒杂病论》之后，我国医药学的又一次大总结，有继往开来的意义。

在疾病问题上，道教主张预防重于治疗，葛洪在《抱朴子·内篇·地真》中指出：“至人消未起之患，治未病之疾，医之于无事之前，不追之于既逝之后。”在平时应注意保健，如起居要有规律，饮食要有节制，经常换洗衣服，动静要结合等，尽量防止疾病的发生。一旦生病，则应早治，不使小病变成大病。

在用药问题上，道教主张尽量用草木药，少用动物入药。不杀彼之生命以济此之生命，是道教医学所遵循的重要原则。这对于保护野生生物来说，是非常可贵的。道教医学坚持多用平常药品，少用名贵药品。在古代，一般医生治病多据《内经》，药方是历代相传的经方，而药则大都依《神农本草经》。这些药物有些很昂贵，普通百姓只能望“药”兴叹。道教医家有鉴于此种弊病，在实践基础上，淘汰了古医书中一些不易寻得的药方，并打破了“非此方不能治此病，非此药不能成此方”的传统，或一病而立数方，或一方而治数病，在制方上开创了新的路数。

道教医家在处方用药上所坚持的以贱代贵、方便实用的原则，不仅体现了其医学的平民化倾向，而且对于今天保护野生生物也是十分重要的。名贵药材多取自一些濒临灭绝的野生生物，如虎骨、羚羊角等，少用名贵药材即是保护野生生物。

道教医学积极开发药物来源，注重各种资源在临床治疗上的综合利用。如，道教十分重视日常饮食在防病治病中的作用，他们对各种蔬菜的成分、营养价值、医疗效果曾进行过详细精微的研究。陶弘景所撰《本草集注》所列药物中即有“谷部”，专门讲述谷物在医疗方面的价值。孙思邈进一步将这种颇具特色的饮食法加以完善，称之为“食治”。其弟子孟诜承其传授，著有《食疗本草》三卷。通过饮食的进补及禁忌，即可达到治疗一些疾病的目的，这是中国传统医学的一大特点。

道教医学主张多样化的治疗方法。除了药物疗法外，还可以应用针灸疗法、物理疗法、气功按摩疗法、精神疗法等。运用多种疗法，既可以减少药物对人的毒副作用，也有利于疾病的有效治疗。

道教对我国古代化学也有重要贡献。历代道士在炼制丹药的过程中，积累了丰富的化学知识，促进了中国古代化学的发展。作为我国四大发明之一的火药，就是道士们在炼丹时发明的。

在制造、传播经书的过程中，道教对印刷术的发明作出了很大的贡献。雕版印刷术的起源与道教法印有着直接的关系，雕版印刷术经历了从印章向印刷演变的过程，它在道教系统内经过了印章的捺印、玉印玉版的吹印和道经的雕版印纸的发展过程，在年代上要比现今流行的隋代或唐代发明雕版印刷术说早，因此，可以认为，雕版印刷术是六朝时期道教发明的。

道教与指南针的制作。从早期的“司南”磁石，到以磁针制作的罗盘，标志着指南针制作技术的发展。罗盘又有旱罗盘和水罗盘之分。过去国际上有人认为，水罗盘是中国人发明的，旱罗盘是欧洲人发明的，明清时期才传入中国。但是，考古发现已证实，中国早在南宋已发明旱罗盘。1985 年，在江西省临川县宋墓中出土了两件“张仙人瓷俑”，俑右手竖持一罗盘，置于左胸前。俑底座有“张仙人”墨书。从瓷俑竖持罗盘而指南针不掉落、不倾斜的情形可断定，该罗盘为旱罗盘，并且还可以从中推知它为枢轴式装针方法。这是古代中国人发明旱罗盘的证据。而陶俑题名“张仙人”，表明它与道教有着密切的关系，出自道教信仰者之手。

道士赵友钦的“小孔成像”实验。宋元之际的道士赵友钦在他所著的《革象新书》中，详细地考察了日光通过墙上孔隙所形成的像和孔隙之间的关系，并用实验方法，得出了小孔的像和光源的形状相同、大孔的像和孔的形状相同的结论。用严谨的实验，来证明光的直线传播、阐明小孔成像的原理，这在当时世界上是绝无仅有的。

道教有“众术合修”的传统，因而在中国古代科技的许多方面作出了贡献。最近一些专家学者撰写了《道教科学技术史》《道教科学思想发凡》等专著，系统地总结了道教在天文学、地理学、物理学、化学、数学、医学等各个方面的成就。道教文化还广泛地渗透到了民众的生活中，对中国古代的社会习俗乃至民族心理等都曾产生过深远的影响。

参考文献

(清)阮元校刻:《十三经注疏》,中华书局 1980 年版。
《诸子集成》,中华书局 1986 年版。
《二十四史》,中华书局 1997 年版。
《清史稿》,中华书局 1998 年版。
(清)永瑢等:《四库全书总目提要》,商务印书馆 1935 年版。
钱穆:《国学概论》,商务印书馆 2004 年版。
章太炎:《章太炎讲国学》,东方出版社 2007 年版。
皮锡瑞:《经学历史》,中华书局 2004 年版。
《国语集解》,中华书局 2002 年版。
(宋)朱熹:《四书章句集注》,中华书局 2012 年版,
钱穆:《中国近三百年学术史》,商务印书馆 1997 年版。
梁启超:《清代学术概论》,上海古籍出版社 1998 年版。
冯天瑜、何晓明、周积明:《中华文化史》,上海人民出版社 2021 年版。
裘锡圭:《文字学概要》,商务印书馆 1988 年版。
(汉)许慎:《说文解字》,中华书局 1998 年版。
(清)段玉裁:《说文解字注》,上海古籍出版社 1998 年版。
(清)朱骏声:《说文通训定声》,中华书局 1984 年版。
王力:《汉语音韵》,中华书局 2000 年版。
曾运乾:《音韵学讲义》,中华书局 2000 年版。
张世禄:《中国音韵学史》,商务印书馆 1998 年版。
胡安顺:《音韵学通论》,中华书局 2003 年版。
洪诚:《训诂学》,凤凰出版社 2019 年版。
齐佩瑢:《训诂学概论》,商务印书馆 2015 年版。
(汉)荀悦、袁宏著,张烈点校:《两汉纪》,中华书局 2002 年版。

(唐)刘知几著,浦起龙通释,王煦华整理:《史通通释》,上海古籍出版社2009年版。

(宋)司马光等:《资治通鉴》,中华书局1956年版。

(清)赵翼著,王树民校正:《廿二史札记校正》,中华书局2016年版。

(宋)袁枢:《通鉴纪事本末》,中华书局1955年版。

(唐)杜佑:《通典》,中华书局1988年版。

(宋)郑樵:《通志》,中华书局1987年版。

(宋)马端临:《文献通考》,中华书局1986年版。

(明)王夫之:《读通鉴论》,中华书局1975年版。

(清)章学诚著,叶瑛校注:《文史通义》,中华书局1985年版。

(清)周中孚:《郑堂读书记》,商务印书馆1940年版。

梁启超:《中国历史研究法》,上海古籍出版社1998年版。

(明)王世贞:《弇山堂别集》,中华书局1985年版。

(宋)王应麟:《玉海》,上海古籍出版社、上海书店1987年版。

(清)姚彦渠:《春秋会要》,中华书局1955年版。

田昌五:《国学举要(史卷)》,湖北教育出版社2002年版。

钱穆:《中国史学名著》,生活·读书·新知三联书店2005年版。

钱穆:《中国学术思想史论丛》(三),生活·读书·新知三联书店2009年版。

赵万里:《中国版刻图录》,文物出版社1990年版。

(清)余嘉锡:《目录学发微、古书通例》,中华书局2009年版。

(清)余嘉锡:《四库提要辨证》,中华书局2020年版。

黄永年:《古籍版本学》,江苏教育出版社2009年版。

(宋)晁公武:《郡斋读书志校证》,上海古籍出版社2011年版。

(宋)陈振孙:《直斋书录解题》,上海古籍出版社2015年版。

(清)王鸣盛:《十七史商榷》,上海古籍出版社2016年版。

余英时:《论戴震与章学诚》,生活·读书·新知三联书店2000年版。

王永辉、高尚举:《曾子辑校》,中华书局2017年版。

杨朝明、宋立林:《孔子家语通解》,齐鲁书社2009年版。

李零:《郭店楚简校读记》(增订本),中国人民大学出版社2007年版。

(清)王先谦:《荀子集解》,中华书局1988年版。

楼宇烈:《老子<道德经>注校释》,中华书局 2008 年版。

(清)郭庆藩:《庄子集释》,中华书局 2004 年版。

蒋礼鸿:《商君书锥指》,中华书局 2014 年版。

(清)王先慎:《韩非子集解》,中华书局 2013 年版。

谭戒甫:《公孙龙子形名发微》,中华书局 1961 年版。

(清)苏舆:《春秋繁露义证》,中华书局 2015 年版。

(清)陈立:《白虎通疏证》,中华书局 1994 年版。

黄晖:《论衡校释》,中华书局 2017 年版。

楼宇烈:《王弼集校释》,中华书局 1980 年版。

(魏)王弼注,(唐)孔颖达疏:《周易正义》,北京大学出版社 1999 年版。

(宋)周敦颐:《元公周先生濂溪集》,岳麓书社 2006 年版

(宋)张载:《张载集》,中华书局 1978 年版。

(宋)程颢、程颐:《二程集》,中华书局 2004 年版。

(宋)朱熹:《朱子全书》,上海古籍出版社、安徽教育出版社 2010 年版。

(宋)朱熹:《朱子语类》,中华书局 1994 年版。

(宋)陆九渊:《陆九渊集》,中华书局 1980 年版

(明)王守仁:《王阳明全集》,上海古籍出版社 1992 年版。

(清)黄宗羲:《宋元学案》,中华书局 1986 年版。

(清)黄宗羲:《明儒学案》,中华书局 1985 年版。

侯外庐:《宋明理学史》,人民出版社 1984 年版。

徐复观:《两汉思想史》,华东师范大学出版社 2001 年。

(南朝宋)刘庆著,张万起、刘尚慈译注:《世说新语译注》,中华书局 1998 年版。

(晋)郭象注,(唐)成玄英疏:《南华真经注疏》,中华书局 1998 年版。

(汉)王逸《楚辞章句》,四库全书本。

(汉)贾谊:《贾谊集·贾太傅新书》,岳麓书社 2010 年版。

(魏)曹植著,赵幼文校注:《曹植集校注》,人民文学出版社 1984 年版。

(魏)嵇康撰,戴明扬校注:《嵇康集校注》,中华书局 2015 版。

(晋)陆机著,张少康集释:《文赋集释》,人民文学出版社 2002 年版。

(梁)刘勰著,范文澜注:《文心雕龙注》,人民文学出版社 1962 年版。

(梁)钟嵘著,曹旭集注:《诗品集注》,上海古籍出版社 1994 年版。

（唐）韩愈：《韩昌黎全书》，中国书店1991年版。

（宋）洪兴祖：《楚辞补注》，中华书局2015年版。

（宋）司空图著，郭绍虞集解：《诗品集解》，人民文学出版社2005年版。

（宋）严羽著，郭绍虞校释：《沧浪诗话校释》，人民文学出版社1983年版。

（明）胡应麟：《诗薮》，上海古籍出版社1958年版。

赖永海：《中国佛教文化论》，中国青年出版社1999年版。

孙亦平：《西方宗教学名著提要》，江西人民出版社2002年版。

楼宇烈：《东方哲学概论》，北京大学出版社1997年版。

黄心川：《世界十大宗教》，东方出版社1999年版。

洪修平：《儒佛道哲学名著选编》，南京大学出版社2006年版。

王承文：《敦煌古灵宝经与晋唐道教》，中华书局2002年版。

胡孚琛：《道学通论》，社会科学文献出版社2004年版。

胡澍：《黄帝内经素问校义》，中华书局1985年版。

张兆裕编：《太上感应篇》，北京燕山出版社1995年版。

（晋）葛洪：《抱朴子》，中华书局2013年版。

杨寄林译注：《太平经》，中华书局2013年版。

（明）朱棣集注：《金刚经集注》，上海古籍出版社1984年版。

李安校释：《童蒙止观校释》，中华书局1988年版。

圣辉主讲：《般若波罗蜜多心经集讲》，宗教文化出版社2015年版。

王孺童译注：《坛经释义》，中华书局2013年版。

后　记

在中国古代，“国学”本为教育机构，即国家设立的学校。近代以来，在“西学”的强烈冲击下，才产生了学术概念的“国学”。当时正是我中华民族一时衰弱、饱受列强欺凌、国家民族面临亡国灭种、中华文化险遭毁灭断绝的危难之时。一批挚爱中华文化的爱国有识之士，高举国学的大旗，提出保国必保学、保学为保国的主张。

百年沧桑，数不尽的磨难，道不完的苦痛，有着五千年历史的中华民族，再次在血与火的洗礼中崛起。国家强大，民族复兴，国学热潮剧烈涌动，从莘莘学子到市井百姓，从庙堂之高到江湖之远，人们对国学充满了深深的期待。

2014 年，我们提出开设本科生“国学概论”课程的建议，得到湘潭大学哲学、历史、文学与新闻、管理、法学、艺术、外语等文科院系的支持，在培养方案中增设了这门课程。由于开课的班级较多，我们组建了一个跨院系的课程师资团队，并组织人员撰写了《国学概论》教材。教材初稿完成后，先以内部教材的形式在学生中使用，然后由湘潭大学出版社于 2017 年 9 月正式出版，并在本科教学中使用。在使用的过程中，通过广大师生的检视，发现了一些不足甚至错误，现在予以修订。

我们感到高兴的是，在我们着手修订教材的时候，“国学概论”课程获批首届国家级一流本科课程以及教育部课程思政示范课程，这无疑对我们是极大的鼓励和鞭策。同时，该课程也持续受到湘潭大学师生的喜爱，目前，除了上述学院继续开设本课程，商学院韶峰班的培养方案也增设了该课程。我们期待将来有更多的院系（包括理工科院系）能开设这门课程，对于传承中华文化，培养学生的人文精神，提升文化品位定有很大帮助。

本书撰稿分工如下：

绪论、第一编经学：陈代湘。

第二编史学:第一章、第八章,雷炳炎;第二章、第三章,徐芬;第四章、第五章、第六章,蒋波;第七章,王圆圆、李庆华;第九章,李斯。

第三编子学:第一章,张晚林;第二章,周丰堇。

第四编文学:第一章、第三章、第五章,雷磊;第二章、第四章,李琳。

第五编佛学、第六编道教:周骅。

全书由陈代湘统稿。

陈代湘

2022 年 2 月 18 日

责任编辑:崔秀军
封面设计:汪　阳

图书在版编目(CIP)数据

国学概论/陈代湘 主编.—修订本. —北京:人民出版社,2023.1(2025.7 重印)
ISBN 978-7-01-025317-6

Ⅰ.①国…　Ⅱ.①陈…　Ⅲ.①国学-概论　Ⅳ.①Z126

中国版本图书馆 CIP 数据核字(2022)第 237598 号

国学概论

GUOXUE GAILUN

(修订本)

陈代湘　主编
雷炳炎　雷　磊　周　骅　张晚林　副主编

人民出版社 出版发行
(100706　北京市东城区隆福寺街 99 号)

北京中科印刷有限公司印刷　新华书店经销

2023 年 1 月第 1 版　2025 年 7 月北京第 4 次印刷
开本:710 毫米×1000 毫米 1/16　印张:22.75
字数:361 千字

ISBN 978-7-01-025317-6　定价:69.00 元

邮购地址 100706　北京市东城区隆福寺街 99 号
人民东方图书销售中心　电话 (010)65250042　65289539